COLLECTION VÉCU

OUVRAGES DE MICHEL DAMIEN

*

L'animal, l'homme et Dieu, Éditions du Cerf, 1978. (Traduit en italien.)

La crainte de l'an 2000, Éditions Seghers, 1979.

Le grand massacre, en collaboration avec Alfred Kastler, prix Nobel de physique, et Jean-Claude Nouet, professeur à la faculté de médecine de Paris, Éditions Fayard, 1981.

L'enfant confisqué (préface de Frédéric Pottecher), Éditions A.C.E., 1985, Paris.

Raymond Pin : Vingt ans dans la forêt, Éditions Calmann-Lévy, 1989, et Presses-Pocket, 1990.

Anthologies aux Éditions Robert Laffont :

Les extra-sensoriels, 1976.

Les pensées communicantes, 1976.

Le savoir antérieur, 1977.

Les corps à prodiges, 1977.

Le dossier noir des maisons hantées, 1978.

Encyclopédie :

Le livre des pouvoirs de l'esprit, direction et articles, 512 p., Éditions Culture, Arts et Loisirs, 1975.

SUDHANANDA

MICHEL DAMIEN

ORPHELINS DE TERRE

L'odyssée de 72 enfants rescapés des massacres du Bangladesh et recueillis par des familles françaises

Postface de Pierre Marchand

ROBERT LAFFONT

ISBN 2-221-06762-2

Des innocents ne savaient pas que la chose était impossible, alors ils l'ont faite...

Mark TWAIN.

Le partage est avant tout un don des pauvres aux riches.

Mahatma GANDHI.

INTRODUCTION

Un écrivain et soixante-douze enfants

L'histoire extraordinaire vécue par soixante-douze enfants rescapés de massacres collectifs au Bangladesh, et des camps de réfugiés en Inde, a nécessité pour être racontée de nombreux entretiens avec une partie de ces enfants. Ce livre représente également une aventure étonnante vécue avec ces derniers pendant environ deux ans.

Le Bangladesh, qui compte près de cent vingt millions d'habitants sur un territoire grand comme le quart de la France, est le pays le plus pauvre du monde. Les tragédies sanglantes qui s'y produisent chaque jour ne sont jamais relatées par la presse occidentale. Le témoignage de ces soixante-douze enfants, qui a permis d'écrire le premier livre en français sur le Bangladesh, est unique et capital pour comprendre ce qui se passe dans l'une des régions du monde les plus fermées aux étrangers, et découvrir une multitude d'éléments fondamentaux sur la vie quotidienne dans le quart monde. Leur aventure est une authentique épopée. Ils nous offrent un remarquable témoignage humain.

Pourtant, leur histoire semblait destinée à n'être jamais révélée au monde. Les obstacles politiques, linguistiques, culturels étaient trop nombreux et apparemment insurmontables.

Par hasard, ce groupe d'enfants a commencé à sortir de l'oubli en avril 1989 lorsque j'ai pris contact avec Bernard Kouchner afin de lui demander comment des êtres humains pouvaient vivre sans eau potable, sans nourriture suffisante, sans médicaments, sans vêtements, sans maison, sans travail, sans écoles et, de surcroît, souvent au milieu des bombes et des tortures.

Ils sont des dizaines de millions dans ce cas sur la planète. Que ressentent-ils ? Comment voient-ils leurs journées et quelles idées ont-ils de notre monde ? Je ne pensais pas alors spécialement au Bangladesh. Les organisations humanitaires n'ont, d'ordinaire, pas la possibilité d'apporter une aide à ces oubliés en raison des difficultés militaires et politiques. A côté des « privilégiés » de l'action humanitaire se rencontrent des parias et des déshérités dont on ne parle jamais. Ceux-ci existent à peine, et meurent avant que l'on sache qu'ils ont eu un visage, un nom et un cœur.

Mon intention était de donner la parole à l'un de ces parias. La difficulté consistait à choisir le pays et s'y rendre, puis recueillir un témoignage et le traduire dans une forme littéraire permettant d'aboutir à un livre. Au lieu d'observer un cyclone de loin, il fallait aller au cœur du cyclone, et relater comment l'on y vivait. Dans cette recherche et ces préparatifs, les principaux organismes humanitaires ne réussirent à apporter aucun appui. Des photographes professionnels renoncèrent aussi. Un tel ouvrage n'avait jamais été accompli.

Le 15 mai 1989, un appel téléphonique à mon domicile apporte la première nouvelle positive :

— Bernard Kouchner m'a demandé d'examiner avec vous ce projet, me dit son chargé de mission Philippe Béasse. Cela peut être très important.

Peu après, dans son bureau du secrétariat d'Etat à l'Action humanitaire, le Dr Philippe Béasse, qui a vécu plusieurs mois clandestinement en Afghanistan au milieu de la guerre, comme Médecin du monde, entre 1982 et 1986, brosse un portrait de la misère au Liban, à Haïti, aux Philippines, en Afrique, en Asie, en Amérique latine.

Après deux heures d'entretien, il se lève et va chercher dans une petite armoire quatre feuilles de papier d'écolier millimétré.

— Je ne connais rien de pire actuellement au monde, me dit-il. C'est un génocide affreux et personne n'en parle en Occident. Ce témoignage d'un enfant rescapé des massacres est aussi inconnu que s'il était *secret.*

Sur les feuilles de cahier, une petite écriture d'enfant est tracée. Elle évoque en quelques lignes naïves et touchantes une histoire atroce : « Je veux raconter ce qui m'est arrivé au Bangladesh quand les soldats ont attaqué l'orphelinat. Les soldats ont fait sortir tous les enfants. Puis ils ont brûlé l'orphelinat. Alors les trois cents enfants se sont sauvés dans la montagne et ont marché des jours et des nuits. Nous avons mangé des fruits, des plantes, des racines. Il fallait se cacher dans des grottes parce que l'armée nous cherchait. Beaucoup d'enfants sont morts, plus de cent. Après plusieurs jours, nous avons traversé la frontière de l'Inde. Là, les soldats du Bangladesh ont tiré sur nous. Les soldats de l'Inde ont tiré sur ceux du Bangladesh pour nous protéger. Il y a eu beaucoup de morts, même des petits enfants. Aujourd'hui, je suis très bien en France, mais je pense encore à ce drame. »

Ces faits datent de moins de trois années. La presse internationale n'en a pas parlé. Elle ne commencera à s'y intéresser que beaucoup plus tard, lorsque d'autres péripéties incroyables seront arrivées aux enfants survivants. Les quelques lignes évoquant l'attaque de l'orphelinat sont rédigées en français.

— Mihirkanti vit maintenant en France, explique Philippe Béasse. Il y a eu cent cinquante-quatre enfants retrouvés au total sur les trois cents. Les autres ont totalement disparu depuis le 13 juin 1986. Le ministère vous donnera toutes les facilités pour obtenir les visas que vous désirerez, et son appui dans les démarches auprès des pays où vous souhaiterez vous rendre, mais le gouvernement du Bangladesh interdit strictement l'entrée du territoire où s'effectuent les tueries depuis une dizaine d'années. Il y aurait déjà deux cent mille morts.

La région s'appelle les Chittagong Hill Tracts, et les tentatives pour y pénétrer de façon officielle ou clandestine ont échoué dans leur totalité. Des journalistes et des médecins ont essayé. Ils se sont heurtés aux difficultés de l'océan au sud et à l'ouest, à celles de l'Etat indien du Tripura (également interdit aux étrangers) au nord, à la Birmanie à l'est. Ce territoire est totalement encerclé par des régions infranchissables. L'entrée en Afghanistan ou dans d'autres pays en guerre était plus facile [1].

Les noms des enfants disparus sont connus avec certitude car l'orphelinat, jusqu'à sa destruction complète, bénéficiait du soutien matériel de l'association Partage avec les enfants du tiers monde, qui suivait aussi chaque enfant personnellement. Son directeur, Pierre Marchand, n'a plus obtenu l'autorisation depuis plusieurs années de se rendre au Bangladesh dans les Chittagong Hill Tracts. Cette interdiction représente un fait unique dans l'histoire de cette association humanitaire, comptant plus de quarante mille membres, créée en 1973, qui s'occupe de dix pays et prend en charge quinze mille enfants.

Plus tard, une rencontre est organisée avec un jeune enseignant du Bangladesh qui a connu l'orphelinat attaqué. A sa demande, le lieu du rendez-vous a été tenu secret et il a voulu garder l'anonymat. Enfant recueilli en 1968 dans la région la plus pauvre du Bangladesh, il a assisté aux débuts de cet orphelinat et en était lui-même membre avant que Partage avec les enfants du tiers monde n'apporte son aide. Les traits fins, la peau couleur de pain d'épices plutôt que foncée comme celle des Indiens, la voix douce, le regard vif, il signale que cet entretien suffirait à le conduire en prison et à la torture si son identité était révélée aux autorités de son pays.

— Les militaires du Bangladesh brûlent des gens vivants dans leurs maisons, dit-il. C'est très fréquent. Ils enferment des enfants ou des vieillards et mettent le feu. Ils violent, volent, torturent, mutilent. Les

1. En 1990, un journaliste du *Far Eastern Economic Review* parviendra à filmer les camps de réfugiés et certains lieux des Chittagong Hill Tracts.

militaires sont partout et ont entrepris l'extermination méthodique de l'ethnie des Chakmas et d'autres minorités ethniques dans les Chittagong Hill Tracts. Sur la route de trente kilomètres entre Rangamati et la ville la plus proche, j'ai compté quatre postes de contrôle. Nous ne pouvons pas faire un kilomètre sans risquer d'être contrôlés par les militaires. Le couvre-feu est permanent. Les déplacements de nuit sont interdits. Pour l'instant, je peux encore un peu circuler dans mon pays, mais notre peuple des Chakmas va complètement disparaître s'il n'est pas protégé par l'intervention d'autres nations.

Devant un magnétophone, cet enseignant raconte le cauchemar d'un peuple. Ce qu'il a vu et entendu dépasse l'imagination et ne peut en aucun cas être relaté tel quel sans qu'on prenne le risque de se voir taxé d'exagération ou de pure affabulation. Il se laisse photographier et filmer en demandant que les clichés ne soient pas rendus publics. Tout est à vérifier dans son récit, mais des indications apparemment précieuses sont fournies, des noms, des dates, des faits. A l'évocation de son enfance d'orphelin, le visage de l'enseignant s'illumine :

— A l'orphelinat de Boalkali, dans la région de Parbatya, j'étais heureux. Cela a été la meilleure époque de ma vie. Nous n'étions que vingt-cinq au début. C'était très dur pourtant. Nous allions mendier pieds nus deux fois par semaine dans les villages voisins. J'avais dix ans. On nous donnait du riz, parfois un peu d'argent. Pour avertir les habitants, on tapait sur un petit gong devant leurs maisons. On se levait tous les jours à quatre heures du matin. Mais on formait une famille unie avec nos responsables. Notre vie à l'orphelinat a totalement changé le jour où nous avons reçu de l'argent de la France par l'intermédiaire de Partage avec les enfants du tiers monde. On n'a plus eu besoin de mendier dans les villages et on a acheté un terrain à cultiver, une pompe à eau et une machine à moudre le grain. J'en garde un souvenir merveilleux. Les Occidentaux ne savent pas toujours à quoi sert l'argent qu'ils donnent aux pays pauvres. Je peux témoigner qu'il a métamorphosé notre existence.

Le bonheur et la paix dans cet orphelinat allaient être les mots le plus souvent employés par les enfants que je devais rencontrer et qui en furent chassés par l'armée. A la suite de pourparlers entre trois Etats et d'une importante campagne médiatique, avec l'intervention de mère Teresa, soixante-douze enfants de cet orphelinat obtinrent l'autorisation d'entrer en France le 6 octobre 1987. Pierre Marchand en reçut la garde du gouvernement de l'Inde où ils s'étaient réfugiés. Ces enfants furent aussitôt répartis dans des familles d'accueil.

Ils ne parlaient que le dialecte chakma et le bengali. Aucune possibilité de raconter leur histoire n'existait. Nul ne la connaissait vraiment. Séparés les uns des autres, ils gardèrent secrète leur aventure pour la plupart, certains essayant toutefois de la mimer. Les familles françaises ne soupçonnaient pas qu'ils avaient vécu des atrocités. Elles croyaient simplement qu'ils étaient pauvres.

Je n'hésitai pas sur la décision à prendre : je sillonnerai la France afin de recueillir les précieux témoignages de ces enfants. Que s'était-il passé exactement dans cette région inaccessible aux représentants de la Croix-Rouge ou de l'O.N.U. ?

Mais l'on ne va pas voir des enfants avec une liste de questions, surtout lorsqu'ils ont été traumatisés par le spectacle d'un génocide et apprennent à s'exprimer en français. Il est nécessaire qu'ils se sentent à l'aise et comprennent l'importance de leurs propos jusque dans les détails les plus infimes.

Par ailleurs, ces enfants venaient de la région la plus déshéritée du Bangladesh. On y rencontre un groupe ethnique particulier, la tribu Mru, qui vit encore à l'époque du silex pour allumer le feu, ce qui provoque la curiosité des anthropologues du monde entier. Une ethnie voisine de la même région, celle des Chakmas à laquelle appartiennent ces enfants, possède des habitations traditionnelles et des ustensiles qui n'ont pas évolué et sont restés figés depuis six mille ans. En 1921, les Britanniques déclarèrent les Chittagong Hill Tracts (qui faisaient alors partie de l'Inde) *backward area,* région arriérée, sous-développée, puis en 1935 *totally excluded area,* région totalement exclue, interdite à tout étranger. Jusqu'où ces enfants pouvaient-ils véritablement participer à un livre ? En arrivant en France, ils n'avaient à peu près aucune notion des durées ni des distances, fait qui étonna de façon considérable leurs familles d'accueil.

Le premier rencontré, Kaladhan, âgé d'environ quatorze ans à ce moment (l'âge réel des soixante-douze enfants était inconnu), fit cependant preuve d'une grande lucidité envers les habitants des Chittagong Hill Tracts continuant de souffrir à l'autre bout du monde et voulut apporter une collaboration sans réserve à cet ouvrage, mais après la quatrième rencontre sa famille d'accueil jugea que l'évocation du passé risquait de le perturber. Kaladhan avait averti sa famille qu'il ne savait pas s'il oserait lui dire un jour tout ce qu'il avait vu au Bangladesh. D'après ses nouveaux parents eux-mêmes, sa présence avait déjà amplement modifié la structure de leur « cellule familiale ».

Avec prudence, la majorité des enfants, deux ans après leur arrivée en France, n'avaient pas encore dévoilé l'essentiel de leur histoire. Certains se montrèrent si soucieux de ne pas remettre en question l'équilibre affectif et matériel auquel ils étaient difficilement parvenus qu'ils n'acceptèrent de me parler qu'en tête à tête.

Amarjib, dont la famille parisienne recourut à un psychologue pour conclure qu'il valait mieux que l'enfant se taise complètement sur des atrocités qu'elle soupçonnait immenses mais ne connaissait pas, ne put collaborer. Je passai ensuite trois jours à la campagne avec Mihirkanti qui avait rédigé le texte lu au secrétariat d'Etat à l'Action humanitaire. Deux semaines avant mon arrivée en juillet 1989, sa « mère adoptive » m'écrivit déjà qu'il avait « beaucoup pleuré » en se remémorant sa vie au Bangladesh : « Certaines choses qu'il ne nous avait pas racontées sont remontées à sa mémoire. Nous pensons qu'il vaut mieux que tout sorte, même si cela doit être douloureux pour lui et pour nous aussi par les perturbations que cela peut provoquer dans notre vie familiale. »

Etait-il vraiment possible de faire un tel livre avec des enfants sous la tutelle d'adultes souvent insuffisamment informés ? Certaines familles d'accueil m'ont d'abord ouvert toutes grandes leurs portes, et ont commencé à les refermer lorsqu'elles ont découvert avec effroi ce que l'enfant qui habitait sous leur toit avait vécu.

De l'avis de Pierre Marchand, elles ne s'étaient pas encore bien rendu compte de ce qui s'accomplissait là-bas et de l'utilité d'informer l'opinion publique.

Loin de consister à transcrire simplement les témoignages, ce travail de journaliste ou d'écrivain correspondait davantage, au début, à celui d'un psychologue.

Mihirkanti parla cependant beaucoup. Mais il ne représentait pas à lui seul le groupe d'orphelins attaqués, et n'avait pas vu la totalité des événements dans la jungle et les camps de réfugiés en Inde. Je passai ensuite dix jours avec Suresh, près de Cannes, et trois avec Nutan, près de Nice.

Ce qui se produisait dans l'esprit de ces enfants était subtil et remarquable. Mais, surtout, ils avaient peur. Nombre d'entre eux continuaient d'éprouver une peur gigantesque, parfois inconsciente, créant des troubles divers, les empêchant de dormir. Pour leurs familles d'accueil, ce fut souvent extrêmement pénible.

Ils avaient vécu une histoire beaucoup plus extraordinaire et complexe que celle connue dans ses grandes lignes à leur arrivée à Roissy le 6 octobre 1987, et plus émouvante encore que le petit récit de Mihirkanti ne le laissait supposer. Néanmoins, à ce stade, je n'avais pas encore découvert dans le groupe des soixante-douze enfants celui qui avait vu le plus de choses et pouvait presque à lui seul représenter les autres.

En décembre 1989, à l'instant de quitter Pierre Marchand auquel il rendait une visite à Compiègne, le père adoptif de l'un d'eux, Sudhananda, lui demanda à brûle-pourpoint ce que devenait le livre sur les enfants du Bangladesh. Cet ouvrage semblait bloqué.

Peu après, Sudhananda me parla en Bretagne de son frère torturé toute une nuit par les militaires, avec sa mère et sa sœur, dans un village inconnu des Chittagong Hill Tracts, puis emprisonné depuis plus de trois ans. Je l'invitai à Paris avec son compagnon du même âge, Priyatosh, et nous passâmes ensuite deux jours chez Pierre Marchand, où Dhanessen, un autre enfant qui avait survécu quatre mois dans la jungle, nous rejoignit. Un magnétophone fonctionnait presque en permanence jusqu'à la moitié de la nuit. La joie des trois enfants de se retrouver, parlant entre eux en chakma, s'adressant aux autres en français ou en anglais, tandis que le directeur de l'association les ayant arrachés à la mort ou à la misère jouait de la guitare parmi ses propres enfants, était indescriptible et leurs narrations intarissables. Devant leurs rires et leur bonheur éclatant, il ne faisait pas de doute que le rappel des souvenirs les plus cruels dans un climat de confiance et de chaleur humaine ne les traumatisait pas. Au contraire, ils désiraient tous maintenant vivement parler.

Sudhananda et Priyatosh, l'un avec un micro-ordinateur et une imprimante, l'autre avec son stylo à encre de lycéen, m'écrivirent une vingtaine de pages de précisions. Une visite au musée du Louvre les stupéfia. Ils n'avaient jamais vu de tableaux au Bangladesh. Il n'existait pas de peinture à l'huile ni à l'eau, même pas pour badigeonner des portes ou des murs. Les habitants de leur région ne peignaient rien. Les maisons en bambou étaient simplement construites de fines lattes de quelques millimètres d'épaisseur, d'écorces, avec un toit en chaume ou en feuilles d'arbre. Elles n'auraient pas pu être peintes, et les murs les plus solides se trouvaient bâtis en terre. A l'orphelinat, les enfants ne faisaient ni peinture ni dessins.

— Si l'on pouvait vendre le quart de ce château, me déclara Priyatosh en sortant du Louvre, on pourrait acheter avec l'argent le Bangladesh entier...

Les propos oraux ou écrits des enfants ne pouvaient pas être reproduits à l'état brut dans un livre, sans les ordonner et suivre un plan, mais les matériaux devinrent considérables. L'aventure exemplaire de Sudhananda servit de fil conducteur. Il deviendra comme le porte-parole de ses compagnons. Le témoignage de chaque autre enfant contribua à former l'ouvrage.

Ils connaissaient mal les causes du conflit dans leur région natale, nous racontaient, à Sudhananda et à moi, ce qu'ils avaient vu et subi, s'interrogeaient sur les responsabilités des Etats.

— Pourquoi laisse-t-on faire ? demandaient-ils toujours.

Ce silence avait plusieurs explications. Le peuple chakma vivait totalement à l'écart du monde au terme d'événements historiques extrêmement complexes et anciens. En quelques années, il avait aussi changé trois fois de nationalité sans se déplacer et sans qu'on lui demande son avis. Les

Chakmas étaient ainsi devenus anglais, puis indiens, et enfin pakistanais avant d'être bangladeshis. Et, devenus bangladeshis, ils étaient chassés de leur territoire par les Bengalis.

Leur destin s'était joué dans le contexte de l'indépendance de l'Inde le 15 août 1947. Lorsque les populations indiennes musulmanes parvinrent à créer leur propre Etat en se séparant de l'Inde pour créer le Pakistan, les Chakmas qui étaient bouddhistes restèrent d'abord rattachés à l'Inde. Cela ne dura pas longtemps. Le 18 août 1947, la région des Chittagong Hill Tracts, comprenant au total 700 000 personnes, fut rattachée au Pakistan. Le cœur du problème actuel se situe dans ce fait.

Une communauté bouddhiste fut englobée à l'intérieur d'une population musulmane n'ayant aucun point commun avec elle dans les mentalités, les mœurs, les origines historiques. Pour compliquer la situation, le territoire des Chakmas fit partie du Pakistan oriental, lui-même en désaccord avec le Pakistan occidental. Les Chakmas préférèrent, durant ce conflit, demeurer sous l'administration du second. Au terme d'une nouvelle guerre épouvantable, le Pakistan oriental devint en 1971 le Bangladesh. Les Chakmas se trouvèrent dès lors isolés au milieu des Bengalis musulmans dont ils avaient refusé depuis toujours la domination.

Après avoir souhaité rester indiens tout en devenant par la force pakistanais, puis accepté d'être pakistanais tout en devenant bangladeshis contre leur volonté, les Chakmas connurent le début de leur martyre. Ils furent toujours considérés comme liés à l'Inde plus qu'au Pakistan ou au Bangladesh. Le tracé des frontières en 1947 et en 1971 s'effectua dans un contexte qui ne tint pas compte de ce peuple. Assimilés à des sauvages ou presque à des animaux lors des recensements où ils furent « oubliés », à l'époque de la partition de l'Inde, les Chakmas ne bénéficièrent pas de la création de routes, ni d'écoles ou d'industries, ni de l'électricité fournie par la création de l'immense barrage de Kaptaï en 1963 où les rizières de dix mille familles d'entre eux furent englouties.

La surpopulation au Bangladesh aggrava leur sort. Si elle apparaît la cause la plus facile à comprendre de leur exclusion, elle est peut-être toutefois la moins importante. Les explications religieuses et raciales prédominent.

Sudhananda et ses compagnons ont vu arriver dans les Chittagong Hill Tracts, région de collines et de petites montagnes, des milliers de familles de Bengalis musulmans. Ils repoussaient vers la jungle ou l'Inde les Chakmas bouddhistes et les autres ethnies minoritaires. Cette arrivée massive de paysans sans terre, venus des plaines du Bangladesh, a été organisée à partir de 1980 par le gouvernement du Bangladesh. En 1951, la région comptait 26 150 Bengalis musulmans. En 1980, ils étaient 225 000, et bientôt 500 000, tandis que la population chakma, à l'origine majoritaire, diminuait rapidement à cause des persécutions, de la malnutrition, de l'absence de médicaments et de son exode vers l'Inde.

Les Bengalis s'installant dans les Chittagong Hill Tracts ignorent le plus souvent que les terres où ils sont invités à vivre se trouvent déjà habitées et cultivées. Ce sont des pauvres rencontrant des difficultés à se nourrir dans un pays sous-développé. Les autorités leur proposent parfois de l'argent pour les encourager à partir. En arrivant sur les lieux, ils découvrent la vérité et sont empêchés par l'armée de retourner chez eux s'ils le désirent. Pour survivre, des pauvres doivent lutter contre d'autres pauvres.

La situation des Chakmas entraîna en 1972 la création d'un mouvement de guérilla, les Shanti Bahini, qui justifia aux yeux du gouvernement l'envoi de militaires en nombre sans cesse plus important dans les Chittagong Hill Tracts.

En 1975, le fondateur du Bangladesh, Mujibur Rahman, fut assassiné. Le major général Ziaur Rahman devint administrateur de la loi martiale. L'accès des Chittagong Hill Tracts fut interdit à tout étranger non bengali. A cette date commencèrent les massacres systématiques de villageois, souvent en représailles des actes de guérilla, lesquels pouvaient servir aussi de prétextes pour toutes les exactions. Les autorités de Dacca désirant étendre l'exploitation du gaz et la recherche de pétrole, certains étrangers, dont des Français, pénétrèrent dans les Chittagong Hill Tracts, sous la protection sévère de l'armée. Leurs bases se trouvaient à Rangamati et à Kaptaï. Combien d'entre eux purent parler avec les Chakmas ? Que surent-ils de leur tragédie et de la « guerre secrète », comme on l'a appelée, qui s'y déroulait ?

En 1980, des centaines de villageois furent massacrés par l'armée. Un membre du Parlement, Upendra Lal Chakma (aujourd'hui réfugié dans un camp en Inde), fit une conférence de presse qui reçut quelques brefs échos à l'étranger. Dans ce contexte naquit le plan gouvernemental visant à repeupler en cinq ans les Chittagong Hill Tracts par une population à majorité bengali. Ce que Sudhananda et d'autres appellent le génocide débute à ce moment. Auparavant, l'American Geographical Society avait démontré que le déplacement de populations reposait essentiellement sur des raisons stratégiques (protection de la frontière par les Bengalis musulmans, crainte d'une invasion indienne facilitée par les peuples attachés à l'Inde), ethniques, religieuses, économiques.

Un chef militaire déclara clairement : « Nous voulons la terre, mais pas les gens. » Les villageois devaient donc partir vers l'Inde ou mourir. La proportion des Bengalis par rapport aux Chakmas et aux autres ethnies ne cessa d'augmenter.

Un arrêté autorisa l'armée et la police, en 1981, à tirer à vue sur toute personne suspectée d'activité antigouvernementale, c'est-à-dire de sympathiser avec les Shanti Bahini ou de critiquer le gouvernement. Il s'agissait du permis de tuer n'importe qui à tout moment sans procès ! Cinq cents personnes furent massacrées à Matiranga.

Les Chakmas n'eurent plus le droit de circuler librement en dehors de leur village, de se réunir, de porter certains vêtements, de posséder plus de cinq acres de terre, d'acheter de la nourriture pour plus d'une semaine et des médicaments sans accord préalable de l'armée. Les enfants disent comment ils ont ressenti cette multitude d'interdictions.

Après l'assassinat de Ziaur Rahman, le lieutenant général Mohammad Ershad devient administrateur de la loi martiale en 1982 et poursuit le peuplement des Hill Tracts. Les combats s'intensifient.

En mai 1986, de nouveaux massacres entraînent un exode de 50 000 personnes vers les Etats indiens de Tripura et du Mizoram. Le 13 juin 1986, l'orphelinat de Sudhananda et de ses camarades est attaqué... Ce mois-là précisément, Amnesty International publie un dossier exceptionnel consacré aux Chittagong Hill Tracts *(Torture in Bangladesh, 1983/1986)*, et, en octobre 1986, une réunion internationale des organismes de protection des droits de l'homme se tient sur ce thème à Amsterdam.

La situation n'a cessé de s'aggraver depuis. En février 1990, deux membres de Partage avec les enfants du tiers monde, Laurent Charpentier et Anne-Marie Béasse, durent employer une multitude de ruses afin de parvenir à rester seulement cinq heures à l'orphelinat de Moanogar, le second orphelinat soutenu au Bangladesh par cette association. Ils déclarèrent aux autorités qu'ils étaient passionnés par le bouddhisme et désiraient rendre visite à leur maître spirituel (qui était, on le devine, l'un des responsables de cet orphelinat).

— Nous avons été accompagnés par six soldats armés pendant tous nos déplacements du 24 au 26 février dans les Chittagong Hill Tracts, témoignent-ils. Ils montaient la garde derrière la porte de notre chambre la nuit. Ils nous surveillaient partout. L'atmosphère était tendue et oppressante. Un officier de police parlant anglais était aussi toujours présent, même à nos petits déjeuners à Rangamati. Nous avions dû vider nos bagages de tout ce qui pouvait rappeler l'existence de Partage. Il nous fut impossible d'avoir une seule conversation en privé avec l'un des responsables de l'orphelinat. En arrivant, l'accueil des six cents enfants réunis tout le long du chemin fut impressionnant et solennel. Ils nous demandèrent des nouvelles de leurs « parrains » français, mais nous avons été contraints de leur dire que nous ne les connaissions pas car nous nous faisions passer pour de simples touristes. Nous n'avons pu échanger que des gestes et des sourires.

Cette mission permit d'évaluer rapidement les secours matériels à envoyer sur place, ainsi que de livrer dans un hôpital distant de soixante kilomètres des instruments chirurgicaux offerts par le secrétariat d'Etat à l'Action humanitaire, et d'accomplir des relevés de terrain et des plans de bâtiments à l'intention d'Architectes sans frontières...

En 1990, des enfants de l'orphelinat de Moanogar sont morts. L'un d'eux était retourné faire une brève visite dans son village d'origine. Après deux semaines de disparition, les responsables de l'orphelinat ont retrouvé un cadavre sous un peu de terre, à proximité de son village. Une balle avait traversé sa tête. Il avait douze ans.

Ces conditions permettent de comprendre pourquoi Suresh se sentit, à son arrivée en France, terrorisé par le premier secrétaire de l'ambassade du Bangladesh qui l'attendait à l'aéroport. Sudhananda affirme qu'il était encore plus terrorisé. Ces enfants, et des milliers d'autres, interrogent nos consciences. Il faudra que leurs tortionnaires rendent un jour des comptes à l'humanité et à l'Histoire. Rien ne peut remplacer la force de leur récit. J'ai laissé parler chacun, j'ai été fidèle au moindre détail. J'ai utilisé également quelques témoignages écrits des familles d'accueil, relevé de rares contradictions concernant les noms de personnes ou les lieux, et fini par informer certains enfants de faits qu'ils ignoraient ou déformaient légèrement mais que j'avais appris avec plus d'exactitude par d'autres. Ecrire ce livre a d'abord, et longuement, consisté à chercher et connaître ses héros.

— Ah ! tu es passé par ce chemin dans la jungle... Je ne le savais pas. Moi, je suis passé par là.

J'entendais de plus en plus fréquemment ce genre de remarques entre enfants. Elles étaient parfois plus dramatiques :

— Les soldats nous ont tiré dessus à cet endroit mais, toi, tu étais déjà passé et ils n'ont pas failli te tuer ce jour-là.

L'un avait vu des personnes brûlées vives, mais pas un autre qui se trouvait à ce moment en un lieu différent où il avait rencontré des empreintes de tigre. Sudhananda ne connaissait pas en entier l'histoire personnelle de Suresh, ni celle de Dhanessen, de Mihirkanti, de Nutan et des autres, et encore moins celle de deux sœurs, Dipty et Samati, vivant aujourd'hui en France. Filles d'un homme politique du Bangladesh, elles me confirmèrent les atrocités qui s'y commettaient. Je leur ai accordé une place dans cet ouvrage.

La question de la véracité des affirmations fut l'objet de recherches et de précautions multiples. J'essayai de faire se contredire les uns et les autres par des interrogations renouvelées sur des périodes de plusieurs mois. Beaucoup d'entre eux avaient dû changer de nom pour s'enfuir des camps en raison des circonstances de la guerre, et leur âge était totalement inconnu. Eux-mêmes ne savaient pas toujours quels nouveaux noms avaient pris tels camarades dont je leur parlais. Comment s'y retrouver ?

Au terme de cette enquête, j'étais certainement le seul à pouvoir reconstituer intégralement l'aventure de ces enfants. Je remis en ordre des milliers d'informations ou de détails qui vinrent souvent, de manière dispersée, au gré des souvenirs, mais respectai également le ton des propos, la vision des narrateurs. Ils ne firent pas de littérature, accordèrent peu d'importance à la description des paysages ou des costumes. Ils relatèrent des faits autrement importants à leurs yeux.

Sudhananda assista à divers entretiens que j'eus avec ses camarades et apprit ainsi quantité de détails plus ou moins importants qu'il ignorait. Seules les rencontres avec Suresh s'effectuèrent le plus souvent en tête à tête. Son histoire émouvante explique cette particularité.

Après avoir rencontré également en octobre 1989 le moine Bemal Bikku, l'un des fondateurs de l'orphelinat attaqué, qui est aujourd'hui réfugié en Inde et effectuait une tournée auprès de plusieurs gouvernements pour obtenir une aide médicale d'urgence en faveur des réfugiés, je fis la connaissance en dernier lieu de Suniti Jiban. Celui-ci fut aussi l'un des enfants de l'orphelinat attaqué, mais à une date antérieure. Il a aujourd'hui vingt-cinq ans et est artiste-peintre, le premier parmi les Chakmas à en faire sa profession. Réfugié à Paris depuis le 15 mai 1990, il me montra des photos qui semblaient impossibles à trouver, celles de maisons brûlées dans les Chittagong Hill Tracts et dont tous les enfants m'ont parlé avec terreur. Ces documents récents s'accompagnaient de photos d'adultes et d'enfants blessés par des militaires.

Suniti habitait le village de Tarabunia qui fut attaqué et détruit comme l'orphelinat où, bien qu'ayant de la famille, il avait été recueilli en raison de son extrême pauvreté. Ses parents, ses frères et sœurs s'enfuirent vers l'Inde pour échapper aux massacres. Mais son père fut assassiné par l'armée du Bangladesh au cours de sa fuite dans la jungle. Les autres membres de la famille parvinrent en Inde au camp de réfugiés de Takumbari, dans l'Etat du Tripura, avec un oncle nommé Binode Kumar Chakma qui habite au bloc n° 4, où ils vivent encore aujourd'hui. Pendant ce temps, Suniti se trouvait dans la capitale du Bangladesh, Dacca, où il était inscrit à l'école des beaux-arts.

Le 4 mai 1989, il y eut un autre massacre à Longadu. Ayant réussi à se procurer un petit appareil photo, Suniti alla prendre des clichés de certaines victimes dans un hôpital, où l'armée interdisait au personnel médical de les soigner, et des maisons incendiées.

— Je m'étais déguisé afin que personne ne me remarque, dit-il. Je voulais passer pour un promeneur inoffensif, pauvre et ignorant, dont nul ne s'occupe.

Les photos ont été envoyées à Michel Rocard par l'intermédiaire de Pierre Marchand. On y voit entre autres, parmi des cendres et des pieux calcinés, des civils bien vêtus examiner les terrains désertés par les villageois chakmas. Ils reviennent sur les lieux des crimes. Le 21 mai suivant, Suniti participa à Dacca à une manifestation non violente d'étudiants réclamant la paix et la cessation des massacres, le respect des droits de l'homme, puis le 25 mai à une manifestation de moines bouddhistes organisée dans le même but. Il y fut remarqué par la police secrète et, le lendemain, arrêté sur le campus de l'université.

— Ils m'ont torturé pendant une journée, raconte-t-il en anglais. J'ai été battu et allongé sur le sol avec un bâillon sur la bouche. Les militaires m'ont versé de l'eau dans le nez et je me suis évanoui. Ils m'ont aussi torturé avec de l'électricité et frappé les talons avec des bâtons. A d'autres prisonniers, ils ont enfoncé des morceaux pointus de bambou sous les ongles en les obligeant à gratter la terre et arracher de l'herbe pour qu'ils augmentent eux-mêmes leurs souffrances. J'ai été relâché après huit jours de prison.

Très affecté par son arrestation, et surtout le sort de sa famille, Suniti se met à peindre des tableaux représentant les persécutions dont est victime une partie de la population. Il a conscience, dans ce pays où l'immense majorité des enfants des Chittagong Hill Tracts n'a jamais vu de tubes de peinture ni fait le moindre dessin par manque de papier et de crayon, de posséder des moyens d'expression importants et des privilèges. Il tente d'organiser fin 1989, à l'Alliance française de Dacca, une exposition de ses tableaux qui sera prête pour la visite de François Mitterrand au Bangladesh au début de 1990. Mais la police secrète découvre qu'il a pris clandestinement des photos des blessés de Longadu et des maisons brûlées, ainsi que fait tourner lors des manifestations un film vidéo envoyé à Bernard Kouchner.

— J'ai eu très peur à ce moment, explique Suniti. Jusqu'alors, je n'étais coupable que d'avoir participé à deux manifestations, mais un film, des photos et des peintures aggravaient mon cas. Des amis m'ont informé que la police arrangerait un « accident » pour me faire disparaître avant la venue de Mitterrand, comme elle a assassiné le maire de Rangamati et beaucoup d'autres Chakmas. Je me suis enfui en Thaïlande au début de décembre 1989, où j'ai été abrité dans un village d'enfants de l'association Partage avec les enfants du tiers monde pendant deux mois, puis en Malaisie. Depuis ma disparition, la police secrète me recherche et interroge des étudiants sur le campus de l'université de Dacca afin de découvrir où je me cache. Si je retourne au Bangladesh, je serai arrêté immédiatement. Ils ont assassiné mon père et n'hésiteront pas à me faire subir le même sort parce que je défends les droits de l'homme sans violence par mes tableaux.

Priyatosh, l'un des soixante-douze enfants accueillis en France, dessina lors de nos entretiens des scènes atroces de villageois brûlés vifs.

Lorsque je voulus me rendre dans le village de Boalkali où avait été fondé l'orphelinat, et dans d'autres villes des Chittagong Hill Tracts, l'ambassade du Bangladesh m'informa qu'il valait mieux en discuter au préalable. Ce voyage n'était visiblement pas opportun. Avec Pierre Marchand et Marie-Thérèse Angrand, j'avais entre-temps fondé l'association Droits de l'enfant [1], consacrée au respect des droits de l'enfant dans l'esprit de la convention internationale des Nations unies du 20 novembre 1989. A ce titre, je désirais formuler des questions sur le sort des enfants des Chittagong Hill Tracts et les affirmations de ceux rencontrés.

Le premier secrétaire de l'ambassade du Bangladesh, Enamul Kabir, m'invita à rencontrer des officiels de l'ambassade afin de déterminer mes intentions et éventuellement faciliter mon voyage. Mais je n'avais qu'une question à poser : pourquoi l'armée avait-elle attaqué et incendié un orphelinat ? Sous tous les aspects où ce fait pouvait être examiné, politique, économique, religieux, rien ne le justifiait. Il était abominable et révélait une série de manquements graves au respect des droits de l'enfant et des droits de l'homme.

Les Français qui donnent, à l'instar de tous les pays occidentaux, de l'argent au gouvernement du Bangladesh doivent savoir qu'une partie de cet argent est employée par le président Ershad à construire de nouvelles casernes et acheter des armes pour massacrer des civils sans défense et en majorité non politisés. Environ cent mille d'entre eux sont actuellement réfugiés en Inde dans des camps qui ne bénéficient d'aucun secours des organismes officiels.

Les causes historiques et profondes du conflit ne permettent pas d'envisager de solutions simples, ni probablement même le retour de ces réfugiés dans les Chittagong Hill Tracts pour une coexistence paisible avec ceux qui les ont chassés. Une telle perspective serait illusoire et entraînerait de nouveaux troubles. Les Chakmas se sont trouvés citoyens du Bangladesh à la suite de décisions politiques anciennes dont certaines apparaissent aujourd'hui des erreurs tragiques. Peut-être ceux qui préconisent, comme Pierre Marchand, le départ complet des Chakmas de cette région pour devenir citoyens à part entière de l'Inde, dans l'un de ses Etats peu peuplés tel l'Arunachal Pradesh, ont-ils raison. Les seules solutions constructives et pacifiques ne peuvent qu'atteindre le fond du problème.

Aujourd'hui, le gouvernement du Bangladesh réclame le retour de ces enfants dans ce pays où leur avenir serait gravement menacé. Pour beaucoup, cette perspective reste effrayante.

Lors de mes rencontres avec ces enfants — orphelins de leur propre terre —, qui réfléchissaient à l'avenir de leur peuple, j'eus la conviction

1. *Journal officiel* du 27 décembre 1989.

qu'ils ne parlaient pas dans un esprit de vengeance ou de haine, mais au contraire de recherche de la paix et de connaissance entre les pays. Ce point mérite d'être souligné chez des enfants aussi jeunes. Comment peut-on être persan ? se demandait-on autrefois. Mais comment peut-on être né dans des villages au bord de la jungle du pays le plus pauvre et nourrir des préoccupations morales et planétaires aussi élevées ? La brève relation de Sudhananda de son voyage en Roumanie, quelques mois après la chute du dictateur, apporte une confirmation supplémentaire. Plus encore que le récit de faits tragiques, cet ouvrage donne accès à d'authentiques vies intérieures, spirituelles, d'enfants que certains imaginaient des sauvages attrapés au lasso.

Sudhananda parle quatre langues et est entré en classe de quatrième en septembre 1990.

Michel DAMIEN.

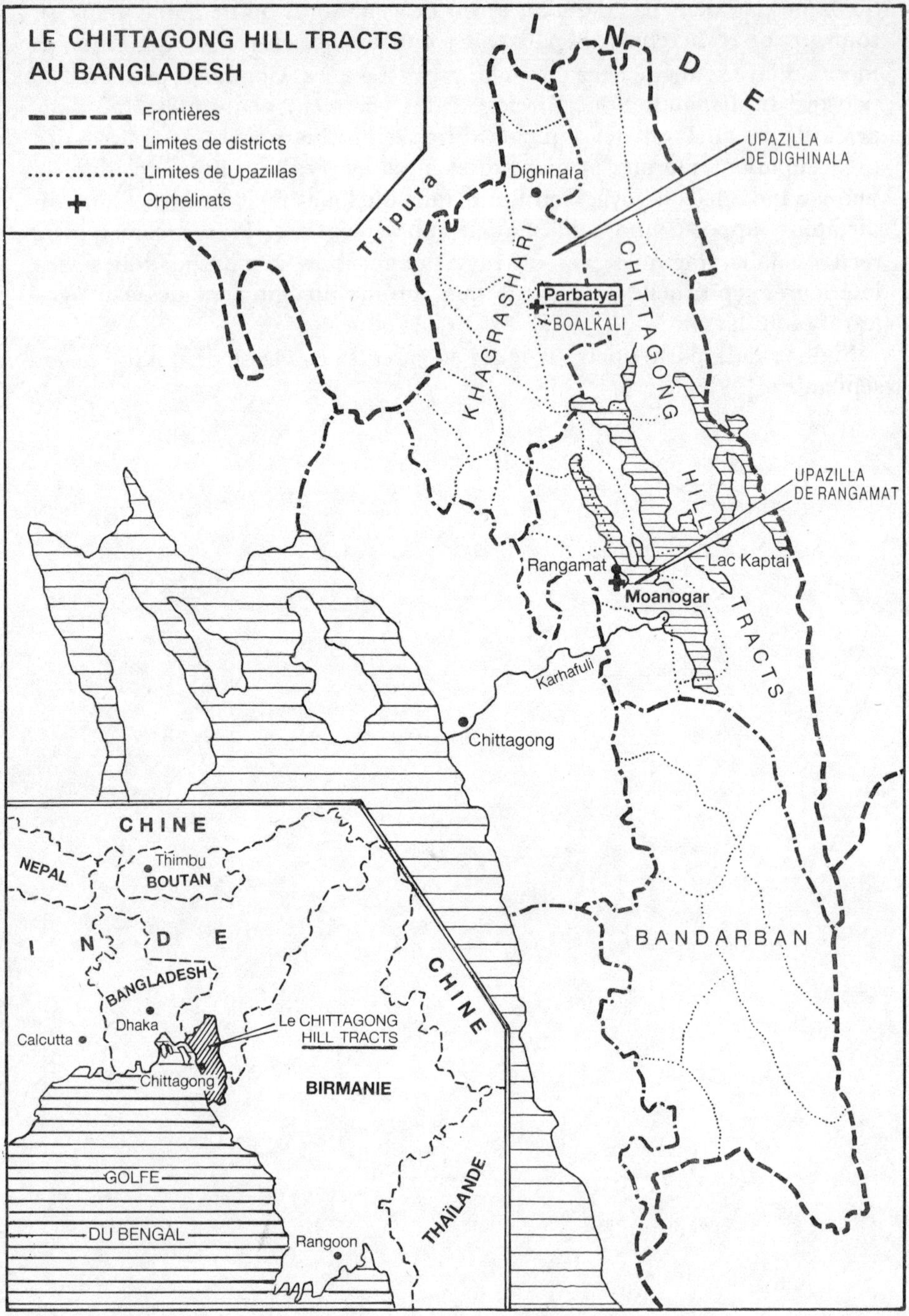

LE CHITTAGONG HILL TRACTS
AU BANGLADESH
Frontières
Limites de districts
Limites de Upazillas
Orphelinats
I N D E
Tripura
Dighinala
UPAZILLA
DE DIGHINALA
KHAGRASHARI
CHITTAGONG HILL TRACTS
Parbatya
BOALKALI
UPAZILLA
DE RANGAMAT
Lac Kaptai
Rangamat
Moanogar
Karhafuli
Chittagong
BANDARBAN
CHINE
NEPAL
Thimbu
BOUTAN
I N D E
BANGLADESH
Dhaka
Calcutta
Le CHITTAGONG
HILL TRACTS
Chittagong
BIRMANIE
CHINE
GOLFE
DU BENGAL
Rangoon
THAÏLANDE

1.

L'attaque du 13 juin 1986

Vers dix heures et demie du matin, j'entends des cris, des voix qui approchent. Elles me font peur. Le tumulte monte vers nous. Des coups de fusil ont retenti au village voisin. Les enfants se sont demandé ce qui se produisait. La vie de l'orphelinat est arrêtée. Nous attendons. J'ai très peur des soldats qui ont envahi la région et attaquent les habitants des villages.

Déjà, la veille, nous avons vu des maisons brûler sur les collines près de l'orphelinat. La nuit était tombée. Des enfants ont signalé ces incendies et les autres ont arrêté leurs activités. Le ciel devenu tout rouge par endroits dans l'obscurité était effrayant. Un village venait d'être attaqué. J'ai regardé avec mes camarades. Nous avons tous observé en silence, sans rien faire, puis nous sommes allés dormir. Chacun savait que des villageois avaient été obligés de fuir, d'autres certainement blessés ou tués, et leurs habitations détruites. Les craquements du bambou des maisons les plus proches pouvaient être entendus. Le bambou a crépité pendant longtemps dans les flammes.

Au cours de la nuit, des enfants ont fait des tours de garde pour surveiller les environs et donner l'alerte en cas d'attaque de l'orphelinat. Les nuits précédentes aussi, des rondes ont été organisées. J'en ai fait partie. Pendant des heures, je me suis obligé à résister au sommeil et guetter les bruits anormaux. Nous craignions surtout l'incendie de nos bâtiments en bois en dormant ou d'être faits prisonniers.

Les responsables n'ont pas voulu abandonner l'orphelinat afin de nous emmener dans la jungle qui commence à deux cents mètres.

Les militaires sont dangereux, mais la jungle l'est aussi. Nous sommes entre les deux. Il y a une semaine, pourtant, les dirigeants nous ont déjà emmenés lors d'une première alerte. Des soldats arrivaient. Les trois cents enfants se sont enfuis en courant parmi les arbres immenses, en pleine journée. Nous avons fait demi-tour, après plusieurs heures d'attente, en espérant que les soldats du Bangladesh et les miliciens musulmans ne nous attaqueraient pas. Ils ne sont pas venus jusqu'à l'orphelinat.

Cette fois, les responsables nous ont dit :

— S'ils viennent, eh bien, tant pis ! Ils viendront ! On ne bougera pas. On ne peut rien faire d'autre.

Si c'est grave, tant pis. Je suis de l'avis des enseignants. Les enfants de l'orphelinat sont trop petits pour aller se cacher dans la jungle. Elle renferme de nombreux dangers et l'on n'y aurait pas à manger. Mais on ne sait pas quoi faire au juste. On espère surtout encore qu'il ne se passera rien.

J'ai mal dormi après avoir regardé les maisons brûler sur les collines. Je connais le village attaqué et beaucoup de ses habitants. J'ai eu l'impression également qu'un second village avait été incendié en même temps, mais les distances et l'obscurité m'ont empêché d'en être assuré. Dans ce second village habitent des membres de ma famille. J'ai cru reconnaître l'endroit où se trouvait leur maison. Des flammes s'élevaient. Pendant un moment, j'ai été persuadé qu'ils avaient été attaqués et tués. Je me suis répété au cours de la nuit : « Ça y est, ils sont morts ! » Je ne l'ai pas dit aux autres. Nous avons presque tous des raisons d'avoir peur pour des membres de nos familles. La situation est identique pour mes camarades. Nous sommes rongés par l'angoisse et ce n'est pas la peine d'en discuter. On ne sait pas ce qui vient de se passer exactement là-bas.

Ce matin, je me suis senti un peu moins inquiet en observant les collines. Le soleil était levé. J'ai eu l'impression de m'être trompé sur l'emplacement de la maison où vivent mes deux petits frères et ma sœur. Les maisons n'ont peut-être pas brûlé dans cet endroit, mais je n'en suis pas encore certain. Deux villages ont été construits sur les mêmes collines et je pourrais les confondre. Les grandes distances empêchent de les localiser, et je continue à me répéter en secret que mes frères et ma sœur ont été tués. Je suis malheureux et j'ai peur de ce qui risque d'arriver. La vie de la région est bouleversée.

L'orphelinat se trouve sens dessus dessous. Plus personne ne pense à jouer ni à travailler. On sait qu'une attaque peut survenir à tout moment.

C'est pourquoi le directeur de l'orphelinat, depuis une semaine, a supprimé les leçons à l'école, modifié les horaires et le règlement, interdit que nous dormions la nuit tous ensemble à la même heure afin que nous accomplissions des tours de garde, par groupes d'enfants, pour surveiller les attaques par surprise. Il a senti le danger. Nous le sentions tous. Un grand malheur semblait se préparer sans que nous puissions l'empêcher. Nous avons mal dormi les nuits précédentes et étions énervés. L'appétit nous manquait de plus en plus. Mais j'espérais comme les autres qu'il n'y aurait pas d'attaque.

A l'heure où l'on est d'habitude à l'école, ce matin du 13 juin 1986, un vendredi, les moines et les enseignants devinent que les choses vont mal tourner. Ils nous rassemblent près des cabanes qui servent de cuisine et de salle à manger, sur une grande place de terre bien propre. J'y apporte mon petit sac en tissu où j'ai réuni mes quelques affaires un instant auparavant, en prévision du danger et de la nécessité de fuir. J'y ai ajouté, avec une chemisette et un tee-shirt, un petit livre que j'aime bien sur l'histoire du Bangladesh. Mes camarades déposent aussi leurs sacs. Tous les enfants n'en ont pas. Il n'y a pas eu assez de sacs à distribuer.

Un jeune enseignant écoute près de moi les clameurs qui approchent, un brouhaha indescriptible. Il s'appelle Nandopal. Je l'aime beaucoup. C'est l'un des moines qui dirigent l'orphelinat. Il nous dit :

— Restez ici. Je vais aller voir ce qui se passe.

Nous demeurons silencieux, figés. Le moine ajoute :

— Si vous voyez des militaires arriver, et si les événements deviennent vilains, il faut que vous descendiez vite dans la vallée pour vous sauver dans la jungle.

Nandopal part à la rencontre d'une quarantaine de personnes qui poussent des cris. Je reconnais des villageois affolés. Ils cherchent à se réfugier près de nous. Leurs maisons ont été incendiées la veille et c'est probablement sur eux que l'on a tiré ce matin.

Aussitôt après le départ du moine, j'entends d'autres voix. Elles sont complètement différentes. Les familles sont suivies par un nombre important de civils musulmans qui élèvent la voix et font beaucoup de bruit. Ils tiennent des faucilles à la main. Ce sont les miliciens. Ils chantent des chants de guerre. Ils disent qu'ils vont boire le sang des Chakmas. Les paroles de leurs chants nous menacent et les encouragent à nous attaquer. Je comprends ces mots en bengali. Ils disent qu'il faut verser notre sang et le boire. Ils parlent beaucoup du sang des Chakmas. Les musulmans répètent sans arrêt ces paroles qui sont leurs slogans, leur hymne de guerre. Ils chantent cela chaque fois qu'ils attaquent des villages.

Ils chantent tous ensemble en marchant. Je les vois avancer. J'ai l'impression qu'ils ont déjà tout prévu, tout calculé, tout préparé, et qu'ils ont fait des répétitions, qu'ils savent d'avance ce qu'ils vont nous faire, qu'ils y sont décidés, que rien ne peut les empêcher. Ils ont déjà tout fixé entre eux. C'est effrayant. Je suis apeuré par ces chants, par ces voix, par ces armes tranchantes qu'ils brandissent.

Quand on entend ces chants, on a très peur. On ne peut pas ne pas avoir peur. Quand on voit arriver ces bandes de musulmans, on a tous très peur. Cette fois, l'attaque ne se produit pas à quelques kilomètres, mais là où j'habite. Le sang qu'il faut boire, c'est le mien. Le sang qu'il faut faire couler, c'est celui qui est dans mes veines. Les Chakmas qu'il faut tuer, c'est nous, les trois cents enfants de l'orphelinat, avec nos dirigeants. Nous savons que, lorsque ces groupes débarquent, c'est pour tuer et détruire. Il n'y a rien à faire pour leur barrer le chemin. On ne peut pas les arrêter.

Je cours vers la maison du directeur en emportant mon sac. Je n'ai pas demandé la permission. Je grimpe par l'escalier au premier étage, sur le balcon, afin de me protéger un peu et mieux voir. Je suis catastrophé. En chakma, on dit *Bouddha Bhogabane* pour dire « Mon Dieu ! ». Comme les habitants des villages l'ont prononcé souvent ! Ou simplement l'exclamation *Bhogabane !*

Un homme du village de Boalkali s'adresse à ses voisins qui ont fui en sa compagnie. Il veut se rebeller et encourager les autres à se défendre. Il leur crie :

— Qu'est-ce que vous attendez ? Il faut se défendre. On ne va pas les laisser brûler nos maisons sans rien dire !... On ne va rien leur dire ?... On va essayer quelque chose. On ne va pas se laisser faire comme ça. Allons, du courage !...

Les villageois n'ont aucune arme, pas même un couteau avec eux, pas même un bâton. L'homme continue à leur parler à voix très forte :

— Si vous êtes des animaux, sauvez-vous!... Allez vous cacher encore plus loin! Mais, si vous êtes des hommes, avancez, foncez sur eux!... Ne les laissez pas faire.

Des hommes du village lui donnent raison et commençent à se retourner contre les musulmans. Ils veulent leur faire face. Ils sont prêts à se battre avec leurs poings et des bâtons, avec n'importe quoi. Ils ont envie de se révolter, de protéger leurs familles et leurs maigres biens. Mais les militaires apparaissent derrière les Bengalis musulmans à ce moment précis avec des fusils. Ils ont tous des fusils et d'autres armes. Les militaires font peur aux villageois. Ils sont là dans ce but.

Les militaires laissent presque toujours d'abord les civils bengalis et chakmas se débrouiller entre eux, et ils interviennent en faveur des Bengalis s'il y a un risque d'affrontement. Ces Bengalis sont les plus violents de leur population, les plus cruels, les plus sanguinaires. Ce ne sont pas n'importe quels Bengalis qui forment ces groupes de combat mais les plus dangereux, les plus vulgaires, et qui n'ont pas peur de massacrer. Ils s'encouragent entre eux, par leurs chants et leurs cris, à tout ravager.

Depuis le premier étage de la maison du directeur, je regarde tout. Le villageois qui a voulu montrer l'exemple et conduire les autres à résister est brusquement effrayé en apercevant une douzaine de militaires arriver en courant derrière les civils musulmans. Il a un choc!... Il ne s'attendait pas à voir la troupe foncer vers nous au pas de charge. Il recule le premier. Il se sauve et est encore plus apeuré que les autres habitants du village. La panique s'empare complètement de lui. Son changement d'attitude me surprend.

Je le vois détaler. Les militaires continuent de pénétrer au pas de course dans notre orphelinat. L'homme tout seul court aussi, mais dans la direction opposée. Il n'insiste pas. Il a compris qu'il vaut mieux se taire. Il est presque comique à battre en retraite après avoir parlé si bien de courage et de résistance. Mais je ne m'occupe plus de lui. Je ne le regarde déjà plus. Les autres arrivent.

Il n'y a rien à faire contre cette invasion. Une centaine de personnes, civils et militaires mêlés, entrent à l'orphelinat en quelques instants. Cela fait beaucoup de monde. On crie et s'agite dans tous les sens.

Je descends à toute vitesse du premier étage de la maison où une quinzaine d'enfants sont montés. Chacun va de son côté. Priyatosh veut retrouver son sac qu'il a laissé près de la cuisine. Il croit qu'il aura le temps de le prendre et que personne ne fera attention à lui. Je cours au contraire vers la vallée. Tous ces soldats en armes qui se précipitent pour envahir le terrain sont effrayants. Des villageois se hâtent devant moi de partir, et d'autres nous suivent en courant. C'est une catastrophe. Un militaire pointe son arme dans ma direction, comme sur d'autres personnes, à quelques dizaines de mètres. Je me sauve encore plus vite. Il court aussi.

Il va tirer. Il va sûrement tirer. S'il a une arme, ce n'est pas pour autre chose. Il va nous tuer. Nous ne lui avons rien fait. Pourquoi est-il entré à l'orphelinat ? Il devrait s'en aller. Ce n'est pas chez lui. Il continue d'avancer. J'ai très peur. Il veut que nous restions immobiles.

Je crains trop son fusil et ses gestes. Je me sauve, je cours à toute vitesse. Quand on a peur, les talons vont vite. Je vais très vite et double des gens. *Bouddha Bhogabane !...* Mon Dieu ! *Bhogabane !...* Le militaire va appuyer sur la détente. Je ne sais plus ce que je dois faire. Je ne sais pas si je dois m'arrêter ou continuer de courir. Le coup de fusil va retentir d'un instant à l'autre. Il ne peut pas nous rater s'il tire.

Je perds mes idées. La peur me rend incapable de réfléchir. Je n'arrête pas de courir. Je ne sais pas bien où je vais. La forêt est là-bas. Je songe à y aller. Je fonce droit devant moi. Il y a du soleil et le terrain est découvert. Je vais peut-être mourir. Ça doit faire mal. Ce n'est pas juste. J'ai peur de souffrir si je suis touché. Il n'y a pas grand-chose à faire pour se sauver. Il n'y a qu'à aller vite, le plus vite possible, et avoir de la chance.

J'ai la respiration coupée. Mais je ne comprends pas bien ce qui m'arrive. Je ne raisonne plus. Je ne parviens pas à penser. C'est plus fort que moi. Je ne peux plus obéir à rien. J'ai trop peur. Il y a déjà eu des morts partout dans les Chittagong Hill Tracts, des maisons incendiées, des gens décapités. Tout ce que j'ai entendu, tout ce que j'ai vu me revient à l'esprit brutalement. Je regarde encore une fois le militaire. Il court après moi, après notre groupe, mais il ne tire pas.

J'abandonne mon petit sac en tissu où j'ai rassemblé mes affaires, tout ce que je possède. Je le jette sur le côté. Ce sac n'est pas lourd mais il me gêne. J'y tenais pourtant. Je dois m'en débarrasser. J'essaie d'atteindre la jungle pour m'y cacher. Le militaire en treillis court plus vite. Je jette un coup d'œil. Il se rapproche. Il peut me rattraper. Je suis vif, agile, mais mes jambes ne sont pas assez grandes.

S'il m'atteint, je suis fichu. Mes pieds nus ne sentent plus les pierres ni les plantes piquantes. Je suis affolé. C'est un malheur épouvantable. La panique me fait perdre la tête et me rend insensible à la douleur. La mort est là. Je vois vraiment pour la première fois la mort de tout près. Elle me concerne, moi, cette fois. Je la sens dans mon dos, avec ce soldat. Elle a un visage d'homme qui me veut du mal. J'accélère, je n'ai jamais couru aussi vite, je n'ai jamais été aussi terrifié.

J'atteins un champ avec de hautes herbes. Je me jette parmi elles. Je ne me retourne pas. Les herbes sauvages me fouettent les jambes et m'égratignent un peu. Je me force pour avancer. Je pénètre en plein milieu de cette étendue de végétaux sans savoir ce qui va arriver. Je me couche alors sur le sol en espérant devenir invisible. Je me jette carrément par terre. Il y a d'autres plantes qui m'écorchent comme des ronces. Je suis complètement aplati, étalé, mais cela ne suffit pas pour me protéger.

Je regarde encore le militaire. Il s'attaque à d'autres gens qui courent dans tous les sens, s'éparpillent, se dispersent sur un terrain découvert en criant, en pleurant, avec des enfants et leurs mères, des hommes et des vieillards. C'est l'affolement général. Toutes ces personnes sont déjà à moitié mortes de peur. Il y en a qui se taisent de stupeur et d'autres qui hurlent et implorent qu'on ne les tue pas, ne les frappe pas, ne fasse pas de mal à ceux qu'elles aiment. J'en connais plusieurs.

Elles ont déjà été chassées de leurs maisons et elles ne savent pas ce qu'on va leur faire subir maintenant. Leurs voisins se sont enfuis ailleurs ou ont été massacrés. J'ai entendu les coups de fusil. J'ai même entendu les maisons brûler, les crépitements des parois en bambou. C'était juste à côté. Je me suis demandé ce qui allait se passer ensuite pour nous, les enfants de l'orphelinat.

Une douzaine de militaires qui tiennent à la main des mitraillettes et d'autres armes se précipitent et entourent ce groupe de personnes. Ils le capturent.

Je rampe dans les herbes, je marche à quatre pattes. Je continue d'essayer de me rendre invisible. Les serpents venimeux ne m'inquiètent pas. Je n'en vois pas et n'ai pas le temps d'y penser. Pour ramper plus vite, je m'appuie sur mes coudes, je les bloque dans la terre, je tire dessus. Ils sont vite en sang. Les blessures ne me gênent pas non plus. L'important est d'avancer. Ça rabote mes genoux. Bientôt, je me relève et me sauve dans la jungle. Je détale comme un fou, comme un malade au milieu des arbres. Je ne peux plus respirer. Je ne sais pas où je vais.

Je quitte à toute vitesse l'orphelinat. Je n'avais jamais imaginé que je le quitterais comme ça un jour. A cette heure-ci, nous entrions d'habitude à l'école. Nous étions trois cents enfants de six ans à treize ans. Nous sommes trois cents enfants à être épouvantés, dispersés.

Je me retrouve tout seul d'un côté. Je ne sais pas où sont les autres. Je ne les vois plus. La végétation me protège et j'ai l'impression que je pourrai m'y cacher si je parviens à aller plus loin. Je dois m'y plonger pour qu'on ne me retrouve pas. Ma seule idée est de disparaître le plus vite possible, afin de ne pas être tué. Cela occupe tout mon esprit, mobilise toute mon énergie dans une course désespérée.

Les enseignants sont tous prisonniers aussi. Ils vont peut-être mourir avec les habitants du village et les enfants. Les envahisseurs peuvent utiliser des armes blanches. Ils ont des couteaux et la possibilité de mettre des baïonnettes au bout de leurs fusils. Ils le font souvent. Le silence qui m'entoure après les cris et le vacarme de tout à l'heure ne me rassure pas. Je n'entends que mes pas sur le sol.

La troupe de soldats n'est pas venue pour autre chose que tout casser. Elle a déclenché une attaque afin de nous chasser et nous exterminer. On ne pouvait pas résister. Les militaires sont arrivés pour détruire l'orphelinat entier. Ils vont tout démolir. Nous l'avons tous compris immédiatement. Ils étaient déterminés. Il n'y avait aucun moyen de se protéger contre eux. Il ne va rester que de la cendre à la place de notre orphelinat, que des cadavres. J'en suis sûr. Personne ne le saura même jamais. Personne ne vient jamais dans notre région.

D'autres enfants ont peut-être réussi à se sauver dans une autre direction, mais les plus petits ne sont sûrement pas parvenus à s'échapper, à six ans. Ils ne peuvent rien faire à cet âge-là. Ils comprennent encore moins que moi la raison de cette irruption d'étrangers. Ils regardaient sans rien dire. Quelques-uns pleuraient.

Le chef des soldats n'avait pas encore donné l'ordre de tirer, sinon nous aurions tous été massacrés immédiatement.

La jungle me rassure un peu, mais je ne la connais pas vraiment. Je ne m'y suis jamais aventuré très loin. Elle est immense. On peut y marcher des jours et des jours sans rencontrer une seule personne ni une seule habitation. Peu de sentiers y sont tracés. J'emprunte celui où, une semaine plus tôt, nous avions déjà tous fui en prévision d'une attaque. Il mène je ne sais où. Mais je ne me pose pas de questions. Je dois m'éloigner vite et je prends ce sentier.

Il m'est encore impossible de raisonner. Je ne sais pas bien où je suis. Je cours en état de choc. Je ne me rends plus compte de rien. J'ai l'impression que c'est la fin du monde et que tout ce qui vient de se passer est incroyable. C'est un cauchemar. Tout est impensable et affreux dans la guerre contre les Chakmas. C'est horrible. Je ne comprends pas non plus pourquoi ils ont attaqué l'orphelinat. Pourquoi ont-ils fait ça ? Mon cœur bat très vite. Je ne sais pas ce qu'il faut que je fasse pour rester vivant. L'émotion me coupe le souffle.

Autour de moi, le fouillis de végétaux immenses et serrés forme un contraste avec le terrain bien propre et nettoyé de l'orphelinat. Je me sens bientôt complètement étranger dans cette jungle. Je n'ai pas couru longtemps, et elle se referme déjà sur moi. Je n'ose même pas penser à ce qui m'y attend. Je ne regarde pas vraiment les arbres, mais il y en a partout et je crains de ne pas être capable d'aller loin, de tenir de nombreux jours.

Je ne cherche même pas à m'orienter, de plus en plus égaré. Je n'ai pas de but. Je me sauve, c'est tout. Je ne fais que fuir. Me dépêcher, avancer plus loin, plus vite, ne pas être tué, ne pas être capturé. La terreur des soldats est plus grande que tout le reste. Elle est plus grande que n'importe quoi. Je ne voudrais surtout pas qu'ils me rattrapent.

Cela me fait une impression étrange de me retrouver soudain seul, tandis que nous vivions toujours en groupe à l'orphelinat. Je ne suis pas habitué à cette solitude. Je cherche partout si des enfants et des enseignants ne se sauvent pas comme moi dans cette direction. Je voudrais en rencontrer. Vont-ils être tués ? Priyatosh a-t-il été repris ? Je commence à avoir peur d'être si seul, mais l'image des soldats me panique entièrement. Je tremble, tout mon corps tremble. J'ouvre de grands yeux, je guette, j'écoute sans faire de bruit. Il n'y a personne.

Je vais plus loin. Je cours encore et ma tête bourdonne, mes jambes deviennent lourdes. J'ignore pendant combien de temps je ne cesse de courir. Je ne sais pas pourquoi les hommes se battent tout le temps entre eux. Je n'y comprends rien. Je ne vois pas pourquoi les militaires ont envahi l'orphelinat ce matin. Mais je sais qu'ils tuent. Ils tuent beaucoup de gens. Ils ne regardent pas si ce sont des petits enfants ou des vieillards, des bébés ou leurs parents. Ils ne nous aiment pas. C'est tout ce que je sais. Ils ne nous aiment pas du tout. Ils veulent que nous partions. Tout le monde ici sait ce qu'ils font. Nous craignons tous qu'ils ne nous coupent en morceaux, ne nous fusillent, ne nous fassent brûler vivants comme d'autres à l'intérieur de nos maisons en bois. On sait ce qu'on risque.

Mes jambes sont fatiguées. Le manque de sommeil depuis une semaine, les heures de garde où je luttais afin de rester éveillé en attendant la relève d'un camarade, l'énervement, l'attente la nuit et le jour qu'il se passe quelque chose m'ont épuisé. Toutes ces choses me font peur. Je ne peux pas les supporter sans personne à mes côtés pour me rassurer. Elles me font perdre la tête. Elles sont incompréhensibles et cruelles.

Je me retiens de pleurer. Je voudrais appeler au secours. Je songe à maman et à papa. J'ai pensé sans cesse à eux la nuit dernière en ne dormant pas, en regardant les maisons des villages voisins brûler sur les collines. Pourquoi ne sommes-nous plus ensemble dans notre maison comme autrefois, quand j'étais petit ?

J'étais heureux avec eux, au Bangladesh. On peut être heureux au Bangladesh. J'étais heureux dans mon pays. J'avais une famille. Je vivais avec mes frères et ma sœur. S'il n'y avait pas cette guerre, je n'aurais pas besoin de m'enfuir tout seul dans la forêt.

Je cours comme un fou, je disparais entre les arbres, j'espère que les soldats m'ont oublié, mais le danger continue d'exister. Je ne me sens pas totalement en sécurité. Il peut m'arriver n'importe quoi, une mauvaise chute, une morsure de serpent, une rencontre avec d'autres soldats qui patrouillent dans la forêt. Les sangliers sont nombreux, parfois énormes, et je ne voudrais pas qu'ils m'attaquent. Il fallait empêcher les hardes de sangliers de manger les récoltes, près de l'orphelinat, dans les champs que nous cultivions. Ils sortaient de la forêt. Les serpents volants, qui me font peur, ont l'habitude de grimper aux arbres et de se déplacer d'une branche à l'autre comme des écureuils. Je n'ose pas lever la tête.

Où se trouve la fin du danger, la fin du voyage ? Vais-je m'arrêter de courir, le ventre vide, pieds nus, sans eau, sans ravitaillement ni bagages ? Je ne sais même pas où je vais. Je n'ai pas de carte, pas de moyen d'orientation. Je veux vivre, c'est tout. Est-ce interdit ? Est-ce un cauchemar ? Je voudrais me réveiller, me reposer, ne plus bouger... Je voudrais être dans un pays heureux et en paix... Je vais l'atteindre. Je vais sûrement l'atteindre. Je vais cesser de courir. Je n'en peux plus...

2.

Trois cents enfants prisonniers

Soudain, je vois devant moi le directeur de notre école avec sa femme et ses deux filles. Ils s'enfuient. Ils courent aussi vite qu'ils peuvent à quelques dizaines de mètres parmi les arbres de la jungle. Ils ont emprunté le même petit chemin. Ils semblent avoir très peur. Mais leur présence me rassure. J'éprouve un soulagement qui est presque de la joie. Je me sens mieux. Je les rattrape. Le directeur va sûrement pouvoir faire quelque chose pour nous sauver. Un directeur, ça sait plein de choses.

Il s'arrête en me voyant. Il a un visage angoissé. Ce n'est pas le responsable de l'orphelinat, Priatisya Bikku, ni le supérieur de tous les moines des deux orphelinats rattachés l'un à l'autre, Bemal Bikku, mais notre directeur d'école, celui chargé des enseignants et des élèves. Il est parti avant moi avec sa famille. Il tient à la main un petit sac et un récipient, attaché à une ficelle, pour faire cuire de la nourriture, du riz. C'est tout ce qu'il a pu emporter. Il a songé à la nourriture pour sa famille. Il semble partir très loin avec cet équipement.

Je lui dis que je suis très heureux de le retrouver. Je me sens moins perdu. Le directeur me demande de prendre le récipient qu'il porte. Je le saisis et, en même temps, je prends son sac. Le mien est déjà loin derrière nous, abandonné dans la nature... Il s'occupe de sa fille de huit ans, l'aînée des deux, qui n'arrive pas à bien marcher. Elle est fatiguée et peine à avancer. Elle trébuche, elle ne va pas vite. Il la prend par le bras pour la soutenir. Il aide aussi de la même manière son autre enfant qui a six ans. Ses deux filles ont peur et ne comprennent pas ce qui nous arrive. Sa femme ne dit rien. Elle est épouvantée.

Nous avançons le plus vite possible en silence. Je dois être le seul enfant de l'orphelinat à avoir réussi à m'enfuir de ce côté. Si d'autres enfants sont parvenus à s'échapper, nous ne les voyons pas et ils ne courent pas dans cette direction.

Tout à coup, des silhouettes apparaissent devant nous. Nos yeux s'écarquillent brusquement. Si ce sont des ennemis, nous sommes perdus. Ils vont tirer.

On se méfie, on s'arrête. La peur me reprend, mais je distingue bientôt des vêtements et des visages connus. On respire !... Quelques habitants de l'un des villages incendiés la nuit précédente se sont enfuis à l'intérieur de la jungle sans passer par le terrain de l'orphelinat. Ils ont préféré ne pas suivre d'autres villageois, qui ont été capturés sous mes yeux un moment plus tôt. Je reconnais surtout une famille que je connais bien.

Ce petit groupe comprend quelques dizaines de personnes au total. Je ne sais pas combien, mais il y en a de tous les âges. Ils ne semblent plus savoir où aller maintenant. Ils ont mieux aimé disparaître parmi les grands arbres directement, et ils ont eu raison. Ils ne se déplacent pas vite et errent comme des malheureux. Nous les rattrapons.

Ils ont peur à leur tour de notre approche, mais pas longtemps. Tout le monde s'arrête. Nous échangeons quelques mots à voix très basse. Il faut prendre une décision sur le chemin à suivre. Je ne dis rien. J'écoute les grandes personnes. Elles sont indécises, angoissées, traquées. On ne fait pas de bruit. Chacun a peur. Le directeur, sa femme et d'autres gens regardent en arrière si les militaires nous ont suivis. Cette observation se fait dans l'anxiété. Nous craignons qu'ils ne nous tombent dessus à tout instant. Il ne se passe rien.

Un moment après, le directeur nous quitte. Il a décidé de revenir seul à l'orphelinat pour surveiller ce qui se passe. Il n'est pas satisfait d'avoir pu s'en échapper et il ne serait peut-être pas parti s'il n'avait pas eu sa famille à protéger. Je le vois disparaître avec prudence dans la végétation. Il est encore jeune. Il est solide et retourne observer entre les arbres notre terrain envahi par l'armée. Sa femme lui a recommandé d'être vigilant.

Un long moment s'écoule. On attend, comme ça, terrifiés, incapables de déterminer ce qu'il convient de faire pour protéger sa vie, immobile à l'intérieur de la jungle. On ignore si le directeur reviendra.

Soudain, il réapparaît en soufflant, le visage bouleversé. Il raconte qu'il a marché jusqu'en haut d'une colline dominant le paysage et vu tous les enfants et les habitants du village rassemblés. Ils étaient prisonniers à l'orphelinat, en plein air, devant les bâtiments. Les trois cents enfants peut-être étaient prisonniers, mais il n'a pas pu les compter et certains pouvaient s'être échappés comme nous au début de l'attaque. Les militaires les entouraient. Ils dirigeaient sur eux leurs armes. Ils les avaient groupés sur le terrain de football.

Le directeur est monté sur un arbre afin de mieux observer. Il a vu aussi les enseignants prisonniers avec les enfants. Les soldats leur disaient qu'ils allaient tous les tuer maintenant. Les groupes paramilitaires de Bengalis venus avec les soldats continuaient de participer à l'opération. Ces civils déclaraient qu'ils étaient d'accord pour massacrer tout le monde et ils entonnaient à nouveau leurs chants guerriers autour des captifs.

Ils voulaient prendre les champs et les récoltes de l'orphelinat. Ils étaient venus dans ce dessein, et celui de nous voir disparaître.

Le directeur m'inquiète un peu parce qu'il ne paraît pas posséder de solution à ce problème comme je l'espérais. Que va-t-on devenir tous ensemble dans la jungle ? Il ne faut pas rester là sans bouger. On ne peut pas en sortir sans risquer d'être capturés par les soldats, et l'on ne peut pas non plus s'y enfoncer davantage sans danger de se perdre et affronter tous les périls.

Le directeur fournit plus de précisions. Sur son arbre, il voyait et entendait tout. Les enfants étaient terrorisés. Il observait les soldats faire de grands gestes. Il a d'abord pensé que des enfants avaient déjà été tués et que les autres allaient l'être bientôt. Il s'attendait à un massacre général, et les mouvements des soldats et de leurs partisans lui en apportaient la confirmation. Tous ces gens étaient complètement déchaînés, furieux et impitoyables, au milieu des cris et d'un grand désordre dans leurs déplacements. Le calme ne paraissait pas pouvoir être ramené. Les militaires se montraient enragés. Alors, le directeur de l'orphelinat est descendu de son arbre pour venir nous le dire.

— Ils sont entourés de soldats et vont tous être tués, explique-t-il. Ils sont perdus. Il n'y a pas moyen de calmer les soldats.

Sa femme se met à pleurer.

J'écoute et j'ai le sentiment de vivre un cauchemar. Je ne comprends pas comment ces choses sont possibles. Je ne réalise pas. J'ai très peur, j'ai tellement peur que je ne peux pas pleurer. Mes yeux sont secs. Mais mon cœur bat très vite, tout bat à se casser dans mon corps entier, tout tremble. J'ai tellement peur !... Je suis renversé et malade. Je tremble de terreur.

Le directeur répète que nous ne disposons d'aucun moyen d'aider les enfants prisonniers à l'orphelinat. Ils ne peuvent pas être sauvés. Il n'y a rien à faire. Tous mes copains vont mourir. Il ajoute aussi qu'il est inutile, à son avis, que nous tentions de nous échapper dans la forêt. C'est trop dangereux. La survie y est à peine imaginable. Il est persuadé que beaucoup d'enfants sont déjà morts.

On attend sur place sans bouger. C'est comme la fin de tout. On est découragés. On est tous accablés et malheureux. Dans cette forêt, je n'ose même plus espérer qu'une grande personne découvre une solution. Les gens du village, ébahis et apeurés, se demandent comment sauver leur vie maintenant qu'ils ont tout perdu. Ce ne sont pas des guerriers. Ils n'ont jamais appris à se battre. Ce sont seulement des agriculteurs. Ils sèment et moissonnent leur riz et élèvent quelquefois une ou deux vaches, quelques chèvres. Ces familles n'ont aucune envie de faire la guerre ni d'appartenir à un camp ou l'autre, et elles sont désespérées d'avoir dû fuir leurs maisons en bambou.

Nous ressemblons à un groupe de misérables, sans armes ni bagages. Nous ne songeons pas à manger. Personne n'a faim. Quelques-uns ont eu le temps d'emporter un peu de nourriture, mais nous n'y touchons pas. Notre gorge est serrée. Je serais incapable d'avaler quoi que ce soit. Les autres sont comme moi. C'est pourtant l'heure où nous déjeunons d'habitude, à midi, à l'orphelinat.

Du temps passe encore. Le directeur continue de réfléchir et nous demande de rester là sans bouger. Il veut retourner à nouveau vers l'orphelinat observer les soldats. Avant de prendre une décision, il a besoin de savoir ce qu'ils font. Il nous dit :

— S'ils ont coupé la tête de tous les enfants et des gens du village, on essaiera de se sauver. Il faut tenir le coup. Si les autres sont déjà morts, on doit tenter quand même de s'enfuir et faire quelque chose.

Tout le monde est d'accord. On ne peut pas rester comme ça à patienter sur place. Une seconde fois, le directeur s'éloigne en silence parmi les arbres. Il approche de plus près encore l'orphelinat.

A son étonnement, il constate que les militaires paraissent légèrement calmés. Il n'atteint pas le terrain de foot où les prisonniers sont rassemblés, mais il guette depuis une petite colline. Il entend distinctement toutes les paroles prononcées par les soldats et les civils. L'atmosphère de violence furieuse paraît avoir diminué comme s'il y avait eu un événement nouveau. Il se demande ce qui a pu se produire.

Depuis deux heures environ, les enfants sont prisonniers.

L'officier qui commande s'adresse aux enfants :

— C'est fini maintenant. C'est bien. Venez manger !...

Il a complètement changé de ton. Il leur assurait un instant plus tôt qu'il allait les tuer et maintenant il les appelle pour manger. Pour mieux persuader les enfants épouvantés, il fait sonner le gong de l'orphelinat. Ce gong familier, qui rythme d'ordinaire les journées, devrait les rassurer.

Le directeur revient nous prévenir, avec un visage un peu soulagé, qu'il ignore la cause de ce changement d'attitude, mais que les militaires paraissent se conduire de façon plus tranquille. Nous sommes surpris de cette bonne nouvelle, mais perplexes et méfiants. Si les militaires pouvaient s'en aller !... Après tout, ils partiront peut-être. Nous voudrions le croire, mais nous n'y parvenons pas.

Le directeur hésite et nous ordonne de demeurer encore au même endroit dans la jungle. Il retourne une troisième fois à l'orphelinat. Il nous prévient :

— Si je ne reviens pas, partez vite !... Ne restez pas ici. Si je suis mort, ça y est, tant pis, ce n'est pas grave pour moi, mais vous devez vous sauver. N'attendez pas trop longtemps, et fuyez si vous ne me voyez pas revenir.

Il s'en va dans l'ombre des végétaux. Sa femme et ses enfants ont très peur pour lui.

Cette fois, il décide d'entrer à l'orphelinat sans se cacher. Il s'avance à découvert dans la direction des militaires et va rejoindre les enfants. Les lieux paraissent être redevenus calmes. Les soldats ne l'arrêtent pas. Ils l'observent sans le maltraiter.

Le directeur regarde son école et les autres bâtiments en bois. Des enfants ont disparu. Il ne peut pas en établir le nombre, mais il voit que beaucoup d'enfants ne sont plus là. Ils ont dû partir comme moi quand les soldats, et les Bengalis musulmans appelant à boire le sang des Chakmas, ont fait irruption. Les autres enfants se montrent encore effrayés d'avoir entendu qu'ils allaient être tués, mais ils n'ont pas été battus.

Après un nouveau délai, le directeur revient nous chercher à l'endroit où nous nous cachons, et explique qu'il ne veut pas nous emmener dans l'aventure d'une fuite au milieu de la jungle. Les soldats ne lui inspirent pas totalement confiance, mais il espère qu'il ne se passera rien de mal. La jungle lui semble encore pire.

Il conserve des craintes envers les soldats, et il hésite à nouveau, mais il se dit qu'ils n'oseront pas attaquer davantage des orphelins et qu'ils ne toucheront pas aux constructions. Les enfants prisonniers ne peuvent pas être abandonnés ainsi. Il nous ramène à l'orphelinat.

Je ne sais pas si je dois le suivre. Mais rester seul dans la jungle me fait trop peur, et je suis tenté d'obéir à mon directeur qui doit savoir mieux que moi. J'écoute ce qu'il dit. En faisant le chemin en sens inverse, je m'aperçois que j'ai parcouru moins de deux kilomètres dans la forêt. Je ne suis pas allé loin. J'ai couru comme un fou sans me rendre compte de la distance.

Dans ce groupe de villageois qui marche lentement et avec hésitation, je demeure le seul enfant de l'orphelinat. Le directeur me dit de le suivre :

— Viens, Sudhananda, retournons chez nous. Tout ira bien.

Là-bas, il y a le soldat qui me courait après au commencement de l'attaque. Je n'ai pas le cœur à retourner vers ce soldat.

3.

On va tous vous tuer

Je m'aperçois en revenant à l'orphelinat que je suis désormais prisonnier comme les autres. Mon évasion n'a servi à rien. Je me retrouve entouré de tous les soldats. Ils ne sont pas décidés à me laisser repartir.

D'autres enfants ont réussi à s'échapper dans les premières minutes, mais plusieurs dizaines ne sont pas revenus. J'espère qu'ils s'en tireront. Nul ne sait où ils se trouvent. Les dirigeants de l'orphelinat sont très inquiets à leur sujet et redoutent qu'il ne leur soit arrivé malheur, qu'ils ne soient blessés ou morts quelque part dans la forêt ou les champs.

Ces disparus ne constituent pas la seule préoccupation de nos maîtres. Il leur faut aussi veiller sur ceux demeurés à l'orphelinat. Les militaires se trouvent partout. Ils ont effectué une invasion massive.

Comme l'heure du repas est passée depuis longtemps, un enseignant leur signale qu'il faut que nous mangions. Un officier accorde l'autorisation en insistant pour que nous cessions d'avoir peur. Cela l'énerve. C'est facile de ne pas avoir peur devant les fusils !... On nous donne à manger. Mais personne n'a faim. On a l'appétit coupé. On ne va tout de même pas croire que les soldats sont venus ici pour nous regarder manger et ne rien faire d'autre. Sinon, ils partiraient. S'ils restent, c'est qu'ils ont encore quelque chose à faire, et cela nous inquiète.

On se force à avaler un peu de nourriture. Les enseignants veulent que nous mangions. Cela fait du bien quand même et nous revigore provisoirement.

Les soldats restent menaçants avec leurs armes, mais ils se tiennent un peu à l'écart. Ils nous interdisent de nous éloigner. Je ne sais pas ce qu'ils préparent. Ils discutent entre eux et nous surveillent. Ils ne sont pas déchaînés et démontés comme à leur arrivée, mais je ne crois pas qu'ils nous veuillent du bien.

Depuis longtemps, nous sommes menacés dans notre propre pays et savons qu'il est peut-être nécessaire de fuir, comme d'autres avant nous l'ont fait. Mais j'espérais que ce jour n'arriverait jamais. J'y songeais le moins possible. Je ne voulais pas partir. J'aime beaucoup mon pays et j'aime la région où je suis né. Elle est très belle. J'ai le sentiment pourtant que ce jour tragique est arrivé, que cette heure est présente.

Quand les soldats ont envahi ce matin l'orphelinat, je ne parvenais pas à croire que c'était la réalité. Je regardais sans croire à ce que je voyais. Pourquoi faisaient-ils cela ? Tout en sachant, je ne comprenais pas. Ce n'était pas possible ! C'était impensable ! Je refusais de croire que je ne rêvais pas.

Tout près, je vois maintenant ces soldats qui ont fait peur à tant de gens, détruit tant de familles et vidé tant de maisons de leurs habitants.

Nous attendons, tous les enfants rassemblés et effrayés, qu'une décision soit prise à notre sujet. L'idée de chacun est de s'enfuir, mais c'est impossible. Je n'ai pas le temps de vraiment penser qu'un instant plus tôt j'étais encore libre dans la forêt. Quelle chance gaspillée ! Tout s'est passé trop vite et dans la confusion. A la satisfaction d'avoir retrouvé plusieurs de mes camarades se mêle le désagrément d'être prisonnier. J'ai eu à manger à midi en tout cas et je voudrais m'en aller à nouveau, ne plus être ici.

En guettant les soldats, j'entends raconter par morceaux ce qui s'est passé pendant mon absence. Priyatosh, qui avait voulu s'enfuir de la même manière, a été fait prisonnier presque aussitôt en retournant chercher son sac en tissu avec ses affaires. Il a été obligé de rester immobile avec les autres enfants sur le terrain de football, comme le directeur de l'orphelinat l'a observé depuis l'arbre où il est monté. Les soldats les ont menacés de leurs armes. Ils les retenaient. Ils ont dit aux enfants qu'ils allaient tous les tuer. Un militaire surtout s'adressait à eux. C'était le chef. Il les a informés :

— On va vous tuer. On va tous vous tuer.

Il leur a déclaré ça froidement. Il a aussi ajouté qu'il était inutile qu'ils essaient de s'évader. Comme les enfants avaient déjà entrepris de se sauver une première fois et que les militaires avaient essayé de les en empêcher, il ne voulait pas que cela recommence. Mais des enfants avaient quand même réussi à disparaître, et les autres avaient fini par être regroupés sur le terrain de football en compagnie de familles entières de Chakmas qui tentaient de fuir.

A ces familles aussi les militaires ont annoncé qu'ils allaient les tuer dans un court instant.

Ensuite, les militaires ont appelé les civils musulmans qui avaient incendié des maisons des villages voisins. Ces civils étaient très surexcités et fanatiques.

— J'ai alors pensé qu'on était fichus, murmure Priyatosh. J'ai cru que les soldats voulaient nous faire tuer par ces musulmans. J'ai eu la trouille. Ils nous auraient coupé la tête. On aurait dit qu'ils voulaient nous faire mourir de cette manière.

Quand les soldats étaient arrivés le matin, il avait déjà failli y avoir un carnage. J'ai encore ces images dans la tête. On y songe. Des habitants du village arrivaient, affolés, et les soldats ont été sur le point de tirer sur eux. Ils leur ont ordonné de ne pas aller plus loin. Ils ont failli ouvrir le feu. Cela a été à deux doigts de s'accomplir. Les gens se sont arrêtés de courir et les soldats n'ont pas tiré. Ils les ont emmenés. Un pas de plus, et ils auraient tiré dans le tas. Si les habitants avaient continué de fuir, les soldats envahissant l'orphelinat auraient fait un massacre, c'est sûr, on l'a tous vu. La fusillade a été évitée de justesse.

Les militaires ont également été rendus furieux par la fuite de l'un des responsables de l'orphelinat. J'ai assisté à la scène. C'était juste avant que je n'essaie de m'enfuir à mon tour.

Un jeune moine bouddhiste, Ganandesse, celui qui habite dans la même maison que moi, a eu un choc nerveux en voyant cette attaque, ce déferlement d'uniformes et d'armes. Il a été effrayé par autant de cris et de menaces horribles. Je ne sais pas ce qui lui est arrivé, mais il a complètement perdu la tête et le contrôle de lui-même. Il s'est mis à trembler comme une feuille d'arbre devant les militaires sans parvenir à se dominer. Ce n'était pas sa faute. Il ne réussissait pas à masquer sa peur et à l'étouffer. C'était plus fort que lui. On n'y peut rien dans ces cas-là.

On l'aime bien, Ganandesse, et il se montre toujours gentil et sérieux, mais il n'a pas supporté l'émotion trop forte. Cela lui a fait un coup trop rude. Il a filé comme une flèche. Ses pieds allaient presque plus vite que lui. Il est parti en courant se cacher tout seul dans la forêt, s'allonger au creux d'une petite vallée. Il n'a plus bougé. La jungle est déjà épaisse à cet endroit. Il a eu trop peur !...

Un autre moine, qui s'est aperçu presque aussitôt de sa disparition, a d'abord cru que les soldats l'avaient laissé partir, sans comprendre pourquoi il avait pu bénéficier de cette faveur. Mais les soldats ont été au contraire très mécontents de l'évasion. Avec la détermination et la rapidité dont il a fait preuve pour s'enfuir, ils ont cru que le moine Ganandesse tentait un coup d'éclat et de courage presque suicidaire afin d'aller chercher des Shanti Bahini, des secours dans la forêt. Ils imaginaient qu'il courait chercher des compagnons avec des armes pour les combattre. Les soldats étaient encore plus énervés et agités, sur leurs gardes.

Ils ont réfléchi au comportement bizarre de Ganandesse, et annoncé à voix haute aux enfants qu'ils allaient tous les tuer.

— S'il ne revient pas immédiatement, a déclaré leur chef, on vous tue tout de suite.

Il n'est pas revenu pour autant. Il n'a sûrement pas entendu la menace à cause de la distance de sécurité qu'il avait mise entre lui et l'armée. Cette menace n'a eu pour résultat que d'épouvanter davantage les enfants et les rendre malades. Ils ne savaient pas exactement où était parti Ganandesse.

Peu après la fuite du jeune moine, le responsable religieux de l'orphelinat, Priatisya Bikku, a essayé d'appeler à l'aide. Ce n'est pas le véritable responsable de l'orphelinat, qui s'appelle Settananda Bikku et se trouve provisoirement à Moanogar, mais il le remplace et tient le rôle de supérieur.

Il a voulu utiliser un appareil téléphonique qui fonctionne en tournant d'abord une manivelle. Les enfants ne connaissent pas tous son existence car ce téléphone est installé au premier étage de la maison du directeur, où ils ont rarement des raisons de monter.

Dans les villages, il n'existe aucun téléphone et celui de l'orphelinat est une exception. Comme il est relié à la caserne située à une dizaine de kilomètres, Priatisya Bikku voulait expliquer au commandant de cette caserne comment les soldats se conduisaient. Il a voulu aussi alerter le chef civil de la région, à Dighinala, pour qu'il intervienne. Mais la ligne avait été coupée et il n'a pu parler à personne. Tout dépendait d'ailleurs des militaires de la caserne et, à Dacca, du gouvernement militaire du général Ershad.

Pendant que je courais dans la jungle, aussitôt après avoir quitté le premier étage de cette maison, le chef des soldats a communiqué avec son supérieur de la caserne au moyen d'un talkie-walkie. Les enfants prisonniers l'ont vu utiliser cet appareil pour parler à d'autres militaires. Ils ignorent ce qu'ils se sont dit, mais les soldats présents ont commencé à se calmer un peu à partir de cet instant. Ils n'ont pas reçu l'autorisation de tirer sur des orphelins.

L'officier qui dirige le groupe est revenu les voir et leur a simplement ordonné à nouveau de ne pas essayer de s'enfuir. Il semblait mieux tolérer la présence des enfants chakmas à l'intérieur de leur orphelinat. Il leur a expliqué qu'ils ne pourraient pas s'échapper et que, même s'ils y parvenaient, ils ne sauraient pas où aller dans la forêt ou les villages et seraient rattrapés immédiatement. Il leur a fait une leçon de morale devant les enseignants et les moines pour qu'ils restent sages et obéissants.

Les enfants n'avaient pas confiance. Ils l'écoutaient en ayant peur de lui et ne se sentant pas en sécurité à l'endroit où ils habitaient. Les soldats étaient trop nombreux et avaient même brûlé des animaux domestiques avec les maisons, des animaux vivants. Priyatosh et d'autres enfants avaient vu, la veille, des cochons brûler dans le village voisin.

Les familles retenues en même temps à l'orphelinat parlaient à voix basse en langue chakma de toutes ces actions des soldats. Elles étaient bouleversées et pleuraient. Un moine a dit aux enfants, en regardant les militaires qui les surveillaient à distance :

— S'il se passe quelque chose d'anormal, on s'en va!... Il faut trouver le moyen de fuir!

Les soldats étaient dangereux. Tout le monde le pensait et voulait partir le plus vite possible.

Et c'est juste à ce moment que je suis sorti de la jungle! C'est précisément à cet instant que je suis revenu à l'orphelinat avec le petit groupe de villageois conduit par le directeur. Juste à la minute où chacun cherchait le moyen de s'enfuir, nous sommes arrivés, à l'étonnement général.

— Ils ont dit qu'ils allaient nous tuer, m'explique un camarade.

Ils ont dit ensuite qu'ils ne nous tueraient pas... Pour l'instant, on ne sait pas ce qu'ils vont faire.

Les soldats ne partent pas. Ils nous surveillent. Nous sommes tous décidés à tenter une évasion. Mais nous la savons presque impossible devant leurs mitraillettes.

4.

Deux disparus

C'est dans cette tragédie qu'un moine a une idée géniale. Pour nous faire quitter l'orphelinat en plein jour devant les armes à feu, il s'avance vers le chef des soldats et lui dit :

— Les enfants ont mangé mais ont encore faim. Il n'y a plus de nourriture. Il faut aller en chercher au marché. On y va.

Le militaire est étonné. Il ne comprend pas. Le moine insiste sur l'urgence de la recherche de provisions. Il se veut très convaincant. En pleine guerre, il parle d'aller faire les courses. Cette demande est si inattendue et originale que l'officier demeure muet. Il hésite. Son interlocuteur en longue robe orange de religieux bouddhiste, le regard assuré, la voix tranquille, explique que les enfants de l'orphelinat sont nombreux et que le stock de vivres est épuisé. Il convient d'aller sans tarder au marché de Boalkali, au milieu du village qui vient d'être attaqué. Le moine ne fait pas allusion à la destruction des habitations des Chakmas, qui sont encore fumantes et dont les dernières braises demeurent chaudes. Il ne parle que de se nourrir, récupérer sereinement des forces, à l'heure du prochain repas, après cette journée bien chargée. Le militaire est déconcerté.

— Je ne serai pas long, affirme le moine, j'y vais.

Il tourne les talons après avoir obtenu une sorte d'acquiescement étonné. Il a son idée. En réalité, c'est grave. Deux enfants ont disparu. Parmi tous les disparus de cette journée, ces deux enfants l'ont été de façon étrange. Il ne l'a pas dit au militaire. Il craint pour leur vie dans ce conflit meurtrier et ils sont peut-être les seuls que l'on puisse sauver. Il veut se mettre à leur recherche avec les autres enfants de l'orphelinat. L'achat de nourriture n'est qu'un prétexte.

Pour commencer, le moine part seul sur le chemin conduisant au village. Nous ne comprenons pas encore son intention, mais nous savons tous que deux enfants sont absents d'une façon anormale. Ils devraient être en notre compagnie. Le plus étrange, c'est qu'ils ne savent peut-être pas encore que nous avons été attaqués.

Le matin de bonne heure, avant l'arrivée des militaires et des civils musulmans, deux élèves de l'orphelinat sont en effet partis acheter des légumes au marché de Boalkali, comme nous avons l'habitude de le faire deux fois par semaine à tour de rôle. Ils ne sont pas partis le cœur gai. Ce n'était plus une réjouissance, mais il fallait songer au ravitaillement pour trois cents personnes et le calme semblait un peu revenu. On ne pensait pas que l'orphelinat serait attaqué en pleine journée. D'ordinaire, les maisons sont cernées et brûlées la nuit. Il n'y avait plus de bruit à l'aube.

Le moine fait semblant de partir. Il observe les environs, la campagne, les arbres, les militaires surtout. Quand il est sûr de pouvoir continuer le chemin sans problème, il revient à l'orphelinat chercher des enfants pour l'accompagner. Il veut en prendre le maximum avec lui dans le but de porter la marchandise. On est tous prêts à le suivre. D'autres enfants ont disparu, mais nos deux compagnons envoyés au marché sans revenir ont pu être capturés et attendent peut-être l'aide des responsables de l'orphelinat pour les sortir d'embarras. On sait au moins dans quelle direction ils se sont dirigés.

Nous sommes un groupe d'au moins vingt-cinq enfants qui accompagne le moine pour acheter de la nourriture. J'appartiens à ce groupe soulagé de suivre le moine en route vers le village incendié. Les soldats nous regardent passer devant eux sans réagir. Nous adoptons des allures disciplinées comme s'il était normal d'aller en un groupe si nombreux chercher des légumes. C'est beaucoup plus qu'il n'est utile pour faire quelques courses. Mais chacun a peur au fond de lui, très peur, et ignore ce qui l'attend.

Le moine tente l'impossible pour nous éloigner de ce lieu dangereux. Nous en sommes conscients et marchons près de lui comme si nous suivions un père. La crainte ne nous quitte pas une seconde et nous ne parlons presque pas, ne recherchons pas de divertissements en route. Les militaires peuvent changer d'avis et nous rattraper ou nous tirer dessus. Le moine ne nous a pas encore dévoilé son plan entier et nous ignorons alors où il nous emmène.

Il se dirige directement vers le marchand chez qui on fait d'habitude les provisions, et je l'accompagne avec tout le groupe. C'est une escorte étrange qui n'est jamais passée dans le village. Le marchand est là. Il n'a pas été attaqué par l'armée ni les civils musulmans. Il a vu arriver les deux enfants de l'orphelinat le matin. Ils ont fait normalement les achats, mais ils n'ont pas pu rentrer car ils ont été arrêtés par les militaires et emportés.

Le marchand a assisté à leur arrestation. Nous lui demandons où ils ont été conduits. Il suppose qu'ils ont été rassemblés avec d'autres personnes arrêtées, des familles chakmas, et gardés sous surveillance dans l'école du village qui vient d'être transformée en prison.

Les militaires se rencontrent en tous les lieux de ce village qui a une superficie très étendue. Ils étaient même postés autour du temple bouddhiste devant lequel nous sommes passés, près d'un cimetière, pour atteindre le quartier commerçant. Ils nous observent avec méfiance et épient nos gestes. Nous craignons qu'ils ne nous interpellent et faisons semblant de ne pas les voir.

Pour ne pas paraître davantage suspects, nous achetons de la marchandise dans le magasin en prenant notre temps. Le moine ne veut pas que nous soyons soupçonnés de vouloir nous échapper.

Le village est dévasté. Il ne ressemble plus à celui que nous avons connu. En franchissant le pont qui enjambe la rivière Boalkali, nous avons déjà senti que l'atmosphère avait changé. Des habitants que nous connaissons depuis toujours sont absents. Nous ne nous attardons pas à penser à ce qu'ils ont pu devenir. Le danger nous guette tout autant.

La petite rivière Boalkali rejoint la rivière Méghini où flottent de rares embarcations, en plein centre du village, avec de nombreuses maisons de bois le long d'une de ses berges. Ces maisons couvrent une grande surface de terrain qui se prolonge jusqu'à la plaine, puis aux premiers abords de la montagne. Elles appartiennent toutes à des Chakmas. De loin, elles semblent désertes, abandonnées, et certaines ont été détruites entièrement. Un cataclysme s'est produit dans ce village. Je suis suffoqué et ne reconnais pas l'endroit.

Mais, sur l'autre berge de la rivière Méghini, une pharmacie tenue par un Chakma n'a pas été attaquée. Derrière cette pharmacie, quelques dizaines de maisons de familles chakmas, bâties sur une autre pente douce de la montagne, sont également vides ou brûlées. Je songe avec les autres enfants de l'orphelinat, en passant devant elles, que leurs habitants ont pu être tués. On ne sait rien d'eux. Il n'y a que le silence, des absences de gens connus, et la troupe de soldats partout. On se sent malheureux et angoissés.

La marchandise que nous venons d'acheter est mise dans des sacs que nous suspendons à de longs morceaux de bois résistant. Ces perches, placées sur nos épaules, sont portées à deux avec les chargements. Les militaires continuent d'observer nos manœuvres. Ils ne disent rien. Nous quittons le marchand, qui semble attristé mais ne fait pas de commentaires, pour marcher lentement dans la zone des magasins, tourner en rond et paraître s'affairer. Nous restons dans le coin jusqu'au soir en espérant retrouver des orphelins disparus depuis le matin au moment de l'assaut. Le moine espère que certains d'entre eux vont réapparaître.

— Ils vont peut-être revenir, dit-il. On doit les attendre.

On attend. Il ne faut oublier personne. On cherche à se rassembler en un nombre le plus grand possible avant de tenter une évasion plus lointaine. Si des enfants se sont échappés dans la direction du village, le matin, contrairement à moi qui me suis enfui vers la forêt, ils ont couru le risque de rencontrer des soldats musulmans concentrés dans les parages. Ils ont pu être arrêtés ou massacrés. Le village ne représentait pas la meilleure direction pour sauver sa vie et trouver du secours, mais il peut y avoir des rescapés.

Comme les enfants de l'orphelinat ne venaient pas tous au marché faire les achats, les plus jeunes n'y allant pas et ne connaissant pas forcément bien l'endroit, quelques-uns ont pu se perdre ou se tromper de direction au départ.

En marchant dans le village et attendant de retrouver des élèves, je songe aux atrocités dont j'ai entendu parler. Des enfants que nous cherchons ont peut-être eu la tête tranchée. Les Bengalis musulmans savent décapiter avec des faucilles. Leurs méthodes sont connues dans les Chittagong Hill Tracts. Ce n'est pas nouveau. Ils coupent les Chakmas en morceaux comme des animaux. Ils les mutilent de toutes sortes de manières et les font mourir avec cruauté. Ils nous considèrent comme des animaux indignes de vivre. On a très peur de leurs violences.

L'école publique se trouve de l'autre côté de la rivière Méghini, assez loin, parmi les maisons de Chakmas abandonnées. Dans ce bâtiment, nos deux camarades peuvent avoir été enfermés lors de leur arrestation, selon les explications du marchand. L'école est construite en ciment avec un toit en tôle qui ne ressemble pas aux autres constructions en bambou du village. Si les deux disparus sont retenus prisonniers à cet endroit, il vaut mieux ne pas nous présenter à la porte pour demander aux militaires leur libération. Nous risquons d'être tous arrêtés avec eux. Le moine préfère nous reconduire à l'orphelinat.

La fin de la journée approche et la fatigue pèse sur nous. Une grande tristesse et beaucoup de découragement nous rendent silencieux. Le retour ressemble à une défaite, à un désastre. Aucun enfant n'a été retrouvé.

Les provisions de nourriture sont déposées en arrivant. On ne fait rien d'autre. On ne mange pas au réfectoire où l'on se réunit. On ne sent pas la faim. La liste des enfants absents est importante. Elle nous ôte l'appétit encore plus qu'à midi. La désolation est complète et personne ne songe à se nourrir. On n'a plus de force et l'on ne cherche pas à en récupérer.

Des gens du village sont invités à pénétrer dans notre réfectoire auprès de nous, mais ils refusent et ne mangent pas non plus car ils se trouvent trop énervés, désemparés. Les militaires stationnent encore tout autour des bâtiments. Ils continuent d'occuper l'orphelinat entier. Nous sommes persuadés qu'ils ne partiront pas sans avoir accompli d'autres actions. Ils attendent peut-être des ordres.

Dans mon affolement du matin, j'ai eu la chance de me sauver du côté de la jungle et d'y rencontrer le directeur. Les visages et les noms, les voix des enfants partis en courant comme moi dans d'autres directions, et auxquels il est peut-être arrivé malheur, ne quittent pas mon esprit. Je les connaissais tous. Nous étions une grande équipe et ces soldats doivent savoir à leur sujet des choses qu'ils ne nous disent pas.

Dans la soirée, on utilise le gong pour appeler les disparus. On a l'idée de les avertir par ce moyen qu'ils doivent nous rejoindre plutôt que de demeurer prostrés à l'intérieur de cachettes inconfortables, où ils n'ont pas à manger. Le bruit résonne très fort et très loin dans la nature. On frappe avec le plus de puissance possible le métal. Le gong retentit longuement, gravement. Si des enfants ne sont pas morts et se cachent d'épouvante dans la forêt, comme le moine Ganandesse qui a fui à toute allure et n'est pas encore revenu, ils ne peuvent pas y rester des jours et des jours en ayant faim et peur. Mieux vaut peut-être qu'ils nous rejoignent.

Le bruit du gong se fait entendre à une longue distance. C'est un son familier qui devrait leur faire du bien et les inciter à revenir. On tape à nouveau dessus. On veut les rassurer. On désire que tous les enfants terrorisés dans la jungle ou ailleurs reviennent s'ils peuvent marcher. On écoute. On attend dans le silence ensuite. Il n'y a aucune réponse.

Après un long moment, rien de nouveau ne se manifeste. On ne perçoit pas de petites silhouettes ni de voix d'enfants, de bruits de pas qui sortent de la forêt. Personne ne revient. Tout semble éteint et mort. Seul le son du gong signale encore notre vie à l'orphelinat, notre appel et notre solitude, mais ce bruit ne paraît être entendu que des arbres de la jungle et des soldats, et il finit par devenir trop triste, trop lugubre. Quand il a cessé de retentir, on est encore plus découragés.

Les soldats se sont réunis près du petit temple de l'orphelinat. Ils nous empêchent toujours de partir.

Le projet de leur fausser compagnie ne nous abandonne pourtant pas. Nous recommençons à l'organiser et en discuter à voix basse. Il est la dernière chose à laquelle nous nous accrochons. Malgré les obstacles apparemment insurmontables, nous voulons y arriver à tout prix.

Un groupe d'enfants se détache vers le stock de nourriture. On veut prendre le plus possible de provisions en vue d'effectuer cette nouvelle équipée. La clé est tournée dans la serrure. Les soldats ne disent rien. Ils doivent supposer de loin que nous préparons à manger. Il vaut mieux qu'ils ne remarquent pas que nous constituons discrètement des paquets et réunissons beaucoup trop d'aliments pour un simple repas. Nous espérons qu'ils se tiendront à distance. Nous poursuivons cette manigance en cachette avec le sentiment que tout est perdu si nous ne réussissons pas cette fois à nous enfuir.

Le petit entrepôt contient surtout du riz sec écrasé. A l'orphelinat, on mange tous les jours du riz. Plongé dans l'eau, ce riz gonfle et est rapidement prêt. Pour écraser les grains, les tasser de cette façon, une machine qui n'existe pas à l'orphelinat est nécessaire. Le riz est toujours acheté dans cet état au marché de Boalkali.

On en dépose des morceaux, des blocs, dans des tissus noués pour former des sacs. Ils seront transportés sur le dos. Avec des nœuds solides, ces chiffons doivent permettre d'emporter de quoi résister plusieurs jours. Après, il faudra se débrouiller. On ignore ce que l'on mangera. Mais à ce moment, si l'on y parvient, on sera loin. On chuchote en se dépêchant d'attacher les provisions, on veut croire qu'il existe une chance de réussir.

Ces premiers préparatifs achevés, on guette à nouveau le comportement des militaires et le retour éventuel des enfants disparus. Aucun ne revient. Les possibilités de survivre en groupe dans la jungle ne sont pas négligeables, mais elles apparaissent dérisoires pour un enfant seul.

La nuit commence à tomber. Nos cœurs se serrent et nous nous sentons malgré tout plus faibles et désemparés que jamais. Le barrage constitué par les soldats ne peut pas être franchi. On le voit sans peine. Il suffit de regarder. Ils peuvent aussi nous rattraper aisément, ou nous menacer à distance de leurs armes, dans les lieux où ils ne sont pas postés. Mais nous ne nous l'avouons pas les uns aux autres. Et nous voulons passer.

Un enfant qui est parti la veille se trouve peut-être à l'abri, la vie sauve. Mihirkanti avait reçu une mission particulière à l'approche des soldats. Un responsable de l'orphelinat lui avait dit :

— Mihirkanti, tu vas aller prendre des nouvelles. Sois prudent. Va directement dans la maison où tu as de la famille et reviens ensuite nous dire ce qui se passe dans la région.

La maison de sa famille était éloignée de sept ou huit kilomètres. On avait vu des maisons brûler dans les villages voisins. Mihirkanti était aussitôt parti, à pied, tout seul. Il avait onze ans. Il habitait jadis avec ses parents à Boalkali, près de la grande caserne, de l'autre côté de la rivière Méghini. Des flammes avaient été aperçues de ce côté, la nuit précédente, depuis l'orphelinat. On détruisait, on saccageait. Les maisons incendiées sur des collines lointaines formaient des lueurs rouges inquiétantes.

Mais personne ne pensait vraiment que c'était aussi grave. Les enfants et les enseignants avaient regardé ces lueurs avec angoisse, en espérant que les troubles prendraient fin. Je ne savais pas ce qui se passait exactement. Aucune information sur ces événements ne nous parvenait. Plusieurs villages brûlaient sans qu'il soit même possible de les identifier avec certitude dans l'obscurité et l'étendue immense de la nature. Les enseignants et les moines désiraient savoir. Ensuite, certaines maisons ont été incendiées tout près de nous, et le crépitement du bois se faisait entendre.

Mihirkanti n'est pas revenu. Il a peut-être été le premier capturé ou tué. Il est peut-être le seul libre. Il n'a pas rapporté de nouvelles. Personne ne sait ce qu'il est devenu.

Je suis triste. J'ai le cafard. L'orphelinat est en train d'être complètement détruit et les enfants éparpillés. Nous aimions tous ce lieu parce que nous y avions notre vie, nos habitudes, nos copains. Nous pouvions y manger mieux qu'ailleurs, y apprendre à lire et à écrire, y jouer et s'y sentir heureux. Sa destruction est terrible. C'est notre maison que les soldats démolissent et notre foyer qu'ils ruinent. Nous ne possédons pas d'autre endroit au Bangladesh où vivre de la même manière et connaître autant de bonheur. Tout s'effondre. J'ignore ce que nous allons devenir.

Avant de partir, j'éprouve une grande émotion et ne peux croire que la vie menée depuis des années s'arrête ainsi. Je me souviens de ces années passées et voudrais qu'elles continuent. Je revois le commencement de l'histoire depuis le premier jour, la mort de mon père, la misère de ma famille, mon entrée à l'orphelinat et tout ce qu'il m'a apporté. Pourquoi les soldats l'ont-ils envahi ?

5.

La mort de papa

Mon père conduisait autrefois les deux bœufs dans notre champ pour labourer. Il s'appelait Balaram. Il faisait pousser du riz. Grâce à ce champ, nous pouvions manger à la maison et vivre tout au long de l'année. La misère est venue quand mon père n'a plus pu travailler. Je suis entré à l'orphelinat peu après sa mort.

Un jour, il a eu une maladie de cœur. Il a cessé de cultiver le champ seul. Il toussait à cause de la fatigue de son cœur. Il toussait de plus en plus, son côté lui faisait mal. Je le voyais porter la main à sa poitrine. Les médicaments lui manquaient autant que les médecins. On n'en rencontre presque pas dans les Chittagong Hill Tracts. Cette région est la plus oubliée du Bangladesh.

Sa maladie cardiaque s'est aggravée. Malgré ses efforts, il ne réussissait plus à mettre le joug sur la tête des bœufs, à attacher le timon et le soc. Chaque fois qu'il les dirigeait pour retourner la terre, il rentrait avec des douleurs à la poitrine et ne parvenait plus à se remettre.

Ma mère, Tungaby, l'aidait à planter le riz, mais ce n'était pas suffisant. Nous étions très malheureux de le savoir malade. Il a fini par engager un ouvrier agricole afin de le seconder. L'argent à la maison a diminué à cause du salaire de l'ouvrier, mais il n'y avait pas moyen de faire autrement.

Je le voyais tousser beaucoup. Il n'était toujours pas soigné comme il le fallait. Papa est mort dans notre maison. Je l'ai vu mort. Je n'ai pas pleuré. J'étais petit. Je l'ai regardé en silence auprès de maman qui souffrait beaucoup et pleurait. Il est mort à une saison où une grande quantité de riz avait été récoltée. Il y avait du riz partout. Je m'en souviens. Le soleil brillait. Je ne comprenais pas encore bien le drame que représentait sa disparition pour notre famille entière.

Mes deux petits frères, ma sœur et moi sommes devenus une charge trop lourde pour maman qui devait se débrouiller toute seule. Ses deux fils aînés ne pouvaient pas l'aider. Un jour, j'ai entendu annoncer :

— On va détruire la maison.

Notre petite maison en bambou, avec une salle à manger et des chambres, a été démolie dans le village de Rossikna Ropar car ma mère, de jour en jour, devenait de plus en plus malade de l'habiter. Elle y retrouvait trop de souvenirs de mon père. Comme la construction était légère, fragile, à l'image des maisons en bambou du village, ce n'était pas une entreprise difficile de la détruire et d'en récupérer des morceaux pour bâtir une maison neuve à un autre endroit. Mon frère aîné, Shamarendara, l'a reconstruite un peu à l'écart afin que notre mère souffre moins.

Le village ne se trouvait pas loin de Boalkali, où avait été bâti l'orphelinat, et j'allais parfois avec elle y prier au temple. Notre situation devenait de plus en plus misérable et ma mère se faisait beaucoup de souci. Elle se demandait ce que nous allions manger le lendemain. Elle se demandait cela tous les jours. Mais je ne suis pas entré à l'orphelinat uniquement parce qu'elle était veuve.

Son champ de riz lui avait été pris par des Bengalis musulmans qui s'étaient installés depuis peu de temps dans la région. Elle ne pouvait plus y circuler librement et cultiver le riz. L'ouvrier avait été renvoyé car elle ne réussissait pas à le payer, mais son champ devenait l'objet de nouveaux tracas. Elle ne possédait plus la liberté de l'exploiter comme elle le désirait. Des soldats musulmans avaient construit une caserne, sur une colline, juste devant ce champ. Les militaires y circulaient sans cesse. Ma mère avait peur d'eux. Elle craignait de s'y rendre seule. Le terrain était à l'écart de la maison et des autres habitations, et elle ne s'y sentait pas en sécurité. Il existait également autour de ce champ plusieurs terrains cultivés par des civils musulmans, mais par aucun Chakma. J'avais vu la construction de la caserne. Le paysage était bouleversé et la paix avait disparu.

Ma mère cherchait une solution sans en trouver. Elle avait peur d'être la seule femme chakma à travailler dans un champ isolé au milieu des soldats et des nouveaux paysans musulmans arrivés dans les Chittagong Hill Tracts. Ils s'attaquaient fréquemment aux femmes. Elle n'était pas non plus assez riche pour demander à des agriculteurs de la remplacer ou de cultiver en sa compagnie. Le champ lui appartenait encore et elle n'osait plus y aller. Elle ne semait plus et ne moissonnait plus. Il ne rapportait rien. Il ne donnait pas un seul grain de riz.

Elle possédait encore, à cette époque, les deux bœufs et une petite vache. Elle gardait la vache pour le lait et louait les bœufs à quelques paysans des environs pour leurs travaux agricoles. Ils les emportaient une semaine ou deux. Avec cet argent, elle devait nous faire vivre. Elle vendait aussi des fruits de son jardin. Autour de la maison poussaient des bananiers, des cocotiers, des manguiers, des jacquiers et d'autres arbres. Les cocotiers ne produisaient presque rien et leurs récoltes ne pouvaient pas être vendues, mais les bananes et les mangues rapportaient quelques sous qui permettaient à peu près de s'en sortir pendant une saison. Le reste de l'année, c'était impossible à cinq. Mais les noix de coco étaient bonnes à manger à la maison et je les aimais bien.

L'orphelinat se trouvait en bordure du village de Boalkali. Tout le monde le connaissait. Ma mère voyait un autre avantage à m'y envoyer. Elle avait envie de me faire étudier. C'était un rêve impossible dans la misère où nous étions plongés.

J'avais aussi une grande envie d'apprendre. Lorsque ma mère m'a parlé de son idée de m'envoyer à l'orphelinat, je n'ai pas été triste. Au contraire, j'ai accepté tout de suite.

Elle a parlé aux responsables, qui étaient des moines et des enseignants laïcs. Ils ont compris la situation.

Je devais avoir six ans quand je suis entré à l'orphelinat. J'ignore l'âge exact que j'avais à ce moment. On ne note pas souvent les âges ni les dates au Bangladesh. Mais j'étais petit.

Le premier jour, je me suis rendu seul à l'orphelinat. C'était presque à côté. Il fallait marcher jusqu'à la rivière Boalkali qui rejoignait la rivière Méghini, à proximité d'un temple bouddhiste.

J'ai été déçu pour commencer. La vie au milieu de cette foule d'enfants m'a d'abord beaucoup déplu. Elle m'a paru très dure et j'ai voulu immédiatement rentrer à la maison. Ce n'était pas ce que je croyais. J'ai demandé à revoir ma mère. Mais je ne pleurais pas devant les autres enfants.

Notre vie était entièrement collective du matin au soir. Mes nouveaux compagnons m'aidaient à supporter la tristesse et devenaient peu à peu des copains. L'habitude m'est venue de suivre le règlement. De toute façon, je n'avais pas le choix. Pour manger et étudier, j'ai été obligé de rester.

Ma mère a changé de village et je ne l'ai presque plus jamais vue. Souvent, je pensais à mon père qui toussait d'avoir mal au cœur et n'avait pas eu de médicaments.

6.

Le jardin des ananas

Quand le gong résonne chaque matin à quatre heures et demie, je dors encore. C'est ainsi depuis six ans déjà. Les trois cents enfants de l'orphelinat dorment profondément. Il fait nuit. La journée commence tôt.

Une journée est remplie d'une foule de choses et il n'y a pas de temps à perdre jusqu'au soir vers neuf heures ou dix heures, pas avant, où l'on pourra se reposer. Beaucoup de travail attend chacun, aux champs, à l'école, à la cuisine pour préparer les repas, au lac pour laver ses vêtements ou ailleurs afin d'accomplir tout le reste. Cela n'est jamais fini. Il y a toujours quelque chose à faire à un endroit ou un autre. Les enfants de l'orphelinat prennent en charge la totalité des tâches qui leur permettent de vivre et, avec quelques dirigeants, d'animer ce véritable petit village d'une quinzaine de constructions en bambou, sur une colline au bord de la jungle.

Il n'est pas question de traînailler le matin, d'abord parce que c'est interdit, ensuite parce que ce serait stupide. Si l'on veut mériter sa nourriture, faire les récoltes, apprendre à écrire et à lire dans un pays comme le Bangladesh où l'on bénéficie d'un privilège lorsqu'on n'est pas totalement analphabète, il faut se lever aussitôt. Si le sommeil est trop pesant, tant pis. On doit se secouer, faire un effort, n'importe quoi pour être prêt en même temps que les autres.

Pourtant, les Chakmas aiment lambiner. On a presque tous un tempérament qui déteste se presser et aller plus vite que nécessaire. On aime prendre son temps et vivre à son rythme, mais les activités sont si nombreuses qu'elles poussent à se lever quand il fait encore nuit pour longtemps.

L'habitude de se prélasser un moment au lit avant de se mettre debout n'existe pas à l'orphelinat. Je dois quitter tout de suite la planche sur laquelle je dors. Aucun délai n'est prévu pour s'habiller : on dort avec ses vêtements du jour. On se couche avec eux. Il n'y a pas de vêtements pour la nuit et de vêtements pour la journée. C'est la même tenue, une chemise et une culotte courte.

Il est inutile également de consacrer du temps à mettre ses chaussures ou ses sandales. On est pieds nus. On marche pieds nus tout le temps. On vit pieds nus et la peau est suffisamment durcie et tannée pour permettre de marcher presque n'importe où.

On ne fait pas son lit. C'est toujours ça d'économisé. Il n'y a pas de lit à faire. Pas de matelas, pas de draps, d'oreillers, de traversins. Toutes ces choses sont inconnues. Chacun reçoit une couverture et s'organise avec elle comme il le veut. S'il fait chaud, elle ne sert à rien, tout au plus à recouvrir la planche afin de s'allonger ensuite dessus. Les nuits sont fréquemment chaudes. S'il fait plus frais, en hiver, on peut s'enrouler dans la couverture, ou même en demander une deuxième. Avec deux couvertures, si on est douillet, on fabrique en un instant un matelas confortable.

L'objet qui me sert de lit ressemble à un banc. Il est simplement plus large qu'un banc, fabriqué en bambou, avec quatre pieds. Je dors le plus souvent directement sur le bois. C'est dur, mais je suis habitué. Je ne le remarque plus. Je n'ai pas d'oreiller. J'en ignore l'usage. Je crois même que je n'en ai jamais vu. Je m'endors aussitôt en m'allongeant le soir. Je suis fourbu par la journée. Je dors d'une traite sans avoir de soucis.

Le gong semble me réveiller immédiatement. C'est déjà le matin. La nuit est passée. J'entends le son grave du métal qui vibre dans mes oreilles, ma tête, et tout l'orphelinat l'entend. Il est suspendu près du temple. Il n'y a qu'un seul gong, de la dimension d'une grande assiette, tout rond, qui fait même peur quand on se tient à côté pour le frapper légèrement tant il résonne avec puissance. Sa sonorité est extraordinaire. Dans toutes les écoles de la région, un gong est utilisé pour appeler les élèves, mais celui de l'orphelinat a des dimensions un peu plus grandes car il doit être entendu jusqu'aux extrémités du terrain, et aussi des paresseux.

Le gong nous appelle chaque matin avec un bruit particulier. Pour commencer, un coup assez doux, puis trois autres identiques, espacés, et le rythme s'accélère à partir du quatrième coup jusqu'à ce que les battements soient très rapides et forts. A la fin, ils redeviennent espacés et légers comme au début. Cela dure longtemps. Personne ne peut les ignorer ou faire semblant de ne pas les entendre, à moins d'être sourd, et encore !... Je ne sais pas qui nous réveille. Le soir, je suis trop fatigué pour y penser, et le matin je manque de temps. Ce doit être un enfant désigné parmi les plus grands. Une dizaine d'enfants sont nettement plus grands que les autres. L'un d'eux doit se charger de cette mission en se levant plus tôt... Les dirigeants ne font pas sonner le gong à l'heure du lever, mais je n'ai jamais vu celui qui va dans la nuit, dehors, taper sur le métal.

Quand il a fini, tout le monde est déjà debout. Le gong n'est pas frappé de la même manière selon les heures et les activités de la journée. Les bruits et les cadences sont très différents et on apprend à les reconnaître. Si un enfant ne se lève pas ou veut continuer de dormir, il reçoit de l'eau sur la tête. Cela fait rire tout le monde. Ce n'est pas méchant, mais très désagréable ! Je n'ai jamais reçu d'eau sur la tête. Je me méfie toujours beaucoup de cette eau froide au réveil.

La lune éclaire parfois le chemin en terre et les constructions quand nous sortons des deux immenses dortoirs bâtis tout en longueur ou, pour certains enfants, de quelques chambres situées dans des maisons plus petites aux alentours. Les murs des dortoirs, en bambou, possèdent tellement d'ouvertures et de trous que l'on peut apercevoir le ciel, quelques étoiles, et pendant la journée on voit tout à travers. Ce sont des parois minces et légères qui abritent mal du vent fort ou de la fraîcheur. Nous vivons toujours en plein air. Le jour et la nuit, notre existence entière se déroule au grand air, près de l'immense forêt qui couvre les collines inhabitées.

La nuit peut apparaître claire et étoilée, c'est toujours la nuit, et parfois on préférerait dormir encore. Je fais un effort pour terminer de me réveiller. Un chemin recouvert de sable tout blanc est visible même en pleine nuit. Je le distingue aisément à cause de sa couleur blanche. Il n'y a pas d'éclairage à l'orphelinat, pas d'électricité, sauf des lampes à pétrole que l'on utilise pour réviser ses leçons le soir. Mais on connaît les lieux. Il n'existe pas non plus d'électricité à l'intérieur des villages.

L'orphelinat s'anime dans les ombres et avec des chuchotements, quelques rires ici et là. Les pas des enfants arrivent de partout et des voix à moitié endormies se font entendre. On ne parle pas fort à cette heure matinale. Il y a peu de bruit. C'est calme. Dans les villages d'où nous venons, les gens ont l'habitude de parler à voix basse car les maisons en bambou laissent passer facilement les sons. On y parle presque toujours très doucement pour ne pas déranger les autres et qu'ils ne sachent pas ce qu'on dit.

Je vais d'abord au puits. Il n'est pas loin. On se bouscule un peu autour. D'autres enfants préfèrent marcher dans la nuit jusqu'au lac, qui se trouve au fond d'une petite vallée. Nous avons une demi-heure pour nous débarbouiller et être prêts à commencer la journée. Il n'existe pas de lavabos ni de tuyaux, pas de robinets. Chaque enfant se prend en charge lui-même et sait ce qu'il doit faire pour être propre. Les responsables veulent que nous soyons propres.

Pour se laver les dents, comme dentifrice, on utilise de la cendre. On la prend à la cuisine où le feu de bois est allumé tous les jours pour préparer les repas. On n'a pas de brosse à dents. Des morceaux de bois calcinés, qui ressemblent à du fusain, servent à se laver les dents, mais il ne faut pas en avaler ni se blesser.

J'ai creusé un puits avec des copains près de l'endroit où je dors. L'eau manque à cause de la chaleur et il faut régulièrement continuer à le creuser pour en trouver. Nous avons déjà atteint trois mètres de profondeur en pleine terre. Lorsqu'elle commence à manquer, l'eau devient boueuse et il est nécessaire d'ôter au fond du puits de grandes quantités de terre.

Une fois par semaine, l'un des responsables, un moine bouddhiste, partage un bloc de savon en trois ou quatre morceaux qu'il nous distribue. Nous lavons nos vêtements nous-mêmes quand nous estimons qu'ils sont sales. On ne nous l'indique pas. C'est à chacun de déterminer s'il est habillé de façon propre ou sale. Quand je fais des travaux comme creuser le puits, je lave ma chemise et mon short après avoir remué la terre. Les responsables n'acceptent pas de tenues négligées et peuvent infliger des punitions sévères. Mais nous aimons tous l'eau et la propreté. Les jours où la chaleur est trop forte, beaucoup s'amusent à prendre des douches sous la pluie de la mousson qui les rafraîchit. Nous nous baignons de temps en temps aussi dans la rivière Méghini. Les Chakmas et tous les enfants de la région nagent comme des poissons.

Une nouvelle série de coups de gong signifie que le temps pour se laver est terminé. Les sons débutent doucement, puis s'accélèrent et deviennent vifs, rapprochés, avant de s'espacer et se calmer. Les trois cents enfants se rassemblent alors au temple de l'orphelinat pour la prière avant de commencer la journée. Ce n'est pas une corvée pour la plupart. On aime bien ce moment. Il est paisible et, en plus, n'exige pas beaucoup d'efforts physiques, ce qui permet à certains de se rendormir. On est habitués et on y va de façon détendue. Un moine vérifie parfois que nous sommes tous présents et appelle les enfants par leur nom. Un coup de gong isolé indique le début de la prière. Cela fait « tang » et résonne longuement.

Je m'assois sur le sol dans le temple, comme les autres. On peut aussi se mettre à genoux. Nous nous tenons les mains jointes à la hauteur de notre poitrine ou près du visage. On est serrés les uns contre les autres. Il faut toujours avoir le dos bien droit et les mains jointes. Quelques-uns dorment vraiment et s'appuient contre leurs voisins.

Un moine se tient debout devant nous. On est sérieux, dans des attitudes impeccables et disciplinées. La prière n'est pas ennuyeuse. On aime bien chanter, réciter ensemble, croire aux choses invisibles qui entourent ou prolongent la vie terrestre. Mais certains qui se rendorment ne prient pas et on voit des têtes tomber en avant ou sur les côtés. Elles se reposent parfois sur un voisin, qui n'aime pas ça. Il remue ou donne un petit coup de coude pour réveiller. De toute façon, il cesse d'être un appui lorsqu'il s'incline vers le sol pour respecter les rites. L'autre dégringole et se réveille en sursaut.

Je n'ai jamais manqué la prière. D'habitude, je ne me rendors pas, je suis entraîné et je ne fais pas d'efforts. J'aime y assister en compagnie des autres. C'est devenu naturel avec le temps. Ce moment particulier est important pour chacun de nous. Il revêt un sens profond, dans la nuit, lorsque les bruits et les gestes ne sont pas pareils que pendant la journée où le soleil tape et où chacun est absorbé par ses occupations.

La statue de Bouddha a été décorée avec des fleurs fraîches. Nous la décorons chaque matin. C'est très joli et agréable. Nous y mettons notre cœur. Les enfants s'occupent de la décoration du temple. Quand vient le début de la prière, on s'applique, on se recueille. Le moine ne parle pas en chakma ou en bengali, mais prononce des paroles dans une langue que nous ne connaissons pas, le pali. Les intonations de cette langue totalement incompréhensible nous sont toutefois devenues familières depuis longtemps. C'est notre langue religieuse.

J'ai appris toutes les prières en pali. Il faut que nous sachions ces formules. Trois cents voix s'élèvent pour chanter et psalmodier ensemble des mots qui sont habituels. Je répète trois fois une prière dont les syllabes sont gravées dans ma mémoire :

Ko komenda moï dasha oratou aratou danot sarou.

Aucun enfant ne connaît la traduction en chakma ou en bengali de ces sons religieux en pali. On les chante avec assiduité et conviction chaque matin.

D'autres sont répétés aussi souvent :

Nomo tassa bogobato arato samma same Bouddha sa
Sadou, sadou, sadou...

On sait que ce sont des paroles sacrées et graves. Leur répétition sur le même ton crée une atmosphère qui nous saisit et nous emporte tous à l'intérieur du temple. On suit le même rythme à haute voix, une longue mélopée, un chant grave venu du fond de la gorge pour les moines, un son plus aigu pour les enfants. On s'adresse à l'invisible, on communique tous ensemble avec le mystère de la création.

Cette langue n'est utilisée qu'au cours des rites religieux à l'orphelinat. Plusieurs prières indéchiffrables mais importantes doivent être apprises par cœur. L'atmosphère est solennelle, imposante. On respecte ces choses mystérieuses. Personne ne songe à s'en moquer ou se distraire. Les moines comprennent les mots qu'ils prononcent, pas nous. Tout est paisible et même rassurant à force de se répéter matin après matin. Ceux qui aiment les farces et les taquineries, qui inventent des plaisanteries durant toute la journée n'en font pas pendant la prière. Ce serait une faute grave, une action coupable. Tout le monde se montre obéissant. Ce n'est pas le moment de rire. J'évite d'avoir des distractions, de penser à autre chose.

Mais les enfants vont toujours plus vite que les moines pour finir la prière. Ils mettent facilement deux fois moins de temps, sans se presser pourtant. Les moines y consacrent une demi-heure, et j'ai terminé avec les autres en un quart d'heure. Ensuite, on attend que les moines aient fini. Ils lisent des textes, et c'est parfois loin. Nous ne devons pas sortir séparément, mais tous ensemble, avec eux.

Le temple possède la même architecture que les dortoirs et la cuisine, c'est-à-dire presque pas d'architecture. C'est une grande cabane en bambou, construite de façon très simple, juste pour se rassembler, située à proximité d'un petit bâtiment qui sert d'infirmerie, près de beaux arbres. Nous sommes si nombreux qu'il y a presque toujours quelques malades.

En quittant le temple, la première chose à faire, c'est d'aller prendre le repas du matin, constitué uniquement de riz très collant. Le réfectoire se trouve près d'un dortoir et du temple. A nouveau, il faut marcher pour l'atteindre, mais cette fois le jour s'est levé. Les murs de cette grande construction ont été bâtis en bois avec de la terre pour combler les espaces entre les troncs, et le toit est entièrement en bambou.

On vient avec son assiette de métal, une sorte d'écuelle. Je mange mon riz avec mes doigts, comme les autres. Il n'y a pas de baguettes, encore moins de fourchettes ou de cuillères. Les grains de riz sont serrés et mélangés avec une substance qui donne la consistance du riz au lait.

Chaque matin, c'est le même plat. Il n'existe aucune variété. La recette n'est pas très bonne à notre avis unanime. Je ne l'apprécie pas tellement. On dit que ce n'est pas du vrai riz. Des enfants préfèrent ne pas venir manger le matin. Ils n'y sont pas obligés. C'est totalement libre. Les responsables leur laissent la liberté d'en parler avec leur estomac et leurs forces.

Certaines fois, je ne vais pas manger, en attendant le second repas au milieu de la journée qui est bien meilleur, avec encore du riz, mais cuisiné d'une autre façon. On ne reçoit jamais de ration de pain, de lait, de beurre, de confiture, de sucre. Ces produits ne se rencontrent pas. Le fromage n'existe pas non plus à l'orphelinat, ni dans notre région du Bangladesh.

Comme on n'aime pas la bouillie collante de riz, ce repas est vite achevé. Je vais directement au puits pour laver ma gamelle et, s'il reste de la nourriture que je ne parviens pas à avaler, je la jette sans hésiter dans l'herbe ou des buissons. Je ne peux pas la manger et personne ne la prendra à ma place. Je ne dois pas m'attarder. La journée déborde d'activités indiquées par le gong. Je nettoie vite la gamelle et, ça y est, c'est bon. Je suis prêt pour la suite. Le gong nous appelle à nouveau.

Des enfants n'ont pas fini de manger. Il y a toujours des retardataires, dont je fais quelquefois partie. Ils doivent se débrouiller pour être présents où on les attend et cesser de manger immédiatement. Tant pis pour eux. Leur assiette doit être propre. S'ils veulent aussi, ils ont le droit de la porter avec son contenu à l'endroit où ils dorment afin de la récupérer plus tard. Le principal, c'est qu'ils arrêtent de manger. Je préfère, si je suis en retard, ne pas garder cette bouillie en plein air avec les mouches. Je n'y tiens pas. Ce n'est pas un plat aussi intéressant que celui de midi. Le vrai riz du déjeuner, mieux cuisiné, est alors mangé jusqu'au dernier grain. Je n'ai jamais jeté ce riz-là, et je ne l'ai jamais vu être gaspillé. Il est précieux. Si on n'a pas le temps de manger sa ration entière, on la garde bien de côté avec soin, à l'abri, pour la retrouver. Au contraire, on ne voudrait pas la voir jeter dans l'herbe.

En sortant de la salle à manger des enfants, qui ressemble à toutes les autres constructions en bambou du grand terrain, près du temple, je me dirige vers ma classe. Le gong ne sonne pas cette fois. Il ne sera à nouveau frappé que pour appeler au travail dans les champs à la fin de cette heure d'étude. Les responsables utilisent une montre, pas les enfants, et il n'existe pas d'horloge. Nous connaissons l'heure grâce au gong et à la position du soleil.

Chacun seul dans son coin, on révise ses leçons. Ce n'est pas encore l'école. C'est seulement le moment où l'on fait ses devoirs ou que l'on apprend ses nombreuses leçons. Il y aura un moment semblable le soir avant de dormir, comme dernière activité.

L'élève qui n'a pas achevé son travail scolaire au cours de la matinée doit l'abandonner aussitôt pour partir travailler à l'extérieur. Quand cela sonne, il faut y aller. Ça y est encore, c'est l'heure. Le gong retentit. Le travail de la terre, pour se nourrir, est obligatoire, ainsi que différents travaux nécessaires au fonctionnement de notre orphelinat.

On part en groupe au travail pour gagner sa vie comme des hommes. Mais j'aime bien retourner ensuite à l'emplacement où je dors. C'est à cet endroit que l'étude se fait avant le travail. Chacun retourne dans son dortoir ou sa chambre afin d'apprendre ses leçons. L'heure où des cours sont donnés par les enseignants, à l'école, viendra après le travail aux champs. Nous regardons d'abord ce que nous avons appris la veille. La permission de dormir à nouveau n'est pas accordée, mais il faut étudier avec soin ses leçons, terminer ses devoirs. Chacun apprend à haute voix sans s'occuper des autres. Cela crée un bruit confus où on n'entend que ses propres paroles et où on ne prête attention qu'à elles. Nous sommes presque tous studieux et sages. Tout se passe bien et avec application.

Pour réviser, je ne retourne pas dans l'un des deux grands dortoirs dépourvus de cloisons intérieures. Je monte, à l'écart, sur une petite colline qui se prolonge jusqu'à un village. Une maison en bambou y est construite. Depuis que je suis entré en classe six, celle des élèves déjà grands, je partage une chambre avec un camarade du même niveau d'études et deux élèves de la classe sept, qui sont un peu plus âgés. Tous les enfants de l'orphelinat se trouvent répartis en dix classes, les plus jeunes dans la classe numéro un et les aînés dans la classe numéro dix. Ma chambre se situe à l'intérieur d'un long bâtiment divisé en cinq pièces par des cloisons de bambou. Je ne possède à peu près rien là-dedans, mais je m'y sens très bien et heureux.

Les chambres portent des numéros, et les constructions ont aussi reçu des noms car l'ensemble est vaste. Ces noms sont presque toujours originaux et gais. L'un des bâtiments se nomme en chakma *ananda vobone,* ce qui signifie « la maison de l'homme heureux, de l'homme qui rit et est content ». *Ananda* signifie « rire, être satisfait », et même « rigoler ». On n'est pas triste à l'orphelinat de Boalkali.

Mon prénom a un petit rapport avec le nom de cette maison. Sudhananda signifie en chakma « toujours souriant », « toujours content ». C'est la vérité. Je suis presque toujours content et gai. La vie me paraît pleine de promesses et de beauté. J'ai envie de faire beaucoup de choses intéressantes. Seule la guerre et la famine, la séparation de ma famille assombrissent l'avenir et les bons moments.

A l'intérieur de ma maison habite un jeune moine, qui enseigne aussi, Ganandesse Bikku, que l'on appelle également Ganantissou. On s'entend bien avec lui. Sa petite chambre est située à une extrémité de la maison, qui ne possède pas d'étage. Elle a été construite très en longueur, sur une largeur étroite, parce que c'était plus facile et rapide. Ganandesse est très gentil, et chargé de la surveillance des classes numérotées de six à dix qui se trouvent dans cette construction. D'autres élèves encore de ces mêmes classes habitent à l'intérieur d'une maison de modèle semblable, mais située un peu plus loin vers le temple.

Je m'applique à étudier sans perdre de temps. Nous recevons chaque jour une grande quantité de leçons à apprendre par cœur et de textes à écrire. Au Bangladesh, on utilise beaucoup sa mémoire à l'école. Quand le gong sonne, je pars aussitôt rejoindre les autres pour travailler. Ceux qui n'ont pas fini d'étudier doivent laisser immédiatement leur cahier ou leur livre. L'appel au travail est marqué par une autre sorte de coups martelés sur le gong.

Trois sons principaux existent à l'orphelinat : l'alerte, le lever du matin et le travail. L'alerte est destinée à signaler tout ce qui n'est pas normal, la présence de voleurs, par exemple, ou un accident. Les deux autres types d'appels sont repris au cours de la journée pour les multiples activités. Ce n'est pas difficile, avec de l'entraînement, de s'y retrouver. On suit également les autres enfants. On regarde où ils vont si l'on a été distrait.

Pour ces tâches, nous ne recevons pas d'aide extérieure et il faut bien qu'elles soient accomplies par quelqu'un. Sinon, plus rien n'irait pour notre groupe. Nous existerions dans la saleté et le désordre avec la perspective d'avoir toujours faim. Sept moines, et quatre autres enseignants qui ne sont pas des religieux, assument la direction.

La majorité des enfants des Chittagong Hill Tracts ne bénéficient pas des avantages dont nous profitons à l'orphelinat, des leçons qui nous sont données à l'école, de l'éducation, et d'une aussi grande quantité de nourriture, avec des médicaments dans une infirmerie si l'on se blesse ou tombe malade. Les médicaments sont très rares.

Chaque tâche de la journée correspond à une utilité que nous connaissons tous et que nous ne discutons pas. Le travail est toujours le travail, et il fatigue quand on pourrait jouer à la place, mais les efforts sont acceptés en général avec entrain, avec bonne humeur, de l'instant du lever à celui du coucher. On entend rarement quelqu'un se plaindre de quoi que ce soit. Les protestations et les larmes sont exceptionnelles et passagères. Je n'ai jamais vu d'enfants qui désiraient quitter l'orphelinat ou se montraient désobéissants ou fâchés avec la discipline.

Au début, les nouveaux trouvent toujours cette existence très dure, parce qu'elle est quand même très dure, puis ils s'habituent en découvrant ses avantages, la sécurité. Ceux qui ne peuvent pas s'adapter pour une raison ou une autre le comprennent tout de suite et partent. Mais ils sont très rares. On nous procure tout ce qu'il faut à l'orphelinat. En échange, on nous demande de beaucoup travailler. Les dirigeants nous donnent ce dont nous avons besoin, ne ménagent pas leur personne et leurs forces, mais réclament à leur tour beaucoup de travail à l'école et aussi en dehors des heures d'école. Travailler sans relâche est indispensable pour soi-même et pour le groupe. C'est une question de survie que nous comprenons tous sans difficulté, même les plus jeunes, auxquels on donne moins de travail qu'aux aînés.

En arrivant à l'orphelinat, nous étions tous pauvres. Certains étaient des orphelins de père et de mère depuis longtemps, menacés de famine et de se trouver engloutis dans les maladies et l'ignorance, sans métier en grandissant, sans moyen de s'en sortir nulle part dans notre région en guerre. Nous sommes un peu moins pauvres maintenant, avec une famille de trois cents personnes. C'est un privilège. J'ai plein de copains.

Mes petits frères, qui vivent à la maison avec notre mère, n'ont pas la chance d'être soignés avec des médicaments comme ceux qui se trouvent à l'orphelinat et d'avoir autant de copains. Mais, à l'inverse, ils vivent auprès de notre mère. Moi, je ne la vois plus depuis des années et, de temps en temps, je les envie. Je voudrais être à leur place. Au Bangladesh, on ne peut pas tout avoir. Beaucoup n'ont pas de parents, ni de nourriture, ni d'école, ni de médicaments, et c'est bien pire. Notre orphelinat est certainement le lieu le plus riche du village, celui où on a le plus de chances d'acquérir un métier et d'être instruit.

Si l'on s'arrache de bonne heure au sommeil, ce n'est pas particulier à notre règlement. Les paysans aussi se lèvent tôt. Dans notre pays, il fait si chaud en pleine journée presque tout au long de l'année qu'il vaut mieux commencer de bonne heure, avant l'aube. Les travaux de force deviennent impossibles quand le soleil est au plus haut.

Les activités dans les champs dépendent des saisons et des particularités de chaque jour. Nous nous rangeons chacun à l'intérieur d'un groupe. Il y a des petites équipes, et nous n'allons pas tous au même endroit pour y effectuer un travail identique. Les responsables nous indiquent ce qu'il y a à faire, ou bien nous continuons l'activité commencée la veille. Il y a deux périodes de travail, celle du matin et celle de l'après-midi.

J'aime bien travailler au jardin des fleurs. Un magnifique jardin embellit l'orphelinat. Il n'y pousse que des fleurs destinées à la statue de Bouddha et à la décoration du temple. Des équipes de travail en prennent soin chaque jour, à proximité du bâtiment qui sert de collège et où nous entrerons tout à l'heure. Les fleurs poussent toute l'année. Il y en a toujours de splendides, parfumées, colorées avec une grande variété de tons. Le travail de jardinier n'est pas dur ni rebutant dans ce lieu d'enchantement et de tranquillité où j'enlève les mauvaises herbes avec quelques camarades. On s'amuse ensemble. Il faut planter des fleurs, en couper. On rit et plaisante en se hâtant d'exécuter son devoir. Le soleil est déjà très chaud, mais il fera encore plus chaud vers midi.

Si aucun enfant ne songe à décorer de fleurs fraîches la statue de Bouddha le matin avant la prière, un moine s'en charge, mais ce n'est pas son rôle. Les enfants aiment bien s'en occuper et, s'ils oublient, c'est qu'ils ont été réellement très fatigués par leurs travaux de la veille. Avec la chaleur, les fleurs se fanent rapidement, malgré l'eau que nous leur versons, et les insectes s'agglutineraient sur elles dans le temple si nous les laissions s'installer. Nous aimons voir des fleurs fraîches rendre le temple plus gai et agréable. Nous faisons cela avec respect et dévotion, le cœur heureux.

Le jardin des fleurs est utile et a une signification précise dans la vie quotidienne de notre orphelinat. Les fleurs y jouent un rôle, et les enfants qui en ont la responsabilité s'y appliquent avec autant de sérieux qu'aux autres ouvrages.

Le jardin des ananas réclame aussi un peu de travail. Les jardiniers nettoient le terrain où cent cinquante arbres environ, le long d'une petite vallée paisible, aux abords de la maison du directeur, ne doivent pas être envahis par la végétation afin que les fruits délicieux grossissent. Ils sentent bon et sont très beaux. Cette plantation occupe, avec le temple, presque le centre de l'orphelinat. On y arrache les mauvaises herbes et les plantes sauvages. Sur les troncs des ananas s'enroulent des végétaux qui ressemblent à des lianes ou des liserons. En les laissant monter trop haut, ce fouillis gênerait le développement des fruits et ne serait pas beau.

Les ananas se développent de semaine en semaine, avec leurs

écailles et leur petit chapeau de feuilles vertes comme des plumes sur la tête. Le soleil les parfume. Chaque année, on récolte plusieurs centaines de fruits. Je ne les ai pas comptés, mais je dirais entre mille et mille cinq cents ananas. On va les cueillir et on les mange. Les enfants ne se font pas prier pour ce travail. Le jardin des ananas est agréable. Avec celui des fleurs, on est toujours heureux d'y venir.

Notre orphelinat est un bel endroit, offrant beaucoup de place et des arbres fruitiers d'une dizaine d'espèces répartis entre les constructions de bambou. Une cinquantaine de bananiers produisent des régimes abondants. Ces arbres ne réclament vraiment de temps que pendant les récoltes. L'ensemble couvre une grande surface. Nous y circulons partout, en travaillant, en chantant, en riant, en se dépêchant d'être à nos tâches longtemps avant l'aube et tard après la tombée de la nuit.

Devant le bâtiment de l'école s'étend un vaste terrain, une sorte de cour de récréation, puis il y a une montée avec encore des arbres. La végétation se développe de tous les côtés. Une vallée apparaît depuis le sommet de cette colline. Un escalier a été creusé dans la terre. Un arbre très élevé, aux longues branches étalées et aplaties à son sommet, fournit de l'ombre près de l'école. Les jours de grande chaleur, nous sommes nombreux à en profiter et à nous y reposer. Certains jours, il n'est pas possible de rester dans nos constructions pour exécuter le moindre travail. On y étouffe, et pourtant elles possèdent de larges ouvertures dans les murs qui semblent tissés avec de fines tiges de bambou entrecroisées.

Près de l'école s'étend notre terrain de football. Sa surface est abîmée et irrégulière, mais on y joue avec enthousiasme pendant les rares instants où nos activités ne nous retiennent pas ailleurs. Le plus souvent, on ne joue pas au football sur ce terrain de foot car on n'a pas de ballon, mais il y a d'autres jeux.

Depuis le terrain de foot, on aperçoit un village au loin, séparé de nous par des collines basses. Au bord du terrain poussent d'autres arbres fournissant des fruits saisonniers. Ils sont entretenus aussi par les enfants. Entre ces arbres fruitiers se rencontrent une dépression de terrain, le début d'une vallée, et en face une colline avec la maison où je dors, puis tout en bas des champs où les habitants du village de Boalkali cultivent du riz. En traversant ces rizières, séparées par des collines, je peux atteindre la maison de ma mère à quelques kilomètres. Il y a longtemps que je n'y suis pas allé.

La maison du directeur est la seule de l'orphelinat qui comporte un étage. Agrémentée d'un balcon ressemblant à un couloir protégé par un toit sur toute la longueur de l'étage, elle paraît plus puissante que les autres constructions. Sur ce balcon, il fait bon prendre l'air à la fin des jours torrides. Mais il est petit, et tous les enfants n'y dénichent pas une place. Entièrement en bois comme les autres, surtout en bambou, cette maison est suffisamment grande pour que l'on puisse y faire des réunions.

Le premier directeur que j'aie connu habitait dans le temple du village où les gens venaient prier, apportaient des bougies. Mais ce temple était loin, séparé de l'orphelinat par des champs et des collines. Ce n'était pas pratique, et une maison spéciale pour le directeur a été construite.

A côté de cette maison se situe la salle à manger des moines, des *bikkus* ou *bikkous*. Les enseignants y mangent aussi. Certains ne sont pas moines. Ils rentrent chez eux le soir, au village, mais quelques-uns habitent avec nous. Ce sont plutôt des jeunes. Accolée à ce réfectoire se trouve la cuisine des moines. Leur nourriture n'est pas identique à la nôtre et ils ne mangent pas aux mêmes heures. Après le repas de midi, ils ne mangent plus, sauf en cas de maladie. La mère d'Arunjyoti, l'un de nos copains, prépare la cuisine particulière des moines. Ils ne s'en occupent jamais et elle assure ce travail en échange d'une rémunération.

Une autre cuisine où nous préparons nous-mêmes notre nourriture a été bâtie près du temple. Il faut toujours faire attention de ne pas y mettre le feu. Les enfants se font eux-mêmes à manger, allument le feu de bois et l'entretiennent, épluchent les légumes, lavent, cuisinent. Par groupes travaillant à tour de rôle, comme pour toutes les tâches, ils assurent la préparation et la cuisson des aliments, avec un enfant responsable de l'équipe. J'ai souvent été envoyé au travail de la cuisine, qui prend beaucoup de temps. Il faut le recommencer sans cesse. Ce n'est pas le plus amusant. Deux couples venant du village voisin nous aident cependant et reçoivent, de la part des moines, un salaire leur permettant de vivre. Ces deux hommes et ces deux femmes sont très aimables et apportent de précieux conseils aux cuistots qui circulent entre les grosses marmites et le feu.

Mais les repas ne sont jamais raffinés ni variés. Nous mangeons deux fois par jour dans un grand réfectoire, assis par terre, sous un toit de paille. Nos maisons sont parfois couvertes d'un toit en feuilles séchées. Des arbres encore se dressent dans ce coin. Il y a plein d'arbres partout. En vivant par petits groupes le plus souvent, nous n'avons pas l'impression d'être une foule d'enfants. Chacun a sa place dans une nouvelle famille.

La jungle est proche et on va y chercher ensemble du bois pour faire la cuisine de l'orphelinat. Tandis qu'une équipe coupe du bois, une autre le transporte. Ce n'est pas du bois mort, desséché, mais vivant et robuste. Les morceaux sont lourds et encombrants. Nous rentrons toujours éreintés.

D'autres équipes travaillent la nuit pour surveiller les voleurs. Plusieurs fois, j'ai appartenu à celle qui garde une machine à moudre le grain. L'orphelinat ne possède que deux objets précieux, une pompe à moteur pour aspirer l'eau dans la rivière Boalkali et irriguer les champs, et cette machine à broyer. La pompe fonctionne avec de l'essence et est reliée à des tuyaux. Pour acheter du carburant, il faut de l'argent. Je n'ai jamais su d'où venait la pompe, mais ce serait un malheur si elle nous était volée.

Le poids de ces deux machines est trop considérable, leur installation trop compliquée pour que l'on réussisse à les déplacer facilement et à les mettre à l'abri le soir. Le mieux est de rester à côté d'elles et de guetter. C'est nécessaire. On constitue des équipes d'enfants qui commencent à travailler à la tombée de la nuit et se relaient à tour de rôle. On ne peut pas abandonner ces machines la nuit en des lieux écartés de ceux où l'on se repose. Seuls les plus grands participent à cette garde, qui se poursuit pendant le jour d'une manière moins tendue et fatigante. Les plus petits, qui appartiennent aux classes un à cinq, ne reçoivent pas de travail la nuit.

Près du terrain de football où la machine à moudre est installée, j'ai été envoyé à sa surveillance de temps en temps avec mes camarades, en discutant, en regardant l'obscurité et attendant que notre mission soit finie. Il ne s'est rien passé les nuits où j'y étais. Mais des alertes ont lieu parfois, et il y a eu des disputes, des commencements de bagarres avec des voleurs. On se méfie et on est prudents. Notre force, c'est qu'on est trois cents. On peut se relayer et tout observer.

L'enthousiasme et l'allant ne nous manquent jamais. A l'époque où l'on sème ou repique les plants de riz dans les grands champs qui appartiennent à l'orphelinat, on y va tous ensemble en chantant, heureux, pleins de gaieté. Dans les rizières, nous devenons des paysans enchantés de leur travail. Les journées sont excellentes. Même si le travail est dur, on est tous heureux. On rit, on s'amuse, on fait des blagues. On part comme pour aller à une fête. On va travailler en riant dans les champs de riz. Tout le monde est de bonne humeur.

J'ai toujours participé avec joie, sans économiser mon énergie, à ce travail essentiel pour nous tous. Il est simple, et on recommence le lendemain et les jours suivants, aussi longtemps qu'il le faut pour cultiver la terre et obtenir une bonne récolte. Je n'ai pas vu d'enfants refuser de travailler ou essayer de se dérober, sauf lorsqu'ils sont trop fatigués. Les plus jeunes ne font pas grand-chose, mais ils sont présents et rient avec nous.

La culture du riz ne nous mobilise, heureusement quand même, pas tous les jours. D'ordinaire, après deux heures de travail, l'école commence. Elle dure de dix heures à midi environ. Les enseignants font leurs cours et ils sont écoutés avec attention. L'instruction est importante.

Des stylos en plastique, avec une plume métallique, nous sont donnés. Ils contiennent un réservoir et il faut pomper l'encre, l'aspirer dans un encrier pour le remplir. J'écris en langue bengali. C'est la langue officielle du Bangladesh. Nos livres d'école sont en bengali. En dehors de l'école, nous parlons cependant toujours en chakma, notre langue maternelle, mais nous ne savons pas l'écrire. Je ne connais pas l'alphabet chakma. Sans qu'il me soit enseigné, je l'ai vu de rares fois. Les caractères, au nombre de trente-cinq environ, sont très jolis, ronds, incompréhensibles. Le chakma est une langue seulement parlée, et non écrite, sauf par quelques vieillards ou lettrés qui savent l'alphabet et les mots. On dit qu'il n'existe pas plus d'une centaine de personnes au monde qui peuvent encore écrire en chakma.

A l'orphelinat, un jeune moine passionné par notre langue natale parvient à l'écrire. Il l'étudie. Il voudrait que nous ne l'oubliions pas, que notre alphabet ne soit pas perdu, parce que cela lui fait mal au cœur, mais d'autres moines pensent que cette étude ne sert à rien et que la connaissance du bengali nous est plus utile pour travailler et vivre, ensuite, dans notre pays à l'âge adulte. Ils se demandent à quoi servirait d'apprendre à écrire une langue difficile que personne ne sait lire.

Tous les enfants de l'orphelinat savent écrire pourtant le chakma à leur manière : nous écrivons notre langue avec l'alphabet bengali. J'écris couramment le chakma en caractères bengalis. Je traduis les sons. Les résultats ne pourraient pas être compris par les Bengalis, les musulmans du Bangladesh. Mais je ne sais pas écrire le bengali en caractères chakmas. Ces caractères sont composés de cercles, de spirales, de demi-lunes, de boucles, d'entrelacements et de traits mystérieux, impénétrables. Nos ancêtres les plus savants ont écrit avec ces signes, et maintenant les jeunes ne parviennent plus à les reconnaître. On dit que cela vient de l'alphabet khmer.

On apprend l'anglais à la place. A l'orphelinat, nous avons des cours d'anglais. Je suis passionné par l'étude de cette langue et je voudrais toujours en savoir plus. Je m'y consacrerais pendant des heures si je le pouvais. Mais on n'étudie pas la géographie. C'est très ennuyeux de ne pas connaître la géographie. Je n'ai aucune idée de l'endroit où l'on parle anglais sur la terre. C'est plutôt étrange ! Les pays et leur nombre nous demeurent totalement inconnus.

Nous apprenons ainsi la langue d'un pays dont nous ignorons l'existence. L'anglais est pour moi la langue d'une nation lointaine, qui existe à peine et peut-être pas du tout. Y a-t-il même au monde des gens qui parlent anglais ? Ce n'est pas sûr. On n'en a pas la preuve. Cela n'a jamais été vraiment vérifié.

Plus tard, avec quelques notions de géographie, j'ai découvert l'existence de la France. A partir de ce moment, j'ai cru que l'anglais était la langue des Français. Je croyais que les Français parlaient anglais. Beaucoup d'autres enfants ont eu la même certitude. C'était logique puisque nous avions appris, par hasard, l'existence de la France avant celle de l'Angleterre et des Etats-Unis. Quelques Français étaient venus au Bangladesh dans notre région, avant l'aggravation des troubles, avant que la région ne soit totalement interdite aux étrangers. On discutait de ces visiteurs. Ces Français ne parlaient d'ailleurs que l'anglais, ce qui était une confirmation de notre croyance. Mais, comme on n'apprenait pas le français à l'école, on ignorait l'existence de cette langue autant que celle du chakma écrit.

Les moines possèdent à l'orphelinat une radio qu'ils écoutent assez souvent. Ils suivent les informations de la B.B.C. Les enfants qui se trouvent près d'eux à ce moment-là peuvent écouter la radio. Les informations sont en bengali, mais des programmes sont diffusés en anglais. Ce n'est pas le même anglais que celui appris à l'orphelinat. On n'y comprend rien.

Je ne reconnais pas l'anglais de mon école. L'accent n'est pas le même. Ce n'est peut-être pas du véritable anglais? Notre anglais n'est pas pareil! La radio parle trop vite. Les moines semblent mieux comprendre parce qu'ils l'écoutent davantage. L'anglais à la radio a des intonations inconnues. Il y a des accents qui n'existent pas à l'école où l'on parle anglais à travers un mélange de bengali et de chakma. Quand il faut prononcer *th* traduit en caractères bengalis, on dit *d*. Ainsi « thing » devient « ding ». On possède un anglais spécial pour Chakmas.

L'école ne m'ennuie pas. Elle est toujours captivante et le temps passe trop vite. On économise avec soin le papier qui est précieux. Les crayons sont rares. Un crayon de papier coûte une fortune et l'on ne dessine jamais. On consacre le matériel seulement à écrire et étudier. Nous fabriquons nous-mêmes nos cahiers. De grandes feuilles blanches nous sont données. Nous les plions, les cousons. Les cahiers avec des lignes fines déjà imprimées ne se rencontrent presque pas. Dans les écoles des villages, les cahiers sont confectionnés également par les élèves. Les autres coûtent trop cher. Les feuilles blanches sont achetées par paquets d'une douzaine. Le matériel sert à écrire de manière sérieuse et on en prend le plus grand soin.

Mais je finis par avoir faim à l'école, surtout quand j'ai dédaigné ma bouillie de riz du matin. Chaque fois, c'est la même chose. L'heure avance. Après l'école arrive enfin le vrai repas. Il faut se dépêcher de manger. Dès la fin du déjeuner, l'école recommence. Pas de repos. Celui qui n'a pas fini de manger doit s'arrêter. C'est cela son repos. En avalant vite, on peut consacrer quelques instants à jouer ou ne rien faire à l'ombre d'un grand arbre.

L'école reprend jusqu'à quatre heures, parfois cinq. Il faut beaucoup travailler. Les maîtres exigent sans cesse de nous autant d'efforts qu'au cours du reste de la journée. Mais je ne vois pas plus les heures défiler que le matin.

A la sortie de l'école, on n'est pas libres pour autant. Le travail continue aux champs ou en divers lieux de l'orphelinat. Il y a encore du travail jusqu'au soir, beaucoup de travail. Pour nous regrouper, le gong retentit à nouveau. Les équipes chargées de la cuisine vont chercher l'eau. C'est un travail extrêmement pénible qui paraît presque impossible à première vue, surtout aux plus jeunes. Je pleurais au début car je n'arrivais pas à porter le récipient qui était trop lourd et volumineux pour mes forces. Je n'y arrivais pas en dépit de tous mes efforts. Je ne pouvais pas le soulever. Rien à faire. Je renversais tout. Ou bien le récipient restait comme attaché au sol.

Une équipe de deux ou trois enfants au moins doit transporter à la cuisine une grande quantité d'eau potable depuis un puits creusé à une bonne distance, près d'une colline. Et, en plus, il faut monter une côte sur le chemin !... Il faut la gravir afin d'apporter à la cuisine l'eau du puits. C'est l'unique point d'eau servant à l'alimentation. Il n'existe pas de canalisation le reliant à la cuisine.

Un baquet avec des anses, qui serait assez spacieux pour que l'on puisse prendre un bain dedans, est utilisé. Pour trois cents personnes, une quantité d'eau considérable est nécessaire. On s'aperçoit qu'elle est considérable surtout quand on la porte sur ses épaules avec une perche dont l'autre extrémité repose sur le dos d'un camarade. C'est une épreuve de force qui oblige à ne pas remplir entièrement ce grand récipient, sauf si l'on veut le voir collé au sol avec l'impossibilité de le bouger. Pour ne pas effectuer un nombre infini de voyages et travailler encore à la nuit tombée, on remplit juste au maximum de ce que l'on peut transporter.

Le puits se trouve si loin des dortoirs et des chambres que le matin, aussitôt après le lever, encore ensommeillés, fatigués, nous hésitons à nous y rendre entre quatre heures et demie et cinq heures pour nous laver. On manque de temps. On n'a pas envie d'y aller et le lac est encore plus éloigné.

— On va creuser ici, dit un jour un enfant. On va faire un autre puits.

C'était une bonne idée. Le projet mûrit. On y a pensé. L'emplacement pour creuser le sol fut choisi à proximité des chambres de quelques enfants déjà grands dont je faisais partie. On ne voulait pas le creuser n'importe où. Les moines ne nous demandèrent pas de faire un second puits. Nous voulions nous simplifier la vie et rendre moins harassantes les journées. Pendant un temps, j'ai réfléchi avec des copains à ce labeur supplémentaire. La place ne manquait pas et nous espérions découvrir de l'eau. Il devait y en avoir du côté d'un champ de riz.

J'ai pris un outil en fer qui ressemblait vaguement à une pelle. D'autres avaient déjà commencé le trou et je les ai remplacés. J'ai retourné la terre sablonneuse, assez friable et molle, sans cailloux ni blocs de pierre qui puissent gêner. Un seau servait à remonter la terre et la déverser sur le bord. A mesure que nous creusions, le seau était plus difficile à hisser et on l'attachait à une corde. Le travail nécessitait plusieurs jours. Il s'ajoutait aux autres activités, mais on espérait qu'il serait récompensé par l'apparition des premières gouttes d'eau.

La largeur de la fosse était de près de deux mètres. On pouvait s'y remuer. On descendait chacun son tour. C'était amusant. On aimait bien. Je descendis plusieurs fois creuser. Ce travail de surcroît n'était pas une corvée. Les parois semblaient suffisamment résistantes pour ne pas s'effondrer et on ne songeait pas à un accident. Les autres enfants venaient nous voir.

Enfin, l'eau apparut. Elle nous rendit heureux. Elle remplit doucement le fond à environ trois mètres de profondeur. Au début, elle était sale, trouble, avec une curieuse couleur jaune et gris. Elle n'était qu'un mélange de boue. Puis elle devint plus claire. Les saletés se déposèrent au fond. On avait réussi et la joie se voyait sur tous les visages. A partir de cette date, on eut à marcher moins longtemps pour se laver, mais l'eau n'était pas potable.

Pendant la sécheresse, on découvrit ensuite que le niveau d'eau diminuait au fond de ce puits et l'on descendit à nouveau pour ôter de la terre, creuser plus profond. Le seau attaché à une corde était jeté dans le trou et rempli de boue. Une eau sale réapparut lentement.

A quelque distance dans une vallée, les moines ont créé un grand lac artificiel en faisant un barrage sur un bras de rivière. Je n'ai pas vu sa construction. Il existe depuis que j'habite à l'orphelinat. On s'y baigne et nage, on y lave ses vêtements les jours où on a le temps. Le barrage est en terre, pas en ciment, mais il est résistant, avec un côté très plat. Des poissons en grand nombre vivent dans ce lac qui n'a pas tout à fait les dimensions de notre terrain de football. Je crois que le fond de ce lac a été creusé, dans la petite vallée, pour augmenter la quantité d'eau retenue. Mais je ne sais pas exactement comment l'orphelinat a été fondé il y a quelques années. On dit que de l'argent a été donné par des étrangers. J'en ai entendu parler en tout cas. J'ignore si c'est vrai. Quand je pars laver mon linge au lac ou m'y plonger, il y a en général un beau soleil. Nous aimons jouer dans l'eau. Tous les Chakmas aiment l'eau.

Les enfants qui dorment comme moi dans une maison à part, divisée en plusieurs pièces, derrière l'école, se rendent encore plus fréquemment que moi à ce lac qui est tout près pour eux. Parfois, je vais ainsi dans cette maison faire une visite à Priyatosh, un enfant de la classe cinq, qui dort dans la même chambre qu'un enseignant. Priyatosh a failli être refusé à l'orphelinat. On ne voulait pas de lui au début. Son entrée n'a pas tout à fait été comme celle des autres.

Quand le père de Priyatosh, Sukshanti Dewan, est mort en 1978 d'une maladie intestinale, il avait deux ans et demi. Sa mère Animadybi ne supportait pas le choc de cette disparition. Elle était si triste que ses enfants ne pouvaient pas imaginer une telle tristesse sur un visage, mais elle comprit vite que ce n'était pas en pleurant que son mari reviendrait. Le corps a été brûlé par des villageois, dans un champ, au bord de la rivière Méghini. Le village s'appelait Baboussera. Un grand nombre de personnes vinrent faire leurs adieux à Sukshanti.

Quatre ans plus tard, en 1982, l'un des frères aînés de Priyatosh entra à l'orphelinat car leur mère ne possédait plus d'argent pour lui acheter des livres et des cahiers afin de l'envoyer à l'école du village, ni de nourriture pour le faire vivre. Elle ne disposait, en attendant que ses enfants travaillent, que de moyens insuffisants. Ainsi, Poritosh, le troisième enfant de la famille, commença à faire des études et travailler à l'orphelinat. Il devait y rester jusqu'à ce qu'il obtienne un diplôme.

Mais il trouva que la vie y était trop dure, la discipline trop sévère, les travaux des champs éreintants et excessifs. Il s'enfuit au bout de deux années. Il ne pouvait pas supporter l'orphelinat ni s'y adapter. Il s'y sentait malheureux. Quand il est revenu à la maison en expliquant qu'il ne retournerait pas où il avait vécu, sa mère se mit en colère car ses projets s'effondraient, et elle pleura.

Un autre de ses enfants, Assotosh, de deux ans plus jeune, fut adopté dans une famille avec la possibilité d'y rester aussi longtemps qu'il le voudrait. Il y faisait en même temps des petits travaux de serveur, de domestique. Tous les enfants de la région n'étaient pas accueillis à l'orphelinat. Une sélection sévère s'effectuait parmi ceux qui en avaient le plus besoin.

A partir de six ans, Priyatosh, qui allait aussi entrer à l'orphelinat, a d'abord été inscrit à l'école de son village, les frais de livres, de cahiers, de crayons étant payés par le canton de Dighinala. Mais cette aide ne suffisait pas à assurer sa subsistance. Il serait probablement resté dans cette école jusqu'à la fin des études primaires si sa mère avait eu assez d'argent. Ses maîtres disaient qu'il réussissait bien et devait continuer. Il aimait l'école, mais l'argent manquait trop à la maison pour nourrir quelqu'un qui ne travaillait pas.

En 1984, sa mère lui exposa la situation. Elle ne pourrait pas lui payer des études encore longtemps. Elle se montrait vivement tracassée.

Un jour, Priyatosh, qui avait huit ans, était assis sous un pamplemoussier à regarder les oiseaux, les rizières, les arbres fruitiers. Sa mère vint s'asseoir près de lui et parla à nouveau :

— Ecoute-moi attentivement, Sisidan.

Son surnom de Sisidan signifiait en chakma « mon adoré ».

— Je t'écoute, maman, répondit-il.

— J'ai appris que tu travailles bien en classe. J'aimerais te poser une question. As-tu envie de continuer à aller à l'école ?

Priyatosh comprit tout de suite que les soucis de sa mère la rongeaient et que cela n'allait plus très bien dans son esprit. Elle savait qu'il désirait étudier.

— Comment faire puisqu'on n'a plus d'argent ? demanda-t-il.

— J'essaierai de t'obtenir une place à l'orphelinat.

— Je veux bien, ce sera peut-être mieux, mais on ne pourra presque plus jamais se voir et ça m'ennuie.

— Ne t'inquiète pas pour nous, et tu pourras revenir une fois par an à la maison, ou bien j'irai te voir avec Subaguedybi.

Subaguedybi était une petite sœur de cinq ans que Priyatosh aimait beaucoup et dont il ne désirait pas se séparer.

— Faut-il vraiment que j'entre à l'orphelinat ? questionna-t-il.

— Bientôt, nous n'aurons plus de sous, et je ne pourrai pas te payer des études. Si tu dois aller à l'orphelinat, ce ne sera pas lorsque tu seras grand, mais maintenant. Après, il sera trop tard.

Pendant une semaine, sa mère fit des allers et retours de leur village de Baboussera à l'orphelinat de Boalkali afin de convaincre les moines, qui refusaient cette nouvelle candidature. Ils craignaient que Priyatosh ne recommence comme son frère Poritosh et ne fasse une fugue, prenant en vain la place d'un autre enfant pauvre. Ils ne voulaient pas en entendre parler et renvoyaient poliment sa mère. L'orphelinat représentait un lieu extraordinaire de sauvetage, non seulement pour les orphelins, mais pour les plus démunis.

La maîtresse de Priyatosh, au village, intervint et montra ses bons résultats scolaires. Elle connaissait les moines. Elle se nommait Animadybi, comme sa mère, et toutes deux prirent leurs responsabilités. Enfin, les dirigeants de l'orphelinat posèrent deux conditions. Le chef politique de la région devait signer un papier, et Priyatosh réussir facilement un examen qu'ils lui feraient passer avant la prochaine rentrée.

Le responsable politique de cette région des Chittagong Hill Tracts, un homme élu par les habitants, n'était pas un Bengali ni un musulman à cette époque, mais un Chakma de religion bouddhiste. Il possédait le titre de président de notre région. En anglais, on dit un *chairman*. L'orphelinat se trouve à l'intérieur d'un district, ou d'une sorte de département, qui se nomme Parbatya. Le président a signé.

Une semaine plus tard, Priyatosh prépara son examen. Il alla avec sa mère chez l'un de nos enseignants afin de se renseigner sur le programme de l'orphelinat, et il passa une semaine dans un bâtiment à étudier. Chaque jour, cet enseignant lui prêtait des livres et indiquait les leçons à apprendre.

La première nuit, Priyatosh entendit un bruit de métal vers quatre heures et demie ou cinq heures. Il se demanda ce que c'était. Il s'éveilla et, prenant le même chemin que les autres, alla se laver le visage à un puits situé à cinquante mètres. Il rencontra des orphelins près de ce puits. L'un d'eux se trouvait un peu à l'écart et il s'en approcha :

— Salut, vous êtes réveillés tôt aujourd'hui ! lui dit Priyatosh. Que se passe-t-il ?

— Non, ce n'est pas tôt. Nous nous réveillons tous les jours à cette heure-là. Mais qui es-tu ?

— Je m'appelle Priyatosh et je serai ici comme toi bientôt.

— Moi, je suis Udenisan. Tu seras le bienvenu.

Priyatosh lui a serré la main et est parti en lui disant qu'il le reverrait plus tard dans la journée. Mais il avait tant de travail pour préparer son examen qu'il n'a pas pu revoir Udenisan ce jour-là.

Il a bien réussi l'examen. Avec l'enseignant qui l'hébergeait, il est ensuite allé demander aux moines s'il ne pourrait pas vivre à l'orphelinat avant la rentrée scolaire et l'arrivée des autres enfants, des nouveaux.

— C'est à toi de choisir, lui a répondu le directeur. Tu as brillamment réussi ton test. Tu peux rester si tu veux.

Priyatosh est rentré un mois avant les autres, en 1985. Il a commencé à faire connaissance avec les enfants et les dirigeants, les voisins de l'orphelinat. Il a aussi retrouvé Udenisan et ils sont devenus des camarades.

Il suivait depuis peu notre vie lorsque le directeur, Settananda, accueillit un jour un nouvel enseignant, Sagar Jit Chakma, et lui trouva une place dans le bâtiment de Priyatosh. Cet enseignant avait aussi grandi et vécu dans un orphelinat, mais pas le nôtre. Après ses études, il avait passé des examens et obtenu un diplôme. En arrivant dans le groupe où se trouvait Priyatosh, il réunit les enfants et se présenta à eux. Puis il leur demanda :

— Qui veut dormir dans ma chambre ?

Un enfant répondit :

— Je veux bien.

Il prit son lit de bambou et le transporta dans la chambre. Au bout de deux ou trois semaines, Sagar Jit le réprimanda car il avait trouvé des cigarettes qu'il fumait, un soir, dans la chambre, et il ne supportait pas cette odeur. Il le mit dehors. D'autres enfants, parmi les grands, fumaient en cachette parfois des cigarettes obtenues dans les villages. Il avait aussi observé les caractères des enfants et la discipline dont ils faisaient preuve. En janvier 1986, il changea de bâtiment et dit à Priyatosh, qui était là depuis une année :

— Veux-tu t'installer dans ma chambre ? Il y a une place.

Priyatosh accepta. Il s'était adapté sans grande difficulté à la vie collective. Il a affirmé assez vite qu'il vivait mieux à l'orphelinat qu'à la maison.

— Je ne comprends pas pourquoi mon frère est parti ! s'exclama-t-il. Qu'est-ce qui lui a pris ? Moi, je trouve ça très bien ici.

Il faillit ne jamais entrer parmi nous. En chakma, Priyatosh veut dire « heureux ». Les prénoms chakmas ont de multiples significations. On peut même en changer à volonté. Celui qui désire un nouveau prénom va voir un maître et le lui explique. Si le maître demande pourquoi, il suffit de répondre :

— Parce que celui-là ne me plaît pas !

On propose un prénom et, si on n'a pas d'idée, le moine en donne un nouveau qui est ensuite utilisé par tout le monde. On peut changer de prénom aussi souvent que l'on veut. Des enfants en changent tous les ans, d'autres plus fréquemment. Quelques prénoms ne signifient rien de précis, mais ils sont rares. D'ordinaire, ils veulent dire quelque chose.

Je ne reste jamais longtemps en compagnie de Priyatosh ou d'autres copains car il y a sans cesse une foule de travaux à effectuer. En hiver, ça va, il ne fait pas trop chaud pour travailler, et il n'y a même qu'à cette saison qu'on a besoin de couvertures la nuit. Mais en été il fait vraiment trop chaud. Bien que l'on soit habitués, on a encore du mal à supporter la chaleur. On sort sur une terrasse à l'heure de la classe pour avoir un peu d'air.

La nuit, en hiver, des gens ont froid dans les villages voisins et sont obligés de rester près du feu. Certains souffrent beaucoup du froid. Ce n'est pas notre cas parce que nous avons de bonnes couvertures. En hiver, c'est bien. Il fait frais la nuit et doux le jour. Il y a du soleil. On ne transpire pas au plus petit mouvement et la température est agréable.

Au Blangladesh, il y a trois saisons en tout. Les orages ont lieu en été, qui dure du mois de mars au mois de mai. Ils sont terribles. La mousson vient ensuite de juin à octobre. La pluie et le vent ne cessent pas. Il y a beaucoup de pluie et beaucoup de vent. On peine à se déplacer à cause des averses, on est rapidement fatigué par la moiteur, le temps lourd. Puis la saison sèche va de novembre à février. On l'appelle hiver. A partir de février, le temps change et devient parfois pénible. C'est la pré-mousson. Les pluies torrentielles de la mousson approchent.

Mais la vie à l'orphelinat ne change pas pour autant. Après l'école et le travail, le gong réunit tout le monde les jours de marché, deux fois par semaine. Les trois cents enfants se rassemblent presque tous, à nouveau, en fin d'après-midi. Les grands et les petits aident à transporter les provisions qui arrivent en barque sur la rivière. La cargaison est lourde, volumineuse. Cette rivière ne passe pas tout près des bâtiments. Il faut transporter la nourriture à pied, pendant

En haut, un village dans les Chittagong Hill Tracts. Incendiés, les villages sont abandonnés par leurs habitants, et des Bengalis musulmans, encouragés par le gouvernement, viennent prendre leur place. *En bas,* ce document exceptionnel est dû à Suniti Jiban Chakma, emprisonné huit jours et torturé jusqu'à s'évanouir par l'armée du Bangladesh pour avoir fait, en 1989, des photos transmises en France et participé à une manifestation pacifique pour le respect des droits de l'homme.

La culture du riz *(en haut)* est essentielle à la survie des habitants des Chittagong Hill Tracts. Tous les enfants de l'orphelinat attaqué le 13 juin 1986 à Boalkali, dans la région de Parbatya, y travaillaient comme à l'orphelinat de Moanogar. L'immense lac artificiel de Kaptaï *(ci-dessus)*, créé en 1963, a recouvert les rizières et fait fuir dix mille familles de Chakmas bouddhistes, aujourd'hui réfugiées en Inde.

L'école de l'orphelinat de Boalkali *(en haut)* où des filles se trouvaient avant d'être mises en sécurité à l'orphelinat de Moanagar. Ce dernier est aujourd'hui entouré par l'armée et interdit d'accès. *Au centre,* un groupe d'élèves de Boalkali. *En bas :* responsable des deux orphelinats, le moine Bemal Bikku, actuellement réfugié à Calcutta.

L'arrivée de réfugiés du Bangladesh en Inde est incessante. Ils sont maintenant cent mille environ, répartis dans sept camps. Mais leurs marches forcées étaient rendues très pénibles non seulement par les maladies et parfois les famines, mais aussi par les tirs fréquents des militaires bangladeshis.

Une femme chakma dans un camp de réfugiés. Elle a tout perdu et ne reçoit aucune aide des organismes internationaux.

En l'absence de tout secours, excepté celui du gouvernement indien, *Partage avec les enfants du tiers monde* tente d'aider les réfugiés qui manquent de nourriture, d'eau potable, de médicaments, de couvertures, d'abris décents, d'écoles et de liens avec le reste du monde.

Quel avenir pour cet enfant près de sa mère sans ressources ?

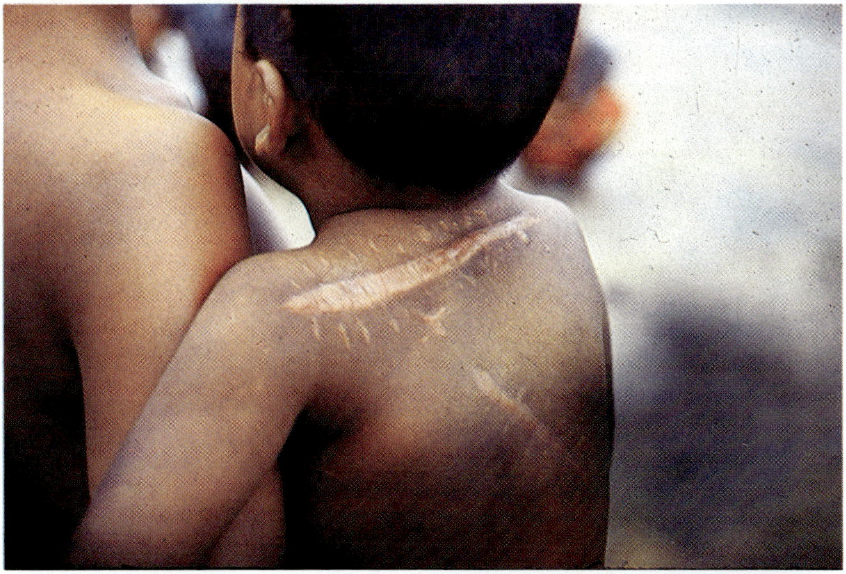

Un enfant blessé par les militaires du Bangladesh *(en haut)*. Les réfugiés dépérissent, sans soins ni espoir, dans ces camps misérables et oubliés. Après la « guerre secrète » qui les y a conduits, le gouvernement du Bangladesh réclame à l'Inde leur retour par la force. ***En bas,*** cette femme mourra peut-être sans avoir vu la paix revenir.

Le peuple des Chakmas, dans les Chitagong Hill Tracts, a conservé des habitations traditionnelles et des ustensiles qui n'ont pas évolué depuis des millénaires. Il ne possède aucun moyen de défense contre les massacres dont il est victime.

Priyatosh, un des soixante-douze enfants recueillis en France, a dessiné, en février 1990, ce qui résume la tragédie de son peuple : les maisons incendiées avec parfois les habitants vivants à l'intérieur. Les témoignages sur ces faits se sont multipliés de toutes parts au cours des dix dernières années.

deux ou trois kilomètres, jusqu'au stock de l'orphelinat, qui est la seule construction en bambou à posséder une serrure avec une clé.

Deux enfants parmi tout le groupe sont alors rayonnants de joie, parfois trois. Ce sont les enfants qui ont été désignés le matin afin de partir au marché du village acheter ces provisions. Ils reviennent enchantés de leur journée. J'y suis allé plusieurs fois depuis que je suis grand. C'est toujours une aubaine. De nombreuses heures de liberté sont accordées. Le quartier des commerçants offre plein d'animation et de distractions. C'est un quartier musulman, mais on n'y rencontre pas que des marchands musulmans. Plusieurs commerces sont tenus par des hindous et des bouddhistes à Boalkali.

Je me levais alors en sachant que la journée serait différente. Ce travail change les idées. Il a l'allure d'une expédition. Je partais à pied avec un autre enfant, deux au maximum, à Boalkali mais aussi, de temps en temps, à Dighinala qui est une ville plus grande.

Un moine nous donne dix *takas* pour manger au restaurant à midi. Le restaurant !... C'est un grand luxe. Il représente une récompense. Nos dix takas constituent une somme minime, partagée entre nous, que nous pouvons toutefois librement dépenser. Seuls les plus grands y vont, vers onze ou douze ans. Les habitués savent distinguer les restaurants où l'on mange bien et ceux où la nourriture n'est pas excellente. A Dighinala, j'ai appris à examiner le menu. Je choisis du poisson quelquefois, mais pas de bœuf. Les Chakmas ne mangent pas de bœuf. Ils considèrent que cet animal les nourrit et non l'inverse. Il est utile pour labourer, il peut être loué ou vendu afin de rapporter aussi de l'argent. De temps en temps, un bœuf est offert en sacrifice lors d'un rite religieux, et les vaches donnent du lait. Ce sont des nourrisseurs.

Les Chakmas consomment surtout du porc, à l'inverse des musulmans, quand ils ont la chance d'avoir de la viande. Tous ces restaurants offrent différentes sortes de poissons, et du poulet. Ceux tenus par des musulmans n'ont pas de porc, mais on en trouve ailleurs. Quelques-uns appartiennent à des Bengalis qui ne sont pas musulmans mais de tradition bouddhiste. A leur aspect, on les imaginerait musulmans, bien que leur religion leur permette de consommer du porc. On les appelle en chakma des *bourgos*.

Les pommes coûtent trop cher au marché pour qu'on en achète. Je n'en ai jamais mangé à l'orphelinat. Le raisin peut se rencontrer au Bangladesh, mais il vient d'autres pays et est hors de prix pour nous. Je regarde la marchandise exposée en me limitant à la liste établie d'avance. Elle se résume toujours aux mêmes produits. Tous les marchands se montrent gentils avec les enfants de l'orphelinat. Ils nous connaissent. Les marchands musulmans sont aussi aimables que les autres avec nous. Ils habitent dans le village depuis longtemps. La plupart y sont nés. Il n'y a pas de mésententes avec eux. Elles ne proviennent que des nouveaux habitants musulmans, pas des anciens.

On fait d'ordinaire presque tous les achats chez un seul commerçant, toujours le même, qui est un musulman ou un hindou, je ne l'ai jamais su exactement. Cela ne me gêne pas qu'il soit d'une religion ou d'une autre. Je ne cherche pas à savoir. Cet homme est très gentil et il nous sert bien.

Les achats terminés, je descends la rivière Méghini avec mes camarades sur une embarcation en bois très allongée ressemblant à une pirogue, aux extrémités pointues, que dirige un Bengali. Cette embarcation est un sampan. Nous nous laissons porter par la rivière en contemplant les berges, installés à l'étroit mais ravis.

A l'approche de l'orphelinat, le propriétaire de la barque nous dépose avec notre cargaison. Elle est très lourde car les courses pour trois centaines de ventres ne sont pas une petite affaire. De grandes quantités d'aliments seront cuites dans d'énormes marmites. Le chemin qui reste à parcourir à pied depuis la rivière oblige les autres enfants à venir à notre rencontre pour nous aider. On dépose la cargaison dans le stock.

La journée avance encore. Le soir tombe. Ce n'est pas fini du tout. Il reste une multitude de choses à faire.

Les moments réservés aux jeux n'existent pas dans une journée ordinaire, sauf quelques minutes de récréation pendant l'école. Une fois par semaine, nous n'avons pas d'école l'après-midi. Le seul moyen de jouer est de finir rapidement son travail. On dispose alors d'un court instant avant le travail suivant. Je joue souvent de cette manière en me hâtant de finir. On s'arrange presque toujours pour en trouver le temps. Mais des enfants se dépêchent d'être libres, au déjeuner par exemple, afin de laver leurs habits et les faire sécher au soleil. Même les plus petits doivent laver seuls leurs vêtements. C'est un jeu qui n'est pas toujours drôle.

Les moines se réunissent ensuite avec les enfants pour la prière du soir. Elle a la même durée que celle du matin. On la récite avant d'aller dîner. Je ne m'occupe pas de savoir si certains moines sont retenus par d'autres activités et manquent la prière. Je ne regarde pas trop autour de moi. Je prie avec ferveur, de tout mon cœur. La prière est dite sérieusement par tous les enfants réunis au temple. On chante ensemble comme en commençant la journée, puis l'on va manger. Il n'y a jamais de retardataire au troisième repas.

Le moment peut-être le plus pénible de la journée commence après le dîner. Pous tous, c'est dur. L'heure de dormir n'est pas encore venue. Il faut veiller. Après avoir prié et mangé, on doit résister au sommeil et finir ses devoirs. La permission de dormir n'est accordée que vers neuf heures et demie, un peu plus tôt pour les plus petits. Il est interdit de dormir avant le signal. On ne peut pas se soustraire à ce point du règlement.

Je sors étudier sur une terrasse en terre, toute blanche, parfaitement nettoyée et aplanie, quand il fait trop chaud dans ma chambre. Les murs sont pourtant peu épais et troués en de nombreux endroits. Mais l'air ne circule pas. J'apprends mes leçons par cœur jusqu'à l'heure, qui tarde toujours à venir, de m'endormir. Je résiste au sommeil comme je peux. Les autres ont la tête qui penche aussi. Quand un élève a fini son travail, le surveillant lui en trouve un nouveau tout de suite. Le travail de remplacement, dans ce cas, est généralement une punition. Il fait exécuter par exemple des mouvements de gymnastique. Cela réveille. Les mouvements procurent aussi des muscles ! La punition vient en général du fait que celui qui n'a plus d'occupation importune ses compagnons ou fait des sottises.

Je m'efforce d'échapper à ces ennuis en concentrant mon esprit sur un cahier ou un livre d'école, en réunissant mes forces et ma volonté. Si le surveillant voit quelqu'un s'endormir, il l'en empêche.

Depuis des années, je suis habitué à cette existence, qui m'est à la fois dure et facile, où les épreuves ne sont rien du tout. Mais certains soirs je suis si fatigué qu'il m'arrive de m'endormir debout sans le vouloir. Ma tête tombe toute seule et mes yeux se ferment sans que je m'en aperçoive. J'ai toujours réussi à éviter les punitions de justesse. Au cours de presque chacune de ces veilles, des élèves sont punis.

— N'as-tu pas dormi la nuit dernière ?... Que fais-tu ?... Pourquoi dors-tu ?... interroge le moine.

Pour se distraire, quand des enfants voient l'un d'eux tomber de sommeil et se pencher en avant, ils le poussent encore plus et il se redresse. Ils lui rendent service. Je suis mieux dans ma chambre que dans un dortoir. J'ai de la chance. Priyatosh a encore plus de chance que nous. Comme il est installé directement dans la chambre d'un enseignant, il peut faire ce qu'il veut quand l'enseignant n'est pas là, ce qui arrive souvent. Personne ne le surveille. Il est tranquille. Après avoir fini ses devoirs, il s'allonge et dort sans être embêté.

Quand la pénombre devient trop épaisse, on allume des lampes à pétrole en certains endroits de l'orphelinat. S'il n'y a plus de mèche, on met des morceaux de tissu. On se débrouille souvent dans la pénombre. Il n'y a pas non plus de bougies ni de lampes électriques. On suit le rythme du soleil. On vit avec le soleil. Quand il n'est plus là, on s'apprête à partir aussi. La nuit commence tôt au Bangladesh, vers six ou sept heures du soir. Je n'ai jamais su avec précision. Mais elle vient tôt. On n'a pas l'habitude de regarder beaucoup les heures pour vivre. Dans les villages, il n'y a pas d'horaires. Les gens ne sont pas à une heure près. Des orphelins transportent des lampes à pétrole d'une construction de bambou à l'autre, en veillant à ne pas mettre le feu, et elles seront bientôt éteintes.

Au moment prévu, nous sommes tous heureux d'aller dormir. Il n'y en a pas qui veulent s'activer encore. C'est fini ! Je rejoins la couverture et la planche où je m'étends tout habillé. Je ferme les yeux. Je ne sais même pas s'il y a une surveillance des enfants la nuit. Je ne m'en suis jamais préoccupé. Je n'ai jamais vu personne nous surveiller. Tout se déroule bien. La journée a été pleine de choses intéressantes et de bons moments passés avec les copains. Je me sens plus en sécurité en ce lieu qu'ailleurs à l'intérieur des Chittagong Hill Tracts. Pourquoi y a-t-il la guerre ? Tout est calme chez nous. Tout y est bien au contraire.

Demain, je terminerai de nettoyer le jardin des fleurs pour décorer la statue de Bouddha et je regarderai au jardin des ananas si les fruits deviennent beaux. Sur ma planche, je n'ai pas de soucis. C'est extra. C'est la meilleure vie.

7.

Jeux et punitions

Les responsables surveillent l'orphelinat en permanence et nous leur échappons pour pratiquer l'un de nos jeux favoris, le *sorabora.* Chaque enfant y joue en secret. Le sorabora est un mot chakma très utilisé à l'orphelinat, mais nous prenons garde à ce que nos maîtres ne l'entendent jamais. Il est strictement interdit de jouer au sorabora. Dans les familles des villages, on n'utilise pas ce mot, mais les enfants ignorent rarement ce jeu. On ne l'interromprait jamais si l'on pouvait. Il est dangereux. On en a tous conscience. On le recommence pourtant sans se lasser, on l'améliore, on le développe. Il nous fait rêver.

J'aime jouer au sorabora avec mes copains parce que c'est très drôle. Je l'ai appris presque tout de suite en entrant à l'orphelinat et je m'y suis amusé plusieurs fois. La première difficulté est de trouver le moyen d'échapper à la surveillance des moines ou des enseignants. On y arrive toujours. Ils ne peuvent pas avoir l'œil à chaque seconde sur chacun de nous. On disparaît un moment du groupe, on s'éclipse à trois ou quatre ou davantage. On va vers les collines, vers la montagne, dans les creux des vallées, près de la rivière. On se cache. En général, on ne va pas loin. On reste derrière les bâtiments en bois, derrière les arbres, tout près.

Le sorabora désigne une activité où l'on prépare avec soin un repas de fête, un festin extraordinaire, et où l'on ne mange presque rien en définitive. On pique-nique, on fait la dînette. Mais l'on emporte avec soi pour de bon de la nourriture et des allumettes afin de faire du feu. Les moines n'aiment pas ça.

Les moments où l'on peut faire ce que l'on veut sont exceptionnels. Tous les enfants doivent se consacrer au travail et aux activités prévues. Avec le sorabora, c'est différent. Si l'on ne réussit pas à emporter de la nourriture, on observe dans les grandes herbes, dans les fourrés, s'il ne pousse pas de plantes pouvant entrer dans la composition de ce repas magique. On cherche des légumes dans les buissons... On ramasse n'importe quoi. On prend tout ce que l'on trouve. Il est souvent possible de se procurer un peu de riz. Une fois l'endroit idéal découvert, on cuisine soi-même un délicieux repas, le meilleur de l'orphelinat. On est dans des vallées merveilleuses, dans la nature. C'est forcément très bon. On goûte, on déguste, on se raconte des histoires. On surveille la cuisson. Avec quelques brindilles, un feu est allumé.

Attention à la fumée!... Il ne faut pas que la fumée soit aperçue. On fait griller ou mijoter les aliments. Quand c'est fini, on rentre en vitesse à l'orphelinat. On retourne à sa place comme si de rien n'était. On a bien joué. On a rêvé. Le sorabora nous a donné un bel amusement.

Mais attention aux guêpes!... On appelle « guêpes » les coups de bâton. Ils piquent, ils cinglent, ils brûlent la peau et la chair comme les guêpes. Ils font mal. Les coups de badine, de branche flexible et résistante fouettent l'air en faisant entendre un sifflement. Ces triques sont le plus souvent faites avec une espèce de liane.

Elles sont si souples et fortes que les militaires les utilisent aussi envers les civils. Les coups sont toujours douloureux. Les militaires frappent avec ces lianes les gens des villages auxquels ils demandent s'ils n'ont pas vu leurs ennemis principaux, les ennemis qu'ils recherchent partout, constitués surtout de groupes de jeunes, les Shanti Bahini. En chakma, ce terme signifie « la force de la paix » ou « les soldats de la paix », « les combattants de la tranquillité ». Ce sont des Chakmas révoltés par les événements qui s'accomplissent dans les Chittagong Hill Tracts depuis des années. Ils se cachent à l'intérieur de la jungle et n'apparaissent que pour des combats rapides. Ils possèdent quelques armes. Les groupes de Shanti Bahini ont commencé à exister bien avant ma naissance.

Tout le monde parle d'eux. Tout le monde aussi fait semblant d'ignorer leur existence. Il ne faut même pas prononcer leur nom. C'est dangereux. Les soldats leur font une guerre impitoyable. Quand ils en attrapent un, ils le torturent, le mettent en prison et ensuite on a du mal à savoir ce qu'il devient. Souvent, on perd complètement sa trace. Sa famille ne le retrouve pas toujours. Les soldats soupçonnent chaque habitant de connaître des Shanti Bahini ou des renseignements sur ce mouvement de résistance, ou encore de l'aider.

J'ai toujours entendu parler de ce mouvement dans les villages où je suis allé depuis mon enfance. Pour qu'un enfant ignore le nom de Shanti Bahini, il faudrait qu'il soit sourd, et cela ne suffirait même pas à lui dissimuler leur existence car on les voit parfois surgir à l'improviste. Ils peuvent apparaître n'importe où à tout moment. Personne ne connaît leur nombre, mais ils sont plusieurs milliers. On raconte qu'ils ont commencé d'exister juste après la création de l'Etat du Bangladesh en 1971, à la fin de la guerre civile du Pakistan où il y a eu la naissance de deux pays séparés, le Pakistan et le Bangladesh. Les militaires savent que les Shanti Bahini n'ont jamais cessé d'être présents dans les forêts de notre région pour essayer de rendre la liberté aux habitants. Les militaires les pourchassent. Mais ils n'arrivent pas à tous les attraper et les tuer.

Lorsque les habitants des villages répondent aux militaires qu'ils n'ont pas vu passer de Shanti Bahini, ils reçoivent des coups de liane qui les blessent. On leur demande d'avouer tout ce qu'ils savent. Les pauvres habitants interrogés n'ont plus qu'à raconter avoir vu des Shanti Bahini, même si ce n'est pas vrai. Mais, s'ils avouent en avoir vu, ils reçoivent d'autres coups. Les questions continuent. Et s'ils ne répondent pas ou affirment ne pas en avoir aperçu, ils reçoivent encore des coups pour parler. Ils ne peuvent pas se sortir de cette situation. Il ne leur faut rien dire, mais ce n'est pas encore la bonne solution. Les coups de liane leur tombent dessus jusqu'à ce que les militaires en aient assez.

Les enfants de l'orphelinat qui vont derrière les bâtiments ou dans la campagne jouer au sorabora reçoivent, s'ils sont vus, de ces coups de liane. Une fois, j'étais derrière une maison, au fond d'une petite vallée, bien caché, quand un moine est arrivé par surprise. J'examinais avec des copains, un matin, les grains de blé qui cuisaient sur un petit feu. Le travail aux champs se terminait. Le moine nous a aussitôt fait mettre en ligne. Il est passé de l'un à l'autre, rapidement, en nous donnant des coups cinglants sur les jambes avec une liane.

C'était les guêpes !... A chaque coup piquant, on sautait sur place à cause de la douleur cuisante. On bondissait comme si l'on avait eu à franchir un obstacle élevé. On sautait très haut. C'était un réflexe. Nos jambes réagissaient avec vivacité à la morsure. Je ne sautais pas pour éviter les coups mais parce qu'ils me faisaient mal. Le moine observait si je sautais bien. Il vérifiait si nous sautions tous assez haut, si les coups étaient assez brûlants. Comme le moine avançait rapidement de l'un à l'autre, tout le monde sautait en cadence. On avait belle allure ! On ne riait pas. On se retenait de crier.

Le feu est dangereux près des maisons en paille et en bois, et les enfants avalent parfois des saletés au cours du sorabora. Des plantes contiennent du poison. C'est pourquoi il y a des punitions. Mais, ce jour-là, j'étais simplement allé voir ce que faisaient des enfants que j'avais aperçus derrière une maison, près d'un puits. Je venais à peine d'arriver devant le blé en train de griller quand le moine nous a surpris ensemble. Il m'a puni avec les autres. C'était cela le plus drôle ! J'avais à peine pris conscience que du blé cuisait. Le moine nous a fait danser avec sa liane. Un petit sautait à une hauteur extraordinaire.

La cuisine a failli brûler un jour à cause du vent, et ce n'était pas à cause du sorabora. Il faut toujours se méfier des flammes. Une équipe d'enfants travaillait quand le feu a pris à un endroit de la construction en bois et s'est étendu. Le vent soufflant très fort, pénétrant par les ouvertures nombreuses à l'intérieur de la cuisine, a attisé le feu et projeté dans toutes les directions des flammèches et des cendres. Les enfants qui venaient d'aller chercher de l'eau au puits à l'aide du grand baquet l'ont jetée sur l'incendie avant qu'il ne détruise la maison. Ce jour-là, ils ont eu à effectuer deux fois la corvée d'eau.

Des jeux sont autorisés à l'orphelinat, comme le football, mais nous n'avons pas de ballon ! C'est un football particulier. A mon arrivée, il y avait un ballon. On a cessé de s'en servir quand il a été usé de recevoir les coups de pied de trois cents enfants. Il s'est déchiré et n'a pas été remplacé. Il coûtait trop cher. Ce ballon n'était pas solide et ne pouvait pas durer toujours. On a continué à jouer avec lui quand il était troué, mais ce n'était plus pareil.

Des enfants ont alors fabriqué un ballon de foot avec des morceaux de tissu enroulés et attachés à l'aide d'une ficelle. Le ballon n'était pas trop lourd, ni trop rond, ni trop dur. Il possédait une mine bizarre, mais cela allait. Il roulait de travers. On jouait sur notre terrain de football près de l'école.

Avec un fruit semblable à un melon ou un très gros pamplemousse, comme il en pousse au Bangladesh, on a fait ensuite un autre ballon. On a mangé l'intérieur du fruit sans abîmer la peau. L'écorce, on l'a découpée avec précaution. Des chiffons ont été mis dedans. Cela a fait un beau ballon. Il n'a pas résisté longtemps. On a recommencé en mettant aussi des chiffons à l'extérieur, et de la ficelle. D'autres enfants ont joué sans tissu avec ce fruit, sans rien pour le renforcer, mais après quelques coups de pied il éclatait.

Les règles du football ne nous sont pas bien connues. Nous n'utilisons pas le « hors-jeu ». Celui qui garde le terrain devant le goal et les buts, pour les protéger, s'appelle en chakma un *béki*. Si le béki touche le ballon de la main, il y a penalty. On dit penalty en anglais. Dans les villages, j'ai parfois vu des rencontres organisées. Les équipes de deux villages peuvent se rencontrer, mais ce n'est pas fréquent. Les joueurs courent pieds nus, sans vrai ballon, sans vrai terrain, sans connaître tout à fait le règlement.

Nous n'avons pas de leçons de gymnastique à l'école. Ceux qui veulent en faire doivent se débrouiller seuls, comme pour le foot. Des prises de judo sont essayées par des enfants, mais ce n'est peut-être pas du judo. Quelques-uns ont souhaité faire de la boxe, et un sac rempli de sable a été accroché à un arbre. Ils tapent dedans avec leurs poings ou leurs pieds. Mais ce jeu n'a pas beaucoup intéressé les enfants. Les jeux de bagarre et de violence ne les passionnent pas.

Un filet a été installé pour jouer au badminton. Il permet aussi de jouer au volley-ball. La difficulté est de trouver un ballon, des raquettes, un volant ou une balle. Cela fait beaucoup d'objets. Aussi joue-t-on à autre chose. On ne pratique pas non plus le tennis. On n'en a jamais vu.

Je ne sais pas bien ce qu'est l'équitation, mais j'ai aperçu une fois un cheval appartenant à un Bengali musulman qui tient un petit magasin dans un village. C'est un cheval blanc. Il n'existe pas de chevaux dans notre région, et la plupart des enfants n'ont aucune idée de ce que peut représenter cet animal. Le commerçant est sans doute riche pour posséder ce cheval, mais je ne l'ai pas vu monter dessus ni l'utiliser au travail, et j'ignore d'où il vient. On n'emploie pas cette bête pour les labours ni pour se promener. On n'a jamais vu d'équitation dans les Chittagong Hill Tracts.

Comme les bagarres sont interdites par les moines, un jeu spécial est proposé aux enfants qui se battent. Ils leur demandent de se mettre face à face et se tirer mutuellement les oreilles. C'est un drôle de jeu ! Au début, il amuse, et il se transforme vite en punition. C'est d'ailleurs une punition. Les moines veulent punir ceux qui se donnent des coups. Ils les obligent à se faire encore plus mal. Au bout d'un moment où deux enfants se tirent les oreilles, il y en a toujours un qui se fâche et s'énerve. Il n'apprécie pas ce que lui fait l'autre. Il se met en colère, il tente de lui faire mal à son tour, et le premier réagit en s'énervant et tirant plus fort. Ils se tirent alors tous les deux les oreilles sans ménagement. En plus, ils ont l'air ridicules. Les moines remarquent immédiatement ceux qui trichent en feignant de se faire mal. Les oreilles doivent devenir rouges si elles sont bien tirées et les visages grimacer d'une façon qui ne trompe pas.

La vie à l'orphelinat est remplie de punitions. Plusieurs ressemblent à des jeux, mais pas toutes. Les élèves qui refusent de bien travailler à l'école reçoivent des coups de bâton. Pour leur relâchement, les punitions ne sont pas des lignes à copier ou des retenues après la classe, car elles ne feraient que leur épargner d'aller aux autres travaux du jour, mais des coups de bâton qui font mal. Il n'y a dans ce cas que les coups de bâton comme sanction. Ils sont donnés de préférence sur les bras, les mains, les paumes. Les coups sont suffisamment forts pour faire peler la peau.

En remplacement des leçons de gymnastique, les moines nous font faire une autre gymnastique. Ils en possèdent de nombreuses variétés. L'une d'elles consiste à se mettre la tête sous la table de l'école en se tenant courbé. C'est asphyxiant. Il faut se maintenir debout et courbé, la tête sous la table, penché en avant, plié en deux, en quatre, ratatiné. On peut y rester cinq minutes, un quart d'heure ou beaucoup plus. De toute façon, c'est toujours trop long. C'est interminable. Le temps de la punition dépend de l'opinion du maître. Au bout de quelques instants, l'élève devient évidemment tout rouge. Il pleure. Cela ne rate pas. Il pleure à tous les coups.

A l'école du village, les mêmes punitions sont pratiquées. Elles ont dû être connues de nos enseignants quand ils étaient enfants. Les écoles du Bangladesh sont faites ainsi.

Se baisser et se lever cent fois en se tenant les oreilles du bout des doigts est une autre gymnastique. Ou bien courir sur place pendant longtemps, jusqu'à la fin de l'école parfois.

Un jour, un élève de ma classe six n'est pas venu suivre le cours.

Le moine qui enseignait nous a envoyés le chercher. Nous y sommes allés à plusieurs. Il jouait derrière une maison. Le moine lui a suspendu une affiche sur le dos expliquant le motif de sa punition : se tenir au soleil, en plein soleil, debout, les mains jointes dans le dos. Le soleil était brûlant. Il y est resté plus d'une heure. Nous n'avions pas le droit de nous moquer de lui. L'imprudent qui aurait ri se serait vu donner la même punition. Dans une école de la région, un autre enfant que je connais, Dhanessen, dont le prénom contient le mot « trésor » en chakma, a été obligé de rester longtemps assis par terre avec un morceau de bambou qui passait entre ses mains et ses pieds joints, comme s'il était attaché. C'est partout à peu près identique.

Je n'ai jamais été puni à l'école, parce que j'aime étudier, mais aussi à cause de ma crainte de ces punitions. J'en ai eu plusieurs, à l'inverse, pour les ongles non coupés. Une fois par semaine, les moines vérifient nos ongles. Si l'on a oublié de les couper, on est puni. Ils tapent sur les ongles. Les ciseaux et les limes n'existent pas. On utilise un couteau ou une lame de rasoir, que l'on se passe d'enfant à enfant. Il faut faire attention. Les plus petits n'emploient pas la lame de rasoir. Elle coupe beaucoup, mais l'on est prudent et habitué à s'en servir. Je me suis pourtant fait plusieurs coupures sans gravité sur les doigts. Alors que pour le travail je n'ai jamais attrapé de punitions, j'en ai eu pour les ongles. Les coups de trique dessus m'ont fait très mal. Ils abîment la peau, l'usent, l'« épluchent ». Ça ne saigne pas, mais des bleus apparaissent. Le sang devient noir aux endroits frappés.

Les enfants inventent sans cesse des jeux à l'orphelinat et font des choses défendues. L'une des plus courantes est de fumer. Si un enfant fume une cigarette qu'il a réussi à se procurer en cachette, il est puni en étant obligé de fumer des paquets et des paquets de cigarettes jusqu'à ce qu'il n'ait plus envie de fumer. Il est très malade ! Il ne peut plus respirer. Ces cigarettes ressemblent à des petits cigarillos très forts. On en trouve facilement au Bangladesh. Il y en a partout. Un paquet s'obtient en échange d'un peu d'argent, d'un taka.

Ces sortes de cigarettes sont entourées d'un papier qui est une feuille de plante séchée. En voyant les autres fumer, des enfants tentent toujours de faire comme eux. Les petits ne comprennent même pas ce qu'ils font exactement. Ils aspirent et on les voit souvent partir ensuite vomir. J'ai essayé, mais les cigarettes ne m'ont pas intéressé. Je trouve qu'elles ne servent à rien. Je n'aime pas fumer. Dans les villages, il y a de tout petits enfants qui fument déjà. C'est malheureux. J'en ai vu fréquemment. Ils se rendent malades et n'ont pas de parents pour leur expliquer que ce n'est pas bon de fumer à leur âge. Ils ne mangent pas toujours à leur faim. Ils traînent et fument comme des hommes âgés.

Par rapport aux sottises faites, les punitions ne sont pas nombreuses chez les orphelins. Je crois que la moitié des enfants mériteraient chaque jour une punition pour une chose ou une autre si le règlement était appliqué correctement, et si les surveillants voyaient tout. Il s'en passe, des choses ! Il y en a, des bêtises ! La plupart ne sont pas remarquées. Seuls quelques enfants se font prendre. D'ailleurs, c'est presque toujours les mêmes. Ils ne sont pas doués pour passer inaperçus. Ils ne savent pas se méfier suffisamment, c'est tout.

Je me méfie autant de l'eau froide versée sur la tête au matin, si l'on n'est pas assez rapide à se lever, que d'être puni pour avoir été trop rapide à s'endormir le soir, par inadvertance, en révisant ses leçons, avant l'heure autorisée pour se coucher. La punition est souvent de se baisser et de se lever cent ou deux cents fois en tenant ses mains sur les oreilles. Il faut des muscles pour aller jusqu'au bout de cette punition sans trop souffrir. Des enfants ne parviennent plus à tenir debout ensuite et retrouver leur respiration.

Mais nous sommes habitués à un jeu encore plus dur. Les enfants chakmas raffolent de ce jeu qui demande beaucoup de résistance. Il faut énormément de souffle et d'endurance. Je n'ai vu que les Chakmas y jouer. Le *goudou ara* provoque des rassemblements d'enfants qui peuvent durer plus d'une heure. *Ara* veut dire « jeu » en chakma. *Goudou* ne veut rien dire, mais ce mot est répété des milliers de fois. Il faut attraper un adversaire sans cesser de le prononcer ni respirer. On répète sans s'arrêter ni reprendre sa respiration, autant de fois que l'on peut, à toute vitesse : « Goudou... goudou... goudou... goudou... » Pendant ce temps, on essaie d'immobiliser l'adversaire, de le plaquer au sol. Si l'on sent que l'on n'a plus de souffle et qu'il faut respirer, on retourne vite dans son camp qui est marqué par une ligne sur le sol. Au cas où l'on cesse de répéter « goudou... goudou... » avant d'avoir franchi cette ligne, on est éliminé de la partie.

La répétition de ces sons ne sert à rien d'autre qu'à prouver que l'on ne respire pas, depuis l'instant où l'on sort de son camp pour tenter d'attraper un adversaire jusqu'au moment où l'on y revient. On ne peut pas résister plusieurs minutes en courant et luttant. On étoufferait. On retourne vite respirer derrière la ligne, mais il n'est pas toujours possible de la franchir car les adversaires s'efforcent de nous faire prisonniers eux aussi. Il faut empêcher l'autre de rejoindre son camp, mais l'on est privé d'air également. Si l'on cesse de dire « goudou... goudou... » avant d'avoir passé au moins la moitié de son corps sur la ligne, on a perdu.

Après avoir respiré sur son territoire, on peut repartir à l'attaque. Une partie du jeu se déroule sans que l'on respire, au moment où l'on produit le plus d'efforts, et c'est ce qui fait sa difficulté. Il faut être vif et endurant, astucieux, savoir ménager son énergie. L'équipe gagnante est celle qui a éliminé ou capturé tous ses adversaires. Les équipes sont de cinq à douze joueurs, mais le nombre n'a pas d'importance pourvu qu'il soit égal de chaque côté. Avec de bons joueurs, résistants et malins, qui savent doser leurs efforts, une partie dure très longtemps, et est épuisante, acharnée. Pendant ce temps, les autres enfants sont groupés autour des concurrents et les encouragent, applaudissent, vérifient qu'aucun d'eux ne triche. Il y a beaucoup d'ambiance et de bruit dans ce jeu spectaculaire et mouvementé.

En dehors de ce jeu, on n'aime pas se battre. Il n'y a presque jamais de bagarres aux récréations, ni de disputes. Là, c'est différent.

Le goudou ara est une passion chez les enfants chakmas. J'y joue souvent, mais c'est une fête qui exige du temps et elle n'a pas lieu tous les jours. Au village, j'ai vu quelquefois des enfants musulmans et chakmas y jouer ensemble, mais c'est un jeu qui appartient aux Chakmas. Pour gagner, on doit tenir l'adversaire réellement, le contraindre à ne plus pouvoir bouger un instant, et pas seulement le toucher ou le renverser. On s'attrape par les poignets avec force, presque brutalement. Quand on attaque un adversaire, on l'attaque vraiment. Il ne faut pas avoir la peau fragile. Au Bangladesh, nous sommes habitués à toujours marcher pieds nus et à n'être pas douillets, à évoluer dans la nature, à vivre à la dure. Ce jeu reflète quelque chose de notre existence. Mais il exige d'être loyal et correct, de réfléchir, ne pas se servir uniquement de ses muscles. La tête doit travailler aussi. Je ne sais pas s'il est connu ailleurs sur la terre, mais je pense qu'un étranger ne le comprendrait pas immédiatement. On y joue très vite. Tout est rapide. C'est un jeu excellent. Je l'aime beaucoup. En plus, il ne faut pas de ballon. Il suffit de retenir son souffle et de partir à la bagarre en répétant « goudou... goudou... goudou... » qui donne une curieuse musique lorsqu'il est dit simultanément par deux enfants décidés à ne pas se laisser faire devant leurs camarades.

D'autres sons familiers nous attendent le soir au temple lors de la récitation des prières en langue pali. Ceux qui n'ont pas envie d'aller à la prière se cachent à l'écart du temple. Mais, s'ils sont pris, ils ne doivent pas manger lors du prochain repas. Pour la prière du matin, c'est le repas de midi, et pour la prière du soir, le dîner. Après avoir travaillé toute une journée, s'être dépensé sans compter, c'est une dure punition de ne pas manger le soir. Mais l'enfant doit choisir ce qu'il préfère, ne pas manger ou ne pas prier. Il n'a pas d'autre choix, sauf de ne pas faire remarquer son absence. Si je n'ai jamais manqué la prière, ce n'est pas à cause des punitions. Je pense qu'il y a quelque chose de plus grand que nous dans l'univers, une réalité invisible, une intelligence au-dessus de tout cela. Tout ne s'arrête pas à la mort. Les êtres humains continuent de vivre d'une manière différente après leur mort. J'en suis persuadé. J'y crois. Je prie en songeant à cet autre aspect de la réalité.

Mais le plus drôle, c'est la télévision. Dans la maison du directeur, il y en a une depuis quelque temps à l'orphelinat. Près de la jungle où l'électricité n'a pourtant même pas été installée, nous avons la télévision. Je ne sais pas d'où elle vient ni comment elle fonctionne. L'électricité est fournie par une batterie. La télévision a peut-être été prêtée ou donnée en cadeau aux moines pour l'orphelinat.

Nous sommes nombreux à nous rassembler avec joie devant l'écran et à suivre diverses émissions, des feuilletons, des films. Plusieurs enfants connaissent le mot *vidéo*. Les images et la musique nous apportent une distraction. Des visages de vedettes reviennent souvent et je finis par les reconnaître. C'est féerique. Au début, j'ai été surpris, impressionné, et je n'en croyais pas mes yeux. Puis les moines arrêtent le poste et chacun retourne à ses activités. La télévision n'occupe qu'une petite place dans notre vie. On ne la regarde pas tous les jours. La dernière émission que l'on a vue était un reportage sur des marchands de bananes et des plantations de caoutchouc.

Avant l'aggravation de la guerre dans la région, on vivait heureux au Bangladesh. Même si le travail était dur à l'orphelinat, on était tous heureux. On riait, on jouait, on ne voyait pas le temps passer. On allait autrefois en chantant, tous heureux, dans les champs de riz. Puis la guerre s'est approchée et on est tous devenus tristes.

La punition la plus terrible nous a été donnée par les militaires. Un jour, ils sont entrés à l'orphelinat et ont emmené une dizaine d'enfants dans une grande caserne. Les enfants sont restés prisonniers deux semaines, à une dizaine de kilomètres. Ce malheur s'est déroulé il y a déjà longtemps. Nul ne l'a oublié, et ceux qui n'étaient pas là quand il est arrivé en ont entendu parler par les autres. C'était à une époque où les militaires s'installaient de plus en plus nombreux dans la région sans que nous sachions ce qu'ils allaient y faire.

Ils n'étaient pas tellement méchants. Les plus grands des enfants portaient même de temps en temps la batterie de la télévision à recharger à la caserne. Comme l'électricité n'existe pas dans notre territoire des Chittagong Hill Tracts, les soldats possédaient un groupe électrogène. Je ne suis pas entré à la caserne, mais des enfants de l'orphelinat et des villages allaient presque librement jouer dans certains coins de cette caserne. Les militaires leur distribuaient parfois des gâteaux. Ils étaient tous très gentils et amicaux avec nous au début des années quatre-vingt.

Les militaires tuaient même des sangliers pour nous les donner. Comme les musulmans ne mangent pas de sanglier, cela ne les privait pas de nous les offrir. Ils les chassaient pour nous rendre service et nous faire plaisir. On leur en était reconnaissants à la fois pour la viande et pour nous débarrasser des sangliers qui se déplaçaient en troupeaux et détruisaient des récoltes. Dans les rizières voisines de l'orphelinat, ils commettaient des ravages. Peu avant la moisson, il était nécessaire de garder toute la nuit les champs à cause de ces animaux. Quelques hommes gagnaient de l'argent en protégeant les terrains. Un sanglier isolé, ou même deux, ou trois, cela va. Mais un troupeau, une harde, c'est effrayant. J'ai mangé du sanglier tué par les militaires.

Mihirkanti, l'un des enfants de l'orphelinat, a vu à cette époque le président du Bangladesh, le général Ziaur Rahman, passer à

Dighinala où nous allons au marché. Je ne l'ai pas vu. Mihirkanti n'était pas encore entré parmi nous à l'orphelinat. Ce président a été assassiné et remplacé par un autre, le lieutenant général Mohammad Ershad. A mesure que le temps passait, les militaires devenaient moins gentils. Ils tiraient les oreilles des enfants. Ils les obligeaient à se lever et s'asseoir vingt fois de suite pour les punir sans raison. Ils changeaient d'attitude et devenaient hostiles à notre égard, sévères. Les enfants ne sont plus allés jouer à la caserne et se sont méfiés des militaires.

Un jour, des civils musulmans ont emprunté aux moines de l'orphelinat des haut-parleurs pour faire une projection de cinéma. Dans notre région, le cinéma est une attraction rare et appréciée, mais le matériel manque. Les moines qui avaient la chance d'en avoir reçu, peut-être de l'étranger, pour en faire profiter les orphelins l'ont prêté. Les Bengalis ont ensuite oublié de le rendre. Le directeur de l'orphelinat a demandé à des enfants d'aller le chercher. Mais les civils qui détenaient les haut-parleurs n'ont pas voulu les rendre et ont appelé les militaires. Les enfants ont essayé de les reprendre. Les militaires sont venus et ont emmené une dizaine d'enfants pour les punir. Ils leur faisaient tenir les bras en l'air. Ils leur tapaient également sur les bras levés avec des cordes. Ils se mettaient derrière eux et les frappaient sur l'arrière des bras.

Nous sommes tranquilles à l'orphelinat, mais nous savons que la guerre existe autour et qu'elle peut entrer chez nous un matin sans prévenir. Cette guerre dans les villages ne s'effectue pas avec des tanks ou des avions. Ce n'est pas vraiment une guerre avec deux camps opposés qui s'affrontent. Ce n'est ni une guerre entre deux pays ni une guerre civile. Il y a seulement d'un côté des gens avec des armes et qui attaquent, et de l'autre des gens sans armes qui se font attaquer sans savoir pourquoi. Les premiers vont même jusqu'à tuer les seconds. C'est cela la guerre dans les Chittagong Hill Tracts, et je suis en plein au milieu avec tous mes camarades de l'orphelinat, avec les moines et nos enseignants. C'est aussi grave qu'une guerre sans y ressembler. Ceux qui ont des armes sont les militaires envoyés dans la région par le gouvernement, et ceux qui n'ont pas d'armes sont les Chakmas. Il y a entre les deux les Shanti Bahini qui luttent contre cette situation mais ne sont pas assez forts ni assez armés pour la modifier. Ils essaient de résister aux soldats.

Pendant ce temps, des familles entières de musulmans arrivent de plus en plus nombreuses, par centaines, de l'intérieur du Bangladesh pour s'installer dans notre région. Elles cherchent de la terre à cultiver. Les militaires les encouragent et les protègent.

Les punitions à l'orphelinat sont presque des jeux qui nous font rire, ensuite, quand nous en parlons entre nous. Mais les punitions des gens à l'extérieur de l'orphelinat ne sont pas des jeux et elles ne font rire personne. Ce sont des punitions injustes. Elles font beaucoup souffrir des gens que je connais. Je songe à eux en allant à l'école et aux champs.

8.

L'un de nous est tombé

Le camion s'arrête. Nous l'entourons. Il est encore passé à l'endroit où nous avons édifié des talus dans la rizière de l'orphelinat. Les clameurs des enfants en direction du conducteur et des hommes qui l'accompagnent s'élèvent de tous les côtés. Notre travail entier est à recommencer. L'énervement nous donne envie de les attaquer. Ils sont embêtants.

Pendant des heures, des jours, nous avons construit avec nos mains et quelques outils, en plein soleil, des barrages dans le champ afin de retenir l'eau. Ils délimitent de petites surfaces carrées, avec un sentier étroit à leur sommet.

Ces hommes vont voler du bois sur le terrain de l'orphelinat, sans gêne, en empruntant le plus court chemin. D'autres fois, ils envoient leurs enfants par groupe de quinze ou vingt. Mais, avec un camion, ils en ramassent davantage, et leurs enfants ont fini par nous craindre un peu parce que nous essayons de nous défendre.

J'ai vu le véhicule traverser tout droit notre champ et écraser les ouvrages de terre qui nous ont demandé tant de peine entre les heures d'école. Le travail est saccagé. Je suis consterné. Nous sommes tous révoltés. Des cris viennent de partout. Nous protestons, nous disons à ces étrangers de ne pas rouler dans notre champ. Pour voler du bois, ils pourraient au moins faire le tour.

La nuit, ils percent aussi des trous dans nos barrages afin de former des ruisseaux, des canaux qui irriguent leurs terrains. Cela leur évite d'aller chercher l'eau à la rivière. Ils nous laissent la pomper avec notre matériel et notre installation, et ensuite ils la détournent.

Au matin, nous colmatons les brèches et rebouchons les ouvertures à la hâte. Dès que nous nous apercevons de leur venue, chacun se précipite pour limiter les dégâts. Notre champ se situe près du village de Boalkali, dans la région de Parbatya, assez loin de l'orphelinat, et il est impossible de l'observer en permanence à tous les endroits. Des gardes de nuit sont effectuées par les enfants pour surveiller la pompe à moteur et les tuyaux aspirant l'eau dans la rivière Boalkali. Si l'irrigation n'est pas bien faite, la récolte entière sera perdue.

Ils viennent jusque dans la rizière de l'orphelinat voler de l'eau. Ce sont des voleurs d'eau. Bientôt, ils vont aussi voler notre riz si cela continue.

Chacun des trois cents orphelins sait l'importance d'une bonne préparation de la rizière et les différentes étapes pour faire ensuite la récolte. Nous les connaissons par cœur comme nos leçons d'école. En hiver, à la saison sèche, le riz ne grandit pas beaucoup. C'est une période de quatre ou cinq mois où il y a peu d'eau, la plus belle de l'année à mon avis parce que le temps est doux, ensoleillé, avec des nuits un peu fraîches, mais sans la chaleur étouffante de la mousson.

Lorsque cette saison des pluies arrive, le riz grandit vite et finit par posséder des tiges plus hautes que le blé. Une rizière inondée à une mauvaise saison ne donne pas un bon riz. Il ne pousse pas lorsque l'eau est trop abondante. Mais il ne pousse pas non plus s'il manque d'eau. Le travail doit être fait convenablement, avec quantité de soins et de minutie, sinon on a faim. Le riz, il n'y a que ce moyen de subsistance pour les pauvres. Le riz est vital.

Nous surveillons la croissance de nos plantes, et ces hommes qui écrasent tout avec leur camion compliquent notre travail, le méprisent. Ce sont des nouveaux arrivés depuis peu de temps dans la région des Chittagong Hill Tracts. Ils s'en fichent bien, des enfants de l'orphelinat, et ils ne nous l'envoient pas dire. Avec leur morgue et leur air brutal, ils nous feraient peur si nous n'étions pas une multitude d'enfants à les entourer et huer. Malgré notre nombre, ils nous inspirent de la crainte et nous n'osons pas trop avancer.

Le camion continue son chemin. Et voilà ! Il faut tout reconstruire après son passage. Ces hommes le font exprès et ricanent. Chaque année, c'est pareil. En 1986, la situation est même devenue pire qu'autrefois. On ne voit pas comment elle pourrait s'arranger puisqu'ils sont de plus en plus nombreux et agressifs. Au début, ils ne possédaient pas de camion. J'ignore où ils l'ont trouvé. Sur les chemins de notre campagne et dans les villages près de la jungle, la circulation de véhicules à moteur est exceptionnelle.

Les militaires sont presque les seuls à en conduire. Le plus souvent, ils circulent à pied aussi. Les militaires se rencontrent en nombre très élevé, en uniformes kaki avec le fusil à la main, toujours dans une tenue de combat. Personne n'a eu besoin de nous expliquer la cause de la guerre qui existe dans les Chittagong Hill Tracts, et pourquoi des étrangers volent notre eau et notre bois, se moquent de nous et détruisent notre travail. Nous connaissons par cœur la cause de cette guerre. Elle est sous nos yeux depuis toujours.

Les hommes se battent pour la terre dans notre pays, pour les récoltes, pour la nourriture. Ils sont capables de se tuer afin d'acquérir de minuscules parcelles de terrain. Certains tuent sans hésiter. Ils disent qu'ils en ont besoin pour manger, pour vivre, pour élever leurs enfants. Nous sommes trop nombreux dans notre pays. Nous sommes beaucoup trop nombreux. C'est ce qu'on dit. Je ne sais pas si c'est vrai et s'il est nécessaire de se tuer pour ce motif.

Des familles entières venues de l'intérieur du Bangladesh, de régions lointaines que je ne connais pas, ont commencé à s'installer chez nous quand j'étais petit, dans notre région tranquille, la seule où l'on trouve des montagnes, et qui est peut-être la plus belle. Quelques sommets dépassent les mille mètres et le plus haut atteint 1 225 mètres. Le reste est formé d'une multitude de collines escarpées.

Il n'y avait pas trop de disputes à l'arrivée des premiers paysans. Cela allait. C'étaient des nouveaux. Ils étaient même souvent gentils, et l'on jouait avec leurs enfants. On s'entendait bien. Leurs parents disaient aux nôtres :

— Nous sommes des amis. Nous n'allons pas vous faire de mal. Nous sommes pauvres, nous aussi.

Puis les gens sont arrivés en nombre de plus en plus grand, par milliers et par milliers. Il en est venu deux cent cinquante mille en trois ans, sur une petite surface. Cette population était trop nombreuse, et la majeure partie de la région ne peut pas être cultivée à cause des montagnes ou de la jungle.

Les nouveaux ont fait comme s'ils étaient chez eux. Ils se sont montrés arrogants, violents. Ils ont provoqué des histoires et des bagarres sans cesse. Ils ont volé les récoltes, les champs, et pris par la force peu à peu tout ce que nous possédions. Ils exigeaient, en plus, que personne ne s'oppose à leur invasion dans les plaines cultivables. Ils ont brûlé les maisons, chassé les familles n'importe où. Ils en ont égorgé. Ils en ont torturé. Ils en ont fusillé. La peur s'est installée. La terreur des nouveaux venus s'est répandue. Ils arrivaient toujours plus nombreux et décidés à tout s'approprier. C'était affreux.

Beaucoup de familles qui vivaient dans les Chittagong Hill Tracts depuis longtemps ont préféré s'en aller en abandonnant complètement leurs affaires. Elles ne pouvaient pas supporter de vivre sans cesse dans la peur, dans la terreur d'inconnus qui pillaient, incendiaient, détruisaient. Elles partaient en laissant tout. Elles craignaient trop la violence des habitants du Bangladesh qui arrivaient de régions éloignées et l'impossibilité de discuter avec eux.

Ces gens n'ont qu'une seule différence avec nous. Ils sont musulmans et nous sommes des Chakmas de religion bouddhiste. Ils sont des Bengalis. Nous ne sommes pas des Bengalis. Ils ne parlent pas la même langue. Nous savons tous parler le bengali comme eux, mais ils ne savent pas parler le chakma. Ils sont aussi beaucoup plus nombreux au Bangladesh et croient qu'ils ont le droit de tous nous tuer. Ils ont tué beaucoup de Chakmas depuis des années. Ils disent que le Bangladesh est la terre des musulmans, leur terre à eux seuls, et que tous les autres doivent partir.

Au début, les Chakmas ont voulu se défendre parce qu'ils étaient désespérés de voir toutes les injustices accomplies dans leurs familles, sous leurs toits. Ils n'acceptaient pas d'être dépouillés de leurs champs, d'être volés, ou de mourir sans se battre. Ils ont commencé à s'organiser et lutter. Quelques-uns ont même pris des armes à feu.

Alors, les nouveaux arrivants ont prévenu le gouvernement du Bangladesh, la police, l'armée. Ils ont protesté parce qu'ils rencontraient une résistance chez les villageois et qu'ils ne pouvaient plus avancer sur nos terrains et tout prendre aussi facilement qu'au commencement.

L'armée est venue les défendre. C'était incroyable ! Elle est venue les défendre !... Au lieu de nous protéger, elle est arrivée en force pour soutenir les nouveaux musulmans, les Bengalis, ceux qui arrivaient, volaient, saccageaient. Elle disait :

— Ils ont raison de s'installer. Laissez-les faire. Allez-vous-en.

Mais c'était chez nous ! S'en aller où ?... Nous ne pouvions pas imaginer une surprise plus désagréable. C'était encore nous qui avions tort ! Cette fois, il n'y avait plus personne sur la terre à qui demander protection. Nous n'en revenions pas. C'était trop injuste. Les villageois se sont sentis encore plus révoltés, et certains ont craint de perdre la raison dans ce cauchemar.

Le gouvernement du Bangladesh a envoyé les soldats par milliers afin d'empêcher les Chakmas de se protéger contre des pillards et des tueurs. Il fallait que les Chakmas ne disent jamais rien. Ces soldats n'étaient pas des Chakmas mais, eux aussi, des Bengalis musulmans. Ils s'entendaient bien avec les civils musulmans puisqu'ils étaient pris parmi eux afin de devenir des soldats du gouvernement.

Les Chakmas n'avaient plus aucun droit. Les soldats étaient tous contre nous. Ils nous demandaient de nous laisser faire, de partir immédiatement de chez nous, ou bien ils nous chassaient ou nous tuaient. Personne ne voulait y croire, mais on a compris que c'était vrai.

La misère s'est installée très vite. Il y a eu de plus en plus de malheurs et de morts chez les Chakmas, d'enfants sans parents, de familles éparpillées, de villages détruits. Il a fallu construire des orphelinats comme celui où je vis.

Le Bangladesh représentait pourtant notre pays à tous, et il n'existait qu'un seul gouvernement pour chacun, à Dacca, loin des Chittagong Hill Tracts. Ce gouvernement n'écoutait pas les protestations et les prières des Chakmas. Personne sur la terre ne les écoutait. On était seuls. On ne pouvait rien faire dans nos collines.

Avant que je ne sois recueilli à l'orphelinat, mes parents et mes frères parlaient déjà à la maison des difficultés de notre existence dans cette région quand j'étais encore tout petit. Je me souviens que cela leur donnait quantité de soucis, et ils se demandaient si les problèmes finiraient un jour. La vie devenait très dure. Ma famille n'était pas riche, mais au contraire parmi les pauvres de notre petit village encerclé par la jungle et de plus en plus par l'armée et les nouveaux venus. On se contentait de peu de chose. Mais, à la fin, il fallait se contenter de rien.

Ces nouveaux Bengalis voulaient prendre notre place, la place tout entière des Chakmas. Ils se sont installés de plus en plus sur nos terres. Ils ont progressé dans toutes les directions à la fois. Ils ne demandent rien et habitent avec leurs familles où cela leur plaît. Ils ne montrent pas aux propriétaires de papiers pour s'installer. Ces Bengalis n'ont pas besoin de documents. Ils viennent, ils construisent leurs maisons tout de suite. Ils ne regardent pas si c'est chez quelqu'un.

Quand on va leur dire que ce n'est pas leur terre, ils répondent que l'on se trompe, et que c'est leur terre, leur domaine, leur pays. Ils deviennent aussitôt violents. Ils sortent des couteaux, des faucilles, des fusils. Ils font couler le sang. Il n'y a pas moyen de discuter. Ils sont persuadés d'être dans leur droit. Ils répètent constamment les mêmes mots et font toujours les mêmes choses.

Les militaires leur ont dit :

— Il faut couper la tête des Chakmas.

Je l'ai entendu. Ils le répètent souvent. Ils ont dit qu'il faut tous nous chasser ou nous tuer.

Les musulmans savent de quel côté est l'armée. Tous les enfants chakmas savent ce qui se passe dans les Chittagong Hill Tracts.

A l'orphelinat, nous parlons de ces Bengalis intraitables avec tout le monde. S'ils abîment les jardins et les champs, il ne faut rien dire. S'ils volent le bois, il ne faut rien dire. S'ils détournent l'eau, il ne faut rien dire. Mais, en même temps, ils ne nous chassent pas de l'orphelinat.

Cette année-là, nous cessons d'y être vraiment en sécurité. La menace des étrangers se précise pour moi, sans que je m'y attende, au mois de mars 1986. Après avoir étudié mes leçons, je me rends au marché du village voisin de Boalkali, à quatre ou cinq kilomètres, acheter des provisions pour l'orphelinat comme je le fais souvent depuis que j'ai douze ans et compte parmi les plus grands. Les responsables nous envoient à pied chercher de la nourriture à tour de rôle. C'est le matin.

Brusquement, je reconnais l'un de mes frères dans la foule. Je lui fais signe. Shamarendara est mon frère aîné. Déjà marié, il a quatre enfants. Cette rencontre inattendue m'emplit de joie. Je ne vois pas souvent mon frère. Il connaît mieux que moi certaines choses qui se produisent dans les villages des environs et nous procurent à tous du souci. Il m'aperçoit.

Mais il ne montre aucun signe de bonheur. Il a un visage défait. Je ne l'ai jamais vu dans cet état-là. Il est méconnaissable. Je ne sais pas ce qui lui arrive. On dirait qu'il est décomposé. Son air est accablé et très malheureux. Je le regarde sans comprendre et je me mets à être un peu effrayé. Un malheur! Il est sûrement arrivé un malheur!... Je n'ose pas penser à ce qui a pu survenir de si grave pour faire pleurer mon grand frère. Il se met à pleurer tout à coup. Je n'en crois pas mes yeux. Il tente de me fournir quelques explications. Il me dit :

— Nous sommes cinq frères et une sœur. Il y en a un qui est tombé à cause des militaires.

Ces mots me surprennent. Ils m'assomment. J'ai la chance d'avoir encore une partie de ma famille, et je ne suis plus sûr que ce soit pour longtemps. Je m'attends au pire, mais je ne sais pas quoi encore. Mon frère m'explique avec des larmes que les militaires sont entrés à l'improviste, la nuit précédente, dans la maison de notre mère. Ils l'ont torturée toute la nuit. Ils ont aussi torturé notre sœur Shona Deby. Ils ont arrêté notre second frère, Binoy Jyoti. Ils l'ont torturé pendant la nuit entière également et se sont surtout acharnés sur lui.

Au matin, les militaires sont partis en l'emmenant dans une grande caserne bâtie à Boalkali.

Ils n'ont pas l'intention de le relâcher parce qu'ils le soupçonnent de faire de la résistance en secret. Un voisin est allé les voir à la caserne pour leur signaler que notre frère appartient à un mouvement clandestin d'opposition à l'armée, le groupement connu sous le nom de Shanti Bahini.

Ce sont les adversaires principaux des soldats, leurs seuls adversaires réels, comprenant surtout des jeunes comme notre frère. Il a vingt ans. Au Bangladesh, se trouver accusé d'être un Shanti Bahini, c'est ce qu'il y a de pire. L'accusation la plus grave.

Je suis effrayé sur la place du marché par cette nouvelle qui est une catastrophe. La guerre vient d'entrer avec une brutalité encore plus grande dans notre famille. Je me mets à trembler d'émotion. J'ai peur du visage décomposé de Shamarendara et de ce qu'il continue à raconter. Si je n'entendais pas ses paroles, je comprendrais quand même rien qu'en le regardant. Je suis effrayé de tout ce qu'il dit et de sa terreur.

L'homme qui est allé trouver les soldats à la caserne est l'un des nôtres. C'est un Chakma. Mon frère me raconte en pleurant que ce voisin désirait reprendre un champ et se débarrasser de celui qui le cultivait. Notre famille a été dénoncée pour un champ et un peu d'argent. C'est une affaire de terrain loué. Mais comme un nom a été formulé, une adresse indiquée, les soldats sont venus en force attaquer notre maison et ont torturé tous ceux qu'ils pouvaient attraper. Ils ont emporté notre frère pour continuer à l'interroger et vérifier s'il avait entrepris des actions en compagnie des Shanti Bahini.

Le traître est connu. Mon frère me dit son nom. C'est un homme que je connais très bien. Je suis stupéfié. Je n'aurais jamais imaginé qu'un malheur semblable allait tomber sur nous. C'est dégoûtant, c'est affreux et plus révoltant encore que de voler des champs et des récoltes. Je suis complètement retourné.

Mon frère me demande aussi d'aller voir notre mère.

— Va la voir tout de suite, me dit-il. Essaie de la consoler. Elle est très malade et désespérée.

Il faut que je lui rende visite sans tarder à cause de l'état où elle a été laissée par les soldats.

Sur le moment, je ne pleure pas. Je ne comprends peut-être pas tout, je suis dépassé et abasourdi. Mon cœur se met à battre très fort.

Pendant le retour à l'orphelinat, cela continue de me faire toujours mal au cœur, toujours très mal. Une oppression et une douleur violentes ne me quittent plus. Je me sens malade et perdu, mais je ne raconte rien à mes camarades. Je ne leur dis pas un mot.

Je songe à cette histoire jusqu'au lendemain matin où je vais voir un enseignant pour obtenir l'autorisation de m'absenter. Je ne lui explique pas tellement bien mes motifs parce que je m'en sens incapable. Je ne suis même pas sûr d'avoir bien compris tout ce que mon frère m'a dit d'invraisemblable et de terrible. La seule chose que j'aie bien retenue, c'est que ma mère est triste. Aussi, je le dis à l'enseignant :

— J'ai envie d'aller voir ma mère. Elle doit être triste. Je dois aller la voir et écouter différentes choses à la maison, mais je ne comprends pas trop ce qui se passe...

Il s'appelle Oudayon. Il donne des leçons de mathématiques et il est marié. Parfois, il reste à l'orphelinat avec nous à la fin des cours, parfois il retourne auprès de sa femme. Il m'écoute avec bienveillance et me dit :

— Bon, d'accord. Quand reviens-tu ?

— Ce soir.

Vers un puits que j'ai creusé avec des enfants de l'orphelinat, je marche seul sur un grand terrain désert et descends une côte, puis traverse des champs. Le village où se trouve la maison de ma mère n'est pas trop éloigné et je me dépêche d'arriver en quelques heures.

Elle pleure dans un coin de la maison. Elle est contente de me voir, mais elle continue de pleurer. Elle a le visage couvert de larmes et paraît ne plus posséder de forces. Elle est anéantie. On dirait qu'elle n'existe presque plus dans son coin. En la voyant, je me mets à pleurer aussi. Je ne peux pas garder mes larmes. C'est trop triste, j'ai trop de peine. Moi aussi, je pleure en voyant maman pleurer. Elle ne me dit pas ce qui est arrivé. Je ne lui demande pas.

Les voisins viennent la consoler. Leurs maisons sont proches. J'écoute ces voisins. Ils savent, eux. Moi, pas encore. Je ne sais pas tout. Ils ont des expressions désolées et découragées. Tout le monde est triste. Certains essaient par quelques mots de réconforter ma mère et de la rassurer, mais ils n'y parviennent pas. Leurs paroles ne suffisent pas. Les gens sont tristes !... Tout le monde est triste !... Le village entier est consterné. Chacun sait ce qui est arrivé et en parle. Les gens ont reçu un choc.

Ils ne peuvent rien faire et marchent autour de la maison de manière lente et malheureuse. Ils ne savent pas quoi penser ni faire. La misère est tombée sur ma famille et la nouvelle s'est répandue dans tout le village. Je pressens l'étendue d'un désastre.

— Qu'allons-nous faire maintenant ? demande ma mère. Que peut-on faire ?...

Elle ne parvient plus à réfléchir. Les voisins tentent de réfléchir à sa place, mais sans succès. Personne n'a une idée de ce qu'il convient de faire. Quelques mots que j'entends prononcer de manière décousue par des hommes et des femmes me confirment que l'affaire est extrêmement grave. D'autres personnes sont en permanence, dans notre pays, arrêtées et relâchées par les militaires, mais ils ne libèrent jamais celles accusées d'appartenir au mouvement des Shanti Bahini.

Le malheur s'est aggravé en une nuit. Tout a été très vite et a commencé par cette histoire de champ que mon frère Binoy Jyoti cultivait en le louant à un habitant du village pour nourrir ma mère, mes deux petits frères et ma sœur.

Quand mon père est mort, six ans plus tôt, notre famille n'avait presque pas de quoi vivre. Elle a été appauvrie complètement et mes deux frères aînés sont partis travailler ailleurs, chacun de son côté. Je suis alors entré à l'orphelinat, qui recueillait à la fois les orphelins et les plus défavorisés, et ma mère est restée au village avec mes deux petits frères et ma grande sœur.

Une année plus tard, mon second frère est revenu l'aider. Il ne parvenait pas à supporter de la savoir dans la misère. Il était célibataire et a loué un champ dans un autre village pour y semer du riz. Il a alors emmené ma mère et ses trois plus jeunes enfants habiter dans ce village. Tous les cinq y sont partis en espérant que la vie y serait plus heureuse. Comme le champ était grand, mon frère a engagé deux ouvriers agricoles afin de l'aider à le labourer. Ils ne plantaient à peu près que du riz.

Le propriétaire du champ recevait de l'argent de mon frère pour la location. Il se faisait payer très cher. Mais il voulait encore plus d'argent. Il désirait gagner une somme beaucoup plus forte. Aussitôt après avoir reçu celle fixée, il a demandé à mon frère de lui rendre le champ et de s'en aller. Il désirait récupérer son terrain sans respecter ses engagements, sans tenir parole, pour le louer à une autre personne. Mon frère disait :

— Il veut manger de l'argent facilement. Je ne vais pas le laisser faire !...

Mon frère et lui ne se sont pas mis d'accord à ce sujet. Le propriétaire a cherché désormais un moyen de faire disparaître mon frère et les quatre personnes qui vivaient avec lui.

Il a imaginé d'aller se plaindre d'eux à la caserne. Comme il était lui-même un Chakma, il ne pouvait pas parler à la façon des Bengalis en disant du mal des Chakmas. Aussi a-t-il prétendu que l'homme qui cultivait son champ était un ennemi du pays, un adversaire de l'Etat, un traître. Il a affirmé aux militaires qu'il était un bon citoyen et savait où se cachait un Shanti Bahini. Il leur a donné un nom et une adresse.

Les militaires ont cerné la maison immédiatement. C'est ma mère qui m'a tout raconté. Au début, elle ne disait rien. Elle pleurait seulement. Elle a vu arriver les militaires à la tombée de la nuit. Elle se demandait ce qu'ils venaient faire. Ils étaient nombreux, avec des fusils, et criaient fort. Ce déploiement de forces l'a épouvantée.

Elle ne se doutait pas encore que les militaires s'étaient déplacés à cause du propriétaire du champ qui voulait faire mettre mon frère en prison. Il avait réfléchi que le champ ne pourrait pas être cultivé s'il était enfermé, et qu'il pourrait le louer sans difficulté à quelqu'un d'autre, en recevant deux fois de l'argent.

Quand les militaires sont arrivés, mon frère Binoy Jyoti se trouvait dans une maison du voisinage. Il s'y était rendu par hasard.

Les militaires ont d'abord pénétré dans la maison de ma mère et l'ont trouvée seule avec ses trois autres enfants et les deux ouvriers agricoles qui avaient fini leur journée. Ils leur ont demandé où se trouvait celui qu'ils cherchaient. Mais personne ne le savait exactement. Binoy Jyoti allait revenir d'un instant à l'autre. Il ne s'était pas beaucoup éloigné. Depuis longtemps, il cultivait ce terrain et ne vivait pas à la façon des Shanti Bahini qui habitent dans des cachettes au milieu de la jungle.

A côté de la maison de ma mère existait une grosse meule de pierre pour faire de la farine ou écraser du piment, qui est consommé en grande quantité par les Chakmas et les autres habitants du pays. Une seconde pierre ronde, plus petite, tournait sur la première. Les soldats ont attrapé l'un des ouvriers agricoles et allongé sur le dos. Ils l'ont étendu sur cette meule. Ils lui ont marché sur le ventre et ont essayé de l'écraser avec la seconde pierre. Ses mains étaient attachées avec une corde. Ils lui ont versé de l'eau dans le nez. Ils lui ont enroulé un chiffon blanc autour de la bouche et du cou pour l'empêcher de respirer.

Ils lui faisaient absorber de l'eau, beaucoup d'eau, en lui demandant sans cesse où se cachait mon frère qu'ils recherchaient. L'homme ne savait pas. La torture s'effectuait devant mes deux petits frères, ma sœur et ma mère. Ils pleuraient tous. Les mêmes questions étaient posées à l'autre ouvrier agricole sans qu'il soit torturé de façon analogue. Ils ne pouvaient répondre ni l'un ni l'autre. Tout le monde criait et suppliait qu'ils arrêtent.

Les militaires ont aussi attaché ma mère avec des ficelles à une poutre du plafond à l'intérieur de sa maison. Elle avait les mains tenues en l'air. Elle se sentait affolée et complètement perdue. Les soldats l'ont laissée longtemps comme ça. Ils étaient brutaux et terrifiants. Ils avaient le droit de faire tout ce qu'ils voulaient.

Ma sœur Shona Deby a été torturée. Ils lui ont enfoncé des épingles sous les ongles pour commencer. Ils l'ont beaucoup fait souffrir. Ensuite, ils lui ont brûlé la peau avec des cigarettes. Les soldats fumaient et posaient leurs cigarettes n'importe où sur le corps de ma sœur. Elle hurlait. Ils continuaient. Il n'y avait rien qui les faisait s'arrêter. Ma mère souffrait de voir ces tortures. Elle entendait les cris et, attachée par les mains à une poutre, ne pouvait pas faire un pas et protéger ma sœur.

Pendant plusieurs semaines, Shona Deby a été malade à cause des brûlures et de l'émotion. Elle n'avait pas de médicaments pour se soigner.

Mon frère Binoy Jyoti a été arrêté vers minuit. Ma mère n'a pas pu me dire l'heure car elle ne possédait pas de montre, pas de réveil. Ces objets ne sont pas habituels dans les villages des Chittagong Hill Tracts. Ils coûtent trop cher. Mais la nuit était déjà bien avancée. Il a été découvert sur les indications du propriétaire du champ qui le surveillait. Il a indiqué aux soldats dans quelle autre maison il avait vu entrer mon frère.

Ils l'ont saisi et torturé devant ma mère. Ils voulaient lui faire avouer qu'il était un Shanti Bahini. Il niait. Chaque fois qu'il refusait de reconnaître qu'il était un ennemi, les supplices recommençaient de plus en plus fort. Ma mère ne pouvait plus résister devant ce qu'elle voyait et entendait. Cela la détruisait et la faisait mourir elle aussi. Cela lui brisait le cœur et les nerfs. Mon frère niait et les militaires s'obstinaient.

Cette nuit de torture a été horrible. Elle s'est achevée au matin. Mon frère a été emporté à la caserne.

Ma mère pleure depuis des jours et des jours. Elle pleure pendant des journées entières sans s'arrêter. Elle est toute seule pour essayer de faire quelque chose en faveur de mon frère et elle n'y arrive pas. Elle est allée à la caserne demander qu'on le libère. Les soldats lui ont dit :

— Va-t'en !... Il faut que tu rentres chez toi ! Il faut retourner...

Elle ne voulait plus partir, mais son attente ne servait à rien devant la caserne. Ils ont refusé de lui permettre de voir mon frère ou de le libérer.

La maison où se sont accomplies les tortures est devenue insupportable à ma mère. Elle ne peut plus y vivre. Avec ma sœur et mes deux petits frères, Muni Shankar et Udda Shankar, elle est retournée presque aussitôt habiter le village voisin de Rossikna Ropar où nous vivions tous ensemble autrefois avec mon père, à proximité de l'orphelinat. Elle pleure dans un coin, elle pleure toujours.

Depuis l'instant où j'ai entendu mon frère aîné m'informer du malheur, au marché de Boalkali, mon cœur s'est mis à battre très fort. Cela me fait toujours mal au cœur. A douze ans, je ne peux pas agir. Je suis trop petit. Mon frère aîné n'y arrive déjà pas. Il a tenté lui aussi d'intervenir, sans résultat. Il est malade à son tour. On ne voit pas de solution. Les militaires sont beaucoup trop forts.

Le premier soir, je suis rentré à pied à l'orphelinat comme je l'avais promis. J'ai marché avec tristesse dans la nature en songeant à tout ce que j'avais vu. Je n'ai raconté à personne. Seul un autre enseignant, Ganandesse, qui dort dans une chambre et surveille le petit groupe d'enfants au bout de la maison en bambou où nous sommes rassemblés, parmi une quinzaine d'autres constructions formant l'orphelinat, m'a entendu lui dire quelques mots. Il m'a répondu :

— C'est un grand malheur ! Ce que cet homme a fait en dénonçant ton frère n'est pas honnête. C'est un malheur, mais ces choses-là arrivent... Voilà comment est la vie. Les choses s'arrangeront, il faut espérer.

Il a essayé de me réconforter. J'étais très marqué et abattu. Le lendemain, j'ai continué ma vie à l'orphelinat presque comme d'habitude. Les occupations, le rythme des activités et les copains m'ont un peu fait oublier. En voyant des copains, cela me change les idées. Je n'ai cependant raconté à aucun d'entre eux. Je n'ai pas envie de leur parler de cette tragédie. Cela ne servirait à rien. Mais plusieurs la connaissent déjà. Sans doute l'ont-ils apprise par des habitants du village voisin. Ils ne me posent pas de questions, les responsables de l'orphelinat non plus.

Quand ma mère a légèrement repris des forces, elle est venue prier au temple en bambou de l'orphelinat. Avant, elle ne pouvait pas. Je l'ai vue y marcher et son état d'abattement m'a rendu encore plus triste.

Le propriétaire du champ qui est allé dénoncer un Chakma aux militaires a reçu la visite d'un groupe de Shanti Bahini le lendemain. Ils ne sont pas restés longtemps. Tout le village l'a su. Ils lui ont déclaré :

— Si tu recommences, on te met dans la terre. Il n'y aura pas une deuxième fois...

Ils l'ont prévenu qu'ils ne désiraient pas garder sur la terre quelqu'un qui faisait torturer une famille de Chakmas. J'ignore ce qu'ils se sont dit encore, mais le propriétaire a été obligé de leur verser de l'argent, beaucoup d'argent. Cela ne l'a pas enrichi. Il a manqué son but. Il a fait le malheur d'une famille et le sien.

Il n'ose plus sortir du village. Il a peur d'être attaqué. Sa propre famille a désapprouvé immédiatement son acte. Même sa famille l'a condamné !... Elle est malheureuse et a honte de lui. Elle répète :

— C'est lui qui est allé parler à la caserne.

Il n'ose pas avouer en public qu'il est le coupable. Sa famille est très gentille avec nous, mais elle ne peut pas réparer.

Le sort de mon frère entre les mains des militaires est gardé secret. Ils ne disent rien. Aucune information ne franchit les murs de cette grande caserne construite près des maisons en bambou des paysans chakmas. Il est peut-être mort, il est peut-être vivant. Je ne sais pas. Les militaires ont le droit de faire ce qu'ils veulent de lui. Ma mère est malade d'angoisse et ne résiste plus. Cela me fait trop mal au cœur pour mon frère et pour toute ma famille. La moindre nouvelle, même mauvaise, serait peut-être moins affreuse que cette attente où nous redoutons à chaque instant d'apprendre le pire.

Un mois plus tard, un habitant de Dighinala, une petite ville située à quelques kilomètres, nous communique soudainement la première information. Il habite à côté du commissariat de police de la ville. Son fils est un camarade de mon frère depuis des années. Cet homme a également des amis policiers et ils lui ont dit qu'un jeune homme vient d'être transféré de la caserne de Boalkali au commissariat de Dighinala. C'est mon frère. Je ne connais pas les rapports de l'armée avec la police, mais il y a du nouveau si mon frère n'est plus entre les mains des militaires.

On commence à espérer une amélioration. Ma mère prépare un paquet contenant de la nourriture. Elle met du poulet. J'emporte le paquet et l'accompagne à Dighinala, où j'ai l'habitude aussi de me rendre au marché pour les provisions de l'orphelinat, en compagnie de mon frère aîné Shamarendara. Nous sommes tous les trois très émus d'aller voir l'un de nous emprisonné, et tant d'espoirs et d'interrogations se bousculent dans nos têtes que nous en sommes malades. Ma sœur et mes deux petits frères ne viennent pas.

La visite est pénible. Elle est extrêmement douloureuse et m'afflige. Je vois mon frère attaché avec des chaînes dans une petite cellule, derrière un solide grillage. Deux autres jeunes se trouvent avec lui. Ils sont tous les trois attachés comme des vaches. Le lieu est sale et sombre. Le sol est mouillé. Les murs ne sont pas humides, mais de l'eau s'étale partout sur le sol. Le bâtiment a peut-être été mal construit. Les infiltrations s'étendent dans tous les coins.

Pour dormir, mon frère et ses compagnons ont un morceau de tissu étalé sur ce sol mouillé. Ils dorment par terre. Il n'y a pas de lits ni de planches. Ils restent tout le temps sur ce tissu imprégné d'eau. Ils y passent leurs journées et leurs nuits. C'est étroit et lugubre. Ils n'ont rien à faire.

Mon frère est affaibli et parle peu. Je le regarde avec émotion. Je ne dis presque rien non plus. J'ai mal au cœur devant ce spectacle. Je ne m'y attendais pas. Je reçois un choc terrible. D'autres prisonniers sont enfermés dans des cellules voisines le long d'un couloir.

Les militaires ont torturé mon frère à la caserne. Ils lui ont donné des secousses électriques. Les interrogatoires ont été ininterrompus. Binoy Jyoti raconte qu'ils voulaient lui faire avouer qu'il était un Shanti Bahini. Ils lui répétaient sans cesse :

— Tu es un Shanti Bahini ?... Tu es un Shanti Bahini ?...

Il disait non, et la séance de torture reprenait. Les militaires lui ont fait subir toutes sortes de supplices et d'humiliations.

Maintenant, il n'est plus torturé. Il est mieux. Les policiers ne lui donnent pas assez à manger, mais il préfère être avec eux. Ils doivent le remettre à des juges, et les juges décideront de le garder en prison ou de le libérer. Ce n'est pas encore la prison, cet endroit affreux, mais c'est sûrement presque pareil. On ne sait pas quand les juges s'occuperont de lui. Cela peut durer longtemps. Mon frère et ses compagnons n'ont pas la possibilité de se laver. Tout est sale et dépourvu de lumière ici. Ils disent que le temps est long et qu'ils sont énervés de rester toujours immobiles et attachés.

Au bout d'un moment, il faut partir. La visite est terminée. On dit au revoir à mon frère à travers le grillage. On lui assure que l'on va revenir dès que l'on pourra. Maintenant qu'il n'est plus aux mains des militaires, c'est plus facile. Sans ce voisin du commissariat qui a transmis discrètement l'information, on ne saurait pas qu'il est enfermé dans cette cellule. On a eu de la chance. On espère qu'il n'y restera pas.

Cet espoir est précisément encouragé par un policier lorsque nous sortons. C'est le commissaire. Il interpelle ma mère. Il lui murmure que, la prochaine fois, elle pourrait aussi lui apporter de la nourriture pour lui faire plaisir. Elle est étonnée de cette demande. Nous ne comprenons pas bien ce qu'il veut dire. Il a son idée derrière la tête. Il ajoute que, si ma mère lui donne de l'argent, il pourra peut-être essayer de faire sortir son fils. Il explique cela à la fois comme une faveur et une chose naturelle.

Mais l'argent qu'il réclame pour obtenir son aide est une grosse somme. Le commissaire essaie d'être convaincant. Il peut faire beaucoup de choses s'il le désire, affirme-t-il. La liberté est précieuse. Il dit qu'il va tenter d'intervenir dans cette affaire pour rendre service à une famille qui a déjà beaucoup souffert. Il veut prouver qu'il est compréhensif. Il fera l'impossible pour libérer mon frère.

Il insiste pour obtenir l'argent. Il se fait pressant et persuasif. Je ne dis rien, mais je vois qu'il bourre le crâne de ma mère avec des paroles et des promesses qui sont peut-être du vent. Il réclame, il réclame... Il lui fait comprendre que la libération de mon frère par ce moyen lui épargnera quantité de souffrances.

Nous sortons. Ma mère sait que le commissaire ment peut-être. Mais elle se rend compte aussi que mon frère n'est sûrement pas près de sortir de prison vu la lenteur des choses. Ce qu'elle a pu voir l'a désespérée. Elle a encore devant les yeux les chaînes, la saleté, la mine fatiguée de mon frère. Elle est prête à tout tenter pour le faire sortir de ce lieu. Il n'y a pas d'autre solution. Elle s'accroche au faible espoir que le commissaire de police tienne ses promesses. Après tout, il dit peut-être la vérité. Ce ne serait pas non plus habile de se mettre en mauvais termes avec le commissaire. Il vaut mieux essayer de s'en faire un allié. Mon frère aîné partage cette opinion. Il faut tenter le coup.

Je suis trop petit pour saisir tous les aspects du marchandage et la difficulté de l'opération, mais je comprends qu'elle est secrète et onéreuse. Le commissaire a prétendu organiser une évasion. L'argent exigé dépasse de loin les possibilités de notre famille. Pendant des jours, ma mère réfléchit au moyen de réunir cette somme. Elle demande à des voisins, à tout le monde. Une quête est organisée.

Chacun donne ce qu'il peut, souvent presque rien. C'est chaque fois précieux. Des semaines ou des mois de misère en prison seront peut-être évités. Avec le plus grand mal, la somme est réunie.

La seconde fois où je vais au commissariat de Dighinala, ma mère porte l'argent, et moi la nourriture. Le commissaire prend l'un et l'autre. Puis il explique qu'il aura beaucoup de difficultés à faire libérer mon frère car il ne possède pas tous les pouvoirs.

— Je pense ne pas y arriver, finit-il par dire, j'ai peur de ne pas réussir.

Mais il garde l'argent. Je suis révolté. C'est carrément du vol. Il refuse de rendre l'argent. Il n'y a aucune trace que nous lui ayons versé de l'argent. On s'est fait avoir comme on s'en doutait, comme c'était clair que cela devait arriver, mais on était trop attristés pour rester inactifs. Je suis découragé pour mon frère, je suis furieux du comportement du commissaire. Ma mère est encore plus effondrée qu'auparavant et elle ne sait plus quelle solution trouver.

Quinze jours après son arrivée à Dighinala, mon frère est conduit à la prison de Karasoli, une agglomération plus grande, à une vingtaine de kilomètres. Une seconde demande d'argent est aussitôt formulée par un gardien pour permettre simplement de le voir un instant. Il n'est plus question ici de le libérer. Mais, sans argent, il n'est pas question non plus de le voir, de lui parler un instant. Le gardien est intraitable. Ce sont des coutumes habituelles dans notre pays et nous ne les connaissions pas jusqu'alors.

Une autre quête ne peut pas être entreprise. Les voisins n'ont pas assez d'argent. Ma mère prend alors la décision de vendre l'un de ses deux bœufs pour obtenir l'argent. Ce bœuf lui est pourtant très précieux. C'est sa seule richesse. Depuis la mort de mon père, il lui sert à gagner de l'argent en le louant pour quelques takas à des voisins qui labourent leurs champs. Se séparer de lui est difficile. Elle s'appauvrit beaucoup en le vendant, mais elle tient trop à voir son fils. Elle doit tenter la chance une fois de plus, et une simple visite vaut bien un bœuf.

Je l'accompagne à nouveau le jour où elle retourne à la prison de Karasoli, en taxi, une vieille jeep chargée de voyageurs. Ma mère m'a prévenu du jour où elle irait à la prison et j'ai demandé l'autorisation de m'absenter de l'orphelinat. Je veux aussi revoir mon frère. Le transport coûte cher. Un jeune homme va au même endroit. Il a de l'argent comme nous pour voir un parent en prison. On le lui a demandé de la même manière.

Le gardien réclame aussitôt l'argent à ma mère. Il lui dit que, si elle lui donne l'argent fixé, il nous montrera mon frère. Elle lui demande s'il est réellement présent en ce lieu. Il l'affirme :

— Oui, vous pouvez le voir sans difficulté. Il est là.

Elle lui tend l'argent. Il l'empoche. Ma mère tremble d'émotion, et moi aussi, en marchant dans un couloir de la prison. Nous voulons croire que le gardien dit la vérité.

Il nous emmène dans un lieu où il frappe sur une porte. Il prononce le nom de mon frère. Il l'appelle. Il n'y a pas de réponse. Le silence se prolonge. Le gardien dit enfin :

— Non, il n'est pas là.

C'est fichu. On nous a encore menti. C'est un mensonge. C'est une abominable tromperie. Je suis déçu et découragé. Ma mère éprouve un choc qui la fait chanceler. On s'en va enfin. Elle pleure. On n'a pas vu Binoy Jyoti.

La vente du bœuf représentait beaucoup pour elle. L'argent a été volé et n'a servi à rien. On ne sait même pas où se trouve mon frère. Je suis indigné et plus attristé encore que les fois précédentes. Ma mère continue de pleurer. Le voyage du retour s'effectue dans la désolation la plus complète.

Mon frère a été transféré à la prison de Rangamati, une grande ville au centre des Chittagong Hill Tracts. Ma mère l'apprend un jour, mais elle n'a plus de forces ni d'argent. Elle n'a plus d'espoir. Elle pleure. Elle se résigne et je l'entends dire :

— Je vais prier, c'est tout. Je vais le laisser comme ça en prison. Je ne peux rien faire. Je vais prier. Combien de temps va-t-il rester en prison ?...

Le jugement n'a pas encore été prononcé. Le temps passe, et il n'y a jamais rien de nouveau. J'ignore si les juges s'occupent de mon frère ou l'ont oublié. Il n'y a plus de nouvelles. Je n'ai plus revu mon frère depuis la fois où il était attaché comme un animal dans une cellule inondée d'eau. Je ne l'ai plus jamais revu.

Je suis retourné à l'orphelinat. La vie a continué. J'y suis revenu encore plus peiné et malade. Je ne peux pas rester à la maison, nous sommes trop pauvres. Mes petits frères, Muni Shankar et Udda Shankar, ne comprennent pas grand-chose à cette histoire, mais leur vie a changé. Ils ne vont plus à l'école du village aussi souvent qu'auparavant. Ma mère ne les y oblige pas. Sa tristesse est un peu amoindrie par leur présence et leurs jeux. Ils passent les journées avec elle.

Le bœuf restant est attelé avec une vache pour labourer. La vache vient d'avoir un veau. Il reste ces trois animaux à ma mère pour survivre. Elle loue cet attelage un peu bancal pour gagner de l'argent. Autrefois, elle ne gardait la vache que pour le lait. Maintenant, elle la fait travailler.

9.

La capture d'un voleur

A l'époque de la moisson, je travaille un jour à l'orphelinat quand un homme arrive brusquement. Il est affolé. Ce n'est pas un Chakma mais un Bengali. Il n'est pas musulman et les voisins le savent. Il vient nous demander du secours. C'est urgent. Il a un visage bouleversé et tente de maîtriser ses émotions et ses gestes. J'arrête mon travail. J'écoute ce qu'il dit. Je suis encore petit et il s'adresse surtout à des enfants un peu plus âgés que moi. Nous ne sommes que six enfants. Les moines et les enseignants ne sont pas là.

Depuis des années déjà, je connais cet homme qui cultive sa terre de manière paisible dans les environs. Il nous explique qu'il vient de voir quelque chose d'incroyable. Il allait à son champ et il a aperçu, de loin, un musulman qui y avait pénétré et coupait les tiges de riz. Il ramassait son riz. Il en faisait des tas pour l'emporter.

Parce qu'il est de religion bouddhiste, ce Bengali habitant un village voisin est considéré par les musulmans comme un Chakma. Il ne compte pas. On peut lui prendre ses affaires.

Mais l'homme n'a pas été content. Il a marché aussitôt vers l'étranger qui lui volait tranquillement son riz dans le champ qu'il avait cultivé. Il s'est présenté et a déclaré qu'il était le propriétaire. Il a ordonné au musulman en train de voler de s'en aller.

Le musulman l'a à peine écouté et a continué de couper les tiges comme s'il se trouvait chez lui. Le propriétaire ne voulait pas de bagarre et savait que les militaires installés dans la région soutenaient toujours les musulmans. Mais il ne pouvait pas non plus accepter qu'un voleur soit dans son champ devant lui et s'applique, l'esprit en paix, à ramasser la récolte qu'il s'était donné tant de mal à obtenir pendant des mois de travail et d'attention. Il ne se résignait pas à laisser faire une chose aussi injuste sans protester. Cette récolte, il en avait besoin. Il était marié et avait des enfants. C'était en 1986.

A l'orphelinat, les six enfants que nous sommes à écouter le propriétaire se sentent de son côté. La situation n'a pas besoin de nous être expliquée longuement. Elle se répète sans cesse de façon identique pour tous les paysans chakmas et ceux qui ne sont pas musulmans. A côté des Chakmas existent aussi dans les Chittagong Hill Tracts des peuples comme les Mughs et les Kumis. Ils sont chassés et persécutés de la même manière. Mais les Chakmas sont beaucoup plus nombreux à eux seuls que tous les autres peuples réunis de cette région. Je ne connais presque pas de familles appartenant à ces groupes, à part des familles de Tripuras que l'on rencontre assez souvent. Les Tripuras, un autre peuple encore, sont les seconds en nombre. Mais il y a aussi les Mros, les Kukis, les Lushais, les Sendus, les Banjogis, les Tanchangyas et quelques-uns encore. Ils vivent éparpillés dans les Chittagong Hill Tracts et ont des langues et des coutumes différentes.

Ce sont des inconnus pour moi, mais je sais qu'ils existent et connaissent des difficultés analogues aux nôtres à cause de l'arrivée en grand nombre des Bengalis sans terre. Quelques familles appartenant à ces peuples organisés en tribus vivent comme à l'âge de la pierre. Les nouveaux musulmans qui arrivent prennent les terres, chassent tout le monde, ne s'accordent avec personne, n'aiment personne.

On comprend aussitôt, à l'orphelinat, le malheur survenu au Bengali non musulman. Ce Bengali a été jeté dans le même sac que tous les autres. Il a deviné que ce voleur serait plus fort que lui avec l'appui de l'armée. Ce genre de voleur est toujours le plus fort quand les militaires se trouvent informés d'un désaccord. Cet homme nous raconte ce qui s'est produit car il espère que le musulman s'arrêtera de ramasser son riz s'il y a plusieurs témoins. Il croit qu'il sera sensible à la honte et à la désapprobation. Il souhaite que des personnes lui parlent et tentent de le ramener au bon sens et à un comportement plus honnête. Il est bouleversé. Il appelle à l'aide. Il y a urgence. L'orphelinat est le seul lieu où il peut encore espérer trouver de l'aide, mais il ne tombe que sur des enfants.

On y va. On décide aussitôt d'y aller tous ensemble. Je fais partie du petit groupe qui quitte l'orphelinat pour se rendre à la rizière constater si un musulman vole des tiges. Les moines et les autres enfants se trouvent occupés, à l'écart, à d'autres activités. Les moines n'auraient pas permis que nous intervenions dans cette affaire. Elle est trop dangereuse et risque de mal tourner. Il n'en faut pas plus pour déclencher des catastrophes, mettre le feu aux poudres. Mais on n'a pas peur.

La peine de cet homme désarmé et seul, que nous connaissons tous, ne nous laisse pas indifférents. Je marche avec les autres en pensant que ce n'est pas normal de lui voler son riz. Je l'ai vu y travailler. C'est un Bengali, mais ça ne fait rien. Il ne mérite pas qu'on lui fasse du tort. Je ne dis rien et laisse parler les plus grands. Avec moi, ça en fait un de plus pour le défendre !

Il habite au village de Rassikna Ropar. Ma mère y avait sa maison. Elle était assez loin de la sienne, mais ils se connaissaient. En chakma, le nom du village signifie « le village de M. Siknaro ». Cet homme a quelques terres, des buffles, des chèvres, des vaches. Il est riche par rapport à ses voisins. A cause de tout ce qu'il possède, il a préféré rester dans cette région en guerre en espérant que la paix revienne. Il ne peut pas emporter ses terrains et sa maison. Il ne peut pas non plus les vendre. Il n'y a pas d'acheteurs. Les habitants s'en vont et les Bengalis musulmans qui arrivent n'achètent rien et prennent par la force.

Les musulmans lui ont déjà demandé deux ou trois fois de s'en aller de chez lui, de tout quitter, de leur abandonner ce qu'il possède. Ils lui ont demandé comme ça, sans se gêner, telle une chose naturelle. A la condition qu'il obéisse sans discuter, ils ont précisé qu'ils ne lui feraient pas de mal, ni à lui ni à sa famille. Cet homme a refusé. Il a été scandalisé. Il s'est senti humilié et révolté d'entendre des inconnus lui proposer d'abandonner l'endroit où il avait toujours habité et travaillé. Il n'en croyait pas ses oreilles. Pourtant, il était comme eux, un Bengali, mais pas un musulman, et c'était la différence.

Les musulmans veulent que tout le monde devienne musulman. Les Chakmas et les autres villageois doivent tous se convertir immédiatement à l'islam quand ils arrivent chez nous. On n'est pas d'accord. Personne n'est d'accord. On ne veut pas changer de religion du jour au lendemain pour faire plaisir à des étrangers. Aussi prennent-ils ce refus comme un prétexte pour dire que nous ne valons rien et que nos terres peuvent être envahies et pillées. Quand ce voisin bengali a refusé de se convertir à l'islam, les musulmans lui ont ordonné de déménager, de changer de région, pour se partager entre eux ses animaux et ses champs. Mais il est resté.

Son histoire est connue. Comme il résistait, il a été emmené de force au loin par les musulmans. Il est revenu. J'ignore où ils l'ont emmené, je ne sais pas les détails. Mais dans les villages, au Bangladesh, les habitants se connaissent tous, et leurs histoires aussi. On doit connaître les autres gens. Il faut savoir ce qui leur arrive pour les comprendre. On n'est pas isolé et indifférent. On se parle, on se rencontre, on sait comment sont les gens et ce qu'ils vivent. Il vaut mieux se connaître les uns les autres, c'est beaucoup mieux pour s'entraider. Lorsqu'on s'ignore, ce n'est pas normal. Ce n'est pas fréquent. Je n'ai jamais vu de ma vie, au Bangladesh, des gens des villages qui ne se connaissaient pas et ne se soutenaient pas dans les difficultés.

Si une personne meurt dans une famille, tous les habitants viennent. La famille ne reste pas seule avec sa peine et ses soucis. Si le mort n'avait plus de famille, pas de parents ni d'enfants, les villageois font des prières, s'occupent de son corps selon les coutumes de notre pays. Ils connaissaient forcément ce mort. Il n'existe pas de pauvre solitaire. Parmi les enfants de l'orphelinat, il y en a un qui était si pauvre et défavorisé avant d'habiter avec nous qu'il avait été recueilli dans des familles différentes. Il n'avait plus de famille pour s'occuper de lui et il ne savait où aller. Des gens l'ont nourri et logé gratuitement pendant très longtemps avant qu'il ne nous rejoigne. La pauvreté est partout dans les Chittagong Hill Tracts, mais on s'entraide comme on peut.

Le propriétaire du riz volé a cru que l'orphelinat pouvait faire quelque chose en sa faveur et discuter avec le musulman. Il redoute de demeurer seul. Son champ n'est pas éloigné. Nous arrivons sur place tous ensemble.

Je vois le musulman couper les tiges de riz avec une grande faucille. Il ne se gêne pas. C'est un nouveau installé sur une colline. Il habite face à cette rizière. Elle le tentait. Il pouvait la regarder tous les jours, et son propriétaire y travailler, avant de descendre au bon moment chercher les grains mûrs. C'est plus que du vol. C'est du mépris. Je l'observe ramasser la récolte comme s'il était sur son terrain, chez lui. Il est courbé, il baisse la tête pour couper. Il feint de ne pas nous entendre, de ne pas nous voir marcher dans sa direction.

On a l'intention de lui expliquer qu'il n'est pas dans son droit. On veut lui dire : « Le riz n'est pas à toi, c'est à lui... Laisse-le tranquille... C'est lui qui l'a planté... C'est son champ... »

Nous nous approchons davantage. Le musulman continue à faucher devant nous. Il coupe, il coupe sans s'arrêter. Il fait une grande provision de tiges. Quand nous sommes rassemblés plus près encore, il lève soudain la tête et nous montre aussitôt sa faucille. Il veut nous décourager d'approcher encore. Il veut nous faire peur en nous montrant cet outil tranchant. Nous pensons qu'il va nous blesser si nous faisons un pas de plus.

Le propriétaire du champ observe aussi et réfléchit. Il se tait, il ne fait pas un geste. Personne ne dit un mot. Je sens qu'il n'est pas question de parler avec ce voleur. Il a de très mauvaises intentions. Tout à coup, le propriétaire saisit un bâton et s'approche du musulman d'une allure décidée. Il veut lui arracher sa faucille afin qu'il ne continue pas à couper. Il frappe le musulman avec son morceau de bois. Il lui fait mal et la faucille tombe sur le sol.

Puisqu'il est désarmé, nous nous approchons alors du voleur et nous l'emmenons tous les sept, les six enfants et le propriétaire, directement à la caserne. Il n'est pas de taille à se défendre sans sa faucille. Le propriétaire bengali le tient. Il ne se débat pas beaucoup et se laisse conduire. Sous bonne escorte, il marche en se souvenant des coups de bâton reçus. Il n'y a pas de police à proximité et les militaires commandent tout. La caserne de Boalkali se trouve à quelques kilomètres. Le chemin est vite parcouru.

Notre voleur prisonnier est présenté aux militaires. Un exposé des faits a lieu. Mais la situation se renverse tout à coup. Le propriétaire du champ est interrogé à la place du voleur. C'est lui qui subit un interrogatoire devant nous ! Les militaires lui demandent pourquoi il a tapé l'autre. Ils le sermonnent vivement et lui reprochent d'avoir frappé. Ils lui donnent tort. Ils refusent de l'entendre davantage. Leur protection du voleur est incroyable ! Je vois bien que ce voleur a mal agi et que les militaires ne sont pas honnêtes de prendre sa défense. Nous voyons tous, nous les enfants qui écoutons et observons, qu'il y a de la triche. Ce n'est pas juste. Le musulman est libéré, tandis que le propriétaire de la rizière se trouve menacé de payer une amende pour les coups.

Nous rentrons à l'orphelinat très perplexes, avec le sentiment que nous n'aurions pas dû aller à la caserne pour obtenir justice. Mais où aller ? Il n'y a personne d'autre à qui s'adresser dans la région. Je suis déçu avec les autres enfants de n'avoir rien pu faire d'utile. Le propriétaire s'est jeté tout seul dans la gueule du tigre. Quelque temps plus tard, j'apprends qu'il a été condamné à verser de l'argent au voleur pour l'avoir battu. Je n'ai jamais su quelle somme a été fixée, mais il a été contraint de payer.

Afin d'avoir la paix, il a décidé un peu plus tard de se convertir à l'islam. De religion bouddhiste, il est devenu musulman pour pouvoir rester chez lui. Mais il a été mal vu des Shanti Bahini qui l'ont pris pour un traître.

Les conflits se déroulent souvent de cette manière dans les villages. Les nouveaux arrivés n'ont aucune retenue ni correction. Ces colons, encouragés par le gouvernement à quitter des régions pauvres du Bangladesh, ne respectent rien. Ils colonisent. Ils s'imaginent en arrivant dans les Chittagong Hill Tracts qu'ils vont mieux vivre tout de suite, comme si c'était un paradis où il n'y avait qu'à se baisser pour ramasser la nourriture et être heureux. Mais ils se trompent. Il faut beaucoup travailler, sans cesse.

En débarquant, la plupart découvrent que les places qu'ils espéraient sont déjà prises. Ils s'installent alors sur les collines. Ils habitent sur des pentes impossibles à cultiver, parce que les vallées sont déjà occupées par les anciens habitants ou même des nouveaux.

Ceux-ci montent dans les Hill Tracts, dans des lieux inhabités. La culture du riz y est impensable. L'eau ne peut y monter. La culture d'autres plantes est très compliquée. Il est nécessaire de nettoyer d'abord la surface des collines, enlever les racines, modifier les pentes. Les musulmans sont déçus de découvrir les pauvres parcelles de terrain qui leur reviennent. Elles ne peuvent rien produire dans cet état. Ils n'ont pas de matériel. Ils croyaient que ce serait autrement, et se fâchent toujours à la fin.

On raconte qu'ils ne peuvent même pas retourner dans les villages d'où ils viennent. Ils n'en ont plus le droit. Le gouvernement leur interdit le retour. Certains arrivent des grandes plaines du Bangladesh et aimeraient rentrer chez eux. Ces plaines sont déjà surpeuplées et on n'y veut plus d'eux. Ils ne savent pas où aller. Sur leurs collines recouvertes par la jungle, ils ont alors envie de piller. Ce sont les Chakmas, en tout cas, qui supportent avec les autres peuples de la région les inconvénients de leurs voyages.

Les Bengalis descendent des collines, changent d'endroit, se mettent à la recherche de quelque chose de meilleur pour subsister. Ils prennent sans permission tout ce qu'ils trouvent dans les vallées habitées par les Chakmas. Les champs cultivés, avec des systèmes d'irrigation, les intéressent particulièrement.

C'est ainsi que les disputes ont commencé. Elles se sont multipliées. Les militaires ont toujours accompagné ces colons. Des petites casernes ont été construites un peu partout dans les villages, et de grandes casernes par endroits, afin de surveiller. La place manquant pour tout le monde, les civils musulmans et les militaires ont choisi de chasser les Chakmas. Au lieu d'essayer de s'entendre et de réfléchir au problème, ils ont dit aux paysans chakmas : « C'est chez nous ici. Allez-vous-en. » Ils les condamnent à la misère absolue. C'est pourquoi les groupes de Shanti Bahini sont apparus.

Les agriculteurs n'ont même plus le droit de faire leur moisson, de récolter leur riz. Ils ont labouré, semé, repiqué, irrigué et, quand vient la saison de récolter, ils ne peuvent plus aller sur leurs terrains. Les musulmans arrivent à ce moment et disent : « C'est à nous. » C'est du vol. J'ai vu comment cela se passe. Ces musulmans ne font d'abord rien, ils regardent les autres travailler, puis, comme à l'heure de manger, ils affirment : « C'est à moi ! », le système marche à chaque fois et les pauvres Chakmas n'ont plus qu'à se taire et partir en vitesse s'ils ne veulent pas être tués.

Jusqu'à maintenant, les musulmans ne se sont pas occupés des champs appartenant à l'orphelinat. Ils nous ont laissés tranquilles, sauf pour voler de l'eau et du bois. Mais la plupart des enfants de l'orphelinat sont révoltés par les vols de terrains ou de récoltes qui se commettent autour d'eux. Certains ont même envie de frapper les musulmans pour leurs vilaines actions et leurs moqueries envers les Chakmas. On ne peut pas parler avec ces voleurs. Ils ont toujours raison. Je pensais d'abord que le mieux serait de conduire ces voleurs aux autorités pour qu'elles les punissent et rétablissent la paix. Je vois maintenant que cela ne sert à rien et risque même d'aggraver les problèmes. Ce sont constamment les Chakmas les coupables.

A la caserne où je suis allé, les militaires nous ont reproché d'avoir arrêté un voleur et de le leur avoir conduit. Ils nous ont accusé de l'avoir embêté et ont dit que c'était notre faute s'il y avait des disputes. Je ne sais plus quoi penser. Je n'éprouve pas l'envie de faire du mal à ces musulmans, mais je voudrais qu'ils arrêtent d'en faire aux Chakmas. Notre pays pourrait s'organiser avec tout le monde en paix. Je ne comprends pas le gouvernement qui envoie des soldats soutenir ceux qui font de mauvaises actions. J'aimerais que la terre entière sache ces vols, ces injustices, ces combats, pour qu'ils cessent. C'est mon idée. Mais je suis petit et je ne peux rien faire. Je sais parfaitement pourquoi nous devenons tous malheureux et tristes dans les Chittagong Hill Tracts.

Au début de 1986, la situation s'est nettement aggravée autour de l'orphelinat. La tension a augmenté. Auparavant, les conflits se déroulaient un peu en dehors de nous dans d'autres villages et des villes éloignées.

Je n'ai pas raconté aux responsables de l'orphelinat, ce soir-là, ma visite à la caserne. Nombreux sont les enfants qui se rendent compte directement par eux-mêmes de la vérité. Ils accomplissent parfois des actes qu'ils gardent secrets. Ils seraient punis. Sur la planche où je dors, je songe aux pauvres paysans qui ne pourront pas nourrir leur famille avec les récoltes volées.

10.

La guerre des vêtements

Le feu à la cuisine de l'orphelinat réclame beaucoup de bois pour préparer six cents repas par jour, sans compter la bouillie de riz le matin. Il est presque toujours allumé. Afin de l'entretenir, les équipes d'enfants chargées d'aller ramasser le bois dans la forêt travaillent souvent. Elles rencontrent parfois des surprises. D'autres enfants y vont aussi. Les musulmans envoient leurs enfants prendre du bois sans autorisation sur le terrain de l'orphelinat.

Un jour, les orphelins en ont assez. Les moines leur demandent d'aller chercher du bois et ils décident, à la place, d'aller chercher des musulmans. Ils leur tendent un piège. Ils gardent secret leur plan et ne préviennent pas les moines. Ils se dirigent à l'endroit où les vols s'effectuent, ils se rassemblent, ils y vont presque tous afin d'organiser une embuscade à l'orée de la jungle, une grande bataille.

Pour commencer, ils font un tas de bois très haut, très large et solide. Les enfants les plus jeunes et les plus âgés participent à sa construction, au guet-apens. Puis ils se cachent tous et attendent. Ils sont nombreux, mais les enfants musulmans aussi. Ils vont venir. Leurs habitudes ont fini par être connues. Ils ne peuvent tarder. Tout le monde se dissimule et reste silencieux, impatient de passer à l'action, de montrer que les Chakmas ne sont pas dépourvus de courage.

Devant ce beau tas de bois, les musulmans se précipitent sans hésiter. A peine ont-ils commencé à y toucher que tous les enfants de l'orphelinat se ruent dessus. Il en sort de partout, il en surgit de tous les coins. La panique s'empare des enfants musulmans, qui s'enfuient aussitôt, mais une vingtaine sont capturés.

Ces prisonniers sont ramenés vers le tas de bois et solidement attachés dessus. Ils se trouvent ligotés et placés juste au bord des troncs entassés afin qu'au moindre mouvement pour s'échapper ils risquent de tomber de haut et se faire mal. Ensuite, ils sont abandonnés à leur sort.

Leurs parents sont vite informés par les autres enfants de l'embuscade, et se précipitent quelque temps après. C'est ici que l'affaire s'aggrave. Ils les délivrent et vont voir les moines en un groupe furieux. Ils protestent avec violence. Ils déclarent que la conduite des enfants de l'orphelinat est inadmissible et mérite une punition. Ils exigent que nous soyons punis et menacent de se plaindre auprès des militaires. C'est un grand charivari, et les moines se montrent embarrassés par les conséquences imprévisibles du guet-apens.

L'armée d'enfants qui a attaqué reçoit alors comme punition de rester pendant une journée entière dans les dortoirs. Les moines n'apprécient pas la farce, les parents non plus, les prisonniers encore moins. Mais le bois nécessaire à l'orphelinat continue d'être volé les jours suivants. Il faut toujours que les Chakmas aient tort. On le vérifie en permanence. Je n'ai pas participé à cette attaque de musulmans car je n'étais pas à l'orphelinat ce jour-là, mais je sais que les tentatives de résistance se terminent toujours de la même manière pour nous.

D'autres disputes et bagarres opposent fréquemment les enfants chakmas et musulmans dans les villages. Si un enfant chakma se promène seul dans un quartier de magasins musulmans, par exemple, il est immédiatement entouré par trois ou quatre enfants musulmans qui l'attaquent sans hésitation. Il vaut mieux pour lui ne pas s'aventurer seul.

Un autre jour, il y eut une bataille plus sévère qu'au sujet des morceaux de bois. C'était pour des vêtements. Tout a commencé à une époque où des filles se trouvaient encore dans notre orphelinat de Boalkali. Les moines recueillaient celles qui en avaient le plus besoin. Le nombre des filles était élevé. Plus tard, il a fallu qu'elles soient toutes emmenées dans un autre orphelinat, au village de Rangapani, dans la région de Moanogar, toujours à l'intérieur des Chittagong Hill Tracts, parce qu'elles ne se trouvaient pas en sécurité à Boalkali. Les musulmans les attaquaient trop souvent. Je ne les ai pas connues, mais plusieurs anciens de l'orphelinat s'en souviennent.

Mihirkanti en a connu cinq ou six, les dernières à être demeurées à l'orphelinat. Le voyage ne s'était pas effectué pour toutes simultanément. Elles avaient été conduites ailleurs en groupes séparés. Avant d'habiter avec nous, Mihirkanti venait seulement de temps en temps vivre avec les orphelins à cette époque. L'un de ses oncles maternels est moine à l'orphelinat et il lui rendait visite. Le soir, il ne rentrait pas au village de Boalkali rejoindre sa famille mais dormait dans le bâtiment des moines avec son oncle.

Il était petit. Il ne faisait pas encore partie des enfants de l'orphelinat, mais il en connaissait plusieurs. Il jouait avec eux. Le lendemain, il retournait chez ses parents. A cette occasion, il observait comment on vivait à l'orphelinat, la nourriture, les jeux, l'école, les activités. Cela lui plaisait de plus en plus. Il venait souvent.

Un groupe de garçons et de filles est allé, un soir, assister à une projection de cinéma au village. Mihirkanti s'échappait quelquefois sans dire à son oncle qu'il allait au cinéma avec des plus grands. Ce soir-là, en rentrant à la nuit, ils cheminaient tous en file sans se hâter et des filles étaient restées en arrière à discuter entre elles. Soudain, des musulmans en ont attrapé une, sans se faire remarquer, en silence. A l'orphelinat, on s'est aperçu de sa disparition. On l'a cherchée toute la nuit. Elle a été retrouvée attachée à un arbre.

Les garçons de l'orphelinat lui ont demandé ensuite si elle pouvait reconnaître ceux qui l'avaient agressée. Ils étaient une équipe de six ou sept jeunes musulmans. Elle en a surtout reconnu un. Elle avait été déshabillée et violée. Elle n'avait pas tout raconté aux moines. Ils ne savaient pas ce qui lui était arrivé. Elle ne voulait pas le leur dire, mais elle était très malade.

Aussi les enfants de l'orphelinat ont décidé de venger cette fille et d'attaquer les jeunes Bengalis pour leur infliger une leçon. Ils ne les craignaient pas, car les Chakmas sont souvent de constitution plus solide que les musulmans venus dans la région, et ils ont organisé une nouvelle embuscade, mais sans savoir encore ce qu'ils allaient faire à leurs prisonniers. Tout à coup, ils ont enfin eu une idée. Ils voulaient que ce soit une bonne idée. Mihirkanti faisait partie du groupe d'attaquants. Plusieurs équipes avaient été formées, avec les grands, les moyens et les petits. Au total, ils étaient nombreux.

Des manguiers poussent près de l'orphelinat où passe un chemin. Dès que la venue des jeunes Bengalis a été signalée, les enfants se sont cachés dans les manguiers, des deux côtés de ce chemin. Ils ont attendu dans les branches, en silence, dissimulés par les feuilles. Quand les Bengalis sont arrivés, ils leur ont sauté sur le dos, et d'autres enfants sont arrivés de partout. Ils ont fait prisonniers quatre musulmans.

Comme ils avaient déshabillé une fille de l'orphelinat, ils ont été déshabillés aussi. Ça a été leur punition. Les enfants de l'orphelinat ont décidé de les mettre tout nus. Ils leur ont enlevé leurs habits et les ont attachés aux arbres.

La punition était sévère, car les enfants des Chittagong Hill Tracts n'ont pas l'habitude de se dévêtir en public. Les Chakmas ne se baignent pas en maillot de bain mais en longue robe du pays, ou en short, dès qu'ils ne sont plus de tout petits enfants. La nudité n'existe pas. Les jeunes musulmans ont été abandonnés tout nus ligotés aux manguiers.

Il y avait un soleil fort. Il faisait très chaud. Leur attente dans cet état a duré plusieurs heures avant qu'on ne les découvre. Mihirkanti et d'autres continuaient d'observer de loin et ont aperçu des gens venir les délivrer, couper leurs ficelles. A nouveau, les parents sont entrés à l'orphelinat pour se plaindre. Ils étaient encore plus furieux que la première fois. Il y a eu une grande explication.

Mais les parents chakmas ne pouvaient se plaindre auprès de quiconque de ce qui arrivait à leurs enfants. Les Chakmas ne devaient jamais se plaindre. Les militaires n'étaient pas de leur côté. La fille violée est restée très mal en point pendant longtemps. Les dirigeants de l'orphelinat n'ont jamais su le détail de tout ce qui se passait avec les enfants dont ils s'occupaient.

Après avoir réfléchi, Mihirkanti est allé trouver ses parents pour leur expliquer son souhait d'entrer à l'orphelinat. La vie qui y était menée lui plaisait. Il pensait qu'elle était meilleure qu'à la maison. Les enfants préparaient leurs repas à tour de rôle et mangeaient bien, vivaient en permanence avec des camarades, riaient et jouaient, faisaient des farces, allaient à l'école. Sa mère n'était pas d'accord. Elle refusait qu'il quitte la maison.

A ce moment, Mihirkanti s'appelait Sussilkanti, prénom que lui avaient donné ses parents à sa naissance. Mais sa grand-mère l'appelait Alassan, ce qui signifie, en chakma, « les yeux tout noirs ». Son grand-père paternel aussi se nommait Alassan. Ce n'est pas un nom musulman mais chakma. Dans les villages, les enfants changent de prénom moins souvent qu'à l'orphelinat. Porter un nouveau prénom est très amusant. Il est nécessaire que les autres le connaissent afin qu'il n'y ait pas de confusion, mais cela ne demande pas beaucoup de temps. Le prénom de Mihirkanti a été choisi par Bemal Bikku, le supérieur des moines, pour faire plaisir à Sussilkanti après son entrée à l'orphelinat.

Il menait auparavant la vie des enfants pauvres du Bangladesh dans les villages. Il ne faisait rien de particulier et n'allait presque pas à l'école. Il était constamment dans la nature, soit à s'amuser, soit à travailler, en gardant les vaches ou cultivant les champs, par exemple. Quand la décision a été prise par sa famille, après de longues discussions, de le laisser entrer à l'orphelinat pour qu'il étudie, il est parti avec son grand frère Nuarodi acheter une chemisette dans le quartier des magasins musulmans à Boalkali. Il ne possédait pas d'habits suffisants et il désirait être propre le premier jour.

Leur maison en bambou, avec un toit de paille, se situait parmi d'autres maisons chakmas du côté de la grande caserne, sur la rive opposée de la rivière. Pour atteindre les magasins, que nous appelons la zone de « Boalkali bazar », il fallait s'approcher de la caserne et franchir cette rivière.

Les militaires ont à ce moment arrêté le frère de Mihirkanti. Ils l'ont interrogé en plein champ. Ils lui ont dit :

— Pourquoi viens-tu près de la caserne ?

Ils l'ont frappé avec des bâtons. Ils étaient plusieurs. Ils frappaient très fort. Mihirkanti pleurait. Il ne comprenait pas pourquoi son frère avait été arrêté et battu sur le chemin qui conduisait aux magasins. C'était la route la plus directe et ils se trouvaient au voisinage de la caserne puisqu'ils y habitaient. Les soldats ne se sont pas occupés du plus petit des deux. Ils ont laissé Mihirkanti, qui s'est sauvé et caché dans une rizière.

Il était terrorisé. Il est demeuré à l'abri des tiges de riz très hautes, un peu semblables à des tiges de blé, afin d'observer en restant caché. Les militaires continuaient d'interroger son frère et de le battre sauvagement sans raison.

Mihirkanti a couru jusqu'à la maison prévenir ses parents. La maison était vide. Il est alors parti chercher le chef du village, remplissant des fonctions analogues à celles d'un maire, qui s'appelait Nandigobal. Il se trouvait dans la petite école primaire. Nandigobal s'est rendu à la caserne et a parlé au commandant. Lorsqu'un problème survenait, le chef du village avait plus d'autorité que n'importe qui pour tenter de le résoudre. Il parvenait quelquefois à sauver des habitants. Les militaires ont fini par relâcher Nuarodi.

Les coups reçus l'ont obligé à rester trois jours à la maison sans bouger. Il avait mal partout. Il ne réussissait plus à se déplacer. Il était marié et avait un enfant. La femme de Nuarodi a beaucoup pleuré. Si Mihirkanti n'était pas allé chercher Nandigobal, on ne sait pas ce qui serait arrivé à son frère.

Pourtant, ce grand frère connaissait un chef de la caserne. Ils s'étaient parlé avant que la situation ne devienne tendue entre les militaires et les Chakmas. Parfois, ce militaire venait même dans la maison de Mihirkanti pour dire bonjour à sa famille. Ils mangeaient ensemble. C'était des amis. Cet officier avait une femme que Mihirkanti connaissait aussi. Tout allait bien.

Quand son frère aîné a été remis de ses blessures, il est rentré dans sa propre maison où il n'avait plus eu la force de se rendre. Ils étaient plusieurs frères, et tous travaillaient avec leur père. Mihirkanti les aidait parfois.

Il est entré seul à l'orphelinat sans avoir pu acheter sa chemise. Son frère aîné a été arrêté cinq fois, et torturé cinq fois. La seconde fois, il a été pendu par les pieds, la tête en bas, et les militaires lui ont aussi mis de l'eau chaude dans les narines. Ce supplice est fréquemment employé par l'armée. La mère de Mihirkanti est tombée très malade après cette seconde arrestation. Elle a eu un choc et été malade en voyant son fils Nuarodi revenir à la maison.

Il avait voulu rencontrer des amis de sa femme à Tegrashari, un autre village. En chemin, il a été arrêté, la nuit, et emprisonné pendant une semaine. Les soldats décident de la circulation des gens et peuvent l'interdire. Ils lui ont à nouveau fait absorber de l'eau par les narines. Ils l'ont torturé avec de l'électricité. Il a été très malade. Sa famille l'a soigné. Mihirkanti a écouté ce qu'on lui avait fait. Son frère ne pouvait plus bouger. Des médicaments lui étaient nécessaires, mais on ne réussissait pas à les trouver. Son frère ne parvenait plus à respirer. Il ne s'est jamais rétabli complètement ensuite. Il est toujours resté malade.

La troisième fois, c'est le père de Mihirkanti qui a été pris avec tous ses fils. Il travaillait dans la montagne à une grande distance du village. Pendant deux mois, trois mois ou parfois quatre, il demeurait au milieu d'une vaste forêt de bambous, avec des troncs très gros et élevés, pour les couper. Plus il coupait de bambous, plus il gagnait d'argent. Il rentrait de temps à autre à la maison avant de repartir.

Il ne s'occupait pas de questions politiques. Comme presque tous les habitants des villages des Chittagong Hill Tracts, il ne voulait pas se mêler de querelles qui ne lui auraient attiré que des ennuis. Il vivait pauvrement de son travail et ne pouvait empêcher ni les arrestations ni les tortures. Il conseillait à ses fils de ne surtout pas s'occuper des choses politiques et de ne pas rejoindre les Shanti Bahini. Ses fils, excepté Mihirkanti, l'aidaient à couper des bambous en compagnie d'autres personnes.

Une nuit, les soldats les ont tous arrêtés au milieu de la forêt de bambous où ils dormaient. Les frères de Mihirkanti, leur père et les autres gens ont été faits prisonniers. Les militaires étaient furieux. Ils leur ont dit qu'un bateau avait été attaqué sur une rivière. Je ne sais pas le nom de la rivière, ni de quelle attaque ils ont parlé. Les gens arrêtés ont protesté. Ils disaient n'avoir pas attaqué de bateau, ils ne connaissaient pas les responsables de ce fait, ils coupaient des bambous. Ils ont pourtant tous été ramenés au village de Boalkali et conduits à la caserne, dans l'immense caserne qui sert de centre militaire pour la région.

Les militaires les ont attachés par les pieds la tête en bas. Ils leur ont mis également de l'eau chaude et de l'eau froide dans le nez. Le père de Mihirkanti voulait empêcher qu'on torture ses enfants. Il a supplié les militaires de ne pas leur faire de mal. Il leur a dit :

— Tuez-moi, mais ne touchez pas à mes fils.

Les soldats l'ont emmené ailleurs, à l'intérieur de la caserne, pour continuer à battre les frères de Mihirkanti, parce que les cris et les supplications de cet homme les dérangeaient. Ils tapaient aussi sur les autres prisonniers et leur imposaient les mêmes tortures.

Le père de Mihirkanti a été enfermé, à l'écart, dans une cellule semblable à une prison. Il pleurait parce qu'on battait ses enfants, parce qu'on les faisait souffrir avec tout le monde ensemble. Il devenait fou. Il perdait la tête de voir ça, d'entendre les cris. Il répétait sans cesse de le tuer mais pas ses fils. Il implorait les soldats pour mourir à la place des autres. Il réclamait qu'on les laisse vivants. C'était trop pour son esprit et ses forces. Il n'imaginait pas qu'on leur ferait de telles choses, lui qui disait toujours d'être prudent et de ne pas se mêler des conflits de la région, afin de ne pas se créer d'ennemis ou se mettre dans son tort aux yeux des militaires ou du gouvernement.

Le lendemain, il a été attaché pendant la journée entière dans un sac au soleil. Il était enfermé dedans. C'était comme un sac de pommes de terre. Les militaires avaient aussi l'habitude d'enfermer des gens dans des sacs et de les abandonner des heures en plein soleil jusqu'à ce qu'ils parlent. Ils désiraient savoir si le père de Mihirkanti et ses compagnons connaissaient des Shanti Bahini, ou s'ils avaient participé à l'attaque du bateau.

L'homme ligoté ne pouvait plus se relever quand on l'a libéré. Il ne parvenait plus à se tenir debout et à marcher. Il fallait qu'il bouge tout doucement.

Pendant ce temps, Mihirkanti était à la maison. Il ne faisait pas encore partie de l'orphelinat. Quand il a vu arriver son père, il a été stupéfié et terrorisé. Son père avait été libéré le premier parce qu'il était le plus vieux et ne pouvait sûrement pas participer aux actions des Shanti Bahini. Tous les habitants des environs sont venus le voir et prendre des nouvelles des autres personnes arrêtées. Il a été très malade pendant plusieurs jours.

Celui de ses fils qui connaissait l'un des chefs de la caserne est allé parler à ce dernier quelque temps plus tard. Ce militaire n'avait pas pu les faire libérer. Les officiers l'auraient accusé d'être un ami des Chakmas et il n'aurait pas été écouté. Mais il ne se montrait pas content. Il a dit à Nuarodi de raconter ce qui s'était produit, de faire quelque chose, d'écrire une lettre ou d'en faire écrire. La famille de Mihirkanti savait, par ce militaire, de nombreuses choses qui se passaient tous les jours à la caserne.

Il a été arrêté à son tour. Il a été fusillé parce qu'il se montrait en désaccord avec ses supérieurs. Il ne voulait plus obéir et participer à la répression. Il était marié et avait des enfants. Sa femme a écrit une lettre à la famille de Mihirkanti après sa mort pour lui apprendre qu'il avait été tué. Tout le monde a été épouvanté par la nouvelle et rempli de chagrin. Nuarodi l'a aidée à cultiver son jardin potager, car elle était seule désormais pour nourrir ses enfants.

Cette jeune femme avait une fille qui, un jour, est venue chez

Mihirkanti choisir un oiseau apprivoisé. Elle voulait se réconforter un peu de la disparition de son père en jouant avec l'oiseau. Mihirkanti et ses frères possédaient plusieurs beaux oiseaux qui savaient tout répéter et s'appelaient, en chakma, des *moignas*. La fille du soldat fusillé avait apporté de l'argent pour acheter cet oiseau, mais les parents n'en ont pas voulu. Quand Mihirkanti sifflait, un oiseau s'approchait de lui et, chaque fois qu'il sortait dans le village ou allait rendre visite à son oncle à l'orphelinat, l'oiseau l'appelait par son prénom.

Souvent, Mihirkanti profitait de ses longs moments de liberté pour se cacher dans les rizières et observer aux alentours ce qui s'y passait. Il a vu des soldats enfermer des personnes dans des sacs et les plonger dans l'eau. Si les soldats demeuraient loin, il ne bougeait pas. S'ils s'approchaient sans le distinguer au milieu des tiges, il reculait. Il regardait tout. Les soldats retiraient les sacs de l'eau au bout d'un moment.

Ce n'était pas la peine ensuite que Mihirkanti raconte aux gens du village ce qu'il avait vu. Cela n'aurait servi à rien. Il ne racontait pas. Pendant longtemps, il est resté sans raconter. D'autres enfants l'accompagnaient parfois. Ils formaient une équipe de quatre ou cinq. Parmi eux se trouvait son cousin Amarbikach.

Un jour Amarbikach, qui avait le même âge que lui et est entré également à l'orphelinat plus tard, a été arrêté par les militaires. Sa mère était déjà morte. Il vivait avec son père. Amarbikach faisait ce jour-là un travail. Il y avait certaines heures pour circuler dehors et d'autres où il était interdit de sortir. C'était l'état d'urgence. Amarbikach gardait une vache sur un flanc de montagne, mais il l'a perdue au moment où il devait rentrer à la maison. Il s'est mis à la chercher. Il ne la trouvait pas et s'est aventuré plus loin. Les soldats l'ont rencontré dans la forêt et interrogé. Il leur répétait tout le temps :

— J'ai perdu ma vache, je la cherche.

Ils l'ont emmené. En passant dans le village pour être conduit à la caserne, Amarbikach, entouré des militaires, a été aperçu par Mihirkanti et d'autres enfants qui jouaient. Dès que les enfants entendaient des bruits de pas de soldats ou apercevaient leurs uniformes, ils arrêtaient les jeux et se cachaient. Ce soir-là, en se dissimulant, ils ont vu Amarbikach marcher en étant prisonnier. Il les a vus aussi. Il connaissait leurs habitudes et leurs cachettes. Il n'a rien dit. Il a fait semblant de ne pas les voir. S'ils s'étaient parlé, les militaires les auraient tous arrêtés, car ce n'était plus l'heure de circuler ni de jouer dehors.

Amarbikach a préféré se laisser emporter sans appeler à l'aide, mais il avait très peur. Il a été obligé à la caserne de rester assis toute la nuit, sans être battu. Il a pleuré. Les soldats l'ont laissé comme ça à attendre et à avoir peur. Son père ne pouvait rien dire, rien faire, pour le libérer. Les soldats agissaient comme ils le voulaient.

La vie ordinaire dans les villages se déroulait de cette manière. C'était tout le temps comme ça. Les filles ne pouvaient pas être seules, sinon elles étaient attaquées. Elles devaient marcher à trois ou quatre, ou demeurer près des maisons des Chakmas. Des garçons également étaient agressés et ne sortaient plus qu'avec des bâtons ou des couteaux pour se défendre. Un jour où il se promenait tout seul comme il en avait l'habitude, Mihirkanti a été entouré par cinq jeunes musulmans. Ils lui ont dit :

— Que fais-tu là ? C'est notre pays. C'est à nous.

Ils ont voulu lui taper dessus, mais il s'est défendu. Il donnait des coups de poing dans tous les sens, il tapait très fort de tous les côtés à la fois. Les musulmans ont reçu plusieurs coups et sont partis.

Quand ils allaient dans les rizières observer les militaires, Mihirkanti et ses copains quittaient leurs maisons en emportant un récipient et parfois un couteau afin de déterrer des pommes de terre sauvages dans les collines. Au passage, ils s'arrêtaient pour regarder les soldats. Ils discutaient entre eux de ce qu'ils voyaient, mais pas chez eux. Même à son père, Mihirkanti ne racontait pas qu'il était allé dans les rizières. Il ne l'a jamais dit. Son père l'aurait grondé. Ces endroits devenaient trop dangereux. Il s'y passait trop de choses effrayantes. Mihirkanti était petit et ne mesurait pas totalement les risques qu'il courait avec les autres. Mais ils se promettaient à ce moment, comme nous tous, de raconter plus tard aux gens ce qu'ils avaient vu.

Dans les familles, il ne fallait pas non plus parler trop souvent de ces événements. Les villageois les craignaient. Ils finissaient par tout redouter, même leurs propres paroles entre eux. Tout le monde avait peur.

Les pommes de terre sauvages, des patates douces, poussaient en abondance dans la nature. Elles se reconnaissaient aisément à distance à leurs feuilles. Elles nourrissaient bien et avaient bon goût.

Quantité de gens en ramassaient, mais il était nécessaire d'aller de plus en plus loin parmi les collines pour en chercher. Une fois, Mihirkanti y a découvert une grenade oubliée par les militaires. Il ne savait pas ce que c'était. Il l'a rapportée à la maison avec les patates. Il se doutait que cet objet appartenait aux militaires, mais il ne pensait pas qu'il s'agissait d'une bombe.

Son frère aîné lui a ordonné de vite jeter ça. Il lui a dit :

— Ça va exploser !

Mihirkanti a emporté la grenade dehors. Au lieu de s'en débarrasser rapidement, il l'a mise dans un trou sans le révéler à personne. Il l'a bloquée dans un petit trou de terre. Puis il a pris une longue perche de bambou. Il s'est caché à son tour, mais à quelques mètres dans une cavité beaucoup plus grande. Il a commencé à remuer la grenade avec la perche sans savoir ce qui allait se passer. Elle était bien calée. La tête de Mihirkanti dépassait à peine, et il se protégeait en partie les yeux avec une main. Tout à coup, il a touché quelque chose sur la grenade et tout a explosé.

Il se trouvait dans le village de Boalkali, en plein dans le village. Tout le monde a eu peur. L'explosion a fait un trou de trente ou quarante centimètres de profondeur dans le sol qui était pourtant sec et dur comme du ciment à cause de la chaleur. Les maisons n'étaient pas éloignées. Les habitants sont venus voir. Le père de Mihirkanti l'a cherché. Heureusement, il ne l'a pas trouvé. Les militaires aussi sont venus.

D'autres fois, Mihirkanti revenait à la maison avec des morceaux de bombes ou des cartouches. Il en faisait des colliers. Les militaires tiraient fréquemment et oubliaient sur place beaucoup de matériel inutilisé. La nuit, les villageois les entendaient. Les cartouches perdues étaient parfois encore bonnes. Un musulman qui conduisait des vaches dans la montagne a été tué en en ramassant. Il les a vues par terre. Il a commencé à les prendre en gardant ses vaches. Il a emporté les cartouches et elles ont explosé plus tard.

Dans le même lieu, Mihirkanti a découvert un tas de vêtements de soldats. Il les a rapportés à la caserne afin de ne pas avoir d'ennuis si on les avait découverts dans sa maison. Les soldats lui ont dit en anglais :

— *Thank you very much.*

Il recommençait constamment à aller dans les rizières, car il partait presque tous les jours chercher des patates sauvages pour l'alimentation de sa famille. Une autre fois, les militaires l'ont attrapé avec ses copains. Ils leur ont tiré les oreilles et les cheveux. Ils les ont fait lever et asseoir à quelques dizaines de reprises. Ils commandaient :

— Debout, assis.

Mihirkanti a eu peur, ses camarades aussi. Ça ne fait rien s'il a eu peur. Il revenait tout le temps. Les militaires ne l'ont pas repris.

Il était bien obligé de s'occuper de ces événements puisqu'il vivait au milieu d'eux comme nous tous. La vie n'était pas normale. Les enfants avaient leurs idées sur toutes ces choses et ne voulaient pas se laisser faire par des inconnus. Près des magasins musulmans, c'est ainsi que Mihirkanti a attaqué tout seul, une fois, un musulman. Il a vu un autre enfant musulman qui était en prière et baissait la tête. Mihirkanti lui a donné un grand coup de pied dans le derrière. L'autre a été projeté sur le sol. Il n'a pas pu distinguer qui l'avait frappé.

Mais il a prévenu son père, qui est venu trouver les moines à l'orphelinat. L'enfant n'a pas reconnu Mihirkanti. Le directeur de l'orphelinat a appelé tout le monde. Il a demandé qui était le responsable. Chacun a conservé le silence. Le directeur a répété :

— Qui a fait ça ?

Les enfants ont répondu :

— Personne.

Ils ont dit que ce n'était pas des enfants de l'orphelinat.

Les parents musulmans venaient se plaindre et raconter ce qui se produisait. Mais les parents chakmas ne pouvaient raconter à personne.

Au contraire, ils grondaient même souvent leurs enfants pour les faire tenir tranquilles et ne pas déclencher de représailles. Les enfants se disputaient aussi entre eux dans la même famille au sujet de toutes ces questions. Nuarodi, le frère aîné de Mihirkanti, s'est battu un jour avec son autre frère Amorignagne parce qu'il désirait rejoindre les Shanti Bahini dans la jungle. Il l'a attaché avec des cordes et laissé toute une journée dans une pièce.

Des mésententes naissaient fréquemment à propos du comportement qu'il fallait adopter. Est-ce qu'on devait se laisser faire ou se révolter ?

Quelques villageois partaient sans prévenir. Ils avaient pris leur décision et choisi leur camp. Un homme de Boalkali est parti un jour renforcer les rangs des Shanti Bahini, et il y est devenu capitaine. En représailles, sa femme a eu sa maison incendiée, une nuit, par les militaires. Ils se vengeaient de cette manière sur les membres des familles. On ne sait pas si cette femme a brûlé vive dans sa maison. Elle avait un petit bébé. Les gens ont vu le feu, ont entendu les crépitements du bambou. Personne n'a aperçu la mère et l'enfant sortir, ni ne les a plus jamais revus ensuite. La maison incendiée était proche de celle de Mihirkanti. Il a vu les cendres.

Des jeunes partaient en affirmant : « Nous reprendrons notre pays. »

11.

Une naissance dans la jungle

L'arbre s'élève très haut. Ses fruits sont mûrs, moins gros que des prunes. Leur goût n'est pas très bon, mais à l'orphelinat les enfants n'ont pas de menus variés ni de desserts. Les *brorossis* donnent des vitamines et des forces. On se nourrit de tout ce qui peut être découvert. Suresh est monté dans l'arbre. Il grimpe très haut, lance des fruits, casse des petites branches chargées de brorossis que d'autres enfants au sol se partagent avec enthousiasme. Ils lui indiquent où se cachent les fruits entre les feuilles. Avec agilité, il les cueille, progresse vers des branches plus élevées. « Passe-moi ce fruit... Envoie-moi celui-là... Il y en a encore un autre ici... », crient-ils tous ensemble.

Ce spectacle amuse un *somone,* jeune religieux bouddhiste qui n'a pas encore accédé au grade de bikku, et il participe au jeu en signalant à Suresh, âgé de dix ans, des brorossis bien mûrs. Il porte des vêtements analogues à ceux des moines qui dirigent l'orphelinat. Les somones sont obéis. Sur les indications du jeune enseignant qui a entrevu un nouveau fruit, Suresh continue de grimper. On ne le voit presque plus. L'arbre mesure douze ou quinze mètres de haut, et un bananier a même poussé sous ses branches.

Suresh pose soudain le pied sur une branche morte, qui se casse. Il heurte alors une autre branche. Elle le freine un peu. Il essaie de s'accrocher, mais la chute a commencé et il ne parvient pas à se retenir aux nombreuses branches qui l'éraflent et l'étourdissent. Il dégringole. Il se cogne partout, dévale à toute allure. Le bananier le retient et il glisse sur ses grandes feuilles. Elles ralentissent sa chute, et il atteint le sol.

Il ne se relève pas.

— Allez chercher de l'eau !... crie le somone.

Quand on est blessé ou malade, au Bangladesh, on soigne toujours avec de l'eau. Mais ce remède ne suffit pas. Suresh s'est évanoui. Il est emporté. Lorsqu'il se réveille, un médecin et un bikku l'entourent. On lui recoud ses plaies. Il a eu très peur. Il est tombé, tombé, et il n'a plus su ensuite ce qui se passait. Le somone a craint pour sa vie, et il redoute les reproches de ses supérieurs.

Suresh aime beaucoup s'amuser et être intrépide. Jusqu'à maintenant, il n'a pas eu d'accident grave. Une autre fois, il a eu de la chance, comme en tombant de l'arbre.

Ce jour-là, il joue avec des enfants chakmas à lancer des flèches dans le village où il est né. Il a huit ans. Un plus petit lui demande de lui apprendre le maniement de leurs arcs polynésiens, où une ficelle est attachée à l'extrémité d'un bâton pour projeter la flèche comme un javelot. On la bloque dans une boucle de la ficelle, qui est serrée à l'intérieur de la main avec le morceau de bois. On prend de l'élan et on lance le tout, mais il n'y a que la flèche qu'on laisse partir au dernier moment. Elle est catapultée.

Ils ont taillé des flèches en bambou très pointues, très fines. Après avoir reçu les explications, le petit essaie de lancer la flèche à un moment où Suresh ne regarde pas. Mais ce n'est pas facile, et il se contorsionne si bien qu'il la lui envoie en pleine tête. La pointe s'enfonce près d'une oreille. Sur le moment, Suresh ne ressent pas violemment la douleur, mais il ne peut pas ôter la flèche. Il n'en aperçoit qu'un morceau en regardant de côté. Elle est fichée dans sa tête. Il n'ose pas trop tirer dessus et il commence à s'affoler. Il va aussitôt chercher du secours, marche jusqu'à la maison en bloquant la flèche d'une main, accompagné par tous les autres enfants. Elle tient toute seule, mais il l'empêche de bouger. Un oncle lui extrait avec précaution le morceau de bambou acéré. Le maladroit qui l'a lancé éprouve bien plus de peur que le blessé et attend d'être grondé. C'est presque toujours comme ça lorsque des enfants font des bêtises ou se sentent coupables.

Suresh en a vu d'autres, comme nous tous. Il est entré à l'orphelinat vers cinq ans. Ceux qui possèdent encore des membres de leur famille ont l'habitude de retourner chez eux chaque année pendant un mois environ, fin novembre, après les examens qui permettent de savoir quels élèves passeront dans la classe supérieure. Suresh retourne voir sa famille une fois par an. Les enfants qui n'ont plus du tout de famille restent à l'orphelinat pendant l'année entière. Les autres reviennent en décembre, et l'année scolaire débute en janvier. Les vacances font du bien aux enfants qui ont la chance d'être accueillis durant quelques semaines par un oncle ou une tante, ou de retrouver leurs parents trop pauvres pour les élever.

Au cours de ces vacances, nous apprenons tous, d'année en année, des nouvelles concernant la guerre qui ne nous sont pas encore parvenues à l'orphelinat. Nous voyons la vie des habitants des villages d'une autre manière, chaque fois aggravée. Ils parlent devant nous. Ils racontent des détails. L'ambiance se modifie sans cesse un peu plus. Nous découvrons des habitants qui n'étaient pas là auparavant. Des visages inconnus apparaissent, des familles venues de loin. Les jeux continuent, mais se transforment. Les changements sont si importants qu'ils bouleversent l'existence entière.

A la fin des vacances de novembre 1985, Suresh en est l'une des premières victimes. Aucun des enfants de l'orphelinat ne le reverra jamais. Il disparaît complètement. Il n'y retourne pas. Il ne reverra plus son orphelinat.

Les militaires remarquent à cette date, sur une route, que Suresh est un Chakma. Ils l'empêchent de circuler librement. On ne le met pas en prison comme mon frère, mais on lui interdit de revenir à l'orphelinat, ce qui l'oblige à rester chez lui, dans la maison où il termine ses vacances. Il n'a pas de chance. Les militaires ne veulent plus que Suresh se déplace au Bangladesh, son pays. Il ne comprend même pas pourquoi. C'est encore un petit garçon. Les Chakmas n'ont pas le droit de voyager comme ils veulent, enfants ou adultes, à l'intérieur de leur pays sans la permission de l'armée, qui restreint de plus en plus les autorisations.

La maison où Suresh habite appartient au village de Babura Para. En partant à pied le matin, on arrive aisément vers midi à notre orphelinat. Ce village se situe à proximité de Dighinala. Il n'est pas éloigné de notre village de Boalkali, mais Suresh a une beaucoup plus longue distance à parcourir. Il se rend dans un autre orphelinat semblable au nôtre, celui de Moanogar, à côté de la grande ville de Rangamati. Il vit dans cet orphelinat depuis six ans, bien qu'étant originaire de la même région que nous. C'est là qu'il retourne chaque fois. Sa famille, très pauvre, s'est efforcée au cours de toutes ces années de l'envoyer à l'orphelinat de Moanogar, qui est plus proche du chef-lieu de la région, et où l'ambiance n'est pas tout à fait la même. Mais nous ne sommes séparés de son village natal que par la rivière Méghini, quelques champs et des portions de forêt. La grande caserne se situe entre ce village et notre orphelinat.

Au début, Suresh n'a pas bien compris pourquoi ses parents lui demandaient de quitter leur maison et le plaçaient dans un orphelinat. Il était alors tout petit. Il entrevit pourtant leur dénuement, et aussi leur désir de le voir apprendre à écrire et à lire. Au Bangladesh, la majorité des gens ne savent ni lire ni écrire. Ses parents voudraient mieux pour Suresh. Il pense alors qu'il doit partir pour devenir un homme. Le modèle le plus impressionnant, à nos yeux à tous, est Bemal Bikku, le moine responsable des deux orphelinats. Quand il l'a vu la première fois, Suresh réalise petit à petit qu'il lui est nécessaire de quitter son village et ses parents pour devenir un homme aussi savant et important que Bemal Bikku. Son père, Sumonghal, lui explique qu'il va cesser d'habiter dans un lieu complètement isolé et démuni au Bangladesh comme l'est leur petit village entouré de toutes parts de végétation.

— C'est beau à Rangamati. C'est grand. Il y a beaucoup de maisons, lui assure-t-il.

Le voyage nécessite une bonne douzaine d'heures pour arriver à Moanogar. C'est une expédition. Suresh dit au revoir à sa mère, Ménaka, et part le cœur gros. Les moyens de transport sont presque inexistants, et le trajet est difficile. Pas de train, pas de bus, à peine quelques routes. Le père de Suresh réunit l'argent pour payer deux places dans un taxi surchargé où montent également d'autres personnes qui vont ailleurs. Le tarif est très cher par voyageur. La fin du trajet s'effectue en bateau sur une rivière.

Quand ils arrivent la première fois à l'orphelinat, Suresh ne veut pas rester sans son père. Il accepte d'y entrer si son père y vient aussi. L'orphelinat est construit au sommet d'une petite colline à côté du village de Rangapani. Les constructions en bambou sont nombreuses, comme celles de l'orphelinat de Boalkali.

Suresh et son père demeurent trois ou quatre jours ensemble à Rangamati. Il lui achète une glace, faveur exceptionnelle, pour le consoler, mais Suresh continue de pleurer. Il voit Bemal Bikku et d'autres responsables. Les premiers jours, il reste sans aller à l'école, en compagnie d'un enfant beaucoup plus âgé qui lui fait découvrir ce monde nouveau. Avec les semaines, la vie lui plaît à cet endroit. Il joue, il a des copains. Il s'y amuse bien. Le règlement est analogue à celui de notre orphelinat de Boalkali, mais le temps consacré à l'école y est un peu plus important et les travaux aux champs, les activités ménagères ou domestiques moins nombreux et moins durs.

Suresh se lève vers cinq heures, quand il fait encore nuit. Il se lave la figure, les dents. Comme dentifrice, il utilise de la cendre. Des morceaux de bois calcinés et noirs, encore résistants mais friables, servent comme chez nous à se laver les dents. Le gong les appelle ensuite, et la journée commence. Il va à la prière, prend un petit déjeuner de riz très collant. Quelques horloges, à Moanogar, sont accrochées aux murs, mais il ne sait pas encore lire l'heure. Comme tous les enfants, il apprend ensuite ses leçons par cœur, va travailler, ramasse du bois ou des fruits, nettoie les terrasses, part aux champs. Une importante plantation d'ananas vendus au marché exige du travail. Puis il prend un bain, quand le soleil est chaud, dans un grand lac artificiel. Le barrage de Kaptaï, sur la rivière Karnafulli, retient l'eau presque jusqu'au bas de l'orphelinat, sauf en hiver, pendant la saison sèche, où l'eau se trouve un peu plus loin. Cinq cents enfants environ vivent ensemble, avec une vingtaine d'enseignants et beaucoup de petites filles abandonnées.

Suresh revoit ses parents pour la première fois au bout d'un an. Il retourne ensuite à Moanogar, et il s'habitue à ce rythme de vie qui recommence chaque année. Parfois, les moines de l'orphelinat lui paient le transport, parfois les frais sont à la charge de sa famille. Il arrive aussi que les responsables louent un car transportant plusieurs enfants afin de réduire les dépenses.

Lors des dernières vacances, en 1985, Suresh ne peut pas retourner à Moanogar parce que, sur le chemin, il ne parvient pas à passer. Ce n'est pas tout à fait une guerre et c'est une vraie guerre en même temps. Dans les environs de Rangamati, près de l'orphelinat, des maisons ont déjà été incendiées en 1985. Les civils musulmans avancent tout doucement avec l'appui de l'armée. Ils s'installent partout.

La veille de son retour à l'orphelinat, les parents de Suresh lui préparent ses affaires. Son père a vendu une vache pour payer les frais du voyage. Ils n'ont pas assez d'argent afin de verser la somme réclamée par le conducteur du même véhicule, qui est à nouveau chargé de voyageurs. Certaines personnes se rendent encore plus loin que Rangamati, jusqu'à Malsori.

L'armée stationne tout le long du chemin. Elle a établi de nombreux barrages. Les militaires observent les voyageurs, vérifient le contenu des sacs, puis soulèvent ou abaissent des barrières. Mais cette fois, un peu plus loin, ils demandent à tout le monde de descendre pour effectuer le contrôle.

Les voyageurs ne possèdent pas de papiers d'identité. Nul n'en a dans les villages des Chittagong Hill Tracts. Les militaires ne les réclament pas. Ils n'en ont pas besoin pour examiner. Le père de Suresh leur indique qu'ils sont des Bengalis. Il est dévisagé avec son fils. Les militaires reconnaissent l'aspect des gens. Ils savent à peu près à quel groupe ils appartiennent à la couleur de leur peau, à leurs traits, à leur habillement. Ils distinguent les Bengalis des *paharis* de la jungle, des peuples qui habitent à son voisinage, des Chakmas, des Tripuras, des Mughs.

Certains passagers de la voiture reçoivent l'autorisation de franchir le barrage, d'autres sont obligés de retourner d'où ils viennent. Dans ce tri, les soldats refusent de laisser Suresh continuer son chemin. Il n'a pas l'air d'un Bengali musulman. C'est vite décidé. Suresh ne comprend pas bien, et ne sait pas ce que ces hommes armés et en uniforme accomplissent à cet instant. Il ne voit pas pourquoi ils lui interdisent de rentrer à l'orphelinat de Moanogar, où il a tous ses copains, ses habitudes et la possibilité de s'instruire. Cela lui fait beaucoup de peine. Il a réussi son passage dans la classe supérieure, les enseignants l'ont félicité et ses camarades l'attendent. Mais le franchissement du barrage est impossible. Les soldats ne veulent pas. Avec son père, il fait demi-tour. L'argent obtenu par la vente d'une vache n'a servi à rien.

Suresh rentre vivre à la maison avec sa grande sœur Sujala, son petit frère Subimal et sa petite sœur Subina. Les vacances continuent, mais ce sont de drôles de vacances. Ce n'est plus la même chose. Elles sont tristes. Elles sentent la guerre. Désormais, tout est changé. Ses parents s'inquiètent de la situation.

Au village, Suresh joue à nouveau avec ses copains, construit des cabanes en paille, en tiges de riz séchées, avec des piquets de bambou, où ils peuvent dormir à trois ou quatre pendant la nuit. Il va pêcher avec un oncle, qui habite une maison voisine entourée de cocotiers, de dattiers, de manguiers, dans une rivière où il se baigne aussi. Mais la rivière coule près d'une caserne dont ils se méfient. Ils n'approchent pas des soldats. Des hélicoptères passent de temps en temps en faisant beaucoup de bruit. Les hélicoptères ne sont pas très nombreux et les villageois regardent avec crainte leurs manœuvres mystérieuses.

Un jour, un groupe de Shanti Bahini surgit comme un éclair dans le village et entre dans les maisons adresser un avertissement à tous les habitants. Ils informent la famille de Suresh qu'ils prévoient l'imminence d'une attaque terrible :

— Fuyez !... Partez vite !... Ils vont attaquer le village. Ne traînez pas ! Ils se préparent... Allez dans la forêt. Dépêchez-vous. Ils arrivent...

Ses parents réunissent rapidement quelques affaires pour le départ, comme toutes les autres familles affolées. Le village est en ébullition. C'est le drame. Il faut emmener les personnes âgées ou impotentes, les malades, les nouveau-nés, retrouver des enfants qui jouent à l'écart, n'oublier personne.

Chacun sait que les Shanti Bahini sont informés des mouvements des militaires, des déplacements des civils musulmans qui les accompagnent, et leurs renseignements sont pris au sérieux par les villageois. Ils ne doutent pas que cette mise en garde risque d'être suivie d'une attaque, et qu'ils mettraient leurs jours en péril en s'attardant.

Trois ou quatre fois déjà, ils sont partis se cacher tous ensemble dans la forêt, par précaution, les jours précédents, à la suite des premières inquiétudes des Shanti Bahini redoutant une invasion possible, mais ils sont revenus. La famille de Suresh a mangé tous les concombres et les fruits du jardin pour ne pas les leur laisser. Ils ont sorti les vaches afin qu'elles puissent vivre seules un moment dans la nature s'ils ne revenaient pas, et caché les ustensiles de cuisine pour qu'ils ne soient pas volés. Ils désirent les retrouver au cas où ils reviendraient.

Dans la montagne, ils ont mangé des pommes de terre sauvages et des pousses de bambou. Une petite lampe à pétrole, qui fonctionne avec un bouchon et un morceau de tissu trempé dans le pétrole, a été emportée, mais ils ne l'ont presque pas allumée afin de n'être pas repérés.

Suresh est dehors quand les Shanti Bahini arrivent ce jour-là et il les entend les prévenir. Il en connaît un, Sigonsela, un jeune homme qui est depuis quelques années entré dans leur mouvement de résistance. Son frère est un copain de Suresh et, lorsqu'il était petit, avant d'entrer à l'orphelinat, ils sont allés dans la même école au village.

Souvent, les nouveaux membres des Shanti Bahini sont des adolescents. Vers quatorze ans, ils partent. A vingt ans, ce sont des combattants endurcis et expérimentés qui connaissent la jungle et ses pièges, leurs ennemis et les méthodes de combat. Ils ont souvent les cheveux longs, et pour cette raison les soldats du gouvernement n'apprécient pas que les jeunes des villages portent aussi les cheveux longs. Parfois, ils le leur interdisent. Un oncle paternel de Suresh est également parti rejoindre ces combattants. Il a ensuite été battu et torturé par les militaires bengalis.

Suresh croit, ce jour-là, qu'il va revenir à la maison comme les fois précédentes après s'être caché dans la jungle un moment avec sa famille. Il vient de laver son short neuf. Il le dépose sur le toit de sa petite maison en bambou afin qu'il sèche, pensant le récupérer à son retour. C'est son plus beau short. Il lui plaît beaucoup. Il l'étend avec précaution. Celui qu'il porte est déchiré. Puis il rejoint ses parents qui l'appellent. Suresh ignore encore que c'est pour lui le départ définitif, le grand départ. Il ne reviendra jamais au village. Un homme d'une quarantaine d'années, qui n'a pas de femme ni d'enfants, refuse de partir.

Quand Suresh s'aperçoit que la fuite se prolonge, vers le troisième jour, il s'écrie :

— Et mon short ?... On a laissé mon short neuf à la maison !...

Il doit se contenter de son vêtement déchiré. Les autres enfants et tous les habitants ont, dans la précipitation du départ, laissé leurs objets précieux afin de sauver leur vie.

Ils sont nombreux à fuir vers les grands arbres et les collines. Certains n'y sont guère entraînés. D'autres ont acquis l'habitude de se mettre à l'abri presque toutes les nuits et de revenir à la maison, au matin, s'il ne s'est rien passé. Cela dépend des villages, de leur emplacement, des périls encourus. Tandis que Suresh court pour la quatrième ou cinquième fois seulement, Mihirkanti a déjà une longue expérience de ces fuites à la hâte. Il les a connues avant même de vivre parmi nous.

A l'orphelinat de Boalkali, cette coutume commence à apparaître un jour où je ne m'y attends pas du tout, à peu près au moment où

Suresh s'enfuit. Elle ne concerne pas uniquement les villages, mais aussi notre orphelinat.

Au début du mois de juin 1986, le 4 ou le 5, je ne sais plus le jour précis, je me sens très fatigué, ensommeillé, en plein jour. Nous nous sommes levés à quatre heures et demie comme d'habitude et avons travaillé le matin. Je décide d'aller me reposer un instant à l'intérieur du bâtiment où dort d'habitude Priyatosh, près du temple de l'orphelinat. Il en est absent. Je me dis : « Je suis trop fatigué, je vais dormir un petit moment ici. »

Je m'endors presque aussitôt dans la chambre de Priyatosh sans m'en apercevoir. En me réveillant, je sors de la maison et marche jusqu'au lac afin de me passer de l'eau sur le visage et me réveiller complètement. Je croise alors une équipe d'enfants de la cuisine qui va chercher de l'eau avec un grand récipient et des bassines.

Quand j'ai fini de me laver, je retrouve toutes ces bassines abandonnées sur le chemin. Je les découvre là, délaissées subitement. Je pressens que c'est bizarre et continue à marcher. Je regarde partout. J'avance parmi les maisons de l'orphelinat. Les enseignants et les enfants sont tous partis !... Il n'y a plus personne. Je suis seul. Avec inquiétude, je me demande ce qui s'est passé brusquement. Je me mets à avoir peur. Cette solitude n'est pas normale. Tout est désert, silencieux, abandonné. Je cherche les autres sans les trouver.

Tout à coup, mon regard est attiré par des herbes écrasées dans un coin. Je cours dans cette direction en imaginant qu'elles ont été foulées par mes camarades. Mais il n'y a personne. Je cours dans une autre direction. Je me précipite dans tous les sens. Je ne vois rien. Plus loin, je découvre une nouvelle surface de tiges fraîchement écrasées. Je l'examine. Elle est aplatie, piétinée. Je cours alors dans cette direction en m'efforçant de toujours suivre les tiges écrasées. Elles finissent par conduire à la jungle.

Bientôt, je rattrape tous les enfants accompagnés des moines et des enseignants qui sont partis se dissimuler parmi les arbres. Mais pourquoi ? Si les militaires les avaient cherchés comme moi, ils n'auraient eu aucune peine à les découvrir. Une alerte soudaine les a fait partir mais, moi, je suis resté car je dormais. On m'a oublié dans mon coin ! C'est la première fois qu'un départ semblable a lieu de l'orphelinat.

Ce jour-là, Nutan Kumar, un enfant dont le nom signifie « nouveau prince » en chakma et qui vit depuis longtemps avec nous, ne rentre pas en notre compagnie. Il est l'un des premiers à disparaître complètement, entraîné vers son propre destin, comme Suresh au même moment environ. Lorsque des gens du village sont venus prévenir l'orphelinat que des militaires arrivaient, il était juste midi et les enfants mangeaient. Je dormais encore à l'écart. Les enfants ont couru avec précipitation se cacher, en emportant leurs assiettes pleines de riz. Dans leur fuite, ils sont tous passés à travers une rizière cultivée par le père de Nutan.

Les soldats étaient accompagnés d'hommes appartenant à une sorte de police ou d'armée spéciale pour décimer les Chakmas. Ces hommes étaient composés de villageois musulmans et formaient des groupes paramilitaires qui agissaient avec l'accord du gouvernement.

En voyant son père travailler tout seul au milieu du champ, Nutan a préféré rester avec lui. Les autres personnes de la famille de Nutan, deux sœurs et quatre frères habitant dans un village de la région, à l'emplacement où la petite rivière Vorapa se jette dans la rivière Boalkali, s'étaient déjà cachées, mais leur père ne voulait pas se sauver. Il savait pourtant qu'il fallait s'enfuir, mais il refusait. Il ne voulait pas partir de son champ car il disait être chez lui et n'avoir fait de tort à quiconque. Nutan a expliqué aux moines qu'il désirait demeurer avec son père. Les moines lui ont répondu :

— Si tu veux.

Il les a quittés pour le rejoindre. Depuis ce jour, il n'est plus revenu à l'orphelinat et il est resté en compagnie de son père.

Il savait que la culture du riz était difficile. C'est ce qu'il aimait le moins dans nos activités. Il a pourtant travaillé depuis qu'il est tout petit, dans son village, à cultiver le riz. En dehors du riz, il n'y a rien. Chez les pauvres, il n'existe que le riz. L'orphelinat se situe à deux ou trois kilomètres de la maison de Nutan. Parfois, il y retournait en courant, à l'insu des moines, pour échapper un instant au travail dans les champs, puis revenait discrètement parmi nous. Il ne se faisait jamais punir, attentif à ne pas se faire remarquer. L'école de l'orphelinat l'avait attiré plus que celle de son village, où il était brillant, et de nombreux camarades qu'il y avait connus se trouvaient maintenant chez les orphelins à cause de la guerre. Ses copains étaient presque tous avec nous. Il voulait les rejoindre. Les maîtres manquaient aussi dans sa petite école de village, où ils étaient deux ou trois Chakmas pour de nombreux élèves.

Toute sa famille travaillait au riz avec son père. Nutan jugeait qu'il était très difficile à planter et soigner. Les six opérations à effectuer, depuis le moment où l'on met les grains dans l'eau pendant quelques jours, puis dans des sacs bien au chaud avec une couverture de feuilles pour qu'ils germent légèrement, avant d'être jetés au hasard dans la rizière, et arrachés ensuite lorsqu'ils ont atteint quinze ou vingt centimètres de hauteur, puis à nouveau remis dans la terre gorgée d'eau, repiqués avec des espacements plus importants, en attendant la moisson et la séparation des grains et de leur écorce, rythmaient la vie de la famille.

Nutan avait appris tout petit à enfoncer d'une main dans la boue les plants à repiquer, puis il abandonnait au bout de quelques mètres. Ce jeu lui apparaissait très drôle un moment, mais pas plus. Il ne se sentait pas enthousiasmé à l'idée de continuer. Mais, en apercevant son père courbé dans la rizière, seul, quand tout le monde fuyait à l'orphelinat et au village, il a préféré retourner vers lui. Ils sont alors restés ensemble tous les deux.

Il aimait beaucoup son père et savait le mal qu'il se donnait pour nourrir la famille grâce à la rizière. Une nuit, Nutan avait accompagné son père pour chasser les sangliers qui retournaient les champs de riz avec leur groin et leurs dents, en commettant des dégâts importants. La harde comptait quarante ou cinquante sangliers. On ne pouvait pas les approcher sans danger. La lumière de la lune éclairait le paysage. Nutan voyait bien les animaux. D'autres villageois étaient accourus. Il aurait fallu des fusils pour éloigner ce troupeau de sangliers, mais nul n'en possédait. C'était un malheur !...

Soudain, des chiens sauvages sont apparus au sommet des collines. Ces animaux ressemblent à des loups ou des chacals, mais tout le monde au Bangladesh les appellent des chiens sauvages. Ils vivent nombreux dans les collines. Ils mangent les sangliers et n'attaquent pas l'homme. Ils sont descendus dans les rizières à la clarté de la lune et ont pris en chasse les sangliers. Cette nuit-là, ce sont eux qui ont protégé le riz.

Le jour, Nutan tressait du foin pour former des torches placées ensuite dans les rizières où elles étaient allumées. Elles se consumaient lentement en donnant beaucoup de fumée, qui éloignait les multiples insectes importunant les paysans, et écartait aussi les sangliers. Il fallait installer ces torches toutes les nuits quand le riz mûrissait. Les oiseaux aggravaient les dégâts. Ils venaient picorer et mangeaient une grande quantité de grains. Des guetteurs montaient au sommet des arbres pour les surveiller, mais ne possédaient pas d'armes et faisaient du bruit seulement en tapant les uns contre les autres des morceaux de bambou...

Après avoir rejoint son père, Nutan est resté avec lui au milieu de la rizière et, comme les soldats et les milices de musulmans annoncés n'arrivaient pas, tout le monde est rentré chez soi. Les trois cents enfants sont revenus à l'orphelinat, sauf Nutan.

Avant que nous rentrions tous, deux orphelins qui étaient allés au marché de Boalkali ce jour-là ont découvert également les lieux désertés. Ils se sont trouvés dans la même situation que moi quelques instants auparavant, et sont apeurés. Ils avaient aussi acheté quelques bonbons au marché. Ils ont agi comme je l'avais fait en revenant du lac, observé les traces de pas sur l'herbe écrasée, été étonnés, suivi les empreintes jusqu'à la jungle. Ils nous ont retrouvés à leur tour. La cachette n'était pas excellente ! Il valait mieux que les militaires ne soient pas venus jusqu'à l'orphelinat cette fois-là.

Mais, à partir de cette alerte, le directeur nous a donné un nouveau règlement. Il est devenu interdit désormais de dormir tous ensemble à la même heure. Des équipes de garde surveillent à tour de rôle la nuit. Je participe à ces équipes car je suis déjà grand à douze ans. Les plus petits ont le droit de dormir. Les moines et les enseignants marchent à l'extérieur des bâtiments, au pied des collines, et écoutent les bruits suspects toute la nuit. Ils se relaient comme nous.

La façon de réveiller les enfants endormis sans créer de panique en cas d'attaque a été organisée. Si je suis de garde à ce moment, je ne dois pas crier ou faire sonner le gong mais réveiller de la main un camarade de mon groupe en le secouant, ou même en lui donnant une gifle si cela ne suffit pas, et il doit ensuite en réveiller d'autres pendant que je continue. Les guetteurs postés aux différents endroits du terrain doivent en principe être déjà informés et agir de manière identique. Il faut se lever sans faire de bruit. La consigne a été communiquée de se montrer vifs, très énergiques, envers les enfants qui voudraient se rendormir sans se rendre compte du danger.

Monter la garde est très fatigant. On manque vraiment de

sommeil après quelques jours. On est obligé de demeurer éveillés trop longtemps. On a l'impression de ne jamais dormir. En temps normal, la durée de sommeil est déjà très courte, mais le régime devient excessivement sévère. On lutte en permanence contre le sommeil. Il existe une atmosphère de guerre. On sent à chaque instant le danger réel, présent. On ne vit plus comme d'habitude. Les cours à l'école ont été supprimés. Les enseignants les ont interrompus. Nous sommes tous trop fatigués et inquiets. La classe n'est plus suivie, les leçons ne sont plus apprises. Les travaux agricoles ou ménagers ne s'effectuent pas de la même façon, et sont réduits au minimum. On est tendus et énervés. On a peur. On a toujours peur.

Il n'existe absolument personne pour nous défendre. Cette certitude de ne pouvoir faire appel à personne pour nous protéger est épouvantable.

Ce sentiment est aussi celui qui fait se sauver les gens dans la jungle, depuis des années, à partir des villages environnants. Leurs fuites pendant la nuit, dans ce coin des Chittagong Hill Tracts, ne datent pas de cette année ni des quelques années précédentes, mais sont beaucoup plus anciennes. Elles remontent à très loin. Je ne sais pas comment les choses se passent un peu plus au nord ou au sud dans les Chittagong Hill Tracts, mais ici elles ont créé des habitudes de fuite, une expérience de l'existence la nuit au milieu des arbres et des lianes, chez un grand nombre de villageois. Je crois qu'elles sont partout pareilles.

Les attaques de villages et les incendies de maisons, les captures de civils pour les torturer et tenter de leur faire dire ce qu'ils savent des Shanti Bahini, ont lieu en général la nuit. Ils peuvent se produire le jour, mais les militaires et les musulmans préfèrent la nuit. Quand des signes révèlent une agitation inhabituelle chez les militaires, ou si des habitants ont déjà été arrêtés dans les villages alentour, des maisons attaquées, s'il existe des rumeurs de danger, les gens préparent quelques affaires et s'en vont sans attendre. Ils ne restent pas. Dès qu'ils craignent une attaque des militaires, ils partent passer la nuit dans la montagne. Ils redoutent constamment d'être arrêtés chez eux. Ils réapparaissent le lendemain matin vers cinq ou six heures. Heureusement que la jungle existe pour nous y cacher !

A force d'accomplir ces voyages, ils ont fabriqué de petites maisons cachées dans la végétation touffue, des cabanes avec des toits en feuilles, des maisons sauvages. Ils habitent là jusqu'à l'aube. Durant les périodes plus tranquilles, ils restent au village la nuit pendant deux ou trois mois, mais peuvent s'enfuir chaque nuit au cours des périodes troublées qui sont tout aussi longues. Ces périodes varient et n'ont pas de durée fixe.

Mihirkanti a commencé tout petit à aller se cacher avec sa famille la nuit dans la jungle. Il a fait ces allers et retours, de son village à la montagne et de la montagne à son village, depuis toujours. Avant d'entrer à l'orphelinat, c'était sa vie ordinaire.

Il connaissait aussi des moments paisibles où il dormait dans sa maison pendant plusieurs mois. Après, il lui fallait repartir, au début de chaque nuit, pendant plusieurs semaines ou mois, et rentrer le matin avec les autres. Il suivait les adultes. Il a vécu toutes les années de son enfance comme cela. Il marchait longtemps, faisait plusieurs kilomètres avant d'atteindre son abri habituel, traversait des rivières à pied à la saison sèche. Ses parents n'allumaient pas de feu ni de lampes pour éviter de se faire remarquer.

Des familles entières partaient. Elles creusaient aussi des trous dans la terre, des abris comme des grottes sur les pentes des collines, ou des habitations à leur sommet ou dans les vallées. C'étaient des maisons enterrées, pas très grandes. On y dormait assis le plus souvent, à l'étroit, mal installé, sans pouvoir vraiment se reposer. Des troncs d'arbre consolidaient les parois de terre. Des feuilles de bananier et d'autres végétaux constituaient le toit et les dissimulaient.

Chaque famille retournait au même endroit. Elle laissait en permanence dans la forêt des objets, des vêtements qu'elle retrouvait afin de rendre plus confortable cette vie sauvage. Elle dissimulait presque la moitié de ses affaires dans la nature pour éviter de les transporter. Ces familles chakmas avaient ainsi deux maisons, l'une pour le jour, l'autre pour la nuit. Comme tout le monde dans les Chittagong Hill Tracts, elles ne disposaient pas d'habits différents pour la journée et pour la nuit, mais elles avaient une maison du jour et une maison de la nuit. C'était un peuple de la jungle avec des habitudes particulières.

Les familles dormaient mal dans la jungle, quelques heures seulement, angoissées. Elles se reposaient ensuite encore un peu au cours de la journée. Les adultes manifestaient de la colère à devoir mener cette vie-là, à ne pas connaître suffisamment de sécurité au village. D'autres personnes refusaient de partir, ou accomplissaient des déplacements irréguliers. Certaines n'avaient plus la force ni le courage de marcher et se résignaient à attendre les militaires et les Bengalis musulmans s'ils devaient arriver.

La mère de Mihirkanti est partie il y a plusieurs années se cacher avec les autres habitants dans la jungle. Elle y allait souvent. Les départs s'effectuaient déjà comme maintenant. Un jour, son bébé devait venir au monde. Mihirkanti est né dans la jungle. L'insécurité durait depuis longtemps.

12.

Les fantômes attaquent aussi

La jungle est emplie de surprises. En vivant proches de la jungle à l'orphelinat de Boalkali, nous étions habitués à la vie dans la nature. Les familles de villageois n'auraient pas pu s'y réfugier avec autant de facilité si elles n'avaient pas été accoutumées aux animaux, à la cueillette des fruits sauvages, à la marche toujours pieds nus sur des rochers, des branches cassées ou dans de petites rivières. Il fallait une endurance, un entraînement que ne possédaient pas les habitants des villes. Les profondeurs de la jungle nous demeuraient inconnues, mais nous sentions sa présence à nos côtés en permanence.

Un jour, je grimpe sur une colline jusqu'à une maison en bois construite par des gens faisant de la culture sur brûlis. Ils ont mis le feu à des herbes et broussailles pour pouvoir semer. Leur maison est accrochée sur une pente assez forte. Pour qu'elle tienne, ils l'ont solidement fixée à des arbres enracinés dans la pente. Elle a plusieurs étages. J'entre à l'intérieur et je vois un ourson qui pousse des grognements et fait beaucoup de bruit. Je n'ai pas envie de l'approcher. Il est attaché, sauvage, et peut me blesser avec ses griffes.

Une femme de cette famille l'avait découvert un jour où elle épluchait du riz à la maison. Elle avait l'habitude de vivre enfermée, solitaire, ne savait ni lire ni écrire, ne s'éloignait pas de l'habitation. Elle n'avait jamais vu d'ours. Elle versait des grains de riz avec leur enveloppe dans un récipient où elle les écrasait à l'aide d'un bâton, pour les rendre consommables et les nettoyer. A ce moment, un petit ours est arrivé derrière elle. En l'entendant, elle s'est écriée :

— Qu'est-ce que c'est?... Qu'est-ce que c'est?...

Cette espèce lui était inconnue. Un homme de la famille a attrapé l'ourson dans un grand panier en bambou en le lui renversant dessus.

Il le garde et le nourrit avec du riz et d'autres aliments, lui ayant aménagé un coin dans la maison. C'est encore un bébé ours. Un autre enfant de l'orphelinat, Kaladhan, est aussi venu le voir. Après une semaine, la compagnie de cet animal remuant devient difficile et celui qui l'a capturé veut le vendre. Un acheteur lui donne quatre cents takas. Mais ce dernier ne réussit pas une première fois à emporter l'ourson furieux qui griffe et est féroce. Il abandonne et revient une seconde fois en vain. Le petit animal, dont on craint que la présence en liberté dans la région ne devienne un danger, est alors tué. La famille a remboursé l'argent et mangé la viande.

Les ours peuvent constituer de mauvaises rencontres. Un homme, qui passait fréquemment dans mon village pour aller à la chasse avec des chiens, a rencontré un ours adulte, et ordonné aux chiens d'attaquer. Ils étaient dressés pour attaquer les ours et l'aider à les chasser. Mais l'ours a tué les chiens et défiguré le chasseur avec ses griffes. Il lui a arraché la moitié du visage. Un œil était presque perdu, le nez, une joue et le front labourés. Il était méconnaissable. Je l'ai vu souvent après son accident. A cause des militaires, il a été obligé de s'enfuir, comme les habitants de son village, dans la forêt. Ils sont plus dangereux que les ours sauvages.

D'autres animaux nous effraient. Nous avons tous vu des serpents volants. Ils sont gros comme un doigt et longs de près de deux mètres, verts comme les feuilles, avec des petits traits sur le dos. Ils grimpent aux arbres et sautent d'une branche à l'autre. C'est pourquoi on les appelle des serpents volants. Ils donnent l'impression de voler dans les airs. On ne les voit pas et, tout d'un coup, ils bougent. Ils peuvent tomber des arbres sur les gens. On y pense toujours, même si cela n'arrive pas souvent. Ils piquent. Ils passent, ils avancent très doucement. Ils s'élancent aussi d'un arbre jusqu'au suivant comme des projectiles qui font peur. Chacun redoute les serpents volants. On a plus ou moins l'habitude de les repérer.

Une espèce différente de serpents venimeux est zébrée avec une alternance de jaune et de noir comme si le coloriage avait été fait à la peinture. Il existe des serpents à sonnette, petits et gros. On voit d'autres serpents qui possèdent une marque rouge sur le cou, du blanc sur le ventre et du noir sur le dos. Personne ne va dans la jungle pieds nus sans penser aux serpents, aux grosses araignées et à tous les insectes qui y pullulent.

Il y a encore une autre espèce de bêtes, ce sont les fantômes !... A tous les motifs de crainte s'ajoutent, dans les Chittagong Hill Tracts, les manifestations de revenants. On y croit, aux fantômes. On est sûr que les morts continuent de vivre dans l'au-delà. Les habitants y croient réellement. Ils ont peur de ce que certains morts peuvent leur faire, et souvent les musulmans les redoutent aussi. Quand on a commencé à croire aux fantômes pour de bon, on les craint tout le temps.

J'ai entendu des histoires de fantômes depuis mon enfance, mais je n'ai jamais rien vu de précis. A force d'en entendre parler, j'en ai eu peur. C'est resté ensuite. Je n'ai jamais réussi à sortir cela de mon esprit. Je crois aux fantômes depuis que je suis tout petit.

Dhanessen habite dans un village du coin. Il ne vit pas à l'orphelinat, mais je le connais. Il a douze ans. Sa sœur a été blessée tandis qu'elle ôtait des poux dans les cheveux de quelqu'un. On ne sait pas par qui elle a été blessée, et l'on raconte qu'il s'agirait d'un fantôme. Elle a vomi du sang ensuite. Son mal s'est aggravé au point qu'elle n'a plus pu parler. Sa famille entière l'observait. Elle ne poussait que des sortes de cris affreux. On a essayé de la soigner pendant trois jours, où elle est restée sans manger, et l'entourage a conclu en présence de ce mal mystérieux qu'il s'agissait certainement de l'attaque d'un fantôme.

Dhanessen a regardé sa sœur sans comprendre le mal dont elle souffrait. Des sacrifices religieux ont été offerts avec le concours d'un sorcier chakma pour l'en délivrer. Quand c'est grave, une chèvre est offerte, ou un cochon, selon un rituel ancien, avec des poulets. La médecine moderne a été employée en même temps, et un médecin possédant un diplôme est arrivé. La sœur de Dhanessen s'est remise petit à petit à parler.

Ces remèdes anciens sont encore plus fréquents que les modernes. Mais les fantômes sont toujours soupçonnés d'être responsables de maladies énigmatiques.

Un Bengali bouddhiste, un bourgo, qui était aussi un sorcier, a été appelé chez des voisins de Priyatosh, au village, pour prédire l'instant de la mort d'un grand-père très âgé. Cela a donné lieu à une histoire singulière dont on a parlé longtemps. Le sorcier avait demandé qu'on lui prépare du colza, du riz et certaines plantes. Il a d'abord répandu des grains de riz autour de lui et s'est assis sur une feuille de bananier en récitant à haute voix des prières et des formules magiques. Priyatosh regardait. La voix du sorcier devenait de plus en plus grave, étrange, avec des sons venus de la gorge et du ventre. Il parlait et émettait des sons de plus en plus accélérés et forts. Ses yeux changeaient d'aspect, se renversaient. Il est entré en transe et a eu une voix totalement méconnaissable, déformée. Les assistants ne pouvaient plus ouvrir ses mains, déplier ses doigts, même en insistant avec force. Le riz servait à l'endormir et le colza à le faire revenir à lui selon une utilisation particulière.

Ensuite, le sorcier a demandé en chakma d'une voix gutturale :

— Qui m'appelle ? Que me veut-on ?

Le fils du grand-père désirant connaître le moment de sa mort lui a répondu par son nom. Le bourgo a dit :

— Pourquoi m'as-tu appelé ?

L'homme a indiqué qu'il désirait savoir l'instant de cette mort. Le sorcier a indiqué :

— Dans deux mois.

Le vieillard est mort deux mois plus tard, seul, sans maladie. Cela a énormément impressionné.

Ces phénomènes sont fréquents au Bangladesh mais, à l'orphelinat, les moines ne croient pas à ces choses et nous disent de prier plutôt comme ils l'enseignent. On prie sans arrêt. Les moines assurent que, si l'on prie, les fantômes ne risquent d'ailleurs pas de venir et que c'est la meilleure protection. Je ne suis pas sûr qu'ils n'y croient pas quand même un tout petit peu.

Dans la région, un petit garçon ne voulait pas admettre l'existence des revenants ni leurs pouvoirs. Il n'en avait pas peur. Un soir, à la tombée de la nuit, il sifflait tranquillement dehors. Il a soudain reçu une gifle. Il a regardé autour de lui et n'a vu personne. Il ignorait qui la lui avait donnée.

Le lendemain matin, il est apparu avec la bouche tordue. Son grand-père a ri et s'est moqué de lui :

— Tu le fais exprès ?

L'enfant a répondu qu'il ne le faisait pas exprès. Il a voulu siffler, mais n'y parvenait plus. Il est demeuré la bouche tordue. Les villageois ont été plusieurs à songer qu'il avait été frappé par un fantôme. Le monde des morts s'était, à leur avis, à nouveau manifesté. Cet enfant est ensuite parti à Dacca, la capitale du Bangladesh, dans un autre orphelinat. Il habitait en face de la maison de Priyatosh.

Les cimetières pour enfants sont des lieux où l'on croit entendre des cris et où il se passe toutes sortes de choses redoutables et effrayantes. On n'y va pas la nuit. J'ai souvent entendu des gens raconter qu'ils y avaient perçu beaucoup de cris d'enfants. Il n'existe que des enfants dans ces cimetières, des enfants qui se mettent à crier et font peur, tandis que les corps des adultes sont brûlés.

On ne brûle pas les enfants morts. Ils sont enterrés. Les loups et d'autres bêtes sauvages affamées viennent quelquefois la nuit gratter la terre et les emporter. Les gens en parlent. Cela fait peur. Les tombes des musulmans sont également souvent peu profondes, constituées d'un simple creux avec un peu de terre pour les recouvrir. Les animaux sauvages les déterrent fréquemment.

Quand les adultes meurent chez les Chakmas, on leur donne de la nourriture. On offre des aliments aux morts. J'étais trop petit pour me souvenir de ce qui a été déposé à la maison à la mort de mon père, mais Priyatosh dit qu'un œuf cuit et du riz ont été apportés quand son père est mort. Le lendemain, il ne restait que la moitié de l'œuf et la quantité de riz avait diminué. Le revenant était entré dans la maison. Le père de Priyatosh avait pris une portion de nourriture. Son fils est ainsi resté persuadé jusqu'à aujourd'hui qu'il était toujours vivant, et la mort une apparence.

Beaucoup de Chakmas voient des signes de la survie dans ces pratiques, et ne supposent pas qu'un membre de la famille ait pu agir en cachette pendant la nuit afin d'enlever une partie de la nourriture. Personne ne triche et ne prend la nourriture. On en est convaincu. Ces histoires de nourriture disparue sont parfois aussi compliquées que mystérieuses, et je les ai toujours entendues.

Mais je crois, pour des raisons encore différentes, que les êtres humains ne cessent pas d'exister parce qu'ils sont brûlés. Il y a en nous quelque chose qui ne peut pas disparaître.

Parfois, ce sont aussi des enfants qui disparaissent tout d'un coup. On ignore où ils sont passés. Quand les recherches n'ont rien donné, on retient souvent comme la meilleure hypothèse que des fantômes les ont enlevés et les gardent. Les sorciers effectuent alors des rites et sacrifient un poulet ou un autre animal. Quand l'enfant réapparaît ensuite tout seul, il indique la viande qu'il a mangée.

Ces croyances sont anciennes et prises très au sérieux par quantité de villageois. On a beaucoup parlé d'une autre histoire. Je ne sais pas exactement ce qui s'est produit, mais j'ai vu l'enfant qui avait disparu. Sa mère l'avait envoyé chercher de l'huile au marché. Il n'est pas revenu le soir. Elle l'a cherché partout, désespérée de ne plus le trouver. Elle a promis aux dieux de leur offrir un sacrifice pour le retour de son fils, et aussi qu'il porterait une petite robe de moine pendant un temps. Le lendemain du sacrifice, il est réapparu en disant qu'il avait vu des personnages inconnus lui offrir des gâteaux à manger et qu'il était resté sur un arbre. Il avait mal au ventre. On a tous vu cet enfant porter un vêtement de moine les jours suivants. Cela s'est passé sous les yeux de nombreux enfants de l'orphelinat.

Mais les fantômes me font beaucoup moins peur que les militaires et les milices de musulmans. Je ne pense qu'aux militaires quand une attaque est redoutée. Ils sont plus dangereux.

On a bien plus peur aussi des militaires que des serpents et des ours. Nutan Kumar s'est pourtant fait piquer par un serpent souvent mortel. Il marchait dans la rizière cultivée par sa famille, en compagnie d'un chien, sur un petit chemin. Le chien a couru devant lui et, à ce moment, a peut-être réveillé ou agacé ce serpent en passant. Nutan a senti une légère morsure sur le dessus du pied. Il a cru qu'un crabe d'eau douce l'avait mordu. Il n'a pas vu le serpent parmi les plantes. Il y avait trois petites marques sur son pied, et n'a pas songé à un serpent.

En rentrant au village, il n'éprouvait pas de douleur. Mais, plus il marchait, plus il sentait s'alourdir son pied et sa jambe. Il devenait inquiet. En arrivant à la maison le pied enflé, il a été examiné par sa famille qui a identifié le serpent. Elle l'a conduit auprès d'un médecin chakma, d'un sorcier du village. Il n'a été soigné qu'avec des rites et des plantes sauvages connues de ce médecin. En chakma, ces guérisseurs sont appelés des *boïdos*. Ils font des prières. Au Bangladesh, il y en a beaucoup.

Nutan est resté presque deux mois au lit. Il a fini par guérir. Il sait encore mieux que d'autres les dangers des serpents.

13.

Le grand-père brûlé vivant

Une semaine après avoir préféré rester avec son père dans la rizière, Nutan voit arriver en courant une douzaine de Shanti Bahini. Il est à la maison. Les hommes crient :

— Ils arrivent !... Cachez-vous !...

Jusqu'à cette minute précise, Nutan et sa famille pensent que leur maison ne risque rien. Sa destruction paraît insensée et inutile. Depuis toujours, ils habitent le village et ne se sont pas créé d'ennemis. Le père de Nutan répète depuis la première alerte :

— Ils ne vont pas brûler... Ils n'oseront pas brûler...

Cela lui semble impossible. Il ne se cache pas et n'a pas envie de partir. Sa moisson n'est pas encore faite. Le champ entier est couvert d'un beau riz abondant. Mais l'arrivée des Shanti Bahini précise la menace, et la vue d'habitants des villages affolés racontant que les Bengalis musulmans ont lancé l'attaque, et incendient les maisons les unes après les autres, l'oblige à changer d'opinion en un instant. Nutan a déjà mis peu avant, par prudence, deux ou trois de ses chemises dans un sac qu'il a caché dehors sur un arbre fruitier dans le jardin. Il songe que, si la maison brûle à l'improviste, il lui restera au moins ses chemises. Il possède peu d'habits et chacun lui est précieux. Mais lui aussi espère que personne n'osera toucher à sa demeure.

Il court avec sa famille se réfugier de l'autre côté de la rivière Boalkali. A cette époque, la rivière n'est presque plus navigable et se traverse facilement à pied, à certains endroits, entre des trous profonds. A la fin de la saison sèche, de l'hiver au Bangladesh, l'eau est peu abondante. Il n'y a d'ailleurs pas de pont pour atteindre l'autre berge, en face du village de Nutan, et lorsqu'il se trouve à quelques centaines de mètres de sa maison, il s'arrête à la porte d'une autre maison. Ses occupants l'accueillent avec les siens. Ces voisins ne sont pas des Chakmas mais des Bengalis bouddhistes. Ils se réfugient chez eux.

Les groupes d'incendiaires ne sont pas encore arrivés dans cette partie du village et chacun veut croire qu'ils n'y viendront pas. Le soir, ils n'ont pas approché. Nutan dort dans cette maison plutôt que de retourner chez lui.

Le lendemain après-midi, vers dix-sept heures, il voit cinq ou six Bengalis musulmans arriver. Ils portent un foulard rouge sur la tête. Ce ne sont pas des militaires mais des civils, des miliciens. Ils entourent sa maison. Nutan les observe sans difficulté car le terrain est dégagé et ils ne se trouvent pas loin. Ils ne semblent pas avoir de fusils, mais ils ont toujours des couteaux ou des faucilles et n'hésitent pas à s'en servir. Il n'y a pas de raison pour qu'ils soient venus les mains nues cette fois-ci. Sans ces couteaux et leur facilité à les utiliser, les habitants auraient moins peur et ne partiraient pas avant d'avoir tenté de leur résister.

Ils ne s'en prennent pas seulement aux habitations, ils attaquent les personnes directement dès qu'elles veulent s'opposer à leurs actions. Chaque fois que de véritables tentatives de résistance sont faites avec les mêmes armes, des disputes, des bagarres entre civils, les militaires se précipitent pour soutenir les attaquants et empêcher les villageois de réagir. Les militaires surveillent toujours les opérations, à une distance plus ou moins grande, et permettent qu'elles s'accomplissent jusqu'au bout.

Nutan voit les civils allumer des torches. Avant de partir, un voisin a rassemblé ses vaches, ses bœufs et une quarantaine de chèvres dans un bâtiment en bois. Il est le plus riche du village. Il croit qu'il pourra revenir.

Mais les musulmans mettent le feu à la construction où sont enfermés les animaux. Ils les brûlent vivants. Le propriétaire les regarde avec désespoir. Ils brûlent aussi toutes les maisons. Ils avancent et brûlent, brûlent tout ce qui se trouve devant eux. Ce sont des gens que l'on ne peut pas arrêter dans leur folie de mettre le feu partout, de dévaster, de réduire en cendres. Les flammes, la fumée s'élèvent dans le ciel, et l'on entend les crépitements des habitations les plus proches, les cris des animaux terrorisés.

Les cahiers d'école de Nutan brûlent dans sa maison. Il y a laissé ses anciens cahiers où il écrivait sur la première page, à l'école du village autrefois, avant d'entrer à l'orphelinat, son prénom, son nom et celui de l'école. Les autres objets se trouvent également au milieu des flammes. Nutan regarde avec sa famille leur maison brûler à la tombée de la nuit. L'obscurité commence à recouvrir le paysage et les couleurs rouges et grises des multiples incendies leur font peur. C'est une catastrophe. Les récoltes de riz ne pourront même pas être faites, sauf par les pillards. Ils sont atterrés. Nutan ressent un immense chagrin et pense que les gens qui font cela sont méchants.

Il ne leur reste plus qu'à partir ailleurs, plus loin. Sans maison, avec cette violence, ils n'ont pas de raison de rester. Dans leur région de Sheigné, les militaires ont récemment arrêté de nombreux habitants d'un village et les ont attachés en file. La nouvelle s'est répandue partout. Ils ont ensuite laissé ces nouveaux musulmans les décapiter, les mutiler, les couper en morceaux. Avant ce massacre et le début des arrestations, beaucoup d'habitants s'étaient enfuis, mais d'autres avaient été capturés.

Les groupes paramilitaires inspirent la frayeur, et chacun sait qu'ils veulent commander et se montrer les plus forts face aux villageois, mais ces derniers ont encore plus peur des militaires. Sans eux, rien ne pourrait s'accomplir de la même manière. Nutan craint plus les militaires que les civils musulmans. Il se sauve en hâte avec ses frères, ses sœurs et ses parents à travers la campagne dans la direction de Dighinala.

A peine ont-ils parcouru une petite distance qu'ils rencontrent deux camions transportant des militaires sur une route. Ils se cachent précipitamment. Désormais, tout ce qui ressemble à un militaire du gouvernement est dangereux à leurs yeux et n'est envoyé que pour détruire davantage. Il faut éviter les militaires à tout prix. Mieux vaut qu'ils n'aperçoivent pas des Chakmas en train de s'éloigner.

Après le passage des camions, le silence revient, la route apparaît déserte, et ils la traversent rapidement pour rejoindre les collines.

Le paysage est plat au départ. Ils découvrent une petite caserne qui sert sans doute de poste de surveillance, et l'évitent. Dans tous les coins aux alentours, il y a des maisons brûlées. Leur nombre est effrayant. Les habitants ont disparu. C'est un paysage de mort. Tout est désolé et anéanti. La famille de Nutan marche avec précaution en examinant, dans chaque direction, s'il ne se trouve pas encore un être vivant. La peur ne la quitte pas. Elle ignore ce qu'elle va devenir. Les dangers qui l'attendent à chaque pas lui semblent implacables.

Nutan ne connaît pas les endroits où ils passent. Il n'y est jamais allé et ne sait pas leurs noms. La nuit est tombée. La marche se fait plus difficile dans des lieux inconnus. Bientôt, ils rencontrent des familles qui fuient comme eux et les reconnaissent à leurs hésitations. Quelques mots sont échangés et ils poursuivent ensemble le chemin. Mais ils n'ont pas de guide et continuent d'avancer à tâtons en redoutant de plus en plus de se perdre et ne pas découvrir un lieu où ils puissent se sentir en sécurité.

Nutan racontera plus tard comment il a observé sa maison brûler et s'est enfui dans la nuit. Il n'y a que ceux qui ne meurent pas qui peuvent encore parler. Les enfants et les adultes tués au cours de cette nuit-là ne diront jamais rien et l'on ne risque pas d'entendre leurs cris et leur douleur.

Quand des villageois sont tués par les Bengalis musulmans, c'est la plupart du temps de la même façon. Certains sont poignardés, éventrés, mais un grand nombre meurent dans les flammes. Au début, ils essaient de résister ou de discuter. Des gens refusent d'abord de s'en aller de chez eux. Quand les milices arrivent avec leurs couteaux et leurs torches pour mettre le feu, ces personnes leur disent qu'elles sont chez elles et n'acceptent pas que des étrangers y mettent les pieds ou touchent à leurs habitations. Les musulmans leur répondent parfois qu'elles doivent partir immédiatement. Ils leur conseillent de partir en vitesse. Si elles refusent de s'en aller, les agresseurs leur disent :

— Eh bien, restez ! Ça ne nous gêne pas. Vous pouvez rester chez vous. N'en sortez pas. Gardez votre maison avec ce qu'il y a dedans.

Puis ils mettent le feu au toit de paille et aux murs de bambou en bloquant la porte afin que les personnes enfermées à l'intérieur ne parviennent pas à s'échapper si elles changent d'avis. Ils entourent la maison en flammes pour mieux la surveiller et empêchent les gens à moitié asphyxiés ou brûlés de sortir. Sinon, ils les rattrapent et les tuent.

D'autres fois, avant d'incendier, ils les obligent à rentrer dans leurs maisons s'ils ne veulent pas se sauver comme les autres ou s'ils protestent. Lorsque la discussion ou la dispute a lieu à l'extérieur, les Bengalis musulmans conduisent les occupants dans la pièce d'entrée et ferment la porte. Ils les enferment complètement. C'est fini. Ils meurent. C'est atroce. En un instant, ces maisons de bois deviennent des brasiers. Avec les parents, ils jettent aussi des enfants dans le feu. Ils les attrapent par les pieds ou les bras et les lancent au milieu des flammes. Ils font cela sans émotion et n'ont pitié de personne.

Les paysans savent cela. Pourtant, ils n'admettent pas toujours de devoir s'enfuir. Ils n'ont pas envie de quitter l'endroit où ils vivent. Cela ne leur plaît pas d'entreprendre une longue marche pour se sauver dans des endroits qu'ils ne connaissent pas et qui sont toujours difficiles d'accès. Quand ils sont vieux ou malades, ou sans famille, ils n'ont plus la force ou le goût de partir à l'aventure. Ils disent :« J'aime mieux mourir dans ma maison !... » Ils soupirent ces mots en espérant toujours que le malheur ne se produira pas. Ils croient que les attaquants ne leur feront pas ce qu'ils ont déjà fait à d'autres. Ils pensent qu'ils seront épargnés, inspireront la compréhension ou la pitié. C'est ainsi qu'ils finissent fréquemment par être enfermés et calcinés. C'est horrible. Les voisins ou les personnes de leur famille ne peuvent pas les convaincre de les suivre. Ils n'ont pas toujours les moyens de les transporter.

Certains sont si résignés ou fatigués qu'ils savent d'avance ce qu'on va leur faire et pourtant ne bougent pas. Ils ne veulent même pas se battre ni discuter. Ces événements sont affreux. Il vaudrait mieux ne pas y songer, mais ils sont vrais et on ne peut pas les ignorer. Dans les Chittagong Hill Tracts, les gens en parlent beaucoup. C'est la réalité que nous vivons au Bangladesh depuis des années, presque depuis notre naissance. C'est notre vie au Bangladesh. Elle est depuis longtemps comme ça.

Les musulmans tuent parfois à l'aide de couteaux, mais ils préfèrent incendier tout ce qui se trouve devant eux avec les habitants dans les maisons. Leur coutume est de faire disparaître par le feu ce qui appartient aux Chakmas. Ils ne désirent pas qu'il reste la moindre trace des Chakmas. Chaque fois que des problèmes surgissent avec des Chakmas qui veulent se battre, les militaires les assistent et les défendent. La vue des fusils suffit généralement à faire courir les habitants. Ils ne peuvent rien faire devant des fusils.

Les militaires possèdent aussi des grenades et des mitraillettes avec des munitions ou des chargeurs d'une centaine de balles environ sur un ruban en forme de cercle. Ils peuvent fixer une baïonnette au bout de leur fusil et transpercer les gens. Des incendies sont provoqués par eux directement et il leur arrive aussi d'enfermer des villageois dans leurs demeures pour les massacrer.

Le grand-père de Kalenjoy, un enfant de onze ans, s'est trouvé enfermé dans sa maison en feu avec les portes bloquées. Il y est mort. Il a été brûlé vivant. Son fils me l'a raconté. Il n'a pas donné beaucoup d'explications. Je ne sais pas exactement comme cela s'est passé. C'était trop horrible. J'ai écouté avec d'autres personnes. Je n'ai rien dit. Kalenjoy est un copain. Je le connais bien. Il vit avec nous. La façon dont est mort son aïeul n'est pas exceptionnelle dans les Chittagong Hill Tracts.

Dhanessen, qui a douze ans, s'est caché derrière un cocotier pour regarder des musulmans incendier une maison de son village. Il observait avec un autre enfant. Près d'eux se trouvaient des voisins, dissimulés par d'autres arbres. L'attaque de ce village, Borodam, à une dizaine de kilomètres de l'orphelinat, venait de débuter par surprise. Les habitants commençaient à s'enfuir de tous les côtés, à crier, à se précipiter dans l'affolement général.

Derrière son cocotier, Dhanessen ne faisait pas de bruit. Il avait entendu des gens hurler, pleurer, et s'était approché. Dans la maison encerclée par des Bengalis, armés de couteaux et d'outils tranchants, pointus, il y avait quelques personnes. Dhanessen n'a pas pu les compter toutes avec certitude. Elles étaient au moins trois. Il y avait deux petits enfants et une personne qui ne pouvait pas marcher. Souvent, il avait vu à l'intérieur de cette maison d'autres enfants et des personnes âgées.

A l'arrivé des musulmans un instant plus tôt, ses parents avaient crié aux membres de sa famille et aux voisins :

— Partez ! Partez vite !

Mais il était resté encore un peu afin d'observer les mouvements près de cette maison où l'on criait si fort. Il ne savait pas au juste ce que les Bengalis faisaient à ces gens-là. Les autres gens s'enfuyaient en tous sens et il demeurait immobile contre l'arbre. Il était saisi, paralysé. Il voulait en même temps savoir ce qui allait se passer.

La distance séparant le cocotier de la maison attaquée était à peu près celle d'un terrain de football. Les musulmans vêtus d'une longue robe serrée à la taille, de tissus enroulés, ont pris du chaume sur le toit pour en faire des torches. Le toit n'était pas haut. Ils ont utilisé des allumettes ou un briquet pour allumer les torches. Dhanessen n'a pas vu de quoi ils se servaient. Ils ont mis le feu à différents endroits. L'incendie a démarré de plus en plus vite à un nombre de points de plus en plus grand. Ils surveillaient la porte et les murs de bois en flammes afin que personne ne sorte. Tout s'est embrasé. Ils ont fait mourir les gens dedans.

Dhanessen a eu un choc émotionnel. Il a eu très peur. Il a couru à toute allure pour rejoindre ses parents qui s'étaient sauvés sans emporter leurs affaires. Ils avaient tout laissé sur place, comme la majorité des autres personnes. Les maisons étaient éparpillées dans un périmètre important, avec souvent des champs et des arbres comme séparation, et il ne connaissait pas la limite de son village avec le suivant. Les musulmans étaient venus en groupe d'au moins une cinquantaine, peut-être soixante-dix ou quatre-vingts. Ils étaient nombreux. Ils auraient eu peur de venir en petit groupe ou presque seuls. Ils criaient des slogans en bengali. Ils chantaient ces slogans appelant à faire mourir les Chakmas. Aucun habitant n'était resté, à part ceux peut-être qui demeuraient invisibles dans leur maison fragile. Tout a été détruit et brûlé.

Les musulmans préfèrent détruire les maisons que les conserver pour y habiter. Ils ne s'entendent pas toujours non plus entre eux après le départ des propriétaires et se disputent. Ils ne réussissent pas à se partager les objets encore utilisables qui restent. Ils sont jaloux les uns des autres de ce qu'ils ont volé. Si l'un souhaite prendre la maison d'une famille Chakma, un autre s'y oppose en prétendant qu'il n'a pas de motifs pour habiter cette demeure plutôt que lui. Ils finissent parfois par se battre. Nos maisons sont ainsi presque toujours détruites. Ils se partagent les terrains et reconstruisent.

Je n'ai jamais vu les nouveaux villages de Bengalis musulmans édifiés à la place des villages chakmas. Il nous est impossible d'y aller. Mais j'ai su les jalousies entre musulmans par ma mère surtout. Elle les voyait passer près de sa maison et les entendait se disputer en bengali. Ils ne se mettent pas d'accord pour conserver à titre personnel des maisons ou des objets d'habitants qu'ils ont fait s'enfuir. Ils se groupent seulement pour nous chasser et prendre la région entière.

Dans les villes des Chittagong Hill Tracts existent aussi des destructions comme dans les villages. A Dighinala, les Chakmas ne sont pas plus épargnés qu'à la campagne. Samati habite à Dighinala. Elle est l'une des filles d'un homme politique de notre région. Elle pourrait vivre comme d'autres enfants chakmas dans un orphelinat, elle a le même âge, mais son père bénéficie d'une résidence de fonction, une grande maison à trois étages avec un jardin. Il n'a pas de pouvoir réel, parce que les militaires commandent la totalité du Bangladesh, mais ses fonctions honorifiques le situent à l'écart et les militaires tiennent à lui garantir sa sécurité, ainsi qu'à sa famille, pour faire croire qu'ils respectent les Chakmas. Il a été élu par des Chakmas.

De sa fenêtre, Samati peut voir au loin. La ville n'est pas calme. Les troubles ont lieu comme dans les villages. Elle distingue des habitations de Chakmas incendiées en pleine ville avec l'appui de l'armée. Sa tante habite dans une maison toute proche de la sienne et elle la voit clairement. Cette maison est attaquée et brûlée comme les autres. Les habitants courent alors dans tous les sens.

Samati est affolée. Le spectacle qu'elle a sous les yeux lui paraît impossible. Mais elle continue de regarder et voit tout.

Quand les personnes qui vivent dans la maison du responsable politique reviennent, Samati découvre leurs visages terrorisés. Elles sont retournées. Il y a eu des gens brûlés dans leurs maisons, portes fermées. Les Bengalis les ont brûlés en sachant qu'ils étaient dedans. Ils incendient tout. La chair brûlée sent parfois au loin. Des choses inimaginables sont provoquées par cette rage de détruire.

Le père de Samati téléphone à plusieurs reprises au chef des soldats. On lui répond qu'il assiste à une réunion, un meeting dans un autre lieu. Son père ne peut que regarder comme elle les événements sans aucun moyen d'agir. Les civils incendient en même temps que les militaires. Ils agissent ensemble.

Devant la maison s'élève une grille qui en interdit l'accès. Des personnes épouvantées se rassemblent en courant à cet endroit et crient. Elles appellent :

— Au secours !... Au secours !...

Le chef politique donne l'ordre d'ouvrir la grille et la porte de sa maison. Tout le monde entre, s'y engouffre, cherche à s'y abriter à l'écart des violences de la rue. C'est la panique générale. Il n'y a bientôt plus de place sur les trois étages de la grande maison. Partout, les gens s'entassent.

Ils restent quatre ou cinq jours sans bouger, terrorisés, ne sachant où aller. L'endroit devient rapidement invivable et le maître des lieux essaie de les convaincre qu'il lui est impossible de les loger tous à la fois. Quelques-uns partent, et les autres se décident à les suivre, la plupart se dirigeant vers les collines recouvertes par la jungle, augmentant le nombre de ceux qui y errent déjà.

Samati peut rester encore pour l'instant à Dighinala parce que son père est un représentant politique officiel, mais les enfants des autres familles chakmas ne bénéficient pas de cette protection. A l'école où elle se rend d'habitude, il n'y a plus aucun enfant chakma les jours suivants. A part Samati et sa sœur, ainsi que les enfants de quelques familles travaillant pour le gouvernement, tous les élèves sont des Bengalis. La population s'est complètement vidée des Chakmas. Ils étaient là des milliers et il n'y en a plus aucun.

Avant cette dernière offensive à Dighinala, des combats ont lieu plusieurs fois entre l'armée et les Shanti Bahini aux abords de la ville. Ils sont terribles. Il y a des bombes, des explosions, des rafales de mitraillette, des blessés, des morts. Les Shanti Bahini n'entrent généralement pas dans la ville pour poursuivre les affrontements.

Un soir, après le dîner, Samati entend avec sa famille les bruits d'une nouvelle bataille contre les soldats. Cette fois, les Shanti Bahini ont pénétré à l'intérieur de Dighinala jusqu'à la maison du responsable chakma. Quelques arbres se trouvent devant cette dernière. Samati aperçoit un Shanti Bahini. Les militaires aussi le remarquent et tirent dans sa direction une sorte de roquette. L'homme court vers la maison. Samati entend le sifflement de la bombe dans le ciel, sans la voir, puis l'explosion lui fait peur. L'armée emploie fréquemment des roquettes.

Une autre fois, l'armée recherche des Shanti Bahini qui l'ont attaquée. Elle ne les découvre pas. A la place, elle arrête des civils qui se trouvent là par hasard. Les Shanti Bahini sont, en effet, repartis immédiatement dans la forêt. Les militaires torturent ces civils pour qu'ils disent ce qu'ils savent des résistants.

La sœur aînée de Samati entend ensuite le récit d'un jeune Chakma qui a été emprisonné à la caserne. Les soldats lui ont attaché les pieds au plafond, la tête en bas, avec un bandeau sur les yeux, et ils lui ont fait avaler de l'eau par le nez et la bouche, donné des secousses électriques, enfoncé des épingles sous les ongles.

Ces soldats ont fait la même chose à mon frère, au père de Mihirkanti et à beaucoup d'autres que je connais.

Un autre jour, le responsable chakma est appelé au téléphone par les militaires. Ils ont arrêté dans la montagne une jeune fille de quinze ou seize ans parce que son père est soupçonné d'appartenir aux Shanti Bahini. Ils ne le retrouvent pas. Sa fille a été conduite à Dighinala.

Quand cet homme arrive sur place en se hâtant, il la découvre attachée avec des fils électriques. Des décharges lui ont été appliquées. Il la ramène en mauvais état chez lui où elle reste pendant trois mois. Les militaires torturent souvent des enfants et des adolescents dont ils espèrent tirer des renseignements.

Puis il prévient l'adolescente hébergée qu'elle doit maintenant s'enfuir pour éviter qu'il ne lui arrive un malheur plus grand. Elle risque d'être assassinée. Ce responsable politique commence aussi à craindre pour sa propre famille, car il abrite la jeune fille en dépit des reproches que lui adresse fréquemment le commandant des militaires. Il lui affirme :

— S'il arrive quelque chose à mes hommes à cause des Shanti Bahini, vous en serez tenu personnellement pour responsable.

Avec sa famille, il est déchiré entre deux attitudes. Ce genre de vie n'est pas facile.

Bientôt, ils se trouvent contraints de se séparer et de partir à leur tour.

Ce responsable n'a rien pu faire pour nous secourir après l'attaque de notre orphelinat par les soldats. La vie des Chakmas est pour tous pareille. Ils doivent partir ou mourir. Il leur faut se cacher.

14.

La couverture à carreaux

Le soir du 13 juin 1986, nous sommes prêts à partir. La nuit est tombée. Notre seule chance consiste à ramper sans bruit dans l'obscurité complète, une nuit où l'on ne perçoit pas son voisin à deux pas, pour atteindre la lisière de la jungle. Il n'y a pas de lune ce soir, peu d'étoiles.

L'obscurité recouvre la forêt, le sentier, et elle nous fait peur. Les grands ont peur, les petits ont peur, tous les enfants tremblent, les plus courageux comme les autres. Pour affronter cette nuit et la jungle, il faut que nous nous sentions menacés, en état de choc, un état qui n'est pas normal. Il n'y a plus de temps à perdre. Il faut déguerpir au plus vite sans se faire remarquer.

Personne ne sait comment va finir cette histoire, mais notre crainte des soldats nous fait tout essayer pour leur échapper. On sait que ce sera difficile. Ils se sont écartés du petit temple de l'orphelinat où ils étaient réunis, et je ne sais pas où ils ont disparu maintenant. Je ne les entends plus. Ils sont invisibles. Dans un court instant, il va falloir se jeter dans le noir en espérant qu'ils ne nous verront pas. Nous avons tous très peur d'être repérés et tués. Chacun pense à la mort. Chacun pense à être fait prisonnier. On ne peut pas se défaire de cette pensée. Peu de mots sont chuchotés. Je ne murmure que quelques paroles, presque rien. Tout est prêt. Nous attendons le signal du départ. Nous sommes à la fois prostrés et fébriles.

Sagar Jit Chakma, le jeune enseignant qui dort d'habitude dans la chambre de Priyatosh, est parti depuis trois semaines rendre une visite au directeur de l'orphelinat de Moanogar, Bemal Bikku. L'enseignant n'a pas assisté à l'attaque de l'orphelinat ni à l'incendie des villages les plus proches au cours des jours précédents. Mais il a laissé dans sa chambre son diplôme. S'en souvenant, un moine a dit à Priyatosh, tandis qu'il allait préparer son sac :

— N'oublie pas d'emporter ce document. Si tu ne le prends pas, sa vie est fichue !

Priyatosh le conserve parmi ses affaires parce que ce diplôme est précieux. On essaie de ne rien oublier d'important.

Quelques enfants ont aussi creusé un trou dans le sol pour y cacher divers objets à l'intérieur d'une petite caisse. Un moine est venu leur dire :

— Il ne reste pas beaucoup de temps pour faire cela. Il faudra ensuite bien recouvrir de terre. Cela va être long.

Alors, les enfants ont décidé d'emporter quelques objets et ils n'ont rien caché. Le moine n'a peut-être pas osé leur avouer qu'ils risquaient de ne jamais revenir à l'orphelinat les déterrer. Certains ne se rendent pas compte parfaitement que nous partons pour de bon.

L'angoisse nous fait du mal. Avant de partir, je vois que tout cela est effrayant. L'orphelinat avait abrité trois cents enfants pendant des années et il a été réduit en une seule journée à un groupe minuscule de trente enfants, peut-être trente-cinq, comme une classe. Voilà ce que nous sommes. Voilà ce qui reste de nous. Où sont passés les autres ? Je l'ignore en partie. Ils ont disparu. Je n'ai pas la moindre idée de la manière dont cela a pu s'accomplir pour certains. Je ne comprends pas. Je ne parviens pas à réaliser comment nous ne pouvons être désormais que ce petit groupe. Où sont les autres ?

La journée a été remplie d'événements que je n'ai pas suivis à chaque endroit. Les enfants se déplaçaient, remuaient, ne voulaient pas toujours tenir en place devant les militaires. Mais l'agitation n'a pas commencé quand ils sont arrivés. Certains enfants apeurés ont fui dès que les premières maisons ont été incendiées, la veille, dans les villages environnants, pour essayer de rejoindre des membres de leurs familles qui y habitaient. Ces incendies ont provoqué une grande perturbation chez nous. Plusieurs sont partis en courant à ce moment-là.

Je n'ai pas vu les allées et venues de chacun, mais je constate d'un coup d'œil ce qu'il reste de nous tous au moment de partir ce soir. Les autres semblent s'être volatilisés. On est écrasés. Le sentiment d'écrasement et de destruction me démoralise. J'ai l'impression que nous sommes déjà vaincus et qu'il est inutile de lutter contre des ennemis beaucoup plus forts. Ils ont fait toute la journée la démonstration de leur force.

Le silence n'existe pas seulement parce que nous ne faisons pas de bruit, mais à cause de notre petit nombre. Un grand groupe de trois cents enfants réduit à une poignée minuscule dans des bâtiments inoccupés, sur un terrain désert et silencieux, ce n'est pas normal. Cela provoque jusqu'au fond de moi la terreur et la tristesse. Il y a eu une catastrophe ici. L'ambiance lourde de ce soir n'a jamais existé à l'orphelinat. On est anxieux. L'impression de se retrouver aussi peu nombreux est décourageante. Cette destruction du groupe nous fait quelque chose de pénible. Nous ne sommes plus entre nous tous. Nous avons été décimés, anéantis, séparés. Toute la vie de l'orphelinat a été désorganisée subitement. On vivait ensemble depuis si longtemps ! On se connaissait. Il ne reste plus qu'un petit groupe d'enfants, les derniers à quitter l'orphelinat.

On tente pourtant de réfléchir encore. On veut réussir l'évasion. On calcule tout, on essaie de prévoir les gestes importants, surtout les premiers. Ce sont les seuls gestes que l'on arrive à imaginer vraiment et qui nous permettront peut-être de nous éloigner de cet endroit auquel nous sommes si attachés, que nous aimons tant, mais qui a été transformé. La suite des heures et des jours demeure confuse. Je ne parviens pas à l'entrevoir. Je ne connais pas le chemin que nous allons suivre et je ne me rends pas compte de sa vraie difficulté. Pour l'instant, la crainte des soldats occupe nos esprits et nous n'espérons rien d'autre que de leur échapper sans qu'ils s'en doutent.

Quelques habitants du village nous entourent avec des visages malheureux ou stupéfaits. Ces hommes et ces femmes, avec leurs enfants, sont accablés de souffrance et de désespoir. Ils ont été capturés ce matin devant moi. Ils essaient de réfléchir aussi. Ils refusent de nous quitter et souhaitent que nous partions tous ensemble. Beaucoup ne se sont presque jamais éloignés de leur village. Le malheur est tombé sur nous tous. Ils veulent eux aussi sauver leur vie. On leur a donné du riz écrasé tout à l'heure en préparant nos provisions pour le voyage. On a voulu partager. Ils ne possèdent plus rien. Leurs maisons ont brûlé avec tout ce qu'elles contenaient.

Autour de ces familles, il y a également des Bengalis musulmans, des hindous, des bouddhistes, différentes personnes du village qui nous connaissent depuis longtemps et sont venus nous voir. Ils n'ont pas été faits prisonniers et les soldats ne se sont pas occupés d'eux. Ils pleurent. Ils sont attristés de nous voir partir à la hâte de cette manière. Ils pleurent tous. Même des Bengalis, des musulmans de Boalkali, sont venus du village nous trouver à l'orphelinat pour nous réconforter et demander s'ils pouvaient nous secourir. Ils n'ont pas besoin de s'enfuir. Eux ne sont pas menacés.

Ils s'efforcent de nous convaincre de changer d'avis et de rester en leur compagnie, de ne pas nous aventurer dans la jungle. Ils disent que c'est trop dangereux. Ils prétendent que nous ne pouvons pas réussir à aller loin parce que c'est impossible. Les dangers sont partout, la jungle est trop grande, et il vaut mieux selon eux espérer que les militaires ne nous feront pas de mal, mais ils n'en sont pas sûrs. Ils voudraient nous aider et ne peuvent rien faire. Ils nous répètent de rester là. Leurs yeux sont remplis de larmes et de crainte pour nous. Ils se connaissent tous entre eux, musulmans, hindous et bouddhistes mélangés. Ils n'entretiennent pas de querelles. Ils s'entendent bien aussi avec les Chakmas. Ils sont gentils avec nous, pas comme les nouveaux musulmans qui tuent.

Pauvre grand-père!... Il y a même un grand-père du village qui est venu jusque-là. Il est très vieux. Il ne peut presque pas marcher. Sa vue est mauvaise et il distingue mal les pierres et les obstacles du chemin. On ne peut pas l'emmener avec nous. C'est un Chakma qui n'a pas voulu rester seul à Boalkali devant tant d'horreurs. Pauvre grand-père!... Que va-t-il devenir? Il n'a plus de forces. Il ne parvient pas à se traîner. Il demeure dans un coin, muet, sans illusions. Son fils est à ses côtés. C'est un jeune qui se montre déchiré entre le désir de rester près de son père afin de le protéger et celui de sauver sa vie. Il ne veut pas abandonner son père et il a envie de nous suivre.

Je ne sais pas ce qu'il faut leur dire. Je les regarde. On ne peut pas transporter le vieux monsieur. Notre évasion serait impossible. Il conseille à son fils de partir avec nous. Il lui dit de ne pas s'inquiéter. Pauvre grand-père! J'ai de la peine pour lui et je me demande ce qu'il va devenir. On va le laisser là. Il refuse de retourner au village et il n'en aurait pas la force.

Seul le moine Ganandesse, qui n'est toujours pas sorti de la forêt où il s'est dissimulé, parvient à nous faire sourire. On se moque de lui :

— Il a eu tellement peur qu'il s'est sauvé le premier !...

Mais on se moque sans conviction. On comprend sa peur parce qu'on a la même. On se demande où Ganandesse s'est caché. Il va rester seul lui aussi. Il faudra qu'il se débrouille sans nous.

Les autres moines et les enseignants, tous ceux qui dirigent l'orphelinat, nous répètent qu'il vaut mieux que nous partions. Ils sont persuadés comme nous tous que l'endroit est dangereux et que des tragédies risquent de s'y produire dans les heures prochaines.

Je les écoute avec douleur. A la fin, je ne sens ni ne pense plus rien. Je n'ai plus d'idées. Je me sens étourdi et fatigué par cette journée. Je me sens tellement perdu, tellement incapable dans cette déroute de nos dirigeants et des villageois de rassembler mes pensées, contrôler mes émotions, que je ne sais plus s'il convient de rester sur place sans bouger ou se sauver en cachette. Je ne pense plus rien. Je n'ai plus d'idées. Des adultes font la guerre et elle ne m'intéresse pas. Je n'aime pas leurs affaires de guerre. Je n'aime pas ces choses, je n'aime rien du tout là-dedans. Ce sont des affaires incompréhensibles. Je ne pense plus à rien, j'ai la tête vide, je me sens très malheureux et découragé. Tout est perdu, détruit, saccagé. J'ignore où j'en suis et où en sont les autres. Pourquoi nous arrive-t-il toutes ces catastrophes ? Que va-t-on faire la nuit dans cette grande forêt ? On n'embête personne. On est chez nous. Je ne peux pas croire que les grandes personnes et le gouvernement du Bangladesh nous obligent à faire ces choses pour rester en vie.

D'habitude, on mange à l'heure présente, on révise ses leçons d'école, et on va se coucher. Je n'ai même plus faim. Je n'ai pas eu faim de la journée. Je sens des tremblements à l'intérieur de mon corps, des tremblements en moi que je ne peux contrôler. Je tremble beaucoup, je tremble tout entier. Tout mon organisme est agité et secoué. Il tremble, il tremble... Je tremble depuis le matin. Je suis fatigué de trembler, épuisé d'avoir peur. Je n'ai même pas envie de pleurer. Je serais incapable d'avoir une larme. L'angoisse de partir m'étouffe et l'angoisse de demeurer cette nuit près des soldats m'étouffe encore plus.

Les autres enfants attendent comme moi que la nuit soit assez avancée. Les objets à transporter sont dans un coin. Le plus précieux est la boîte à pharmacie. Ce n'est pas la nourriture. On peut trouver à manger dans la jungle, mais pas de médicaments. Nous disposons d'une très petite quantité de flacons, de tubes et de pansements, mais c'est mieux que rien. Ils tiennent tous réunis dans une boîte de petite taille. C'est la pharmacie de l'orphelinat. Il faut surtout espérer ne pas être malade.

Notre plan est d'atteindre l'orphelinat de Moanogar, près de la ville de Rangamati, au centre des Chittagong Hill Tracts. Nous ne connaissons pas d'autre endroit où nous réfugier. Ce second orphelinat, plus grand que le nôtre, avec des filles et des garçons, a été fondé par les mêmes personnes. Il est éloigné. J'ignore la distance à parcourir. On sait à peu près la direction à prendre au départ. Après, il faudra s'orienter comme l'on pourra. On espère y arriver en huit ou dix jours. Là-bas, personne ne sait que nous avons été attaqués. Le directeur de notre orphelinat, Settananda Bikku, est absent. Il est parti à Moanogar depuis quelque temps, et l'attaque a eu lieu juste pendant cette période.

Dans cet autre orphelinat habite Bemal Bikku, qui est venu nous voir plusieurs fois. Notre orphelinat a été créé avec sa participation, et tous les enfants l'aiment et le considèrent comme leur protecteur. Ils lui font confiance. Bemal Bikku occupe une place à part parmi les moines et les enseignants. Ce soir où nous nous apprêtons à partir, il ignore l'envahissement de l'orphelinat. Plusieurs jours seront probablement nécessaires avant qu'il ne l'apprenne. Le téléphone ne fonctionne plus et il est impossible d'envoyer une lettre. Nous sommes complètement coupés de l'extérieur et devons nous sortir seuls de cette situation.

Nous avons tous envie de nous rapprocher de Bemal Bikku et lui raconter les malheurs survenus à Boalkali. C'est le seul homme qui puisse faire quelque chose pour nous. Il interviendra. Il sait beaucoup de choses. On lui obéit plus qu'à n'importe qui. Il est très gentil et son sourire rassurant nous fait du bien. Je suis impatient de revoir Bemal Bikku.

En même temps, je suis déchiré de quitter cet orphelinat qui constitue ma maison. Je ne peux pas l'abandonner sans peine car j'y ai passé presque la moitié de ma vie. Cela me fait quelque chose. Un pressentiment m'indique que je n'y reviendrai jamais. La nuit cache déjà les constructions en bambou. Elle dissimule les fleurs et les arbres. Le temps presse. Il faut s'en aller. Le signal du départ va être donné.

Je n'emporte avec moi qu'un seul objet, une couverture, la couverture que j'ai pour dormir. Elle me protégera des insectes et de la fraîcheur des nuits. Je n'ai rien d'autre à prendre. Ma couverture à carreaux gris et blancs, d'un mètre et demi de large sur plus de deux mètres de long, sera encombrante à transporter, mais je ne veux pas la laisser. J'y tiens. Elle peut me servir et je m'y enroulerai pour dormir sur le sol. Elle représente aussi l'unique objet réconfortant qui m'appartienne, et je ne veux pas m'en séparer. Je la serre contre moi. Elle est un peu lourde, mais j'aurai assez de force pour la porter sur mon dos. Je connais son odeur et son aspect. J'y suis habitué. C'est ma couverture. J'ai bien l'intention de ne pas m'en séparer aussi longtemps que je pourrai marcher.

Les autres enfants font comme moi. Ils ont aussi préparé leur couverture. Ils la tiennent dans leurs bras ou déjà sur leurs épaules et leur dos. Ils tremblent en même temps de tous leurs membres. Les soldats ont des armes, et nous avons des couvertures. Celle de Priyatosh, noir et gris, est trop grande pour lui, comme celle de chacun. Ces paquets seront volumineux et lourds à transporter.

Une dernière fois, nous regardons si les militaires ne se sont pas rapprochés, et écoutons les plus petits bruits. Les militaires demeurent invisibles. L'heure de partir est arrivée. Mais la peur nous fait mal au ventre. J'ai toujours le cœur qui bat très fort. La peur ne me quitte pas. Nous sommes tourmentés par des frayeurs de toutes sortes. Je tiens ma couverture près de moi. Les autres font pareil. Nous sommes groupés avec nos couvertures. Chacun se demande s'il ne va pas entendre un soldat l'appeler, ou recevoir une balle de fusil, dès qu'il aura fait le premier pas dehors.

Le grand-père infirme dit au revoir à son fils qui nous accompagne. Le cœur du grand-père voudrait nous suivre, mais ses jambes ne veulent pas. Il reste seul avec les autres habitants du village qui ne sont pas des Chakmas. Ces personnes ne craignent sans doute rien à retourner dans leurs maisons, au cours de la nuit ou le matin, parce qu'elles n'appartiennent pas à une race ou une religion que le gouvernement persécute. Nous leur disons au revoir et leur laissons notre orphelinat.

Ma mère croyait que j'y serais en sécurité. Je revois son visage. Je ne sais pas si elle est vivante ou morte. Je crois qu'elle est morte. Elle est sûrement morte. Mais je veux croire qu'elle est encore vivante. Cela me rendrait trop malade de la savoir disparue. En quittant l'orphelinat de Boalkali, je quitte encore un peu plus ma mère. Je vais quitter pour toujours peut-être la région où elle a vécu. Je quitte tout. Je m'éloigne de tout. Même des souvenirs de ma famille que je n'ai pas pu retrouver, des nouvelles du passé que je n'aurai peut-être plus jamais.

Le corps de chacun est rempli de peur. C'est horrible. La peur, la peur tout le temps... On est tous tremblants au moment de partir dans l'obscurité, en emportant sa couverture et quelques sacs de nourriture avec la petite boîte à pharmacie. Des enfants ne peuvent pas transporter une couverture. Ils sont trop jeunes, trop faibles, pour ce chargement encombrant dans la jungle. Ils se prendraient les pieds dedans. Il faudra partager nos couvertures à plusieurs.

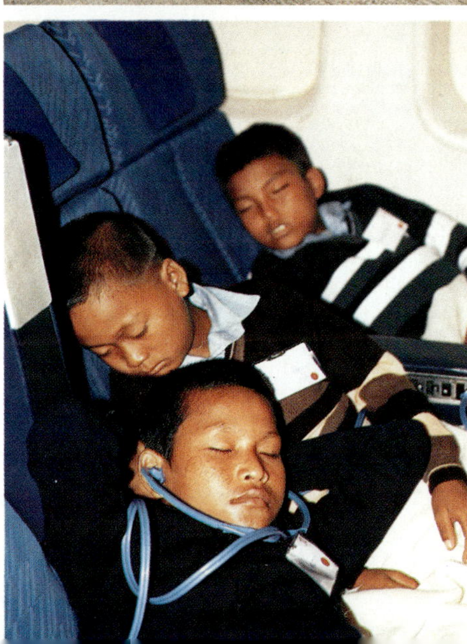

Les soixante-douze enfants qui ont fui le Bangladesh, et survécu quinze mois dans les camps de réfugiés, sont autorisés à venir en France après des négociations entre trois Etats et une campagne médiatique, avec l'appui de Mère Teresa et d'Amnesty International. Conduits à Agartala *(en haut)*, ils prennent l'avion, et avec une escale à New Delhi, arrivent à Roissy le 6 octobre 1987 après un voyage de quarante-huit heures.

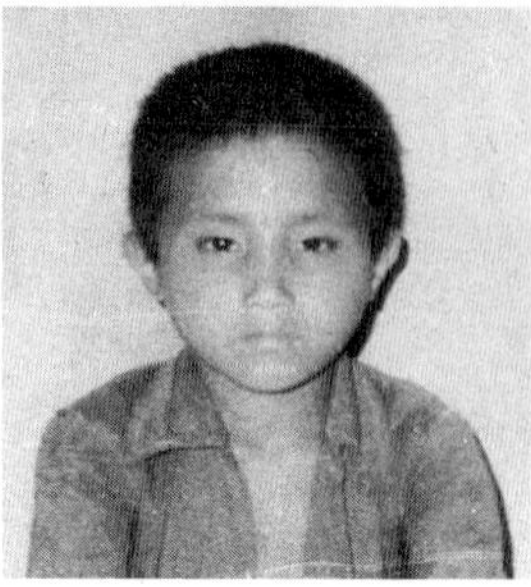

Arunjoy

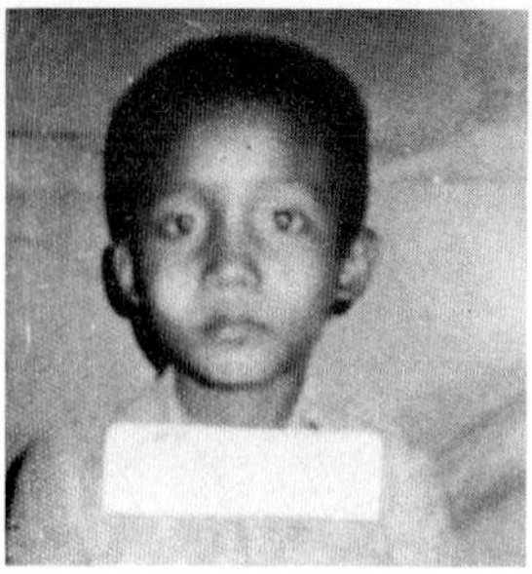

Prajnamoy

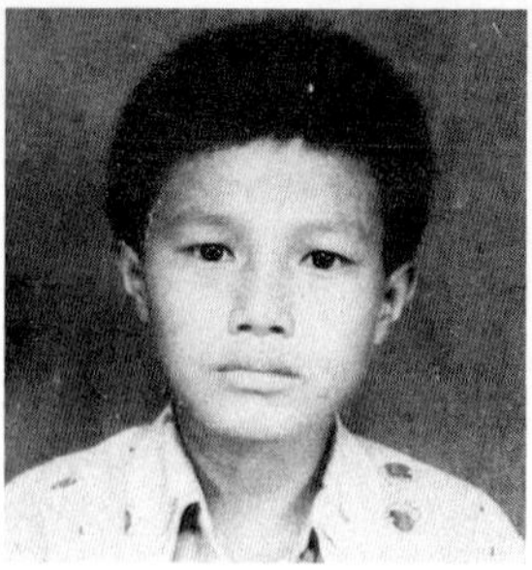

Jnajyoti

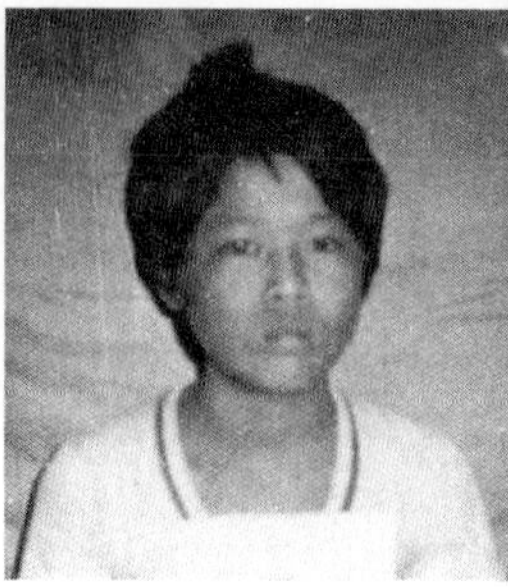

Prabodkumar

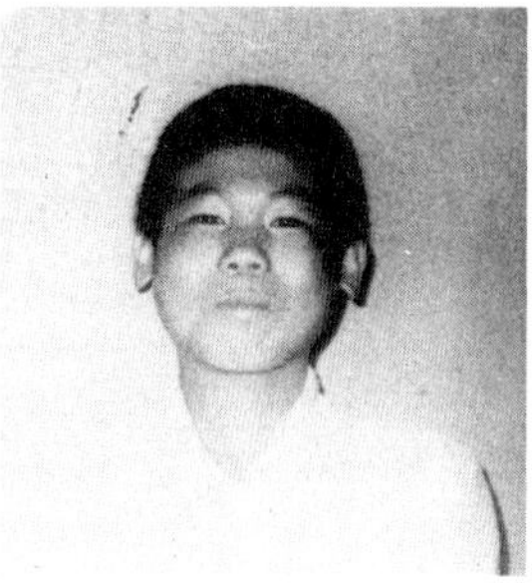

Devajyoti

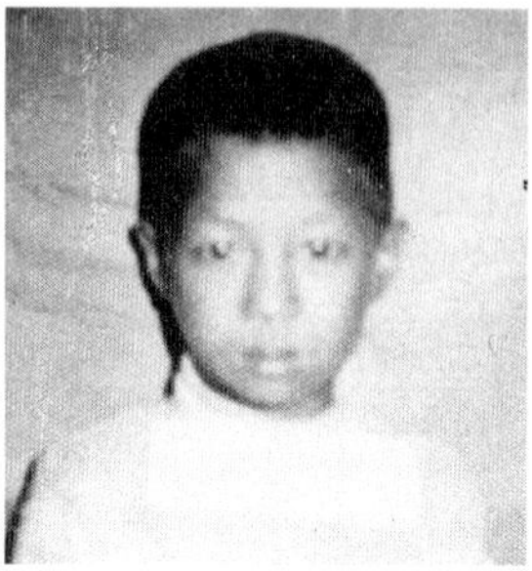

Arunbijoy

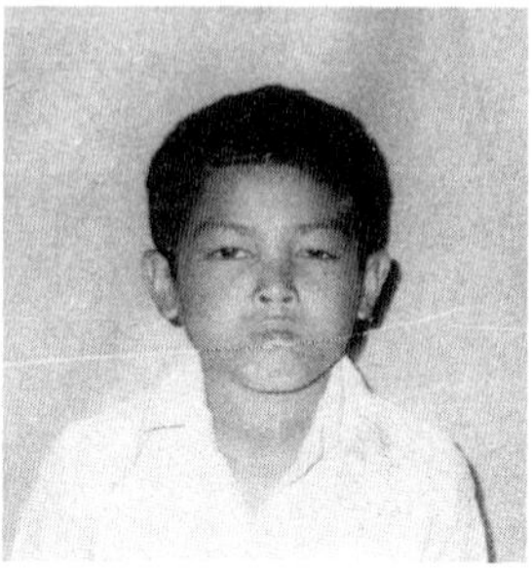

Pratul

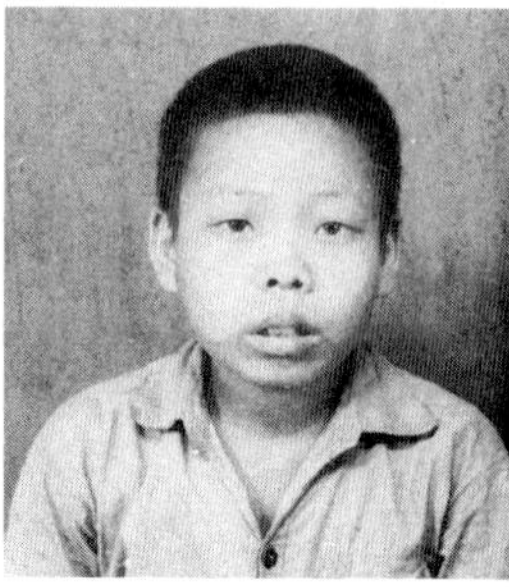

Amulyadhan

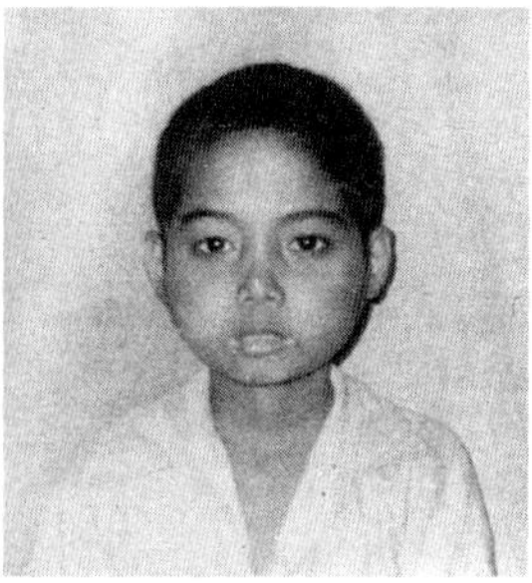

Pravatchandra

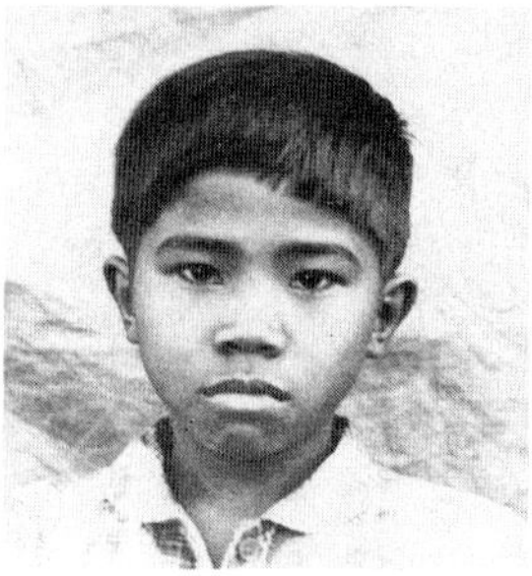

Smritimoy

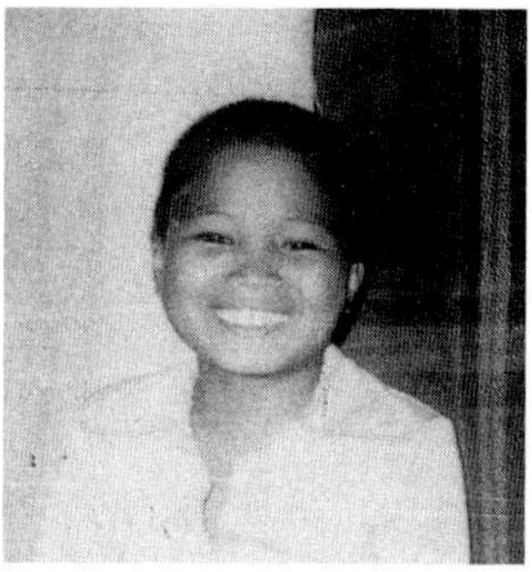

Jnana

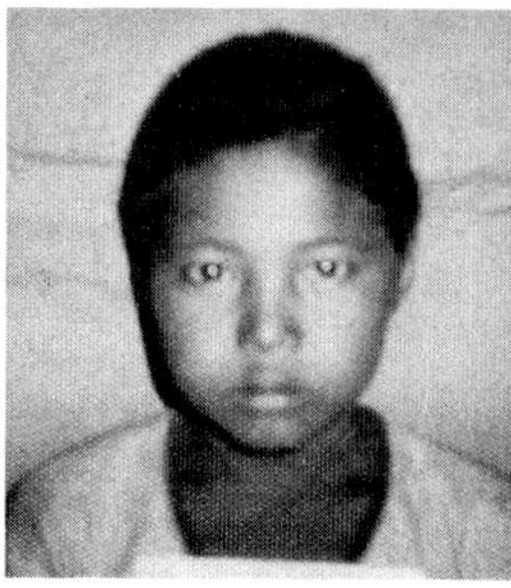

Udaynishan

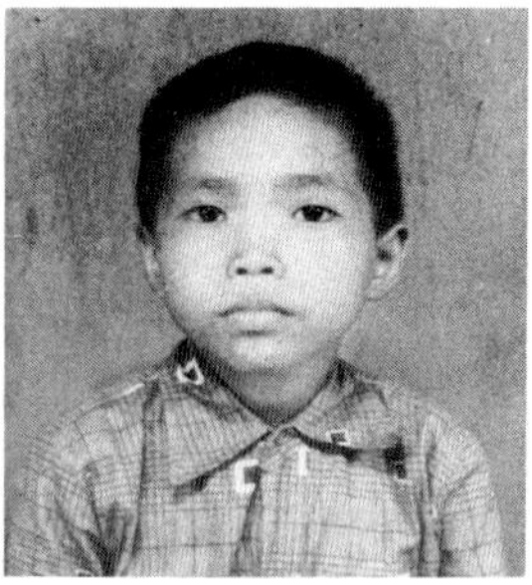

Lakkan

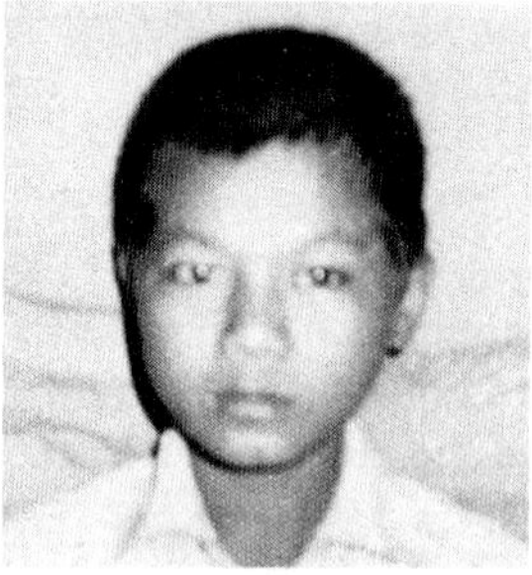

Durgakinkar

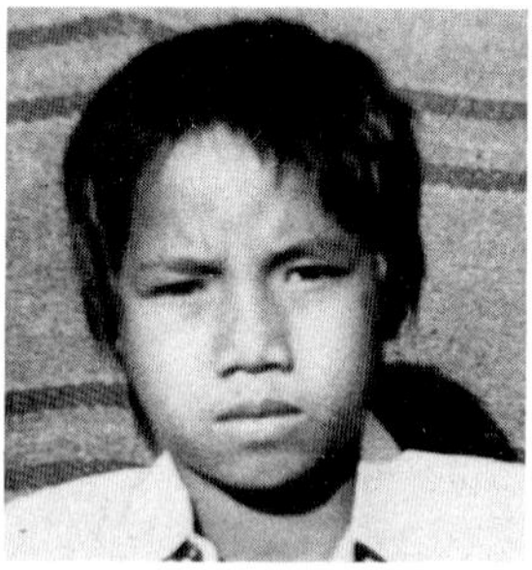

Karmendriya

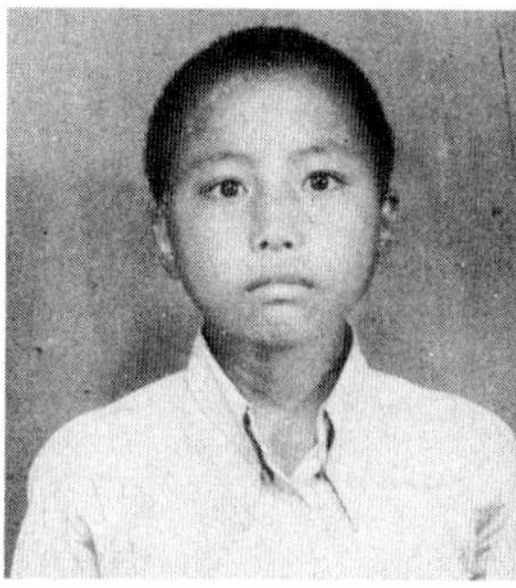

Laxiranjan

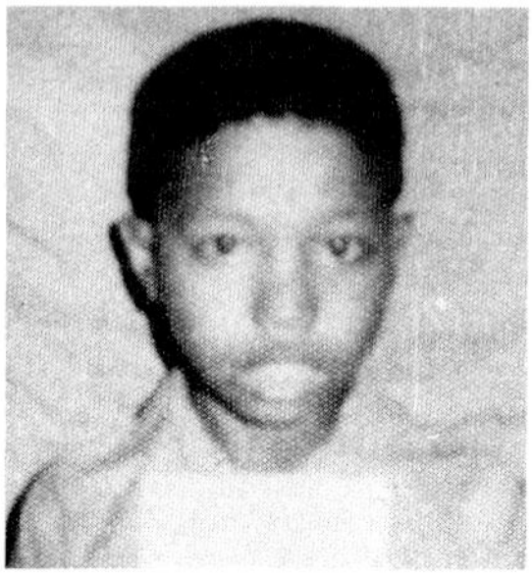

Amarjib

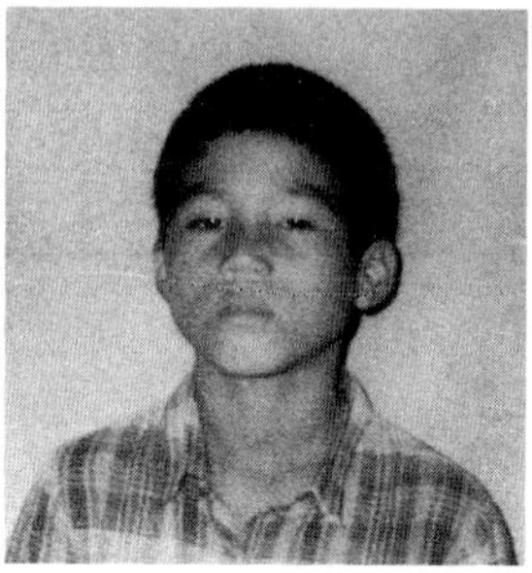

Jhanaswer

Voici, sur ces quatre pages, les soixante-douze enfants rescapés des massacres au Bangladesh et recueillis en France par autant de familles grâce à l'action de *Partage avec les enfants du tiers monde.*

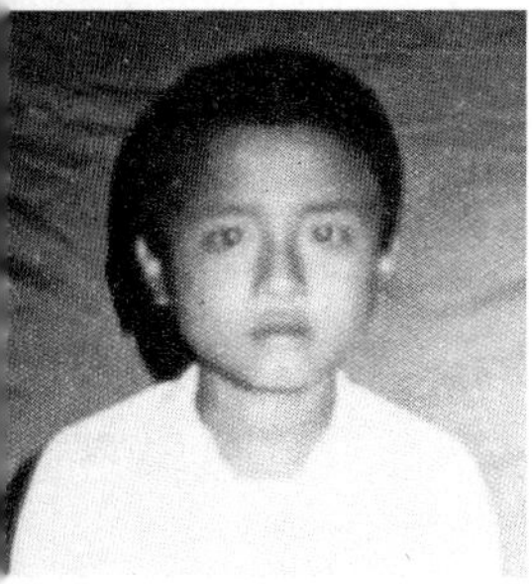

Dayal Jyoti

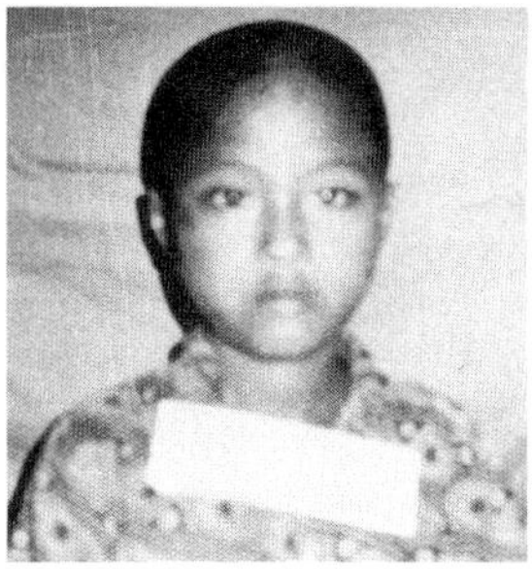

Milon Jyoti

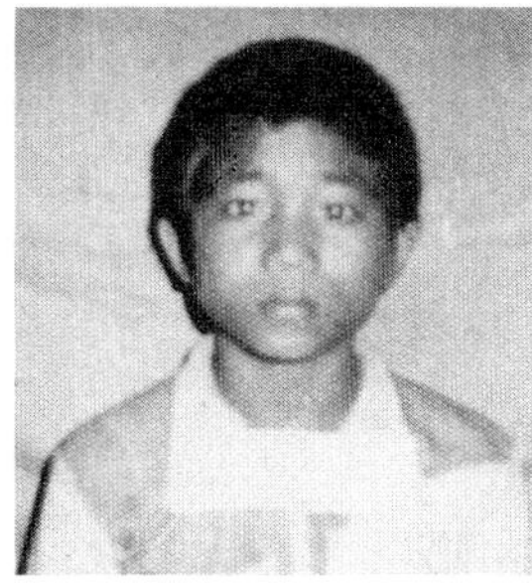

Amarbikash

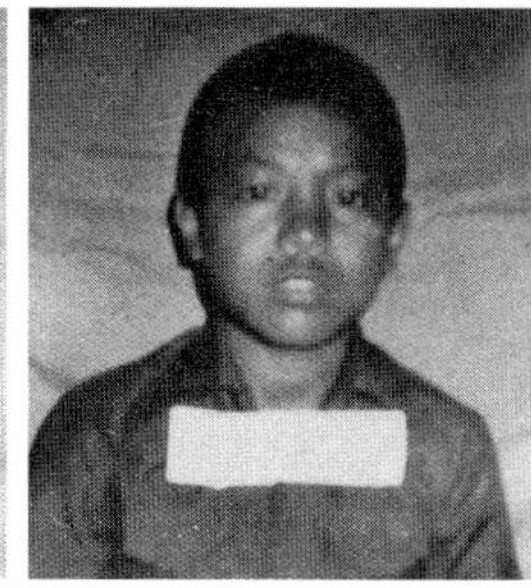

Buddhjay

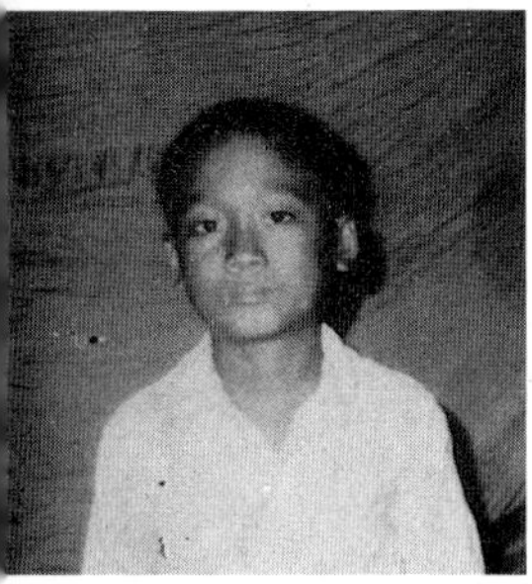

Padmakumar

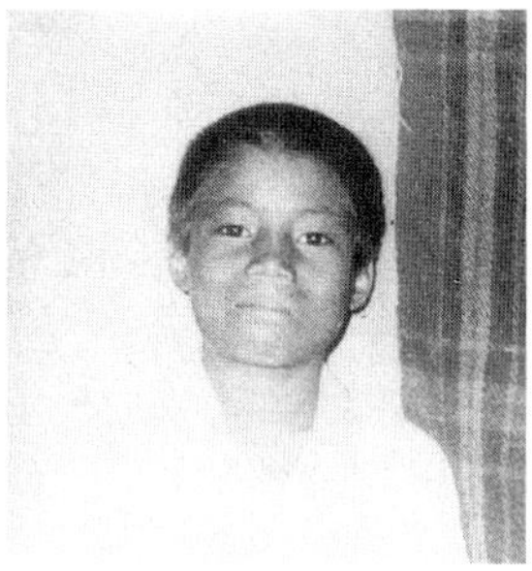

Karmendriya

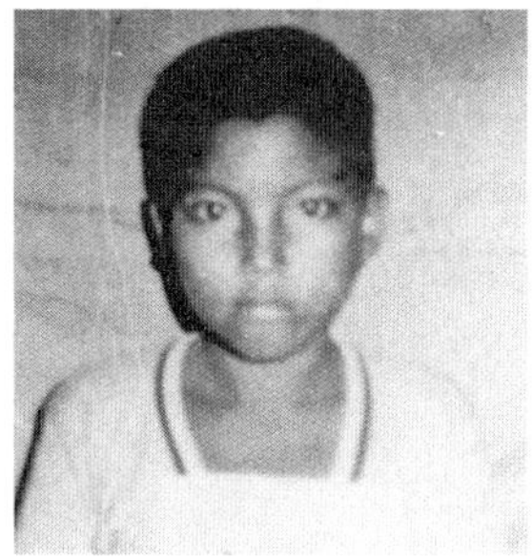

Binoykanti

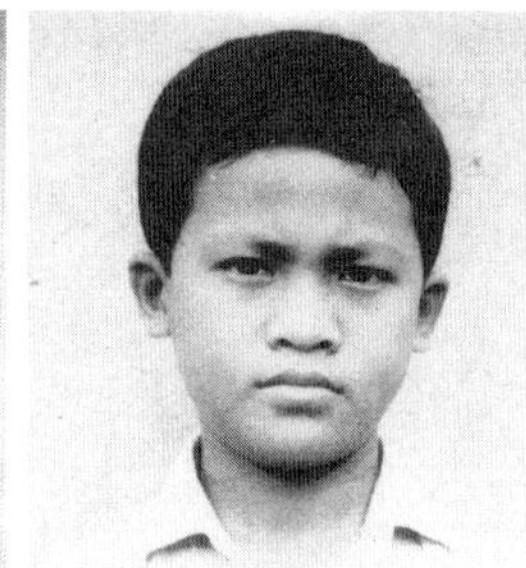

Basanaranjan

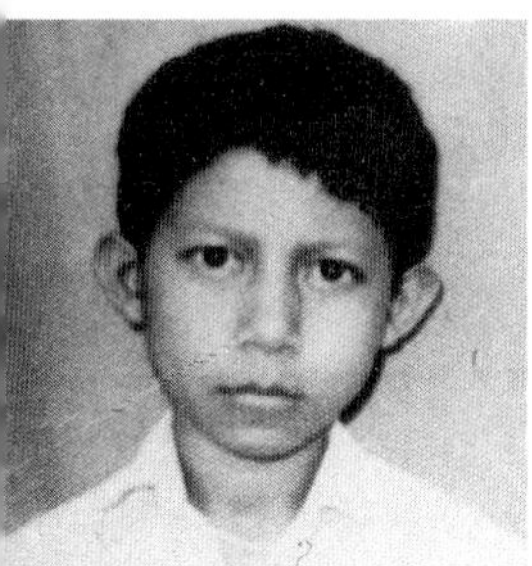

Pulaknaya

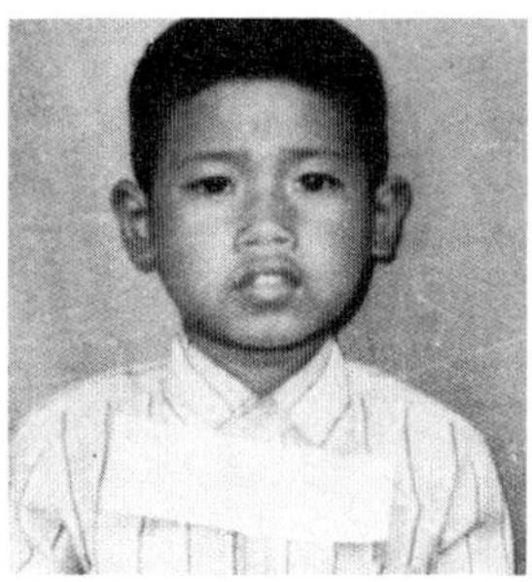

Ananta

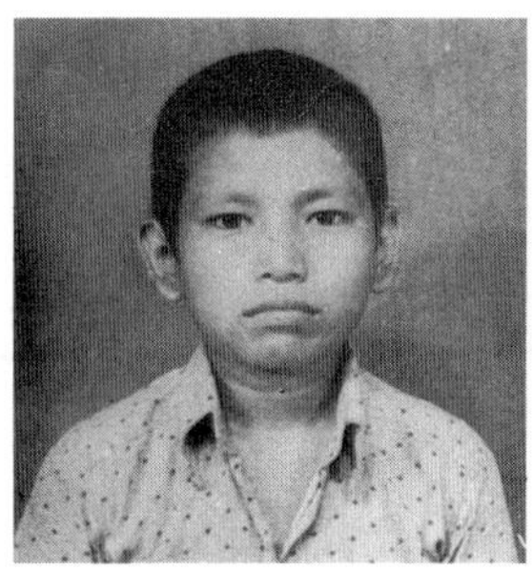

Monoranjan

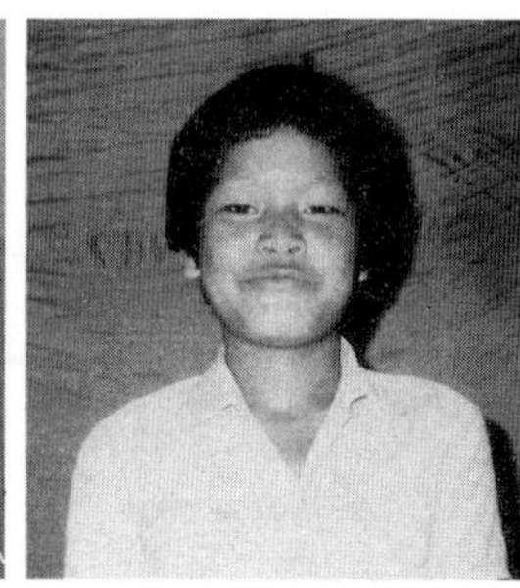

Mihirkanti

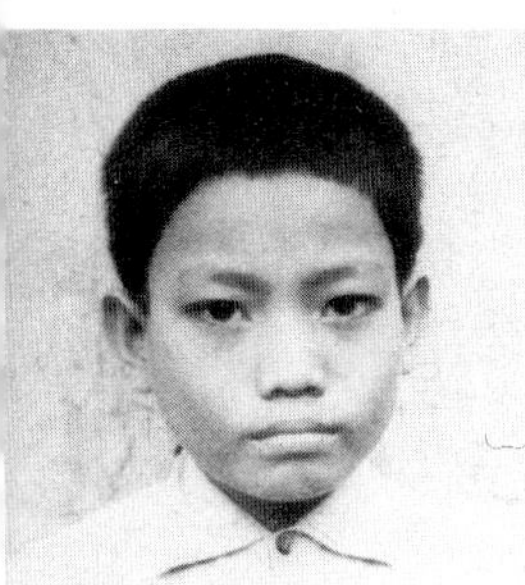

Suniti Bikash

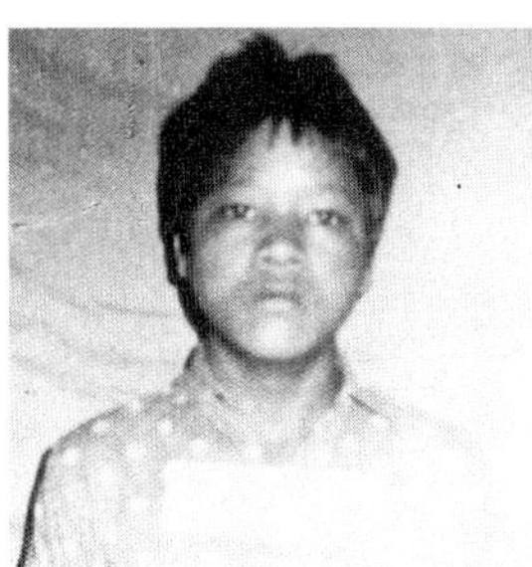

Monoshanti

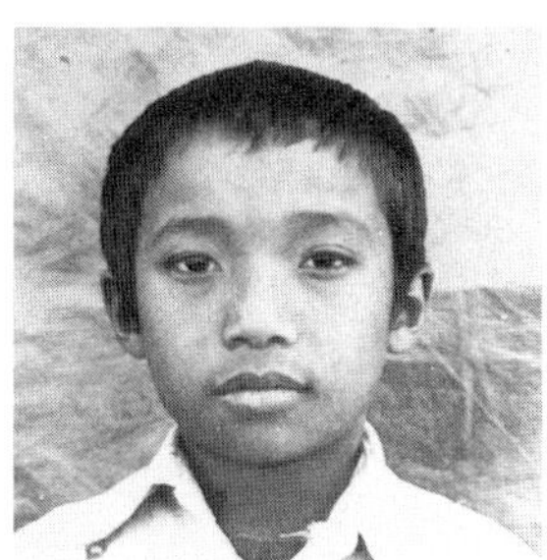

Devershi

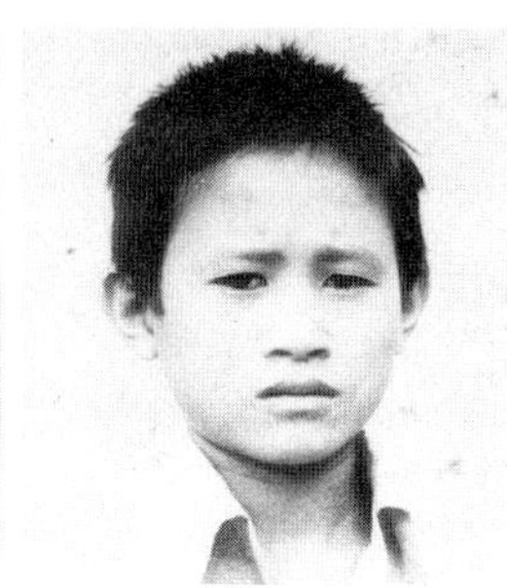

Ujjalmoy

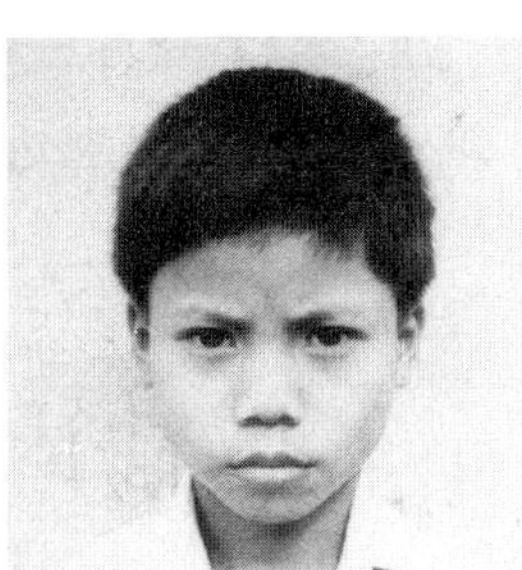

Kamalendu

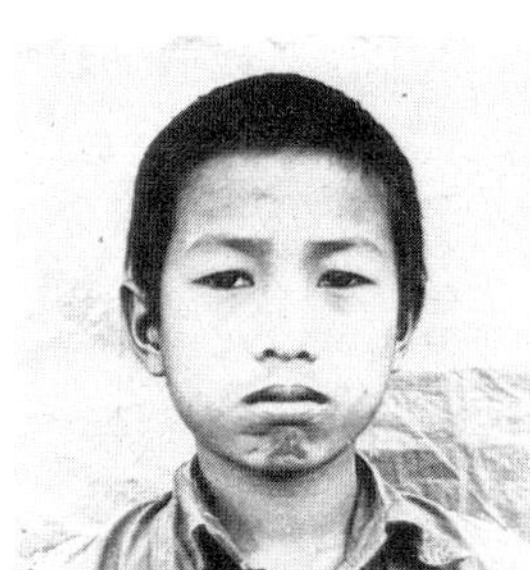

Hriday Shanti

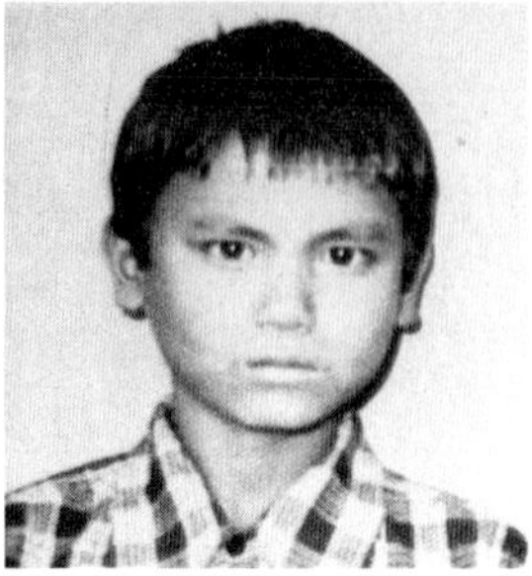
Manjulal

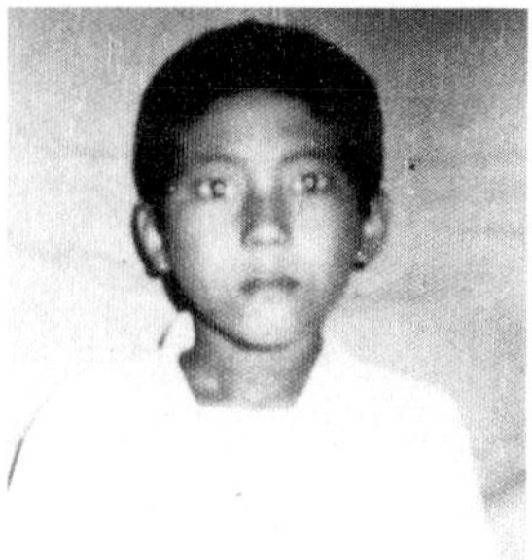
Shanti Prakash

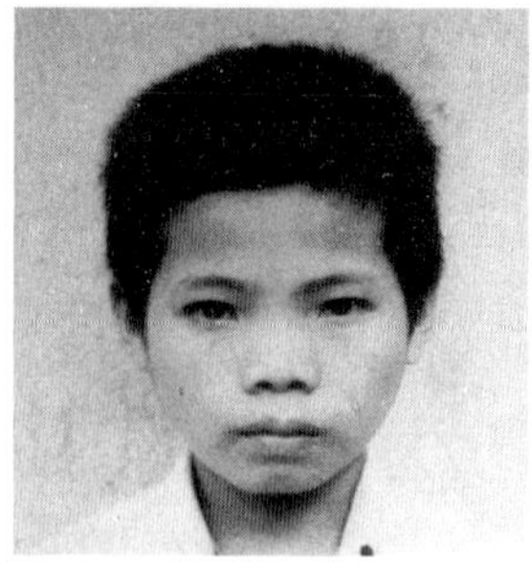
Arjyamitra

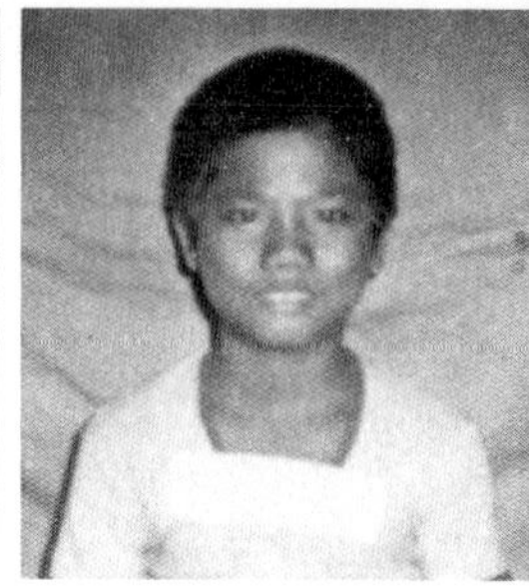
Smriti Bikash

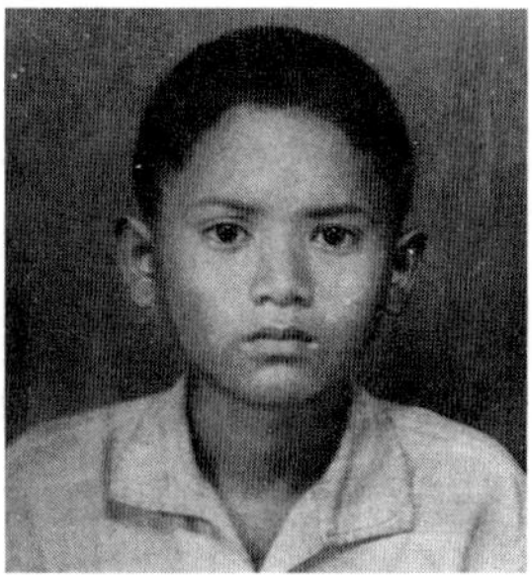
Shadhan Bikash

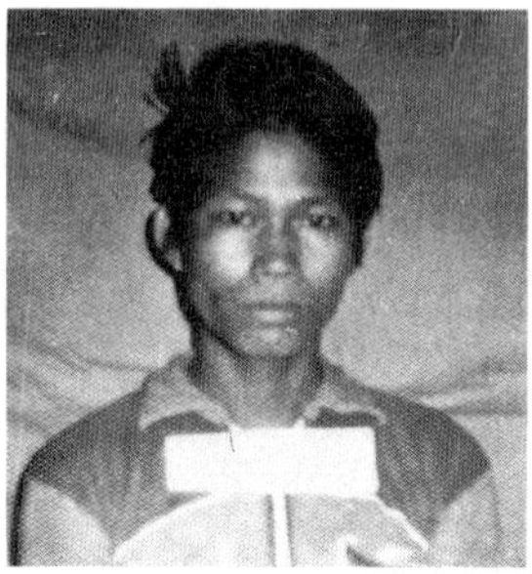
Hemaranjan

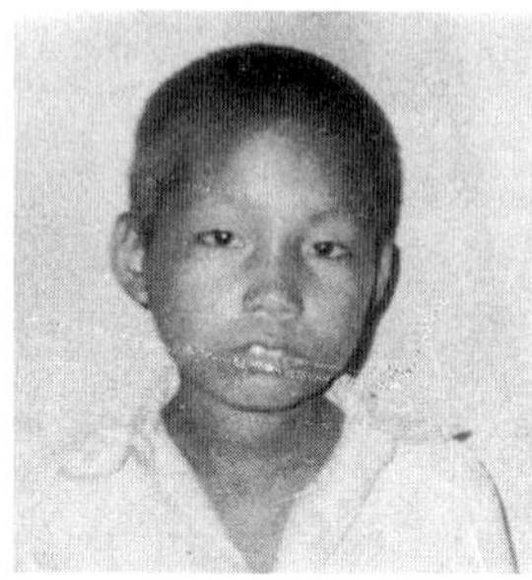
Mrinalkanti

Samaraj

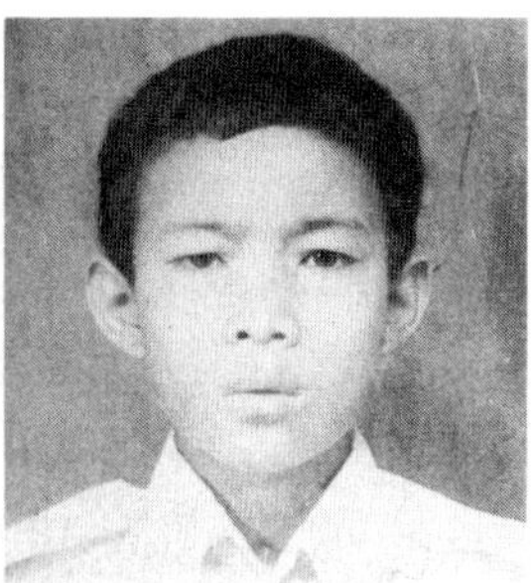
Jnanalok

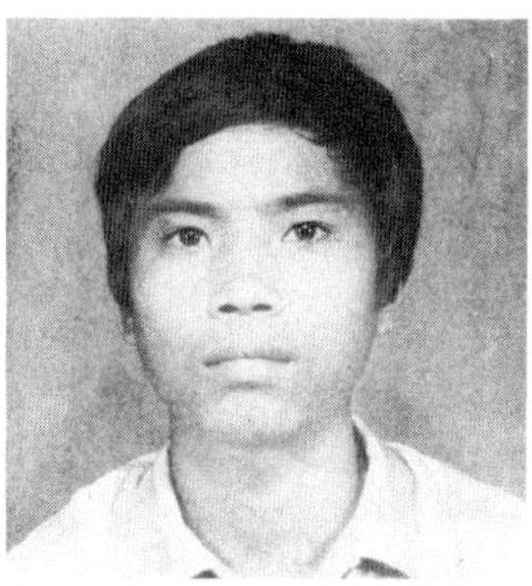
Nandakishore

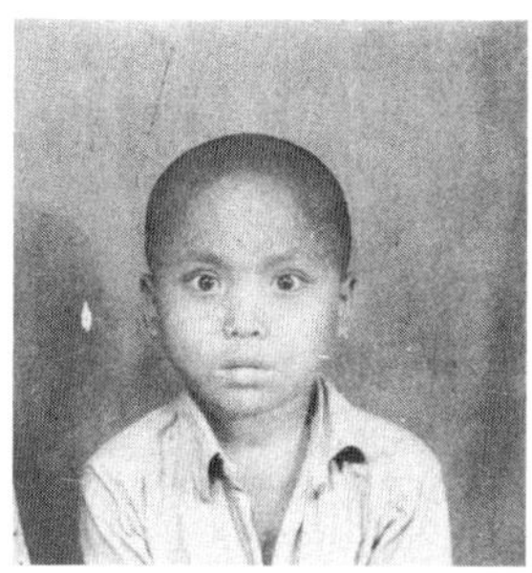
Utpol Jyoti

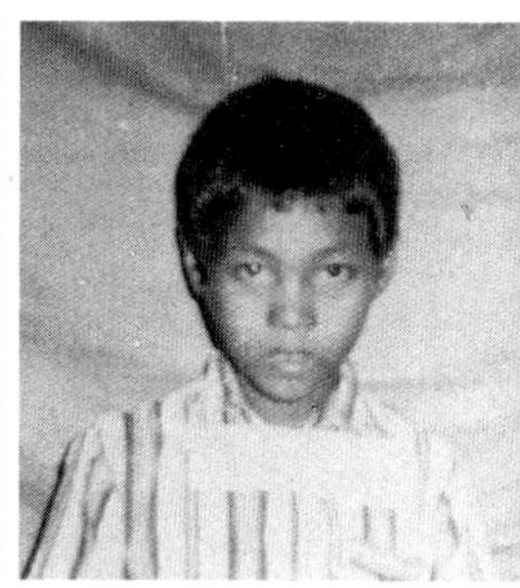
Himangsu

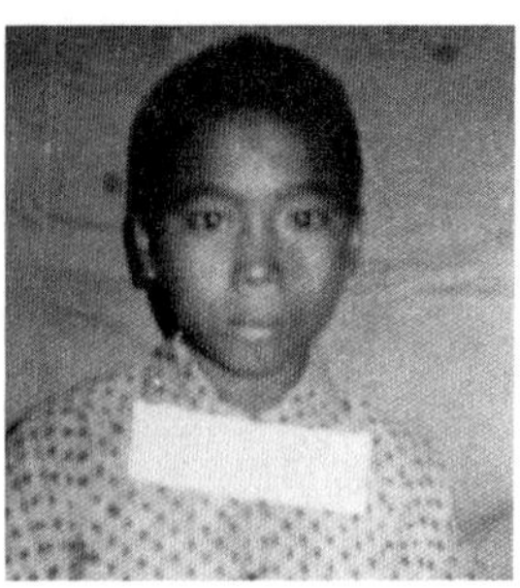
Kaladhan

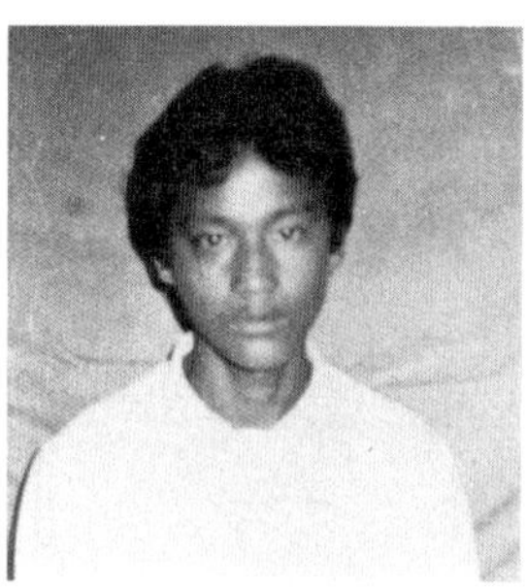
Lilamoy

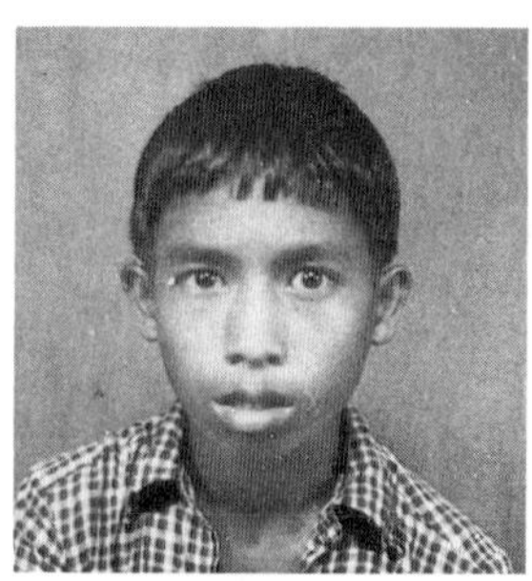
Madhukumar

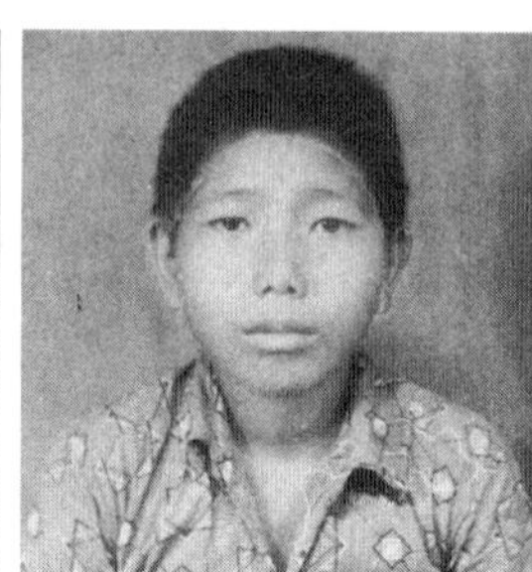
Bijalikumar

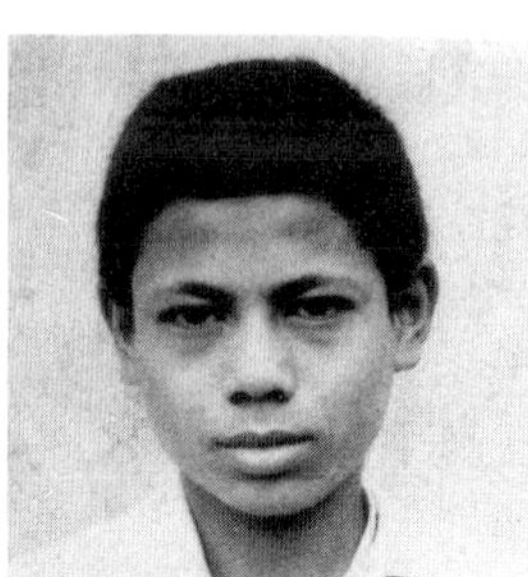
Arunjyoti

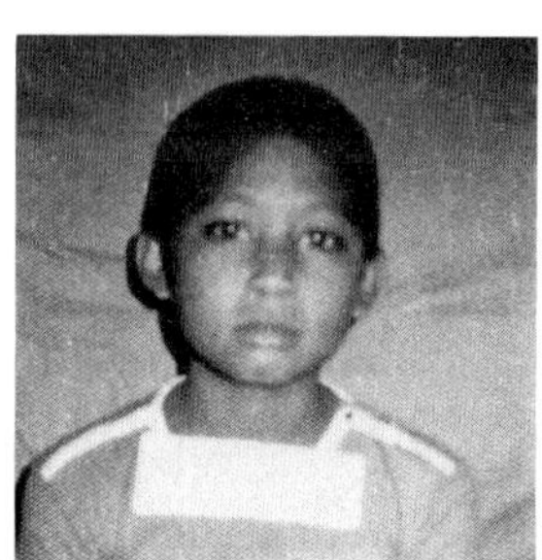
Priyatosh

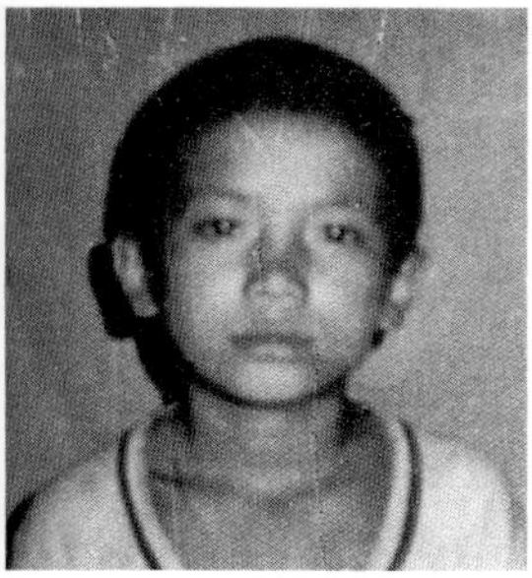
Tarunalo

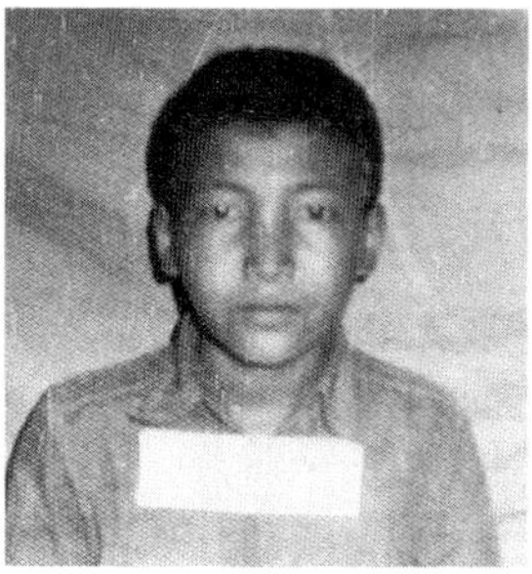
Jnanapriya

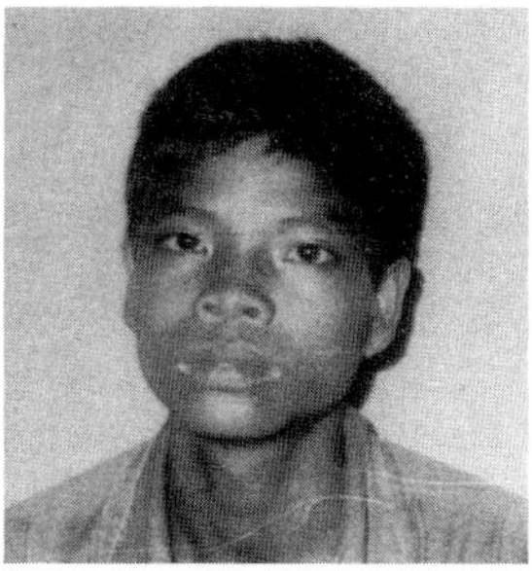
Shantiprya

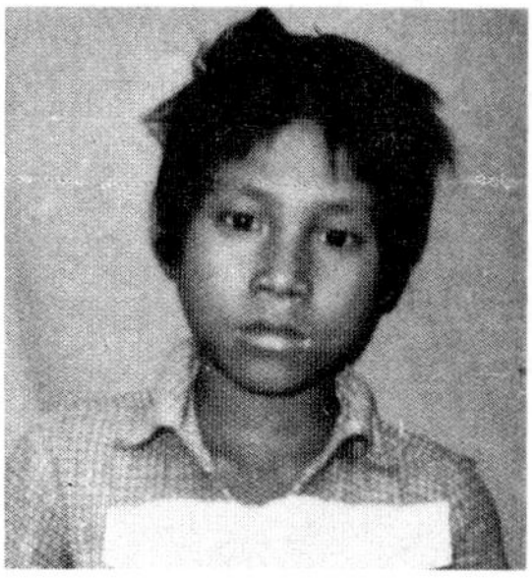
Someswar

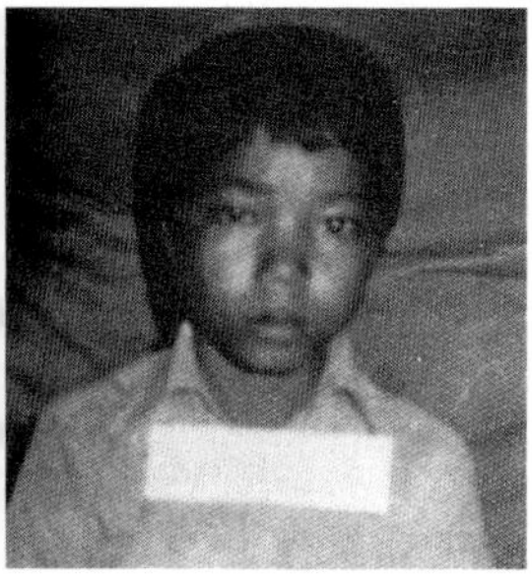
Kalenjoy

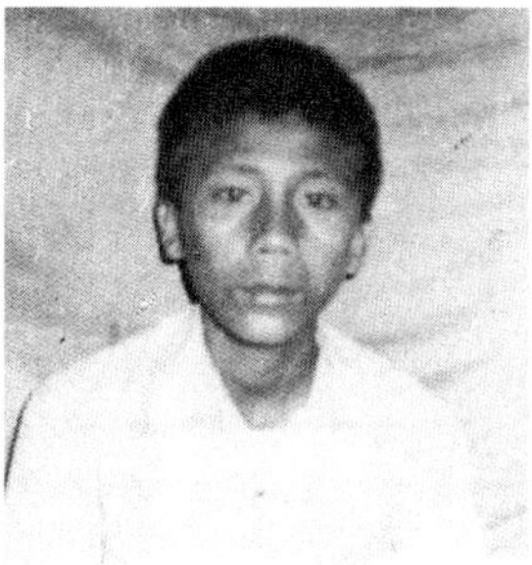
Dhanessen

Amaniranjan

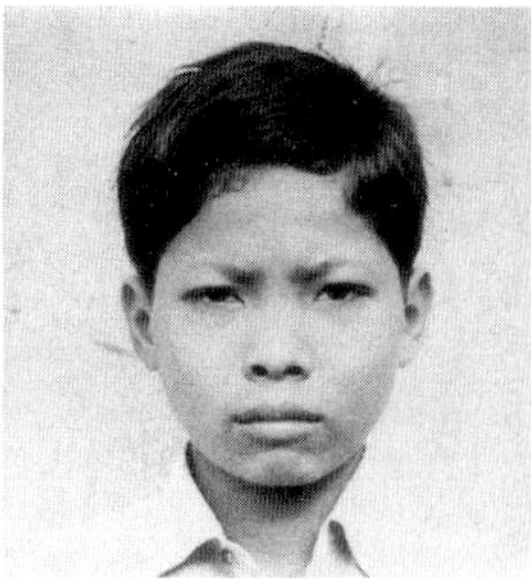
Pankajay

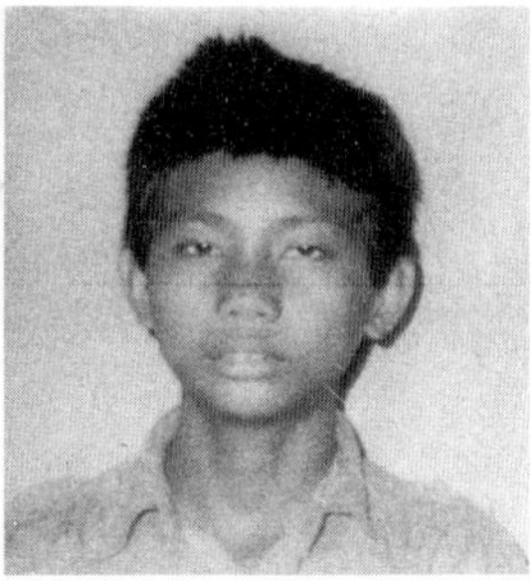
Shantipriya

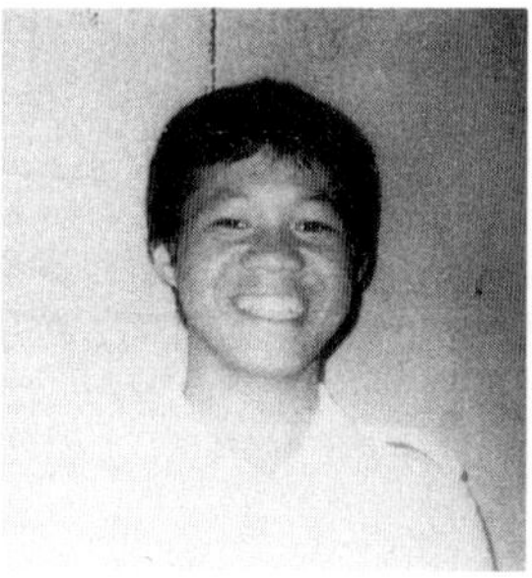
Naunjoy

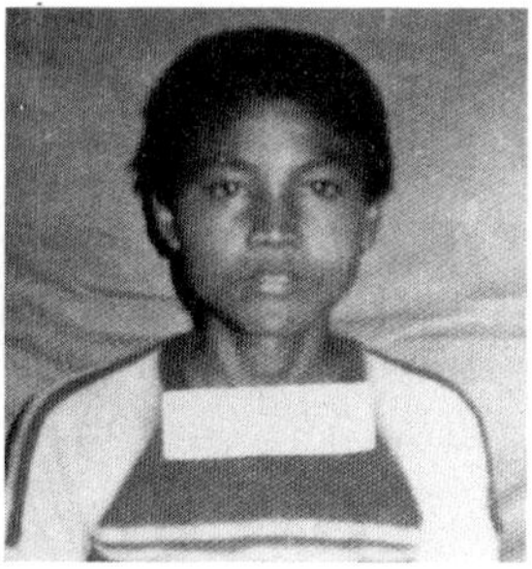
Sudhananda

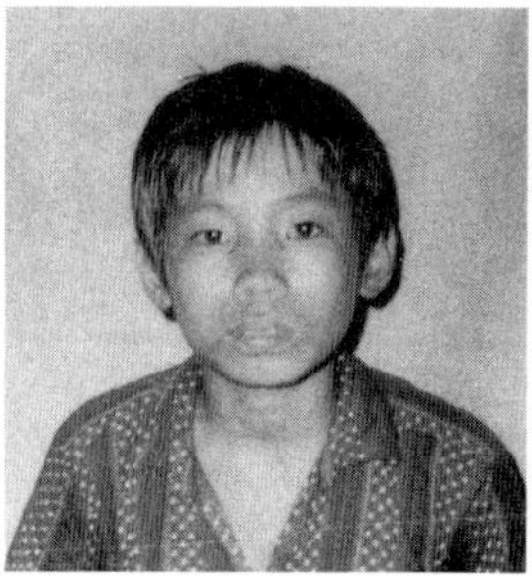
Nutan Kumar

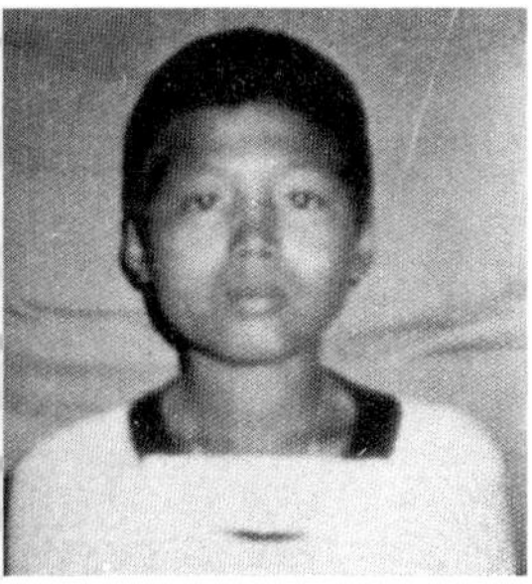
Maharam

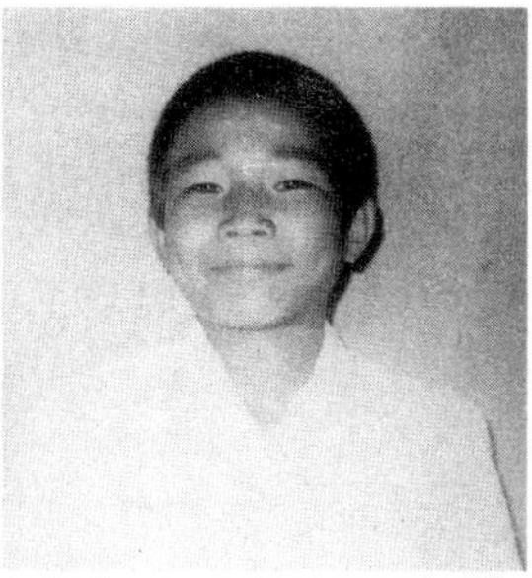
Jashoyan

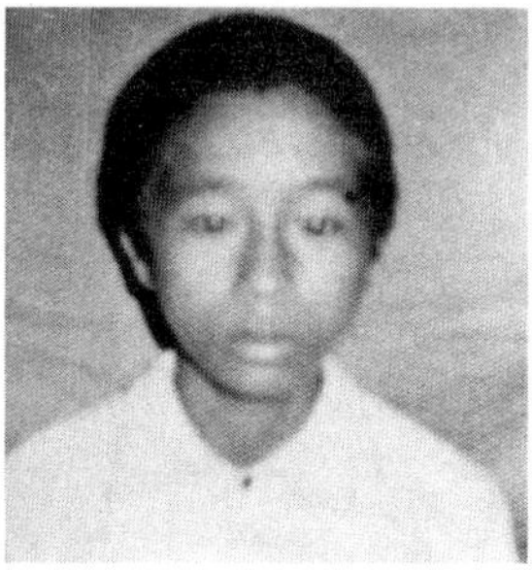
Karuna Bikash

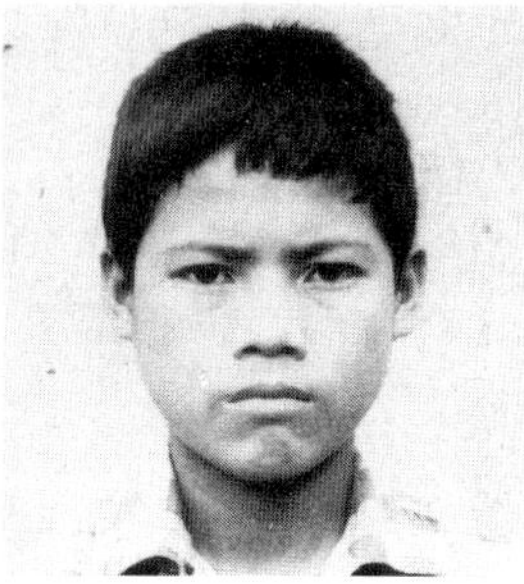
Suresh

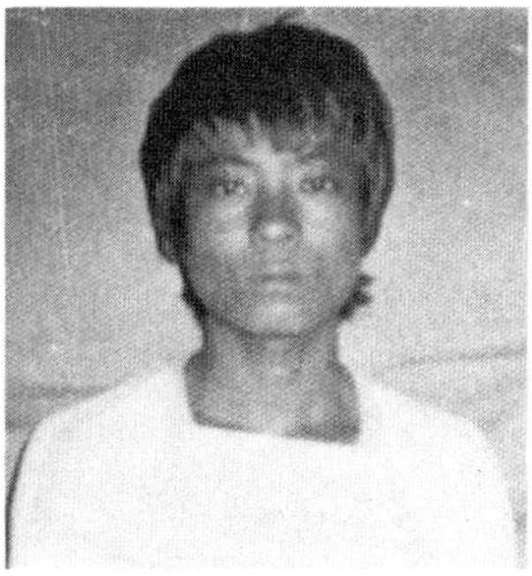
Lakshmi Shanti

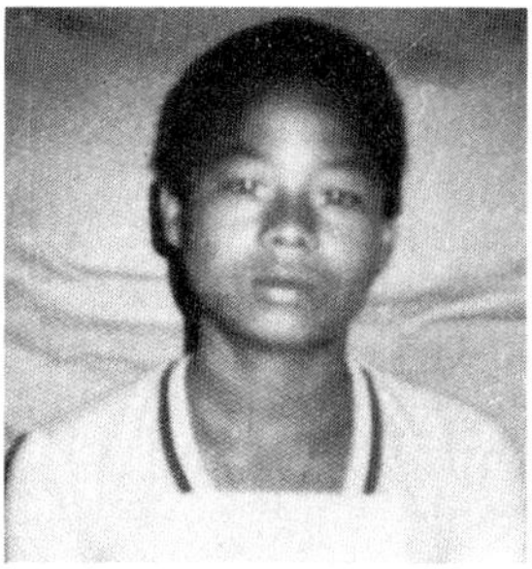
Shantijiban

De gauche à droite, Pierre Marchand, Michel Damien, Sudhananda, Priyatosh,Dipty et sa sœur Somapti, Dhanessen et, au premier plan, Sharla. Une fête avec six personnes originaires du Bangladesh en 1990.

Les soixante-douze enfants s'apprêtent à quitter les camps de réfugiés, mais certains ne viendront pas et seront remplacés par d'autres au dernier moment.

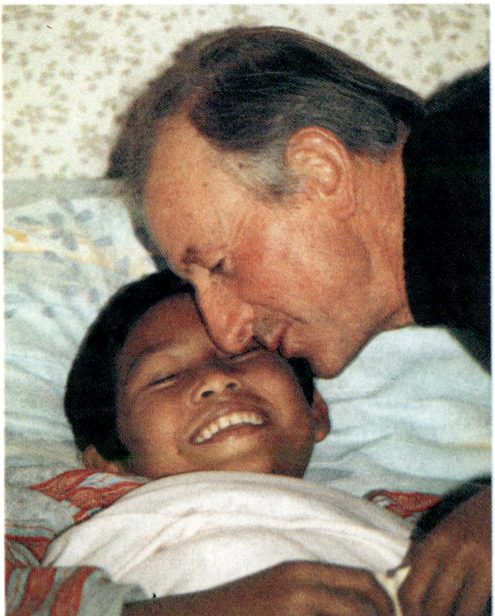

Priyatosh avec son nouveau père, peu après son arrivée en France. L'incertitude sur la venue des enfants s'était prolongée durant plusieurs mois, plongeant les familles d'accueil dans l'angoisse.

Invités par le président de l'Assemblée nationale, Jacques Chaban-Delmas, le 20 décembre 1987 à l'Hôtel de Lassay, les rescapés ont déjà appris depuis deux mois à vivre en France. Le Bangladesh réclame aujourd'hui leur retour dans ce pays où leur avenir serait gravement menacé.

Sudhananda entouré de sa nouvelle famille en Bretagne. Ses sœurs Claire et Bénédicte, son frère Marc et ses parents Marie-Christine et Paul.

Mihirkanti, au centre, entouré de Céline, Emelyne, Damien et Thibault dans sa nouvelle demeure à proximité de la Loire *(ci-dessus)*. Suresh et Nutan Kumar *(à droite)* près de Cannes.

Collection appartenant à l'association Partage avec les enfants du tiers monde, *excepté la photo de Sudhananda avec sa famille faite par Denis Majorel. Photos Laurent Charpentier, Pierre Marchand, Suniti Jiban Chakma, Michel Damien.*

15.

Une pluie torrentielle

Je m'avance sur le terrain découvert en cherchant à distinguer dans l'obscurité si un militaire ou un Bengali ne m'observe pas, ne m'entend pas. Entre la construction en bois que je viens de quitter et la jungle, la distance me paraît immense, interminable. Mon cœur bat très fort. Y a-t-il là un musulman, et ici un soldat, et là encore un musulman avec un poignard ou une faucille ? Mes camarades se posent les mêmes questions. On s'efforce de ne pas faire le moindre bruit. Priyatosh est à mes côtés. Notre unique chance est d'être enveloppé par la nuit.

On passe d'abord par des sentiers tracés dans une rizière. On se dépêche. J'atteins les premiers arbres de la forêt. Le silence recouvre l'orphelinat. On a du mal à respirer tellement on a peur. Je tiens ma couverture et veille à ne pas la perdre.

Notre fuite n'a pas été remarquée. Chacun se sent un peu soulagé. Les soldats n'ont pas disposé un réseau de surveillance étroit. J'ignore ce qu'ils font. Nous ne nous retournons presque pas. Il nous tarde d'être loin d'eux au milieu des arbres.

Notre petit groupe court aussi vite qu'il peut, sans se disperser, sans égarer les plus jeunes, avec les villageois qui nous accompagnent, tout le monde muet, tout le monde oppressé. Les premières pentes des collines sont difficiles à gravir dans le noir.

A peine avons-nous quitté l'orphelinat qu'un malheur arrive. Une autre catastrophe nous surprend. Ah ! la catastrophe !... La pluie se met à tomber soudainement, une pluie torrentielle, de grosses gouttes de pluie de la mousson qui vient de débuter à cette époque. L'eau tombe à nous empêcher de marcher. Je trébuche. On lutte pour avancer. Ma couverture est complètement trempée. En un instant, elle est remplie d'eau et devient beaucoup plus lourde. Je n'ai rien pour la protéger. Elle est aussi mouillée que si elle avait été plongée dans le lac. Il sera impossible de m'en servir avant longtemps. Nous transportons tous nos couvertures trempées.

Les vêtements aussi sont trempés, l'eau nous dégouline dans les yeux, la bouche, nous empêche de respirer à cause de sa violence, et nous faisons des efforts acharnés pour marcher sur une terre qui devient de plus en plus glissante. Des enfants dérapent, se retiennent comme ils peuvent, s'affalent, se relèvent. On ne peut pas monter rapidement sur les collines. Les villageois trébuchent aussi dans la nuit et la pluie qui redouble. Beaucoup tombent et se font mal, incapables de s'accrocher à des branches qu'ils ne voient pas. La pluie nous frappe, nous bat, comme si le ciel était contre nous.

Ce départ en pleine mousson s'effectue au plus mauvais moment de l'année. On a peu de chances d'éviter de nouvelles pluies, la boue et les risques de chutes dangereuses, d'entorses, de jambes cassées. Mais au contraire, pendant la saison sèche, les nuits sont beaucoup plus froides et ce ne serait peut-être pas mieux. On n'a pas d'équipement. Pieds nus, avec des vêtements très légers, on ressent cette pluie affreuse comme une douleur. Elle dure un quart d'heure ou vingt minutes, et s'arrête en nous laissant estomaqués.

J'entends tout à coup des bruits qui ne proviennent pas de notre groupe. La peur d'avoir été remarqués recommence. On est découverts !... Ça y est ! On est vus... Des gens s'approchent. On n'ira peut-être pas plus loin.

Ils n'attaquent pas. La nuit empêche d'observer. C'est vrai pour eux comme pour nous. Je n'ai pas le temps de me demander longtemps qui ils sont. Avant d'avoir eu réellement peur, je reconnais leurs voix.

Les deux enfants qui étaient allés au marché de Boalkali acheter de la nourriture, ce matin, et qui ont été gardés prisonniers à l'école du village, viennent d'être relâchés par les militaires dans la soirée. On se demande comment ils ont fait pour nous retrouver. On était allés les chercher en vain au cours de l'après-midi.

Ils racontent ce qui leur est arrivé. Ils sont revenus aussitôt à l'orphelinat. Tout y était calme, silencieux, désertique. Ils n'ont même pas vu ce que certains militaires faisaient dans un coin. L'orphelinat semblait vide. Ils ont vite constaté que nous étions tous partis sans eux. Ils se sont sentis perdus, abandonnés. Ils ont crié des noms. Ils ont crié très fort pour nous appeler. Ils n'ont eu aucune réponse. Les soldats ne se sont pas occupés d'eux, comme s'ils ne les entendaient pas. Tout était bizarre et anormal.

Quand les deux enfants s'étaient mis en route le matin pour le marché, l'attaque n'avait pas encore eu lieu, et à leur retour les dortoirs étaient vides, la maison du directeur abandonnée, toutes les constructions désertes. Ils ont crié de désespoir.

C'est à ce moment que le moine Ganandesse, qui avait été poussé par la terreur à se cacher le premier lors de l'arrivée des militaires, est sorti de la forêt!... Il a été le seul à leur répondre. Ils se sont trouvés trois à être isolés!... Les deux orphelins ont récupéré un peu de courage et de forces en voyant sortir de la forêt ce jeune enseignant. Il a peut-être bien valu, pour eux, que la peur le fasse se cacher et qu'il réapparaisse à l'orphelinat au bon moment pour les aider. Ils se sont mis tous les trois à notre recherche en devinant que nous avions gagné la jungle avec l'intention peut-être d'atteindre l'orphelinat de Moanogar.

Nous n'avons pas encore parcouru une grande distance. Le chemin que nous cherchons pour aller nous réfugier à Moanogar est introuvable dans l'obscurité. Nos efforts n'aboutissent à aucun résultat. La pluie qui vient de tomber et la boue compliquent cette recherche. Nous savons à peine où commence le chemin. En plein jour, il nous faudrait le chercher également. Le découragement commence à se faire sentir.

Bientôt, il nous faut renoncer à prendre la direction de Moanogar. Nous ne la repérons pas. La forêt se montre vraiment hostile et démoralisante. Afin d'éviter la caserne de Boalkali où les militaires nous auraient arrêtés, nous avons traversé un instant auparavant un champ de boue, une rizière, en marchant avec tant de difficulté que quinze ou vingt minutes au moins nous ont été nécessaires. Nous sommes sales et découragés dès le début de notre fuite.

Je ne sais pas où l'on va. Si nous n'allons pas à Moanogar, où pourrait nous défendre Bemal Bikku, je ne vois pas où nous pouvons aller. Il n'existe aucun autre endroit où nous réfugier au Bangladesh.

Je n'ai plus aucune notion de la direction que nous suivons. Je sais qu'il faut se sauver. C'est tout. J'avance comme les autres. Personne ne sait exactement où il va. Il n'y a pas de lieu bien défini.

Sans carte géographique, sans aucun repère, sans boussole, sans guide, on ne se sent pas assuré d'échapper aux patrouilles de militaires qui circulent dans les Chittagong Hill Tracts, ni aux nouveaux Bengalis qui arrivent chaque jour plus nombreux.

J'ignore totalement l'endroit où je me trouve dans la forêt. Les autres enfants aussi. On doit marcher, marcher sans s'arrêter. C'est tout ce que l'on sait. On emboîte le pas des quatre moines et de quelques adultes qui ouvrent le chemin.

Sur un sommet de colline, on voit soudain des flammes au loin, sans doute encore des maisons qui brûlent. Elles se situent dans la direction de l'orphelinat. On ne peut pas distinguer si le feu a été mis à notre orphelinat, mais certains le supposent avec une grande tristesse. On n'a pas le temps de s'arrêter.

Je porte ma couverture trempée en songeant que, au premier rayon de soleil, je la ferai sécher. Mais l'aube n'est pas encore là. Je commence à être fatigué. Je suis les autres. Les adultes surveillent si nous avançons. On avance. Je n'ai pas mangé au cours de la journée. Le manque de sommeil pendant les nuits précédentes, où il fallait veiller et guetter, nous a tous beaucoup fatigués. Je ne parviens plus à penser. Je marche. Je glisse souvent sur la terre détrempée.

Je me demande si ma mère est morte et si sa maison a brûlé. Je m'accroche les pieds aux branches et à des herbes épaisses. Je heurte des pierres. Personne ne dit rien. On avance.

16.

L'orphelinat en feu

Mihirkanti, l'enfant qui avait été envoyé la veille par les moines chercher des nouvelles au village, revient le matin du 14 juin 1986. Depuis une colline, il voit l'orphelinat brûler. Il est affolé, stupéfait. Il ne s'attendait pas à cette horreur. La fumée s'élève dans le ciel. Les dernières flammes s'éteignent. Il ne reste que des décombres. Toutes les constructions sont en train d'être réduites en cendres devant ses yeux.

Mihirkanti est seul. Il ne s'approche pas davantage. Dès qu'il se rend compte de l'incendie et de la destruction totale de l'orphelinat, il s'arrête. Il comprend que les militaires et les civils musulmans ont attaqué avec férocité. Cette fois, c'est fini. Tout est détruit. Il a peur. Il se met à pleurer. Il ne sait pas ce que sont devenus les enfants et les responsables. Il n'en aperçoit aucun sur le grand terrain de l'orphelinat.

La région est tout entière dévastée, et Mihirkanti se trouve seul parmi des ruines et des hommes en armes. Il y a beaucoup de fumée. Il se cache. Il tremble et ne sait où aller.

Il s'est déjà enfui et dissimulé la nuit précédente au milieu des collines, distantes de quelques kilomètres, en allant recueillir des informations dans sa famille comme on le lui avait demandé. D'autres villages avaient été attaqués avant celui de Boalkali. Aussitôt parvenu dans sa maison, il avait vu l'un des villages brûler à deux kilomètres environ et compris que c'était la guerre. Comme il l'avait déjà fait d'innombrables fois pour se protéger, il était parti avec sa famille dans la montagne afin d'y passer la nuit. Le matin, leur village n'ayant pas été attaqué, ils étaient revenus chercher des objets.

Sans manger, Mihirkanti avait voulu retourner immédiatement à l'orphelinat afin de parler aux moines. L'orphelinat restait le seul endroit intact qu'il voyait lors de son retour parmi nous. Il croyait qu'il demeurait encore dans l'état où il l'avait quitté. Autour, ce n'était que décombres.

Il est six ou sept heures du matin lorsqu'il arrive. Sa première idée, en voyant depuis le sommet d'une colline l'orphelinat brûler, est de retourner dans sa famille. En parcourant les quelques kilomètres qui l'en séparent, il voit de la fumée partout le long du chemin. Les habitants se sauvent.

Il reçoit un choc à ce moment. Sa maison est en train de brûler aussi. Il l'avait quittée peu avant et elle ne semblait pas menacée. Mais ceux qui ont mis le feu ne se trouvent déjà plus sur place. Sa maison est un brasier. Cette scène l'épouvante. Il ne l'approche pas, mais il s'aperçoit que tout le monde est parti. Il pleure à nouveau.

Quelques retardataires à ses côtés se hâtent de disparaître sans s'occuper de son sort. Il cherche sa famille. Le sentiment d'être abandonné lui fait trop de peine. Il ne la trouve pas. Elle s'est enfuie. Il reste seul sans savoir quoi faire. La peur ne cesse d'augmenter en lui. Il a envie de pleurer et d'appeler à l'aide, mais il n'y a plus personne. Il pleure en pensant que tout le monde l'a oublié.

Il se sauve à son tour. Il part sans rien dans les mains, avec une chemisette sur le dos et un short, pieds nus. Le souvenir d'un oncle qui habite dans un village voisin lui vient à l'esprit. Il veut le rejoindre. Les gens sont tous partis et il craint que ce village n'ait également été déserté. La peur des militaires le conduit à courir plutôt du côté de la jungle. Il va y demeurer pendant trois jours tout seul.

Au début, il suit les chemins qu'il a appris à connaître depuis des années lorsqu'il accompagnait ses parents la nuit pour s'y cacher pendant les périodes d'alerte. Mais il ne rencontre personne dans les lieux qui lui sont familiers. Il n'a jamais parcouru ces chemins de façon isolée. Ce n'est plus la même chose. Il doit se débrouiller.

Une journée et une nuit passent. Il mange des fruits sauvages, des baies et des racines. Il se nourrit à peu près de n'importe quoi pour atténuer sa faim. Il voit les traces du passage des villageois, mais il ne les rencontre pas. Il a peur, il a tout le temps peur. Il ne s'arrête pas de marcher. Il se dit : « Si je m'arrête, je vais mourir. » Il ne veut pas être pris et tué.

Une deuxième caserne, après celle de Boalkali, se dresse sur son chemin. Il la contourne en silence. Des voix lointaines se font entendre. Il s'écarte en courant. Pour dormir, il ne dort pas vraiment. Il s'assoupit, il ferme à peine les yeux, il se réveille dès qu'il y a un petit bruit. Il sursaute alors et observe avec crainte. Ce n'est pas dormir. Trois nuits durent comme ça. Dès qu'il s'endort, il voit surgir les flammes devant ses yeux. Il songe aux incendies. Il rêve à sa maison brûlée. C'est impossible pour lui de dormir. Il attend dans l'obscurité, aux pieds des arbres, avant de repartir le plus vite possible. Il n'a pas assez à manger. Il avance le ventre vide, cueille les fruits qu'il remarque à portée de sa main, sans prendre le temps de chercher davantage.

Le troisième jour, il rencontre un oncle, accompagné d'autres personnes, dans la direction où il a observé les passages des gens. Sa joie est immense. Il se sent sauvé. Il continue avec eux le chemin, mais parfois les coups de fusil qu'il entend encore au loin lui montrent que le danger reste présent. Ils ne se retournent pas en les entendant. Ils forcent l'allure.

La nuit, ils marchent beaucoup. Ils forment tous ensemble une caravane qui s'enfonce dans la jungle. En traversant une rivière peu profonde, ils découvrent des cadavres. Mihirkanti voit des têtes coupées, et les corps à côté. Il ne sait pas combien ils sont. Du sang s'étale sur la berge. Le groupe poursuit son chemin rapidement.

Plus loin, des Shanti Bahini les secourent en leur donnant du riz au moment où ils n'ont plus rien à manger. Mais, dès qu'ils ont commencé à manger, ils entendent à nouveau des coups de fusil derrière eux, tout proches. Aussitôt, ils se cachent dans des cavités, des trous. Ils n'ont pas le temps d'avaler leur riz et la plupart l'abandonnent sur place avec les gamelles pour se cacher. Quelques personnes sont tuées à l'arrière du groupe. La présence des Shanti Bahini dans les parages les protège et évite peut-être un massacre général. Quand les détonations cessent, ils reprennent leur chemin.

La pluie de la mousson tombe par intermittence. Un soir, le groupe construit une cabane pour s'abriter. Chacun donne un coup de main, et elle est terminée rapidement. L'un prend un morceau de bois, l'autre des feuilles, et ça fait une cabane très vaste. Le grand nombre de gens oblige à l'édifier en longueur, plusieurs dizaines de mètres, afin d'abriter la caravane, mais presque chacun construit lui-même son emplacement à l'abri. C'est vite achevé. Elle n'a que trois ou quatre mètres de large. Le feuillage protège de la pluie et aussi légèrement du froid. Les nuits précédentes, Mihirkanti a eu souvent froid. Il s'endort dans cette cabane. La pluie tombe à nouveau avec violence. Les enfants et les adultes dorment les uns à côté des autres jusqu'à l'aube afin de récupérer quelques forces.

Soudain, Mihirkanti est réveillé par des coups de feu. Il entend quelqu'un près de lui dire que les ennemis sont là. Il y a beaucoup de bruit. Ils se sauvent tous. Ils se sauvent très vite, disparaissent parmi les végétaux. Mais certains n'y arrivent pas. Ils sont tués tout de suite. Le feu est mis à la cabane. Le bois mort et des feuilles sèches s'embrasent.

Mihirkanti dormait à l'intérieur de cette grande cabane dont une extrémité flambe maintenant et il a très peur en courant. Il y avait encore des gens dedans lorsqu'elle a été incendiée, des parents et des petits enfants qui ne savaient pas marcher, des bébés.

L'abattement s'empare des survivants. Certains pleurent et ont l'impression qu'ils sont vaincus d'avance et vont devenir fous. Ils éprouvent le sentiment qu'ils risquent de finir par mourir comme les autres dans cette jungle interminable où les périls surgissent de tous côtés, hommes, animaux, faim, maladies, épuisement. Leurs compagnons les encouragent à continuer.

Mihirkanti ne rencontre plus aucun enfant de l'orphelinat, sauf Shantiprya qui s'est enfui avec un groupe de villageois au moment de l'attaque de l'orphelinat.

Pendant des semaines, nous n'aurons plus de nouvelles de Mihirkanti, comme de plus de deux cent cinquante enfants qui vivaient avec nous à l'orphelinat. Chacun s'enfuit de son côté et est englouti par la jungle. Les militaires n'osent pas y pénétrer au-delà d'une certaine distance de leurs casernes et des villes. La jungle est trop dangereuse.

17.

Les coudes en sang

Nandakishore n'a plus été revu par personne après l'attaque de l'orphelinat. Il était présent parmi nous quand les militaires sont arrivés, et il a disparu à ce moment. Le moine Ganalok pleure de ne pas le retrouver. Il pleure en pensant à Nandakishore et à tous ceux dont on ne sait rien.

Des habitants de Boalkali ont aussi vu l'orphelinat brûler. Ils nous ont rejoints plus tard. Quand nous sommes partis, ils se cachaient dans la forêt avec l'intention de revenir au village récupérer des objets si le calme se rétablissait. Ils ont attendu un long moment, mais le calme n'est pas revenu et ils ont dû fuir sans rien emporter. Ils ont vu les bâtiments de l'orphelinat être incendiés.

Certains pensent que les militaires ont arrêté et tué quelques enfants de l'orphelinat au cours des premiers instants de l'attaque, et qu'ils ont laissé les autres s'enfuir pour n'avoir pas à s'encombrer de leur présence et mettre plus commodément le feu à nos constructions. D'autres pensent au contraire qu'ils ne voulaient pas que nous partions, mais ont été étonnés de notre fuite et mis le feu avec les civils musulmans en la découvrant.

Je ne sais pas la vérité sur cette question. Il n'y a pas beaucoup de différence entre les deux solutions. Les militaires ne voulaient pas, de toute façon, nous laisser habiter plus longtemps dans notre orphelinat. J'ignore où ils nous auraient emmenés et ce qu'ils auraient fait de nous si nous avions encore été présents à l'aube. Je préfère ne pas y songer. Les choses se seraient sûrement très mal passées dans tous les cas. Maintenant que nous avons fui, ils doivent être mécontents et nous arrêteraient s'ils savaient où nous sommes.

Ils ne nous laisseraient pas passer. C'est certain. Ils avaient interdit que nous partions. Les Chakmas n'ont pas le droit de circuler dans les Hill Tracts sans l'autorisation de l'armée.

La seule construction qui s'est peut-être trouvée épargnée est un bâtiment en briques tout neuf qui venait d'être construit sur notre terrain. Il était destiné à recevoir des machines à coudre afin d'apprendre un métier à certains élèves et fabriquer des vêtements pour les orphelins. Les machines ont été livrées à Boalkali, et il ne restait plus qu'à les transporter jusqu'à l'orphelinat. On n'a pas eu le temps d'aller les chercher. La construction de l'atelier en ciment venait juste de s'achever quand l'attaque a eu lieu. Ces machines représentaient beaucoup d'argent et une nouveauté importante dans la vie de l'orphelinat. On n'a pas eu de chance. Les musulmans ont dû les prendre.

A proximité de l'orphelinat, on traverse une plantation d'arbres à caoutchouc que je ne connais pas. La jungle a été enlevée et le sol nettoyé sur une immense surface par des ouvriers. Des jeunes plants bien alignés mesurent moins d'un mètre de hauteur, tandis que certains arbres paraissant sauvages ont subi des entailles pour récolter le latex. Ce champ de caoutchouc s'étend sur plusieurs collines. Mais on le traverse le plus vite possible sans l'examiner avec attention.

Des arbres s'élèvent très haut dans la jungle retrouvée un peu plus loin. L'espace entre ces grands arbres est rempli de broussailles, d'herbes, de crevasses, de troncs renversés, de marécages, de rochers et de lianes. Ce n'est pas facile d'avancer. L'amoncellement apparaît incroyable. Des passages doivent être découverts où se glisser. On ne peut pas courir là-dedans. La jungle est trop épaisse. En plus, il y a des épines qui accrochent. Nos petites chemises à manches courtes et nos shorts ne nous protègent pas des égratignures. Nous en avons déjà plein partout.

Les moustiques nous harcèlent. La saison de la mousson, avec la pluie et la chaleur, est favorable aux moustiques. Certaines espèces sont énormes et provoquent des piqûres qui enflent, des gonflements monstrueux sur les bras, les jambes, le visage. On les chasse avec les mains. Ils sont si nombreux à voler autour de nous qu'ils font un bruit considérable, surprenant. Plus il pleut, plus il y a de moustiques. L'humidité leur convient et ils se régalent de la forte chaleur de la journée. La pluie entrecoupée d'accalmies, les averses brutales rendent tout humide et accueillant pour ces insectes qui nous font terriblement souffrir.

Je brûle un morceau de tissu près de moi quand je me repose sur le sol pour tenter d'éloigner un peu les moustiques. Des chiffons, des morceaux de toile ont été emportés dans ce but. Ces insectes aiment ce climat épuisant pour nous tous. Ils sont dangereux et mauvais. Nous ne savons pas comment nous en débarrasser, et nous quittons un nuage de moustiques pour en retrouver un autre. Une espèce minuscule paraît plus redoutable que les autres pour provoquer des piqûres douloureuses qui risquent de s'infecter. Nous ne possédons aucun médicament contre eux. Nos vêtements légers, qui laissent à découvert une grande partie de la peau, font de nous des proies faciles.

Dans les montées où il est indispensable de s'accrocher au moindre caillou, à la plus petite touffe d'herbe pour ne pas repartir en arrière, à des branches fragiles, nous glissons par endroits sans parvenir à avancer. Après une grosse pluie, les pentes raides sont trop boueuses, dérapantes. La main ne trouve pas toujours un tronc solide ou des racines épaisses émergeant du sol pour s'agripper. La nécessité d'avancer à vive allure existe quel que soit le temps. La seule façon d'escalader les pentes boueuses est d'enfoncer ses coudes profondément dans la terre. Les mains et les pieds ne suffisent pas. Les doigts qui retiennent des paquets de boue arrachés de la colline n'évitent pas de reculer et de dégringoler.

Pour progresser, il faut se mettre à plat ventre et s'aider des coudes à toute vitesse, s'arc-bouter en les prenant pour appui. A la longue, les coudes sont usés. Les petites pointes de bambou, très piquantes et tranchantes, nous blessent facilement. Des pierres aggravent les plaies. On les nettoie avec ses mains et un peu d'eau quand on en trouve. Elles saignent fréquemment. Il ne faut pas se plaindre. On n'a pas le temps. On n'y accorde pas non plus beaucoup d'importance. Ce sont des blessures que l'on sent mais qui ne font pas peur sur le moment. Elles n'ont pas le temps de se guérir entre deux escalades de colline. A la fin, les cicatrices ne partent plus.

Je marche aussi à quatre pattes. Je m'agrippe à tout pour avancer. La terre a des teintes différentes selon les endroits, mais elle semble toujours sale dans ces cas-là. Je rampe dans la saleté. Les autres aussi. Ce n'est pas marrant !... On ne rit pas. On ne s'amuse pas. On craint bien plus d'être à la traîne et égaré en route par les autres, si l'on n'avance pas assez vite, que des écorchures. Je fais attention à ne pas me blesser, mais le principal est d'avancer. Les rochers à escalader sont nombreux. On monte dessus, on grimpe sans cesse, et il faut descendre en faisant attention où l'on met les pieds.

Nous rampons souvent dans la boue et nos habits en sont couverts comme nos visages, nos cheveux et tout notre corps. Je ne me rends pas compte de l'apparence physique que je présente, mais j'en ai une vague idée en regardant un peu mes camarades de temps en temps. On ne se regarde pas beaucoup. On n'accorde aucune importance à notre aspect. Le temps est loin où les moines inspectaient si nous étions propres, avec les ongles soignés, coupés, et où ils infligeaient des punitions rigoureuses à ceux qui ne s'étaient pas bien lavés et avaient des vêtements sales. On doit avancer, avancer, c'est la seule chose qui compte. On n'a aucun vêtement de rechange.

Je continue à transporter ma couverture. Je la traîne partout. Elle a été mouillée dès le départ, et elle sent mauvais à force d'être emportée dans tous les coins. Je ne veux pas m'en séparer. Elle traîne dans la boue, contre les plantes, les pierres. Elle sent vraiment très mauvais avec cette accumulation de saleté. Mais il ne me reste rien d'autre. Je veux la nettoyer dès que je pourrai. Elle peut me rendre service. Je préfère l'étaler par terre et dormir dessus que sur le sol. Elle me protège un peu quand même. Les nuits sont froides et l'on ne parvient pas à se réchauffer avec ses habits trempés quand on s'arrête. J'ai eu froid, très froid. Tout le monde avait du mal à dormir à cause du froid.

Le pire est que ma couverture est mouillée à nouveau par les fortes pluies qui recommencent sans cesse. Des enfants n'en ont pas et l'on partage avec eux en leur offrant des morceaux de couverture pleine de boue et de saletés. Ils en saisissent un coin pour ne pas coucher directement sur le sol. On ne se chamaille pas. Chacun a d'autres soucis. On se serre. On dort peu. Il faut tout de suite repartir. Ce n'est pas rien de se sauver dans la jungle avec une couverture !... Elle est lourde, encombrante et trop grande pour moi.

L'enseignant dont Priyatosh a emporté le diplôme nous a rattrapés avec un groupe d'autres gens. Il a été heureux que l'un de nous lui remette son diplôme. Je ne sais pas s'il était encore lisible et entier.

J'ignore toujours où l'on va. Je n'en ai aucune idée. Le grand-père du village de Boalkali qui était monté jusqu'à l'orphelinat le jour de l'attaque a peut-être revu son fils. Au début, son fils nous a suivis. Mais il ne pouvait pas se résoudre à abandonner son père tout seul dans l'orphelinat aux mains des militaires. Il y songeait en permanence. Cela le rendait trop malheureux. Il a fait demi-tour. Je ne sais pas ce qu'ils sont devenus l'un et l'autre.

Notre seule nourriture est le riz de l'orphelinat que nous portons dans des sacs, et quelques fruits sauvages trouvés au hasard du chemin. La faim a commencé à se faire sentir presque aussitôt après notre départ. Nous ne disposons pas d'une grande quantité de riz et il convient de l'économiser. On ne mange pas à sa faim depuis que l'on est entré dans la jungle. Il y a des bananiers, mais presque plus de bananes. D'autres personnes qui s'enfuient devant nous les ont cueillies. Elles ne sont pas hautes sur les arbres ni difficiles à attraper.

A la place, on a commencé à couper du bois de bananier pour en manger le cœur. On enlève l'écorce et on se nourrit de l'espèce de moelle qui est dans le tronc. On arrache et on brise les morceaux de bananier avec des bambous et des pierres. L'intérieur a un bon goût à notre avis. On ne se demande d'ailleurs pas si le goût est agréable. Des pommes de terre sauvages, des patates douces sont d'excellents légumes.

Dhanessen, un autre enfant que celui qui porte le même nom et a vu son village incendié avec des habitants vivants dans les maisons, revient un jour en criant d'un endroit où il est allé chercher des pousses de bambou, des *baktulis*. Il pleure. Il se tortille en se tenant les deux mains sur le visage. Une guêpe l'a piqué. Heureusement, ce n'est pas grave. Avec ses gesticulations, il a failli nous faire peur. On a cru à une embuscade. On a essayé d'enlever le dard. Le venin a fait enfler une partie de son visage, mais il y a eu plus de peur que de mal, et il s'est calmé. Des remplaçants sont allés chercher les pousses de bambou.

Les efforts physiques obligent à manger tout ce qui peut l'être, avec une exception encore pour les animaux. Tant qu'il est possible de manger autre chose, je préfère. Je n'aime pas tuer des animaux pour les manger. Des villageois descendent le flanc des collines pour ramasser des crabes dans les rivières. Ils soulèvent les pierres et en dénichent. Je ne mange pas ces crabes car les moines bouddhistes ne l'approuvent pas. Tous les enfants de l'orphelinat leur obéissent.

Nous regardons les crabes sans les toucher. Les moines nous reprocheraient de les avoir tués. Je crains comme mes compagnons leurs reproches. Je ne veux pas qu'ils nous voient en attraper.

Des enfants de plusieurs familles qui nous accompagnent en mangent et disent que leur chair est succulente. Les moines nous ont enseigné à respecter la vie et n'aiment pas que l'on tue des bêtes. Il faut respecter la vie. Même dans la jungle quand on a des difficultés pour s'alimenter.

Les moines ne formulent pas cette interdiction uniquement pour des motifs religieux. S'ils désirent nous écarter de cette nourriture facile et appétissante, c'est aussi parce qu'ils craignent que nous ne soyons malades en avalant ces bêtes, que nous n'attrapions des maux de ventre, des intoxications ou toutes sortes de microbes inconnus. Nous sommes déjà souvent malades. Ils nous répètent sans arrêt de ne pas manger n'importe quoi en passant.

Comme les crabes de rivière ne semblent pas intoxiquer ceux qui s'en nourrissent, ils nous disent que ce n'est pas absolument interdit d'en manger, que nous pouvons le faire si nous avons trop faim, mais ils ne nous encouragent pas. Ils ne nous incitent pas à sacrifier le plus petit animal. Pour eux, la morale et la discipline de l'orphelinat sont valables partout, et doivent se poursuivre aussi dans la jungle.

Demain, je ne sais pas ce que nous mangerons. Les réserves s'amenuisent. Pour l'instant, le riz et les plantes sauvages remplacent la viande. Je crois que les moines ont raison pour le respect de la vie, mais je n'ai pas encore trop faim. J'obéis sans discuter. Je me sens surtout dépaysé et inquiet. Toujours, je reste inquiet. On marche la nuit pour ne pas être vu, mais parfois une halte au cours de la nuit permet de se reposer, et l'on continue à marcher quelques heures le jour. On ne voit pas les paysages traversés. On ne s'y intéresse guère. L'obscurité les cache ou bien la fatigue et la peur empêchent de les regarder. Je ne sais encore pas où nous sommes.

Les moines et les enfants ne font plus leurs prières comme à l'orphelinat. On n'a plus le temps. Si certains prient, c'est sans le montrer.

Plus loin, au fond d'une vallée, coule une petite rivière. On doit la traverser. La pente est descendue rapidement. Soudain, je vois devant moi un cobra à cinq ou six mètres. Je sursaute. Les autres enfants le voient aussi. On regarde avec méfiance. C'est un cobra royal. Il est tranquille, enroulé. Il ne bouge pas.

On ne s'attarde pas. On entreprend de traverser la rivière à pied et on s'éloigne. La vue de ce reptile nous donne un frisson et on en discute à voix basse. S'il avait été plus éloigné, on ne l'aurait pas vu dans la végétation. Plus près, il aurait été très dangereux. Des frissons nous viennent et nous espérons ne pas marcher sur un serpent avec nos pieds nus. Il peut s'en trouver à chaque pas. Quelques enfants en ont déjà aperçu de différentes espèces. La peur des serpents venimeux nous accompagne sur le chemin, mais elle n'est pas aussi intense et permanente que celle des militaires.

Un peu plus loin, le groupe entier s'arrête. On ne peut pas continuer cette fois. On est bloqué pour de bon. Depuis quelque temps déjà, un ennui supplémentaire était prévisible. Sadanbikach est malade. Il ne parvient plus à marcher. On l'a vu donner des signes de fatigue inquiétants. Il a fait tous ses efforts possibles pour suivre le rythme, mais il ne résiste plus maintenant. C'est un grand de la classe dix. J'ignore de quoi il souffre. Il semble épuisé et très malade. Il dit qu'il n'arrive pas à continuer et a un visage triste.

Les moines qui nous accompagnent ne veulent pas l'abandonner. Personne ne songe à le laisser à son sort, mais la force nous manque pour le porter. On s'arrête et on ne sait plus quoi faire. Sadanbikach vivait autrefois à l'orphelinat de Moanogar, comme Suresh, et il habite depuis une année parmi nous. Son état me fait de la peine. On essaie de le réconforter. Nos médicaments ne servent à rien pour le rétablir. Il a conscience d'être perdu si une aide ne lui est pas apportée.

Les moines comptent leur argent. Ils n'en ont pas beaucoup, mais cela devrait suffire. Ils demandent à des villageois de Boalkali, et aussi à d'autres que nous ne connaissons pas, provenant de villages incendiés, de transporter l'enfant malade en échange de cet argent. Ces hommes construisent un brancard avec des morceaux de bois et des ficelles. Sadanbikach est allongé dessus et il se tient aux ficelles pour ne pas tomber ou basculer quand ceux qui le portent glissent.

Le voyage continue. On marche tout droit. La jungle paraît n'avoir pas de fin. Pour un malade, la saison de la mousson est particulièrement mauvaise.

Je crois que le chemin qui reste à parcourir sera long et pénible, où que nous allions, avec un malade, nos couvertures qui commencent à pourrir, l'impossibilité de dormir vraiment et de manger à sa faim. Si un autre enfant tombe malade, comment va-t-on le transporter ? Les arbres succèdent aux arbres et il n'existe pas de limites à la jungle. Derrière chaque colline, il y a une autre colline, avec des arbres au tronc énorme, très hauts. Des lianes presque grosses comme des arbres s'accrochent aux branches et aux troncs, et l'on avance parmi un amoncellement de plantes grimpantes de toutes sortes, des fougères, des feuilles gigantesques qui nous empêchent de voir à quelques mètres aux environs. Des marécages sont dangereux et il faut faire attention de ne pas y tomber.

Des écureuils et des singes ont été aperçus par quelques enfants. Les sangsues sont nombreuses et pénibles. Après avoir pris notre sang, elles tombent, se détachent. Elles deviennent rondes, pleines du sang qu'elles ont avalé. Je ne les apprécie pas du tout. Je cherche à m'en débarrasser immédiatement quand je m'aperçois que l'une d'elles s'est collée à ma peau en passant dans l'eau. Mais les moustiques sont encore pires.

Cet isolement et ces embarras ne nous enlèvent pas la conviction que les militaires ne sont pas loin. S'ils ne s'aventurent pas aussi profondément dans la forêt, ils en guettent les abords et nous arrêteront dès que nous en sortirons. Chacun se demande comment leur échapper.

18.

Quatre mois au milieu de la jungle

Dhanessen a failli ne pas sortir de la jungle. Après l'incendie de son village, aux alentours de Boalkali, il a couru avec sa famille et tous les habitants se réfugier parmi les arbres.

La plupart d'entre eux y sont arrivés les mains vides, sans provisions, sans une couverture, sans un couteau ni un outil. La première nuit, ils dorment par terre, les suivantes aussi, et ne construisent pas de cabanes. Il leur faut chercher bientôt à manger. Des conditions de vie plus dures, plus sauvages et primitives que celles des peuplades les plus primitives des Chittagong Hill Tracts leur sont imposées brutalement pour survivre. Ceux qui ne parviennent pas à s'adapter sont condamnés à mourir ou à perdre la raison.

La nourriture, après la peur des soldats et des Bengalis musulmans, est la première préoccupation. Pour manger, ils cherchent tout le temps. Ils vont et tournent en rond dans la forêt. Leur idée n'est pas de s'éloigner. Ils attendent simplement que le calme revienne peut-être dans les Chittagong Hill Tracts pour réapparaître et tenter de vivre aux côtés des nouveaux musulmans. Ils ne connaissent pas d'autre solution ni d'autre refuge que cette région. Leurs ressources sont inexistantes. C'est justement parce que l'existence menée dans la forêt est trop dure, réduite au minimum pour ne pas mourir, qu'ils espèrent en sortir et rentrer dans leurs villages, en construisant peut-être de nouvelles maisons sur des terrains voisins.

Les vieillards, les nouveau-nés se trouvent réunis dans cet endroit inhospitalier. Seules les personnes qui ne pouvaient pas marcher, et quelques autres préférant mourir plutôt que de quitter leurs maisons, sont absentes. On ne les reverra jamais. Au début de la fuite surtout, il a fallu courir, et non seulement marcher, car les militaires approchaient avec leurs armes. Ils suivaient de tout près les civils musulmans en train de détruire.

Les pousses de bambou, les patates douces, les fruits sauvages sont d'abord mangés mais ne se trouvent bientôt plus en quantité assez importante pour nourrir tous les habitants de plusieurs villages. Ils s'enfoncent dans la jungle. Quelques Shanti Bahini leur apportent parfois un peu de riz et s'en vont.

Un frère de Dhanessen est parti rejoindre les Shanti Bahini à l'âge de dix-huit ans, comme beaucoup d'autres jeunes qui quittent la maison même si leurs parents les désapprouvent et leur indiquent les dangers de cette vie clandestine qui fait d'eux, pour toujours, des délinquants fichés par le gouvernement. Presque toutes les familles de Chakmas connaissent un membre plus ou moins proche qui est parti de cette manière combattre pour la liberté. Ces départs de jeunes ne leur offrent le plus souvent aucune joie car elles imaginent le combat perdu d'avance, des vies sacrifiées, des douleurs personnelles inguérissables. Le drame est pour elles chaque fois atroce.

L'armée interdit à la population, depuis 1981, d'acheter des médicaments sans son accord préalable. Elle craint que les villageois ne les transmettent ensuite aux Shanti Bahini. Cette interdiction embarrasse aussi les familles qui ont des malades. Ils ne doivent pas demander aux médecins mais aux soldats l'autorisation de soigner un enfant, un aïeul, un blessé en achetant des médicaments. Ceux-ci sont déjà rares au Bangladesh, très coûteux, et ils sont en plus contrôlés par l'armée et restreints aux plus petites quantités possible. Les sorciers chakmas, les guérisseurs, restent souvent l'unique recours pour apaiser toutes les misères du corps et de l'esprit.

Des provisions d'aliments n'ont pas pu être constituées par la famille de Dhanessen et les habitants des villages avant leur départ, à la fois parce que l'argent manque et parce que l'armée interdit d'acheter de la nourriture pour plus d'une semaine. Les réserves dans les familles sont limitées. Quand la famine n'existe pas, la nourriture se trouve quand même rationnée. Les militaires veulent empêcher, par cette interdiction supplémentaire, que des vivres ne puissent être donnés ou dérobés à l'intérieur des maisons par les

Shanti Bahini. En se sauvant dans la forêt, les familles ne peuvent presque rien emporter, et elles n'en auraient souvent pas le temps.

Elles arrivent complètement hébétées, démunies, et encore sous le choc des violences indescriptibles qui les ont fait fuir.

Le groupe de Dhanessen n'est pas poursuivi par les militaires, qui se sont contentés d'envahir son village et de participer à sa destruction. Ce groupe s'organise progressivement pour manger, dormir, se déplacer. Il s'écarte volontairement des quelques petits chemins déjà existants et surtout des routes afin d'éviter les rencontres avec les patrouilles militaires et les milices de musulmans déchaînés. Pour s'enfoncer dans la végétation, il coupe des branches, des lianes, de grandes feuilles, trace peu à peu un passage étroit où une seule personne à la fois peut s'engager. De rares habitants ont eu la possibilité d'emporter une faucille ou une machette. Ils sont suivis par les autres. Ils se relaient afin de tailler à grands coups dans la végétation épaisse.

Des loups tentent de les approcher dans les lieux où ils s'arrêtent pour manger et dormir, mais ces loups s'enfuient. Quelques panthères sont aperçues de manière fugitive, ainsi que des daims et une multitude d'oiseaux parfois de grande taille. Ces bêtes sauvages les tiennent un peu en alerte, et les empreintes sur le sol confirment leur passage, mais beaucoup moins que la pensée des militaires.

Le plus souvent, une panthère se sauve devant un groupe d'hommes sans attaquer, sans même laisser entrevoir sa présence furtive et silencieuse, tandis qu'un militaire tire avec son fusil. L'armée a l'autorisation, depuis 1981, de tirer à vue sur les suspects. Tous ceux qui se cachent à l'intérieur de la forêt sont des suspects.

En allant chercher des crabes dans une rivière, Dhanessen voit un jour de grosses empreintes de tigre. D'autres personnes les examinent. Elles les reconnaissent. Les empreintes d'un tigre sont aisées à distinguer. Il a dû venir boire un moment plus tôt. Il est peut-être encore dans les environs. La frayeur s'empare de Dhanessen et de ses compagnons, qui abandonnent le ramassage des crabes. Ils se sauvent en vitesse. Le fauve pourrait ne pas se déplacer seul. S'il attaque, il fera des victimes. Mais la fin de la journée et la nuit se déroulent sans son apparition, et l'alerte ne dure pas.

De gros sangliers courent aussi à leur voisinage, nombreux, presque aussi redoutables. Pour les chasser, des armes seraient nécessaires. Leur viande revigorerait. Les sangliers passent comme des masses sombres qui vont d'un fourré à l'autre.

La colère saisit les fuyards par moments. Ils ont envie de faire demi-tour et de se battre contre leurs oppresseurs. Les discussions tournent autour de ce sujet. Les hommes disent :

— On y va ! Ça suffit. Ils nous font vivre comme des bêtes. On doit se défendre.

Mais la réalité leur montre qu'ils n'ont aucune chance de faire respecter leurs droits et de triompher de quoi que ce soit dans les Chittagong Hill Tracts sans posséder d'armes. La marche dans la végétation se poursuit alors, toujours plus pénible et incertaine.

Ils sont deux mille environ avec Dhanessen. Leur nombre ne peut être précisé, même à quelques centaines près, mais les noms de villages qu'ils indiquent comme provenance permettent d'en évaluer le total. Deux mille qui errent le jour et la nuit. Ils se séparent en petits groupes de quelques familles chacun. L'obligation de ne pas faire de bruit doit être respectée pour leur protection. Les grands groupes, les rassemblements immenses avec des enfants nombreux provoquent trop de bruit. A l'inverse, les petits groupes de quatre ou cinq familles disséminés dans la jungle restent silencieux et plus difficiles à localiser par les militaires. Il y en a presque partout et ils ne sont nulle part simultanément. On ne peut les encercler et les capturer. La surface qu'ils occupent est immense, incontrôlable.

S'ils s'arrêtaient dans la jungle à un endroit déterminé tous ensemble, en constituant un grand rassemblement, les militaires les localiseraient aussitôt et viendraient les encercler.

Dhanessen et les siens tâchent de se rendre invisibles, indécelables. Ils vivent dans la crainte. A chaque instant, ils éprouvent la peur. Ils sont malheureux et angoissés. Dhanessen sait qu'ils demeurent absolument sans défense contre les musulmans, et qu'il est nécessaire qu'ils ne les attrapent pas. Les groupes voisins se déplacent à une bonne distance et sont en général invisibles. Les groupes les plus éloignés évoluent à des emplacements déjà inconnus.

Comme les enfants et leurs parents ne peuvent rester toujours sans échanger une parole, la distance entre les groupes autorise des conversations discrètes qui deviendraient un brouhaha énorme s'ils étaient tous rassemblés en un seul lieu. Ils chuchotent plus qu'ils ne parlent. Sans cesse, ils se déplacent à la recherche de nourriture.

Dhanessen a tout le temps faim. La forêt produit beaucoup de choses comestibles, mais pas pour deux mille personnes qui passent et repassent fréquemment aux mêmes endroits. Il faut aller plus loin et tailler dans les branches de nouveaux sentiers.

La nourriture sauvage ne se découvre pourtant pas chaque jour en quantité suffisante pour les quatre ou cinq familles formant les petits groupes qui partent chacun de leur côté. Dès l'instant où il se réveille jusqu'au soir, Dhanessen songe à manger et se met à explorer les recoins immédiats de la jungle pour trouver de quoi apaiser sa faim. Il a de plus en plus faim. C'est incroyable ce qu'il se sent avoir faim tout le temps. Les autres se trouvent dans la même situation et il n'y a plus que la découverte immédiate de nourriture qui leur importe encore. Elle devient de plus en plus difficile à découvrir. L'attente de la paix rétablie dans la région débouche sur la famine. Ils ont peur de mourir de faim.

Les villageois, privés des rations indispensables, s'affaiblissent. Quand ils remarquent un lieu favorable, ils économisent de petites provisions de nourriture en se retenant de manger. Ils ne gaspillent rien, mais leurs efforts sont encore insuffisants. Ils n'avalent pas tout d'un coup. Ils essaient de dominer leur faim en mettant de côté pour plus tard quelques fruits ou légumes sauvages. Ce ne sont pas vraiment des provisions. Même si leur appétit n'est pas satisfait, ils s'interdisent avec sévérité de manger. Chaque jour, il faut recommencer à explorer, à chaque instant il faut fouiller dans la nature.

Pour se protéger des pluies violentes, ils bâtissent à la hâte des abris sommaires à l'aide de feuilles de bananier et de bambou posées sur des branches. Ils y dorment dans l'humidité qui les fait souvent grelotter de froid au cours de la nuit. Dès le matin en s'éveillant, ils ont peur. Ils surveillent les environs. Ils guettent, écoutent. Ils savent qu'en cas d'attaque les femmes vont courir moins vite que les hommes et les plus grands enfants. Ils ignorent comment se défendre s'ils sont agressés. La peur est constante comme la faim.

Les crabes d'eau douce ne suffisent plus. Ils s'efforcent encore d'en découvrir sous les pierres des rivières dans des endroits nouveaux. Pour pêcher, ils créent de petits barrages. L'eau est très claire et pure dans la jungle. Les poissons s'accumulent à l'intérieur de ces barrages. Puis ils laissent partir l'eau et attrapent les poissons à la main. Ce sont des petits poissons, mais, les jours de chance, ils en capturent qui mesurent quarante ou cinquante centimètres, et se régalent. Un feu est allumé de manière exceptionnelle pour les faire cuire, en veillant à ce qu'il ne dégage pas trop de fumée et que le bois choisi ne produise pas de craquements. La braise est gardée parfois plusieurs jours en ajoutant d'autres morceaux de bois si aucun indice ne signale qu'il faut se hâter de partir.

Ils restent plus ou moins longtemps aux différents lieux qu'ils explorent. Lorsqu'une personne remarque des bruits suspects ou craint l'arrivée d'ennemis, le groupe s'en va aussitôt.

Dhanessen trouve cette vie dure. Il la trouve réellement très dure. Il est fatigué, affamé, découragé. Les Shanti Bahini surgissent parfois avec des médicaments. Ils savent constamment où sont les villageois et représentent leurs seuls contacts avec le monde extérieur. Pour les malades, ils n'ont pas grand-chose, mais apportent quelques médicaments qui donnent l'illusion de faire du bien. Dans cette jungle démesurée où les périls se dressent partout, les Shanti Bahini constituent les protecteurs des Chakmas, des protecteurs insuffisants, mais les seuls véritables.

Leur présence avec quelques armes inquiète les militaires et les empêche d'y pénétrer librement de crainte de tomber dans des embuscades. Ils voient les traces des fuyards, mais hésitent à les suivre, préférant les contourner par des routes praticables, bloquer des passages, les attendre plus loin. L'armée poste quelques soldats, dans la jungle, à des endroits où ils se cachent et surveillent l'arrivée des familles. Ils attendent qu'elles tombent dans leurs pièges. Les Shanti Bahini les préviennent de ces dangers et les font changer d'orientation. Ils connaissent les chemins et les directions. A la fin, les militaires ne savent plus de quel côté sont parties les familles éparpillées. Elles ne parviendraient pas à se diriger sans ces formations de résistants. L'armée déclare que les Shanti Bahini sont des « mécréants ».

Un jour, Dhanessen entend les Shanti Bahini dire aux personnes de son groupe :

— Restez ici ! Ne bougez pas !...

Ils attendent. Mais il n'y a rien à manger. Au bout d'un temps, ils partent en quête de nourriture. Les journées sont consacrées à chercher tout ce qui peut servir d'aliment.

Sur son dos, Dhanessen porte souvent son petit frère de trois ans. Il refuse de marcher. La nuit, quand il faut partir, il dort et ne peut tenir debout. Il ne sait jamais où on l'emmène. Il ne comprend pas ce qui se passe. Il aimerait mieux retourner à la maison, mais il ne sait pas qu'elle est détruite et que des petits voisins de son âge ont été brûlés vivants dans les flammes.

Le petit garçon ne peut deviner que ses parents ont l'esprit rempli par les atrocités qu'ils ont vues ou entendues, et qu'ils ont des réflexes de peur devant les militaires. Dhanessen porte son petit frère en lui murmurant de se calmer, et il le passe de temps en temps à sa grande sœur de quinze ans afin qu'elle le porte à son tour. Avec eux trois et leurs deux parents, ils ont encore dans la jungle une petite sœur de cinq ans qui marche mieux mais aimerait aussi rentrer à la maison.

Dhanessen observe souvent ses parents découragés de marcher. Ils n'ont plus envie de continuer. Ils s'arrêtent. Ils restent muets et tristes. Puis ils se relèvent toujours, ils reprennent le chemin qui ne va nulle part et n'en finit pas. Leurs enfants les suivent, et ils suivent les autres familles.

Après une dizaine de semaines, ils n'ont plus la notion exacte du temps. Leurs forces disparaissent. Ils ont mal aux pieds, tout le monde a mal aux pieds. Ils continuent à croire que la paix va être rétablie par le gouvernement du Bangladesh dans les Chittagong Hill Tracts et qu'ils vont pouvoir sortir de la forêt sans risquer d'être tués. Ils attendent que tout redevienne normal et que la violence cesse.

— Cela va arriver forcément un jour, affirment des gens qui essaient d'être raisonnables. Cela va se calmer. Il faut patienter. On doit tenir le coup. La paix va revenir comme avant. Ça ne peut pas être autrement...

Mais elle n'a jamais existé vraiment depuis la création du Bangladesh. C'est une fausse paix où des endroits sont épargnés pendant que d'autres sont troublés par des massacres, et maintenant les localités incendiées sont plus nombreuses qu'auparavant, les personnes obligées de fuir deviennent des foules. Dhanessen entend dire que le calme n'est pas rétabli et qu'il faut continuer de marcher plus loin. Il ne sait pas où. Avec ses parents, il commence à trouver que ce n'est plus possible. Des gens s'énervent, désespèrent, rêvent d'une révolte irréalisable.

Un jour, plusieurs groupes de familles reviennent au bord de la jungle. Les militaires sont toujours aussi nombreux sur la route. Ils tirent des coups de feu, à distance, dans une autre direction. Au cœur de la forêt, ces familles ont sans arrêt entendu des coups de feu. Dhanessen les accompagne. Tout à coup, il voit arriver en courant dans son groupe un jeune homme d'une trentaine d'années. Il s'écroule. Il perd conscience. Il ne bouge plus et a du mal à respirer. Des gens installent sa tête plus confortablement afin qu'il respire mieux et lui mettent de l'eau sur le front. Il finit par revenir à lui. Il est malade. Il est très mal en point et ne réussit pas à parler. Des taches de sang s'étalent sur ses vêtements. Il a beaucoup de sang sur lui.

Dhanessen le connaît bien et regarde l'agitation qui l'entoure. Sa famille le soigne. Un moment après, il comprend qu'il y a eu une bagarre. Le jeune homme a rapporté un couteau couvert de sang. Il dit quelques mots. On comprend qu'il s'est battu avec un militaire. Ils se sont approchés l'un de l'autre. Le militaire croyait être le plus fort. Ils ont commencé par se disputer à cause des maisons incendiées. Ils se trouvaient tous les deux isolés. Le Chakma a reproché à l'armée de ne pas faire son travail pour la paix dans la région et d'être du côté des criminels. Le soldat a insulté le Chakma et n'a pas vu qu'il avait un couteau. Le Chakma s'est énervé davantage et l'a poignardé dans sa colère.

Il a ensuite tiré le corps jusqu'à un marécage proche où il l'a dissimulé parmi des roseaux. Le corps s'est enfoncé dans la vase. Il l'a recouvert d'un tas d'herbes et de végétaux qui flottaient sur l'eau afin qu'on ne le retrouve pas. Puis il est parti en courant.

Il n'a jamais tué un homme, et c'est pourquoi il est malade. Il ne savait pas ce que c'était. Il est en état de choc nerveux. Tous les villageois en parlent. Ils ne s'adressent pas à Dhanessen, mais ils ont des visages encore plus soucieux qu'auparavant, et Dhanessen réalise qu'un malheur supplémentaire vient de se produire. Les gens redoutent des représailles et des cruautés nouvelles de la part des musulmans. Leur terreur augmente. C'est une calamité qui est arrivée. Il faut s'en aller rapidement, fuir plus loin. Les familles ont surtout peur des vengeances et des punitions, de la colère des militaires s'ils découvrent le corps et les attrapent. Cette bagarre peut aggraver leur situation déjà malheureuse.

Dhanessen se rend compte du nouveau péril et a peur aussi. La fuite reprend au milieu de la jungle. Ce n'est pas un jeu. C'est la guerre. Le Chakma qui a tué le soldat se remet. Il récupère des forces et est obligé de continuer à vivre comme les autres. Cela ne change pas. Il n'est pas retrouvé par les militaires, qui ne se gêneraient pas pour lui faire payer son acte. Les Shanti Bahini lui disent :

— Tu as bien fait !

Ils approuvent évidemment que l'on tue des soldats ennemis, mais ce geste est exceptionnel. Les familles qui se sauvent ne sont pas violentes. Ce ne sont pas des terroristes.

Après quatre mois au milieu de la jungle, la paix ne revient pas dans la région. Les vêtements sont déchirés, les ventres vides, les malades de plus en plus nombreux, les pieds blessés. Il y a des mourants. Les habitants sont démoralisés et ne peuvent pas mener toujours une existence sauvage dans la jungle. Les enfants pleurent et les personnes âgées ne veulent plus bouger. Une décision nouvelle doit être prise. Que fait le gouvernement ?

19.

Le passage de la frontière de l'Inde

Des taches noires se forment sur ma couverture. Elle pourrit. Elle dégage une odeur désagréable. Dès les premiers rayons de soleil du matin ou après une averse, j'essaie de la faire sécher. Elle empeste. Elle s'abîme de plus en plus. Je ne veux toujours pas l'abandonner. Elle m'est utile pour dormir et peut me rendre encore des services.

La faim a été cruelle aussitôt après notre départ de l'orphelinat. Elle ne l'est plus. Je n'ai pas aussi faim qu'au début à cause de la fatigue, du manque de sommeil, de la marche continuelle. Il faut avancer. Je ne pense plus à rien d'autre. Je ne pense plus. Je ne parle presque pas. Les autres non plus. On avance. C'est tout. On ne parvient plus à échanger quelques paroles comme au début. On marche, on marche. La nuit, on marche. Le jour, on s'arrête pour se cacher et dormir un tout petit peu. On mange à peine avant de dormir. On n'a presque rien à avaler et l'appétit manque. Ce n'est pas amusant. On ne s'est jamais amusés depuis le départ.

Après avoir dormi un court moment pendant la journée, cachés, on repart lorsque la nuit tombe. On reprend le chemin. On a tous peur de s'avancer dans l'obscurité. L'habitude ne vient pas tout à fait. On ne s'y fait pas. Les ombres paraissent inquiétantes. Des bruits menacent. On guette les soldats. On a peur de tout. Les collines et les paysages se succèdent et on ne les voit pas vraiment. On ne regarde rien. On est tous trop éreintés. On marche épuisés. Cela n'intéresse pas. On surveille seulement ce qui pourrait être dangereux. On craint des dangers partout.

Je ne dors presque pas depuis le début du voyage. Les brèves haltes ne me permettent pas de récupérer des forces. Ce n'est pas du repos. Je marche, marche comme un malade, comme une machine. Je ne perçois pas bien où je pose les pieds dans l'obscurité. Je dors debout, ou bien je ne réussis pas à m'endormir lors des arrêts. Je bouge le moins possible en dehors des heures de marche. J'évite les gestes inutiles.

Toutes les personnes et les enfants ont les yeux comme enfoncés, rentrés, des yeux profonds, des regards creusés. Je ne me vois pas, mais ça doit être pareil. La fatigue est marquée sur tous les visages. On est méconnaissables. Les provisions de riz sont finies depuis longtemps.

Nos pieds ne se posent pas toujours où l'on voudrait. Je regarde parfois si mes pieds vont se décider à se mettre où je leur commande sur le sol. Ils ne s'y posent pas à chaque fois. La fatigue est trop considérable. Je vais chercher de l'énergie dans mes dernières réserves. Nous faisons tous un effort de volonté qui n'avait pas été imaginé au départ. Je me sens engourdi de fatigue, ankylosé, comme paralysé d'avoir trop remué. Mes bras et mes jambes ne fonctionnent plus normalement.

On va en Inde. Le Bangladesh est trop dangereux. Il faut passer la frontière. Je crois qu'elle n'est plus éloignée. C'est notre unique chance de n'être pas capturés tôt ou tard par les soldats du Bangladesh qui circulent dans les parages. Plus l'on s'approche de la frontière, plus l'on sent qu'ils sont là. Les Shanti Bahini nous indiquent la direction depuis le début afin que nous soyons sauvés. Sans leurs indications, nous ne pourrions pas trouver le chemin.

Notre groupe d'enfants de l'orphelinat est réuni, toujours le même petit groupe d'une trentaine, aucun parmi les disparus n'ayant été retrouvé, mais il y a d'autres personnes, énormément de villageois qui se sauvent comme nous dans la même direction, par une multitude de chemins qui conduisent tous à la frontière de l'Inde. Une population entière se trouve éparpillée dans la jungle avec comme seul but de passer la ligne qui lui permettra de ne pas mourir. Chacun est abruti de fatigue et rempli d'émotion à l'idée de franchir cette ligne.

Je n'ai pas compté les jours de marche. Mais il me tarde d'arriver. J'ai besoin d'arrêter. Une dizaine de jours, peut-être douze, se sont écoulés à essayer d'atteindre la frontière directement, sans tourner en rond, en suivant les moines, en ne reprenant presque jamais son souffle. Leurs longues robes orange, qui les embarrassent, ont changé de couleur et adopté toutes les teintes des saletés de la forêt. Eux aussi sont épuisés.

Je ne distingue que quelques groupes devant nous et en arrière, mais il y a des milliers de gens, séparés par de grandes distances, qui proviennent de différentes régions des Chittagong Hill Tracts. A mesure que l'on avance, ces groupes se réunissent. A l'intérieur de la jungle, la place ne manque pas et chacun suit sa route, à sa vitesse et à son idée, un peu plus d'un côté ou de l'autre, mais les espaces entre les gens se réduisent vers la frontière. Les groupes se tassent, ralentissent comme s'il était difficile de passer. Je ne comprends pas encore bien ce qui se produit devant nous. Il semble qu'il y ait des problèmes nouveaux.

On est bloqués. Brusquement, on ne peut plus avancer. Une petite rivière coule au fond d'une vallée étroite. La frontière se situe à cet endroit, dans le creux de la vallée qui ne possède pas plus de cinquante ou soixante mètres de large au sommet des deux collines qui la forment. Les flancs des collines sont rapprochés, serrés. Les soldats de l'Inde se tiennent en face. Ils empêchent le passage. Ils gardent la frontière.

Je ne les distingue pas dans la nuit. On me dit qu'ils sont nombreux. J'attends sans bouger avec mes camarades.

Au lever du jour, je comprends l'horreur de la situation. D'un côté de la vallée s'est amassée une foule de personnes et de l'autre côté les attendent les soldats indiens avec leurs fusils. Beaucoup de gens pleurent, épuisés, bousculés par de nouveaux arrivants de la jungle qui découvrent à leur tour le barrage. On se presse, on s'agglutine. Je ne parviens pas à évaluer notre nombre. Sur le flanc de la colline du côté du Bangladesh, on doit être entre cinq cents et mille. Tout ce flanc de colline est couvert de monde très serré. La surface de terrain n'est pas grande. Il y a tellement de gens tassés que ce spectacle est incroyable.

On se demande les uns aux autres s'il existe un espoir d'entrer en Inde. Ceux qui ont reçu des nouvelles des personnes amassées le plus près de la frontière répondent de façon unanime qu'il n'y a aucune possibilité. Les soldats refusent. Elles patientent depuis plusieurs jours.

Je me sens découragé. Une aussi grande marche pour arriver devant une frontière fermée sur toute sa longueur !... Ici ou plus loin, c'est pareil. Tout est surveillé. On ne veut pas de nous. Le

Bangladesh nous chasse et l'Inde aussi. Où aller ? Je m'assois avec la tête qui tourne. Des gens trop fatigués perdent connaissance. D'autres les soignent avec de l'eau. On attend. On ne sait plus quoi faire. On a faim. On est mal. Ce n'est pas encore une victoire d'avoir traversé la jungle. Le plus dur reste peut-être à faire.

Les Shanti Bahini sont partis à l'approche de la frontière et ils nous laissent nous débrouiller pour la franchir. Ils ne peuvent rien faire. Ils sont retournés dans la jungle secourir d'autres gens.

Avec les enfants de l'orphelinat, j'entreprends bientôt de construire de petites cabanes pour nous abriter de la pluie. La mousson nous a sans cesse compliqué le parcours. Mais les personnes arrivées avant nous ont déjà complètement enlevé les branches, coupé les arbres, arraché les grandes feuilles du côté du Bangladesh. Elles ont débroussaillé. Tout a été pris. Il ne reste même plus les hautes herbes qui pourraient être réunies pour former la couverture d'un toit. Chaque morceau de végétal a été utilisé pour fabriquer des abris provisoires. Nous arrivons trop tard.

Les plantes les plus proches se trouvent de l'autre côté de la frontière, sur le versant opposé, en Inde. Elles sont intactes. La pluie de la mousson menace à nouveau. Il faut se décider. Si l'on ne fait rien, on va être encore trempés et tomber malades comme cela nous est arrivé à presque tous dans la jungle. Les moines nous ont distribué leurs médicaments, qui étaient bien insuffisants.

J'ai été malade, pendant plusieurs jours, en marchant. Je ne voudrais pas que cela recommence. La maladie n'est pas vraiment guérie. Les moines disent que j'ai la malaria. Je ne suis pas le seul. Des accès de fièvre très forte m'ont rendu extrêmement pénible la marche par moments.

Je me dirige en compagnie des orphelins vers la petite rivière, au creux de la vallée, avec l'intention de la franchir et de casser des branches. Les militaires de l'Inde se manifestent aussitôt et nous l'interdisent. Après quelques instants, ils tolèrent que quatre ou cinq enfants pénètrent sur leur territoire, pas plus. Ils leur défendent d'y rester longtemps, de faire une halte ou de s'y reposer. Ils n'ont pas le droit d'effectuer plus de quelques mètres, plus de quelques pas.

J'appartiens au petit groupe d'enfants qui va traverser la rivière. C'est plutôt un ruisseau qui se sépare en deux bras et contient peu d'eau. On est sur nos gardes envers ces soldats autoritaires et l'on préfère attendre qu'ils s'éloignent légèrement, malgré leur autorisation, pour avancer. On n'a aucune envie de les voir de trop près. Ils nous font peur. Un long moment s'écoule. On ne bouge pas. Par malheur, il se met à pleuvoir. Les soldats marchent un peu et s'écartent en surveillant.

Des villageois du Bangladesh amassés autour de nous remarquent notre tentative et comprennent notre situation. Beaucoup connaissent l'endroit d'où nous venons. Ils parlent entre eux et s'exclament :

— Ce sont les enfants de l'orphelinat !...

Ils semblent heureux de nous voir, ragaillardis. Cette rencontre leur donne du courage. Si les orphelins ont pu venir jusque-là, il y a de l'espoir. Tout n'est pas impossible. La chance va peut-être continuer. On est heureux aussi.

Comme nous n'avons que nos mains pour couper du bois et des herbes, ils nous prêtent des faucilles et une sorte de serpe qu'ils ont traînées dans la jungle. Je pénètre en Inde avec le cœur qui bat très fort. Tout le monde nous regarde. Nous coupons rapidement du bambou, qui est plus tendre que les autres bois, et de grandes herbes. Notre petit groupe repart, puis revient en chercher encore, et cinq autres enfants prennent le relais. Les cabanes sont montées de manière expéditive. On s'y abrite de la pluie en se serrant, les vêtements déjà trempés, frissonnants. On savoure cette petite victoire. Elle vaut mieux que rien.

Mais notre campement misérable se trouve toujours sur le versant du Bangladesh et nous ne sommes pas tellement plus avancés. Avec les moines, nous décidons bientôt de partir, nous les quelques enfants de l'orphelinat, et de marcher le long de la frontière en guettant un passage éventuel pour nous y engouffrer à l'insu des militaires. Il faut passer sans leur permission. Il n'y a pas d'autre solution.

Nous désirons être des réfugiés et ne plus retourner au Bangladesh tant qu'il y aura la guerre. Si près du but, à quelques mètres d'un autre pays, nous ne voulons pas renoncer. A chaque pas, nous redoutons l'arrivée des militaires du Bangladesh dans notre dos ou devant nous. Le seul côté d'où nous ne craignions rien est celui de l'Inde, mais il paraît totalement infranchissable. Nous avons entendu des villageois prétendre que l'endroit était mauvais pour passer, mais qu'un lieu favorable se présenterait peut-être ailleurs.

Ces minutes sont pénibles à vivre. J'ai encore peur comme depuis le départ de l'orphelinat. Je ne me sens pas en sécurité sur ce petit chemin qui longe la frontière au sommet d'une colline. On risque de faire de mauvaises rencontres. J'ai même très peur et les autres aussi. Nos regards cherchent partout s'il y a des ennemis.

Nous croisons un nouveau groupe de centaines de personnes entassées sur une colline, comme celui que nous avons quitté. Il ne parvient pas non plus à franchir la ligne et nous le dépassons rapidement après avoir parlé à quelques personnes abattues par la fatigue et la tristesse. D'autres errent le long du chemin sans savoir où s'orienter.

Un peu plus loin, les soldats étant absents sur une portion de la frontière, nous nous risquons à entrer en Inde, avec précaution. Le terrain est identique et la frontière n'est pas apparente, marquée par des repères. Nous ne savons pas exactement si nous sommes encore au Bangladesh. Une caserne de gardes-frontière armés jusqu'aux dents, sur le pied de guerre, apparaît bientôt devant nous. Ce bâtiment ne présente pas une allure rassurante. Des soldats nous ont aperçus depuis longtemps et épient nos gestes.

L'armée semble dispersée en tous les points de la frontière, du côté de l'Inde, et il n'est pas suffisant de passer cette frontière pour ne pas être arrêtés et reconduits au Bangladesh. On voit bien qu'ils sont partout. Les militaires occupent toutes les collines et nous attendent pour nous repousser. Je crois qu'il n'y a rien à faire, mais nous voulons quand même essayer. Ils ignorent certainement pourquoi nous avons quitté l'orphelinat. En leur expliquant, ils accepteront peut-être de nous recevoir. Ce ne sont pas forcément des gens méchants. On est là pour sauver notre vie, pas pour les embêter.

Des familles également se sont approchées de la caserne afin de demander l'autorisation d'entrer. Celles qui ont déjà parlé aux soldats nous disent de nous en méfier. Les militaires sont pourtant aimables avec nous. Ils affirment qu'ils peuvent nous accepter comme réfugiés, et nous donner de la nourriture si nous les suivons à un endroit peu éloigné. Il n'y a pas assez de nourriture à la caserne. Nous hésitons et ils insistent pour nous emmener en ce lieu inconnu. Je les entends bien formuler leur invitation. Avec les moines et les enfants, notre petit groupe ne se précipite pas pour les suivre et recule légèrement vers les familles. Elles paraissent bien informées des intentions des militaires et nous avertissent :

— C'est un piège!... Restez ici, ne partez pas! Ils veulent vous reconduire au Bangladesh...

Comme nous hésitons et allons peut-être emboîter le pas des militaires pour tenter notre chance, des gens nous retiennent :

— Non, non!... Vous êtes en Inde et il ne faut pas repartir!... Il vaut mieux mourir ici que de retourner au Bangladesh.

Maintenant qu'elles sont entrées dans un autre pays, ces personnes refusent de le quitter pour retrouver les Bengalis musulmans et les soldats de notre pays. Avant d'arriver à la frontière, je ne savais pas comment nous pourrions survivre, ni à quel endroit. En voyant cette frontière, je comprends qu'il faut absolument la franchir tout de suite afin d'être sauvés. Auparavant, je n'étais sûr de rien et je ne situais pas les lieux exacts où nous marchions entre les arbres et les collines qui se ressemblaient tous. Cette fois, le problème est clair. Il est indispensable de passer.

Les militaires indiens renouvellent leur invitation. Je ne sais pas s'ils tentent de nous amadouer, de nous mettre en confiance pour nous égarer, ou s'ils disent la vérité. J'écoute discuter les uns et les autres. La discussion se prolonge. Les familles ne veulent pas les suivre à l'endroit où ils proposent de les conduire. Je ne sais pas s'il vaut mieux croire les réfugiés ou les soldats.

Priyatosh ne dit rien non plus. Il écoute comme moi. Il ne sait pas quoi penser. Nous n'avons pas toujours marché l'un à côté de l'autre pendant ces journées et ces nuits, mais nous avons fait le voyage ensemble d'un bout à l'autre, et nous sommes maintenant lassés de ces mésententes d'adultes, de ces bavardages, de ces hésitations. Ce nouveau problème au moment d'être libres nous désespère.

Soudain, les soldats changent d'attitude. Comme les familles refusent de quitter l'Inde où elles ont pénétré de quelques mètres, ils leur tapent dessus! Je suis pétrifié. Ils les frappent violemment. Nous nous écartons pour ne pas recevoir de coups. Des groupes de personnes s'enfuient, puis s'arrêtent de courir et reviennent. Ils répètent qu'ils préfèrent mourir en Inde, se faire tuer en Inde, plutôt que de retourner au Bangladesh avec les musulmans. Les bousculades se renouvellent en même temps que les coups de bâton en bambou. Les militaires frappent les bras, les cuisses, les épaules, la tête, partout. Les réfugiés chakmas se montrent convaincus d'avoir une petite chance de survivre en Inde, mais aucune d'être acceptés dans les Chittagong Hill Tracts où on les persécute, les torture, les tue. Ils crient en recevant des coups :

— On est mieux ici qu'au Bangladesh !... On va rester là !...

Ce spectacle est hallucinant. Des gens sont battus et affirment qu'ils aiment encore mieux être auprès de ceux qui les frappent que dans leur propre pays où les autorités leur infligent des maux beaucoup plus graves. Mais les coups leur font quand même très mal. Beaucoup d'hommes et de femmes s'énervent, pleurent, se découragent devant le refus catégorique des soldats de l'Inde et leurs violences. Ils les implorent à nouveau de les accepter.

Je suis affolé. Je n'avais pas imaginé ainsi l'arrivée à la frontière. Nous sommes tous effarés. Nous avons tous peur. Ces hommes nous font peur. Ils font de grands gestes et donnent des ordres avec fermeté, brutalité. Ils n'ont aucune pitié de nous. Je crains ces violences et je n'ai pas envie de prendre de coups. Cette scène de brutalité inattendue et de panique me donne tellement d'émotion que je ne sais plus où aller. C'est incroyable !... Tout le monde se bouscule et crie. Ceux qui reçoivent les coups les plus forts reculent parfois et repoussent les autres en arrière afin de se dégager, tandis que les personnes les plus éloignées poussent en sens inverse pour avancer. Il y en a qui hurlent et implorent qu'on ne les écrase pas, qu'on ne fasse pas de mal à leurs enfants ou aux malades.

Je ne reçois pas de coups, car je suis au milieu de tout ce monde. Sur les bords, on en reçoit à toute volée. J'ai très peur de ces coups. Je vois l'état où ils mettent des hommes plus forts que moi. Ils les assomment à moitié. Je me déplace au milieu des gens pour être loin des soldats. Je ne vais pas sur les côtés. C'est la seule façon d'éviter les bâtons. Les soldats paraissent un peu éviter de taper sur les enfants. Ils préfèrent s'en prendre aux adultes.

On reste blottis les uns contre les autres, la trentaine d'enfants de l'orphelinat au milieu d'une foule qui se déplace, gémit, se fâche.

Depuis des jours et des jours, certaines personnes qui se font battre ne mangent plus, ne possèdent aucune réserve de nourriture, sont épuisées, au bout de leurs forces. Elles ne tenaient déjà plus debout et vacillaient avant même de recevoir des coups. Ce sont des malheureux qui tombent à terre, dans la boue, se traînent en haillons, maigres, le visage marqué par toutes les fatigues. Certains s'évanouissent. Ils ont produit de grands efforts physiques sans s'alimenter et ne réussissent plus à avancer.

Les soldats tapent, tapent, avec des bâtons solides. Ils leur donnent sur tout le corps de grands coups qui leur arrachent des cris affreux. Quelques-uns ne bougent plus au sol, ne disent plus rien. Les autres continuent de répéter qu'ils préfèrent mourir là, mais les coups redoublent et leur font trop mal pour qu'ils ne réagissent pas. Ils s'écartent, se sauvent, cherchent à échapper aux coups. Ils ne peuvent rester sur place. C'est trop douloureux et effrayant. Nous sommes tous emportés dans un mouvement de recul. On ne peut pas résister.

Les soldats se calment quand nous leur paraissons assez éloignés.

Priatisya, le directeur de l'orphelinat, intervient à cet instant. Il émerge de la foule de réfugiés et se présente devant les soldats, qui ont cessé de taper. Il leur déclare qu'il a fermement décidé de ne pas retourner au Bangladesh avec les orphelins. Son refus est catégorique. Il explique qu'il ne veut pas les conduire à la mort.

Il parle en notre nom à tous, enfants de l'orphelinat, enfants apeurés des familles autour de nous, parents, moines, malades, vieillards. Il dit non carrément aux soldats. Il leur explique que ça suffit. Il demeure sur place, à la frontière, du côté de l'Inde.

Les soldats lui répondent en le frappant rudement. Ils s'acharnent sur lui avec leurs bâtons. Ils le frappent à terre un long moment. Nous sommes tous épouvantés. On ne peut pas croire que ce soit vrai. Nous sommes incapables de le secourir. Ils le battent tellement qu'il ne peut plus bouger. Il reste sans forces, brisé, anéanti, assommé. Ensuite, ces hommes l'abandonnent. Des moines s'approchent et tentent de l'aider, mais il ne parvient plus à marcher. On ne sait pas s'il a quelque chose de cassé ou s'il est à moitié dans le coma. Il ne peut plus se relever.

Au bout d'un moment, il faut repartir. Ce n'est pas devant cette caserne que le passage de la frontière s'effectuera, s'il peut se faire un jour. Mais Priatisya est blessé et souffre trop pour marcher. Les moines décident de continuer à nous emmener sans lui. On ne peut pas l'attendre. C'est très triste. Il a été plus courageux que les autres et c'est lui qui a le plus souffert.

Notre petit groupe se met à la suite d'une file de gens qui marchent sur le versant de la vallée appartenant au Bangladesh. Le chemin serpente en suivant la frontière. A cause des accidents de terrain, on se trouve parfois en Inde de quelques dizaines de mètres, parfois au Bangladesh. Souvent encore, on ne sait pas où l'on est.

Des gens tombent par terre d'épuisement à tout instant. Ils paraissent extrêmement malades. Ils s'évanouissent. Leur cerveau ne fonctionne plus normalement. Des scènes sont affreuses. Je les regarde, rempli d'émotion et de douleur pour ces malades, mais je ne peux rien faire et je dois continuer à marcher.

Des familles entières pleurent et s'affolent parce qu'un parent, un oncle ou une grand-mère a perdu connaissance. Tout est horrible. Je vois ces corps inanimés dans la boue et j'observe ceux qui leur mettent de l'eau sur la tête pour les aider à reprendre conscience. L'eau ne suffit pas. Ils restent inertes.

Certains habitants de l'Inde, qui ont quelques maisons jalonnant le chemin, sortent de chez eux et viennent voir. Ils semblent émus de cette misère à leurs portes et tentent de secourir les personnes évanouies. Ils réfléchissent à ce qu'ils peuvent faire. Ils versent de l'eau sur le visage des plus abandonnées, de celles qui sont complètement seules. Ils ne peuvent rien faire d'autre. Ce n'est pas beaucoup, mais leurs gestes amicaux nous rassurent un peu.

Presque tous les petits enfants pleurent. J'entends beaucoup d'enfants pleurer. Ils sont traînés pour avancer rapidement ou bien ils crient dans les bras ou sur le dos d'un enfant plus grand ou d'un parent. Ce sont des larmes de tous les côtés. Les personnes âgées se comptent en faible nombre. La plupart n'ont pas réussi à venir jusqu'à cet endroit de la frontière. Elles sont tombées en chemin et ont été abandonnées à leur sort. Il n'existait aucun moyen, dans la majorité des cas, de les transporter. Beaucoup sont mortes dans la forêt.

Nous marchons encore un peu et sommes tout à coup faits prisonniers en Inde par des soldats que nous imaginions éloignés. Ils ne nous brutalisent pas. Ils se tenaient à proximité du chemin. Ils nous ramènent à notre point de départ du matin. Nous retrouvons nos cabanes en herbe et en bambou, près du petit ruisseau, du côté du Bangladesh. Nous avons marché pour rien. Le chef des soldats nous ordonne :

— Ne revenez jamais ici !

Je suis fatigué. J'ai faim. J'ai sommeil. J'en ai assez. Mes habits sont trempés et j'ai froid. Rien ne va. Des gens par centaines autour de moi se couchent n'importe où sans parvenir à bouger leurs membres, tombent comme des morts, souffrent. Ils souffrent tous.

Nous souffrons là, devant le ruisseau, sur le flanc de la colline, de plus en plus découragés. Nous avons mal partout.

Quantité de personnes ont reçu des coups de bâton avec une grande violence et ne parviennent plus qu'à demeurer complètement immobiles dans leurs abris ou en plein air. Elles continuent de n'avoir pas assez à manger, le plus souvent rien du tout, depuis de nombreux jours. Elles ne peuvent reprendre un tout petit peu leurs forces. Elles ne réussissent pas non plus à dormir. L'épreuve est trop épuisante et cruelle. Certaines gémissent, mais beaucoup ne disent rien, attendant une improbable amélioration de la situation.

Dans la soirée, quelqu'un a pitié de nous. C'est une femme qui habite au Bangladesh, dans une maison à une quinzaine de kilomètres de la frontière. Elle s'approche des enfants de l'orphelinat. J'apprends qu'elle est la mère du jeune moine Ganalok, l'un de nos enseignants. Je suis étonné et heureux de cette rencontre.

Cette femme n'a pas la possibilité d'aider tant de gens en pleine détresse, elle ne peut pas secourir des milliers de misérables qui n'ont plus rien, mais elle peut essayer de faire quelque chose pour nous peut-être. La chance nous sourit. Elle nous demande de la suivre sans trop nous faire remarquer. Elle nous emmène. Parce qu'elle habite au bord de la frontière, elle en connaît tous les détails.

On marche. On marche à nouveau toute la nuit en silence avec elle. Toute la nuit!... On passe en Inde, on revient au Bangladesh, on retourne en Inde, et encore au Bangladesh, en suivant le chemin qu'elle emprunte. Il fait noir. Le paysage peut à peine être distingué. On devine difficilement le chemin, les creux, les cailloux, les arbres. Mais la mère de Ganalok connaît les difficultés et tente de trouver un passage. Les militaires semblent absents.

Brusquement, une patrouille surgit quand nous avons pénétré en Inde. Elle fait des rondes. On se cache aussitôt. On continue à marcher plus loin sans se faire entendre. Mon cœur s'est mis à battre très vite en rencontrant les soldats. Ce sont les mêmes que ceux qui nous ont reconduits à nos cabanes près du ruisseau.

Par malheur, on rencontre encore l'armée de l'Inde un peu plus loin. Des gens nous signalent sa présence. Ils se sauvent et en ont encore plus peur la nuit que le jour. On rentre en hâte dans la forêt au Bangladesh. D'autres villageois affirment ensuite que les ombres aperçues ne sont pas celles de soldats mais de civils et que l'on peut sortir de la forêt.

Une fois de plus, nous ne savons pas quoi penser. Avec l'obscurité, la fatigue et l'immensité de la nature où les êtres et les choses se confondent, il est presque impossible de réfléchir et de se faire une opinion juste. Nous attendons. Mais le temps finalement trop long nous incite à revenir vers la frontière et la traverser.

Nous sommes terrifiés en entendant soudain :

— Haut les mains !

Les militaires pointent leurs armes sur notre groupe de familles et d'orphelins. Je ne les vois pas bien, mais je ne bouge plus, effrayé, malade de peur et d'épuisement.

Ils continuent :

— Stop ! Arrêtez-vous ou nous tirons.

Les personnes à l'avant s'immobilisent et lèvent les mains, tandis que quelques autres à l'arrière s'enfuient pour sauver leur peau. Priyatosh et Sagar Jit vont se cacher sous des arbres. Une poignée ne revient pas, dont la mère de Ganalok, lorsqu'un homme crie pour nous rassurer un peu :

— Ce ne sont pas des soldats bangladeshis !

Les autres se rassemblent. Avec des lampes de poche, les soldats nous observent. L'un d'eux crie :

— C'est encore vous !... Le Bangladesh n'est pas ici !... Où allez-vous ? Vous n'avez pas entendu ce qu'on vous a dit ce matin ? On vous a prévenus de ne pas revenir. On vous a interdit d'entrer en Inde.

Le moine Ganalok, gardant les yeux fixés sur ce militaire, essaie de le calmer en expliquant que nous retournions justement au Bangladesh et que nous cherchions la direction. Sa voix résonne dans la nuit. Je ne sais pas si son explication est très convaincante. Il ajoute :

— C'est pour cela que nous traversons tout droit le chemin.

Un soldat hurle :

— Allez-vous-en ! Si vous restez encore ici, on vous tue.

La menace paraît sérieuse. Il ne s'agit plus de coups de bâton. Les soldats sont très énervés. Un homme du village de Boalkali, qui aidait à faire la cuisine à l'orphelinat et a effectué le voyage avec nous, a prévenu qu'il ne fallait pas fuir en cas d'arrestation par les soldats indiens. C'est encore plus dangereux. L'un des militaires ordonne alors :

— Haut les mains !...

On s'enfuit pourtant dans les champs en pleine obscurité. On ne voit rien, on ne voit absolument rien devant soi. On détale à toute allure. On a trop peur. L'idée de s'éloigner est la seule. On ne distingue pas la moindre chose, mais l'on remarque qu'il s'agit d'un champ en y posant ses pieds nus. Des plantes dures et pointues blessent plusieurs d'entre nous. Elles servent souvent à recouvrir les toits des maisons. On les reconnaît. Lorsqu'elles sont hautes, elles ne gênent pas, mais, en commençant à pousser, elles ont des pointes suffisamment résistantes pour écorcher ou blesser sérieusement les pieds qui s'appuient dessus. On court sans les voir. C'est pénible et dangereux. Je me fais mal, mais je ne ressens pas encore de blessures trop sérieuses. Je crains ces plantes piquantes. J'ai beau ouvrir les yeux pour voir le champ, je ne vois pas mieux, et il ne faut pas s'attarder. On n'a pas le choix. On court, on court, tous saisis par la panique. Tout le monde se sauve dans le noir.

Une séparation des enfants de l'orphelinat en deux groupes se produit à ce moment sans qu'on s'en aperçoive. Je me retrouve avec une douzaine de personnes seulement. On est quelques enfants, un enseignant et une poignée de villageois.

Un peu plus loin, on cesse de courir aussi vite. Je remarque bientôt que mon copain Priyatosh est, par hasard, avec moi dans ce groupe. La nuit et l'affolement auraient pu nous séparer. Les autres ont disparu. Je n'ai aucune idée de l'endroit où ils se trouvent. J'ignore ce qui leur est advenu. La mère de Ganalok, qui nous guidait, n'est plus là. Un homme que je ne connais pas, mais que j'ai vu parler avec elle, se met à nous conduire je ne sais où. J'ignore dans quels malheurs nous allons encore tomber. C'est une nuit de malheur. Je reprends mon souffle. Je suis terrorisé à l'idée de rencontrer à nouveau des soldats.

On parvient à un cimetière. On commence à le traverser. D'autres gens s'enfuient par là. Mais les soldats de l'Inde se trouvent aussi dans le coin. Les soldats !... Ils nous ont vus. Ils nous interrogent en criant dans la nuit :

— Où allez-vous ?...

Personne ne répond. Ils recommencent à taper sur les gens avec leurs bâtons. Ils tapent aussi sur des paniers ou des espèces de hottes fabriquées en bambou que certains portent attachés sur le dos et les épaules avec des ficelles. J'en ai vu dans la journée. Les ficelles passent aussi sur leur tête ou leur front pour maintenir le chargement. Les militaires frappent sur ces paniers en faisant beaucoup de bruit. Les coups sonores effraient les personnes légèrement éloignées qui imaginent dans l'obscurité qu'il s'agit de violences directement portées sur les gens comme au matin. Je les entends crier d'effroi, pleurer. Elles se sauvent, marchent plus vite.

Ces familles sont arrivées au cimetière avec leurs enfants. Les lamentations et les coups ont lieu en plein cimetière dans les ténèbres. J'ai peur des cris, des coups et même aussi des fantômes. J'ai peur des revenants dont on m'a toujours parlé depuis mon enfance. Mais, à cet instant-là, j'ai plus peur des soldats que des fantômes. Les Chakmas ne vont pas dans les cimetières la nuit. Les soldats nous y poussent et nous contraignent à le traverser. Ils sont beaucoup plus effrayants que les fantômes.

En sortant du cimetière, on arrive dans un autre champ, qui n'est qu'une immense étendue de boue et de flaques d'eau. Mes pieds s'enfoncent, se trouvent complètement recouverts, et je m'enfonce encore davantage. Je me demande jusqu'où l'on peut s'enfoncer. Je m'enlise jusqu'aux genoux en faisant tous les efforts possibles pour me sortir de cette boue glissante. Elle ressemble à des sables mouvants avec des nappes d'eau profondes de cinquante centimètres ou davantage. Tout le monde s'enfonce dans des paquets de boue et des mares où il est difficile d'avancer. Beaucoup de personnes tombent, se relèvent, tombent à nouveau, s'accrochent les unes aux autres. Nous sommes couverts de plaques de boue jusqu'à la tête, mais cet inconvénient ne nous gêne pas en comparaison des dangers véritables qui nous guettent. La boue est simplement un peu désagréable.

L'ennui, c'est qu'elle ralentit notre marche et gaspille notre énergie. On progresse lentement en dépensant beaucoup de forces à chaque pas. Ce champ devient vite un supplice. Il n'est qu'une sorte de marécage après les fortes pluies. Il ressemble à un piège. Je réussis à ne pas tomber, mais je ne vois pas la fin de ce cauchemar. J'en sors épuisé. J'atteins au bout de dix minutes ou un quart d'heure l'extrémité de ce champ terrible pour me réfugier sur une colline. Là, je respire un peu, totalement désemparé et trempé.

La nuit ne se termine pas encore, et un sentier blanc apparaît. Il est sec. La terre y est dure. Sa blancheur est étonnante. L'eau a dévalé dans le champ. On n'a pas la force d'aller plus loin. On se couche sur ce chemin blanc pour se reposer. Quelques hommes marchent plus loin pour observer si des militaires ne se trouvent pas aux alentours.

Je m'installe rapidement pour dormir par terre. Je possède toujours ma couverture ! Ma vieille couverture de l'orphelinat ne m'a pas quitté. Je l'ai traînée partout. J'ai couru avec elle. Maintenant, je lui ai fait traverser une affreuse étendue de boue. Elle est dans un état ! En temps normal, on ne la toucherait pas du bout des doigts. Après cette marche, elle n'a plus d'une couverture que le nom. Je ne veux pas l'abandonner. Infecte, déchirée, elle me sert quand même. A part elle, je n'ai rien du tout au monde. Je la plie et je m'installe dessus.

Cette couverture est si précieuse, si utile, qu'un autre enfant qui n'en possède pas en prend un morceau. Je lui offre un peu de place. Il est bien content. Grâce à ma couverture, il s'installe beaucoup mieux. Nous pouvons encore partager quelque chose !... Elle sent très mauvais, elle est sale, mais la terre est encore plus pénible. Depuis plusieurs jours, je m'allonge simplement sur ce morceau de couverture invraisemblable, et je ne m'en recouvre plus, ne me mets plus dessous. Je ne m'y enroule pas.

Priyatosh, à côté, a aussi transporté sa couverture jusque-là. Il ne s'en sépare jamais.

Sur le chemin blanc, j'essaie de me reposer, et l'enfant à mes côtés aussi. Les hommes partis explorer ce chemin reviennent bientôt. Ils n'ont même pas pu déterminer si nous sommes en Inde ou au Bangladesh. Les points de repère ont tous disparu. Nous sommes complètement perdus. Je finis par m'endormir, me réveillant en sursaut et sombrant dans le sommeil à nouveau. Je ne sais plus tout à fait si j'existe vraiment encore. Je ne sais pas si je dors.

Le lendemain matin, nous retrouvons les orphelins et la mère du moine Ganalok, que nous avions perdus. Notre joie est très grande. Ils s'étaient cachés dans la jungle avec d'autres personnes. Ils nous rejoignent sur le chemin blanc.

Notre groupe demeure peu nombreux. La plupart des familles sont encore restées en arrière. Priatisya est toujours absent à cause de ses blessures. On ne sait pas ce qu'il devient.

Soudain des coups de feu claquent. On sursaute. On écoute. On se sent menacés à nouveau. Des militaires tirent sur des gens. Il y a du fracas et de la confusion. Je ne réalise pas bien si c'est grave. Une fusillade se produit derrière nous. Elle dure longtemps. On grimpe au sommet de la colline d'où l'on voit parfaitement les gens courir. Le chemin passe sur une succession de petits sommets presque sans arbres. On ne peut les suivre qu'à pied.

Ce sont les militaires du Bangladesh !... Ils nous ont retrouvés et tirent dans notre direction. L'endroit est mortel. Il y a des blessés. Les militaires de notre pays tirent sur des familles qui se trouvent à un emplacement où nous sommes passés, dans un champ. Certaines sont touchées, d'autres se sauvent. Elles suivent notre chemin. Il faut se sauver très vite également. On a bien fait de partir. Parmi les victimes, il y a peut-être des mourants. On a peur. On ne s'arrête pas pour regarder en arrière.

Les soldats de l'Inde se mettent à tirer sur ceux du Bangladesh. Ils sont face à face. Des villageois courent entre les tirs croisés. Par chance pour nous, les soldats du Bangladesh qui poursuivent leurs tirs sont maintenant trop loin pour nous atteindre. Nous fuyons, terrorisés mais presque sauvés. Les détonations se prolongent sans que nous apercevions les tragédies qui s'accomplissent dans notre dos.

Bientôt, les soldats du Bangladesh reculent et abandonnent le combat. Ils ne tirent plus. Ceux de l'Inde commencent à laisser passer les réfugiés. Ils ne veulent pas les massacrer comme les autres. La frontière s'ouvre à cet endroit pour une foule de personnes, mais pas pour toutes. Ailleurs, elle demeure fermée, infranchissable. Les soldats permettent seulement aux plus menacées dans l'immédiat d'entrer. Ils leur sauvent la vie. Ils n'acceptent pas les autres. Dans les rangs des soldats, trois ou quatre blessés sont emportés. Je ne les vois pas, mais tout le monde en parle. On dit qu'un soldat indien est mort tout de suite. Le Bangladesh tire sur tout le monde et fait même la guerre à l'Inde !...

J'entends des récits horribles. Les gens racontent la fusillade. Des petits enfants apeurés ne se sauvaient même pas entre les balles. Une femme s'est pris les pieds dans sa robe longue et a trébuché avec son bébé qu'elle portait dans le dos. Il a glissé sur le sol et elle a reçu une balle au moment où elle se relevait. Elle est retombée et l'enfant est resté sans bouger contre sa mère morte.

On continue à se sauver. Je n'appartiens pas au groupe de réfugiés auquel l'armée indienne a permis de passer la frontière au cours du combat. En courant, mon petit groupe a évité les balles, mais aussi le seul lieu de passage.

La mère de Ganalok ne tente pas de franchir la frontière. Elle retourne à sa maison. Sa tentative pour nous faire entrer a échoué. Elle en est attristée, mais ne peut rien faire de plus.

Notre groupe d'enfants est loin d'arriver. Si près du but, le voyage devient de plus en plus dangereux et interminable !... Nous marchons encore plusieurs nuits pour entrer en Inde. Plusieurs nuits !... Nous sommes obligés de faire des marches forcées pendant les nuits suivantes pour réussir peut-être à devenir des réfugiés.

En longeant la frontière, toujours effrayés par les embuscades des militaires du Bangladesh qui peuvent survenir n'importe où, nous découvrons un terrain de cultures sur brûlis. Les arbres et les herbes ont été brûlés pour fournir un grand terrain propre à être ensemencé. Tout est débroussaillé, nettoyé. A la place poussent du riz et d'autres plantes. Nous découvrons sur ce terrain également des melons magnifiques. La faim ne nous fait guère hésiter. Nous avons trop faim ! Nous sommes trop épuisés ! Les melons sont appétissants. Nous commençons à en manger quelques-uns, puis d'autres. A la fin, nous mangeons tous les melons. Ils sont une aubaine. Ils sont délicieux !

Mais ce n'est pas suffisant. Il y a aussi des légumes. Nous nous en prenons aux légumes. Ils sont très bons. Nous en avalons sur place une bonne partie. Depuis longtemps, personne n'a mangé aussi bien. Ce repas est excellent et quelques forces reviennent dans nos organismes amaigris et exténués. Le propriétaire du jardin ne va pas être content, c'est sûr. Il n'y a pas le choix. Nous abîmons son jardin pour survivre. Quand nous avons assez mangé, nous partons rapidement. Pauvre propriétaire !... Que son jardin nous a été utile !...

Surtout la nuit afin de ne pas être vus, nous marchons, marchons, en guettant toujours un passage. Il n'y a plus moyen de franchir la frontière. Les soldats sont partout. Le moine Ganalok est si fatigué qu'il s'évanouit soudainement. Son épuisement est total. Il a marché autant qu'il a pu. Notre groupe s'arrête.

Ganalok ne dit plus rien. On l'entoure. On attend. Enfin il revient à lui. On espère qu'il va reprendre des forces. Il ne bouge plus. Il se met à respirer fort sans pouvoir parler. Il va très mal et souffre. Personne ne sait comment l'aider. Il a été obligé jusqu'à maintenant de ramper comme tout le monde pour ne pas être repéré, de marcher sans dormir. Sa robe traditionnelle de moine est couverte de boue, déchirée, impossible à reconnaître. Pour nous les enfants, un short et une chemise conviennent mieux comme tenue, dans ces conditions extrêmes où chaque geste compte, qu'une longue robe de moine qui encombre. Ganalok et les autres religieux ont voulu garder leur tenue habituelle, mais elle les fatigue et devient catastrophique.

Bientôt, la marche reprend. Ganalok avance comme il peut en trébuchant et fournissant beaucoup d'efforts. Pour devenir un réfugié en Inde, c'est difficile.

Nous avons appris à reconnaître deux catégories de soldats, qui sont pourtant habillés à peu près de la même façon, les gardes-frontière et une sorte de police qui agit derrière eux. Les gardes-frontière se distinguent par un bandeau aux extrémités croisées sur la tête. Nous pensons que ce sont des sikhs. Leur réputation est terrible.

Des gens nous ont dit aussi que l'autre catégorie de soldats ne fait pas le même travail. Elle reçoit les réfugiés quand ils parviennent à franchir la ligne, tandis que les gardes-frontière sont chargés de les repousser. Si l'on rencontre les premiers, on est toléré en Inde, accueilli, car ils gardent les camps de réfugiés. Ils peuvent même emmener à l'intérieur des camps les personnes qu'ils découvrent. Dans ce cas, les gardes-frontière ne s'y opposent pas. A l'inverse, ils ne protestent pas lorsque les réfugiés sont repoussés au Bangladesh par les soldats postés sur la frontière. Ils ne discutent pas entre eux et laissent faire les autres.

Une nuit enfin, nous rencontrons à l'endroit convenable la bonne catégorie de soldats. Elle nous permet de passer. Je suis soulagé, mais je ne peux pas encore me reposer. Le camp de réfugiés se trouve très loin. Nous faisons des kilomètres à pied dans la nuit. Je ne sais pas où nous allons. Nous sommes conduits dans un lieu inconnu. Il fait froid. L'obscurité est épaisse. Il n'y a pas de fête pour célébrer notre victoire. Chacun est abattu.

20.

Le camp des soixante mille hors-la-loi

En arrivant au camp, ça sent mauvais. Le camp sent très mauvais. C'est la première impression que j'éprouve. Des odeurs épouvantables flottent partout. Vraiment, c'est répugnant. Dès l'entrée du camp, je n'ai pas aimé l'odeur. Je n'imaginais pas l'Inde avec une aussi vilaine odeur de saletés de toutes sortes mélangées. Je ne peux pas m'habituer à vivre ici. C'est pestilentiel. Je ne m'attendais pas à cette surprise.

On s'est tous dit en entrant : « Ça y est!... On est dans le camp de réfugiés!... » Mais on n'est pas heureux qu'il soit si écœurant. L'infection nous déroute. Après l'air pur de la jungle, cette concentration de déchets et d'immondices crée un choc. Il n'y a pas de propreté, pas d'hygiène.

On ne dit rien. En même temps, on ne pense plus à rien et l'on ne fait pas de remarques. On a la tête vide, on se sent accablés de fatigue. Le camp se trouve encore plongé dans la nuit. On dirait un camp fantôme avec des odeurs. Il n'y a aucune lumière. Il est silencieux. On a envie de dormir n'importe où.

En nous entendant arriver, les gens se réveillent. Ce sont des personnes arrivées avant nous. Elles sont là peut-être depuis longtemps. On ne sait pas. Des ombres bougent, des silhouettes s'approchent. Ces personnes inconnues veulent nous voir. Je n'en reconnais aucune. Quand elles découvrent des moines à nos côtés, elles devinent immédiatement d'où nous venons.

— Ce sont les enfants de l'orphelinat!... Ce sont les orphelins de Parbatya!...

La nouvelle se répand. Tout le monde vient. Des inconnus nous demandent si nous arrivons réellement de l'orphelinat. Ils expriment leur joie. Ils nous parlent. Ils sont contents de nous voir vivants. On a réussi à se sauver !...

On réalise que les autres sont absents, tous les autres. On est les premiers enfants de l'orphelinat à pénétrer au camp, une trentaine, sur les trois cents qui vivaient ensemble. On n'a pas de nouvelles des autres. Depuis le jour de l'attaque, ils sont toujours introuvables. Je ne connais même pas le nombre de jours écoulés, une dizaine environ. Pendant la marche dans la jungle, on a songé à eux, mais les soucis étaient permanents, et on y pense autrement maintenant. On a à l'esprit leur absence, l'énigme de leur disparition. On croit que plusieurs ont été assassinés. J'ai de bons copains parmi eux. Je ne les reverrai peut-être jamais. J'éprouve une peine immense. Lorsqu'on a quitté l'orphelinat en cachette la nuit, les anciens villageois venus nous dire au revoir en pleurant affirmaient déjà : « On ne se reverra jamais... C'est trop triste. » D'autres ne seront sûrement jamais revus.

Je vais m'allonger à l'endroit qui m'est indiqué. La nuit empêche de découvrir les lieux. Il n'y a pas d'électricité, pas de lampe à pétrole, aucune bougie. Il fait froid. On ne reçoit pas de couverture. Mais j'ai toujours avec moi ma vieille couverture de l'orphelinat, et j'en suis heureux. On ne nous donne pas à manger. On n'a rien dans le ventre.

Nous sommes éparpillés en divers lieux. Un enfant va se coucher dans une baraque auprès d'une famille, un autre enfant est conduit vers une famille différente. Quelques-uns s'installent dans une grande construction en bois qui paraît vide. J'essaie de m'endormir. Je continue tout à coup, dans l'obscurité, à avoir peur des soldats du Bangladesh et de ceux de l'Inde.

Sur la route pour arriver au camp, les soldats de l'Inde étaient partout. Ils nous surveillaient. Nous avons parcouru des kilomètres à pied depuis la frontière, dix ou quinze, je n'en ai aucune notion. La distance semblait interminable. Un premier camp a été longé à une centaine de mètres, puis dépassé. Je l'ai aperçu dans la nuit. Les réfugiés s'entassent en Inde par milliers.

Le matin, le propriétaire de la grande construction en bois, un Tripura réfugié comme les Chakmas, adresse aux enfants de l'orphelinat des reproches. Il crie, il les fait sortir, il les menace et refuse d'entendre que l'abri qu'il a édifié n'était occupé que pour une nuit. Il se fâche et parle de magie :

— Si vous ne sortez pas, je vais vous jeter un maléfice !...

Les Tripuras pratiquent souvent une grande diversité de rites magiques et croient à leur efficacité. Heureusement, tous n'ont pas le caractère de cet homme.

J'ai somnolé en craignant toute la nuit l'arrivée des militaires. A l'intérieur du camp, je ne me sens pas totalement en sécurité. Les gardes-frontière peuvent venir nous chercher et nous reconduire au Bangladesh. Même en Inde, on a essayé de les éviter en attendant la tombée de la nuit pour traverser les villages sans être remarqué par les soldats. J'ai écouté pendant la nuit entière, au camp, les bruits de pas dans l'obscurité. J'ai craint qu'on ne nous attrape. D'autres gens sont arrivés après nous, beaucoup de familles et de personnes isolées de tous les âges. Tant que nous ne sommes pas inscrits sur la liste, ils peuvent nous chasser.

A l'endroit où je me suis allongé, je découvre avec l'aube qui apparaît l'existence de petites cabanes dépourvues de murs, simplement couvertes d'un toit léger en feuilles et en chaume posé sur des piliers fragiles. J'ai dormi finalement presque en plein air comme dans la jungle, mais avec l'odeur infecte en plus. Les cabanes sont serrées, alignées, comportant des chemins étroits entre elles. Leur nombre est très grand. Je n'aperçois pas les limites du camp.

Des moines bouddhistes de différents villages, arrivés avant nous, se sont rassemblés dans une même construction rudimentaire. Je vais retrouver les autres enfants de l'orphelinat, et nous nous groupons tous en silence près de ce « monastère » de fortune, devant leur petit temple en bambou. Ils comprennent que nous avons faim et nous invitent à manger en souriant. Le repas qu'ils nous offrent paraît excellent car nous n'avons rien avalé depuis longtemps.

Des soldats arrivent ce premier matin. Ils sortent d'une caserne et nous font mettre en ligne. Nous avons peur. Ils nous comptent. Nous sommes alignés au bord d'un chemin, nombreux, dépaysés. Je dois dire mon nom, et ceux de mon père et de ma mère. Un homme les note. C'est l'accueil. Le chef déclare ensuite que nous pouvons rester là comme réfugiés. Je suis rassuré qu'il ne nous raccompagne pas à la frontière.

A partir de ce moment, j'ai droit à une ration de riz, de lentilles et de piment très fort. Toute la nourriture du camp tient dans ces trois aliments. Nos responsables ne veulent pas que nous mangions du piment afin de n'avoir pas mal au ventre.

Pour la nuit prochaine, il va falloir se débrouiller à nouveau car un emplacement, un abri, ne nous a pas encore été attribué.

Riz, lentilles, entassement, mauvaises odeurs, pas de W.-C., pas d'endroit à soi, c'est la vie quotidienne du camp qui commence. Je trouve que les conditions sont épouvantables et tristes. Les autres enfants ont du mal à supporter aussi. On se demande si l'on est tombé dans un cauchemar qui suit celui de la jungle et le passage de la frontière. Ce n'est pas drôle. On n'est pas à l'aise ici. Dire qu'il va falloir y vivre !...

Après trois nuits, on prend une décision. On construit soi-même sa maison. Si l'on ne le fait pas, il n'y en aura jamais. Avec tous les bouts de bois et les feuilles qui peuvent être découverts ou rapportés de la forêt voisine, les enfants font leur cabane. Elle n'est pas formidable, elle n'abrite pas beaucoup, les trous sont nombreux, le vent peut passer, et elle ne résisterait peut-être pas à un orage, mais c'est notre cabane. On essaie de se bâtir quelque chose de supportable pour tous ceux qui viennent de l'orphelinat, moines, enseignants, enfants. La tâche est rude avec presque rien. Cette activité nous change les idées en même temps. On songe moins, pendant un instant, à l'endroit désolant où la vie doit continuer.

Je ne consacre pas de longues réflexions à l'aspect décourageant les lieux. Cela me donne le cafard. Je préfère ne pas m'y attarder, mais je m'interroge sur la durée de notre présence dans ce camp. Je ne voudrais pas y rester toujours. Mais s'il n'y avait pas d'autre vie pour nous sur la planète que ce camp sale et laid ? Pour des années ! Pour toujours ! Ne plus le quitter ! Y être prisonniers...

Le repas de riz et de lentilles achevé, je bouge, je remue un peu, je m'active, en m'efforçant de ne pas penser à l'avenir, et je construis avec les autres une seconde petite cabane pour un moine, puis une troisième pour un enseignant. Avec les jours, nous nous séparons de plus en plus les uns des autres dans le camp.

Il est immense. C'est le camp de Karbuk. Je n'en ai pas encore fait le tour. Des milliers de personnes y vivent. Elles attendent comme moi que les combats s'arrêtent au Bangladesh, mais d'autres réfugiés arrivent encore en grand nombre, fuyant les tueries et les villages incendiés. Ils sont épuisés. Ils débarquent le plus souvent en pleine nuit. En les entendant approcher, je me lève avec mes camarades et vais les voir comme l'avaient fait d'autres gens la première nuit pour nous. Je m'approche des arrivants. J'essaie d'avoir des nouvelles sur les événements de notre pays. Elles ne sont pas bonnes. Elles ne sont jamais rassurantes.

On regarde alors les nouveaux, on ne s'intéresse qu'à eux, on leur demande de quelle région ils viennent, de quel village. Cela leur fait plaisir, et à nous aussi, de parler un peu. L'arrivée est rendue moins sinistre par ces quelques mots d'accueil. Ils feront sûrement pareil, dans quelques nuits, avec les suivants. Mais beaucoup se trouvent trop exténués et mal nourris pour parler et ils se couchent aussitôt au premier endroit trouvé. Certains pleurent, gémissent, avec des blessures, les pieds en sang, des nausées, au bord de l'évanouissement. Tout le monde est malheureux d'avoir dû fuir sa maison. J'ai mal au cœur à les regarder. Ça fait pitié. Ils n'arrivent pas à se traîner. Il n'y a pas de médicaments. Je n'ai pas encore vu un seul médecin.

Un enseignant demeure avec nous dans la grande cabane que nous avons fabriquée mais, bientôt, je me trouve à l'intérieur d'une autre baraque en compagnie de Ganalok Bikku, qui n'est plus aussi malade que lorsqu'il fallait marcher sans s'arrêter ni manger.

On s'habitue un peu à l'odeur nauséabonde du camp. On creuse la terre, à quelques-uns, pour fabriquer soi-même des W.-C. rudimentaires.

L'eau manque. C'est terrible. Il n'y a pas assez d'eau pour les milliers de réfugiés. Chaque goutte est précieuse. Même en ne gaspillant rien, il n'y en a pas assez. La chaleur est très forte en plein jour. Le puits possède une pompe à bras. Il faut faire la queue pendant une heure, deux heures, trois heures pour avoir un peu d'eau à boire. C'est catastrophique. Les gens se bousculent, mais pas trop. Ils restent calmes, sachant que ceux devant eux à l'intérieur de la file n'ont pas de responsabilité dans ce malheur. Ils protestent plutôt contre l'organisation du camp et ses responsables de l'Inde. Quelquefois, des réfugiés ne tiennent plus debout, s'énervent, et les bousculades se produisent à ce moment.

Afin de pouvoir nous laver, je creuse un puits près de nos cabanes avec les enfants de l'orphelinat, directement dans la terre, comme nous l'avions fait au Bangladesh, à l'aide d'une pelle et de nos mains. Nous espérons en travaillant voir l'eau apparaître, mais il n'y a que la terre, et on s'entête à creuser plus profond. Je tire sur le bord du trou les récipients emplis de terre. Des grands creusent. Ils sont en transpiration, essoufflés. Je souhaite que l'eau surgisse. A chaque petite quantité de terre enlevée, je constate qu'il n'y a pas la légère humidité qui indiquerait la présence d'eau. On persévère, on s'acharne. Les autres gens ne s'intéressent pas à nos efforts et semblent les juger inutiles. Ils ne nous aident pas.

De l'eau boueuse apparaît enfin, sale et mauvaise. Elle ne peut pas être bue, elle sert tout juste à se nettoyer un peu le corps. Pour boire, il faut continuer à patienter dans la file de réfugiés devant le puits.

Mais les réfugiés qui nous regardaient creuser viennent à notre puits, sans rien demander, prendre de l'eau pour se laver eux aussi. On leur en accorde la liberté sans discuter.

Les journées se passent à ne rien faire. Il n'y a rien à faire à Karbuk. On attend. On parle, on marche, on revient. On va se coucher, on attend la distribution de nourriture. Elle exige presque autant d'heures que l'attente devant le puits. C'est long, les journées sont longues. Quand on a examiné les cabanes de bambou avec des familles entassées dedans, on a tout vu. Il n'y a rien d'autre à voir. Pas d'activités. Attendre. Des gens attendent depuis des mois, des années déjà. Ils ont été les premiers à devoir quitter le Bangladesh et ils sont toujours là. Leurs enfants passent leurs journées sans aller à l'école, sans apprendre, sans rien faire. A force de manger du riz et des lentilles, ils n'ont pas assez de vitamines et tombent malades. Il y en a qui deviennent aveugles.

Il y a quatre grands camps de réfugiés en 1986, le long de la frontière de l'Etat indien de Tripura, séparés les uns des autres par quelques kilomètres. On m'indique leurs noms, Takumbari, Silachari, Pancharamparam et le mien, Karbuk[1]. Ils sont tous faits pareil, mais Takumbari contient deux fois plus de réfugiés que celui où je me trouve. Ces villes immenses ont des habitants, et rien d'autre pour être des villes. Des habitants sans rien pour vivre. Des

1. Un cinquième camp, Kathalchari, est ensuite créé pour dix mille réfugiés inscrits, les personnes non enregistrées étant nombreuses et ne bénéficiant pas de la ration alimentaire accordée par le gouvernement indien. Deux autres camps sont formés aussi dans l'Etat indien du Manipur, Tagalok Bak et Tripura Ghat. Le total s'élève à sept camps et plus de cent mille réfugiés en 1990. (*Note de M.D.*)

gens y meurent chaque jour et on les brûle. On sent l'odeur. Il est difficile d'effectuer la crémation, mais je ne m'en occupe pas. Des bébés naissent aussi. Il y a des centaines de naissances à l'intérieur de ces camps, et un grand nombre de nouveau-nés sont malades ou meurent tout de suite.

Les moines m'envoient avec d'autres enfants chercher, à travers notre camp, nos compagnons disparus depuis l'attaque de l'orphelinat. Certains peuvent s'être enfuis, à l'arrivée des militaires, dans les villages et chez des membres de leurs familles au Bangladesh, puis avoir effectué la marche dans la jungle en leur compagnie. Ils sont peut-être parmi nous sans que nous le sachions. Les moines font une liste de tous les enfants.

Je vais dans les baraques demander aux familles si elles ne connaissent pas les enfants dont je leur cite les noms. Le camp est très vaste et il faut beaucoup marcher, ne pas se perdre. On part par petites équipes. Surtout lorsque des nouveaux réfugiés sont arrivés pendant la nuit, les recherches s'accomplissent en tous sens. La plupart du temps, les personnes questionnées ne possèdent pas d'indications. La joie de retrouver quelques-uns est partagée avec les moines. Il y a Sirilodet, Grorosa, Goudivedanet. Ils ont eu la chance de passer à travers tous les dangers comme nous et d'arriver en Inde. Mais l'on ne trouve pas la moindre trace de Nandakishore et des autres. La liste des absents reste plus longue que celle des présents. Au total, les recherches sont décevantes. Je ne retrouve que quelques camarades dans les équipes auxquelles j'appartiens.

Avec nos responsables, nous allons explorer les camps voisins, parler à des familles. Pour nous les enfants, c'est une promenade, un divertissement, mais pas pour les responsables dont les visages sont affligés.

Trois camps se trouvent séparés par quelques kilomètres, deux autres sont à une plus longue distance. Je visite tous les camps. Je les connais tous. Les réfugiés vont se voir d'un camp à l'autre. Quand nous quittons notre camp, les moines nous accompagnent car ils craignent que des enfants ne soient enlevés, ramenés de force par des soldats à la frontière du Bangladesh qui n'est pas éloignée. Certains soldats seraient capables de le faire. Des foules de personnes s'amassent à la frontière pour la franchir, et l'enfant mêlé à elles éprouverait les pires difficultés à rentrer ensuite au camp où il est inscrit.

Les rations de nourriture sont comptées. Le gouvernement de l'Inde n'en donne pas deux à chacun. Quand un enfant a son nom inscrit sur la liste de l'orphelinat, il ne reçoit pas de nourriture chez les membres de sa famille où il peut être renvoyé. Les enfants retrouvés ne peuvent plus avoir de nourriture avec nous. La liste a été établie au départ par les soldats. Lorsque l'on va chercher une ration, il faut attendre que son nom soit prononcé. Les noms sont inscrits par groupes sur un cahier d'appel que les personnes chargées de la distribution consultent. On ne peut pas tricher.

Un matin de bonne heure, je vois un moine se lever pour faire la cuisine. Les moines suivent leurs coutumes et ne mangent pas aux mêmes heures que nous, n'absorbent rien l'après-midi. A l'orphelinat, la mère d'Arunjyoti préparait leur cuisine spéciale. Ils ne s'en occupaient pas. En voyant ce moine préparer le repas des autres, cela me peine. Je ne l'ai jamais vu agir ainsi. Ce n'est pas son travail habituel, ce n'est pas le travail des moines.

Je ressens tout à coup une humiliation pour lui et pour nous tous. Notre vie n'est pas seulement désorganisée, elle est complètement rabaissée, amoindrie. Un moine ne peut plus suivre sa vie de moine comme elle l'était auparavant. Plus personne dans ce camp de réfugiés n'a désormais le droit de mener sa vie librement. Cette simple scène d'un religieux effectuant des gestes qu'il n'avait pas coutume de faire me touche profondément, et je perçois à travers lui notre malheur. Je me sens attristé et révolté.

Je prends la place du moine pour préparer sa cuisine et celle de tous les religieux. Chaque matin, je me lève tôt. Je suis seul à les aider. Je fais cuire du riz et des lentilles. Je mélange les lentilles avec un peu d'huile. La cuisine des moines n'est pas compliquée, d'autant que presque tout manque. Il n'y a pas grand-chose. J'ignore si c'est bon, mais ils sont très contents et touchés à leur tour. Ce n'est pas normal qu'on ne les aide pas.

Les jours suivants, d'autres enfants viennent participer au travail et nous sommes plusieurs à allumer le feu, cuisiner. Ils ne jugent pas normal que je fasse tout à moi seul, tandis que nous sommes si nombreux. Bientôt, un autre enfant me remplace entièrement. Puis la mère d'Arunjyoti se trouve dans un groupe de réfugiés qui arrivent une nuit. Notre copain est heureux d'être avec sa mère. Elle reprend sa tâche auprès des moines.

Son arrivée me fait songer à ma propre mère. Depuis que j'ai vu des villages brûler sur les collines et eu l'impression que sa maison flambait au milieu d'eux, je n'ai pas de nouvelles. Je ne sais si ma mère a été attaquée avec mes deux petits frères et ma grande sœur, s'ils ont été chassés de leur maison ou tués. Je ne possède également aucune information à propos de mon frère en prison, ni de mon frère aîné et de sa famille. Je ne cesse de penser à eux. Mais personne ne peut me communiquer de nouvelles, et je ne les vois pas arriver parmi les nouveaux groupes de réfugiés qui déferlent sans cesse. J'espère toujours reconnaître un visage ou entendre une voix. Je suis chaque fois déçu.

La vie dans le camp de réfugiés est très monotone et ennuyeuse, quand on a la chance de ne pas être malade comme beaucoup le sont ni de souffrir trop de la soif ou de la faim. Je ne m'y plais pas. Je m'ennuie trop. Malgré les semaines qui passent, je ne m'habitue pas. On perd son temps. On est contraint de perdre son temps. L'existence y ressemble à celle de prisonniers sans barreaux, mais qui ne peuvent pas davantage fuir.

Trois mois après notre arrivée, le moine Nandopal, celui qui était allé seul à la rencontre des militaires et des civils musulmans attaquant l'orphelinat, veut me parler. Il s'occupait à l'orphelinat du stock de nourriture. C'est un jeune religieux de vingt-trois ou vingt-quatre ans avec qui je me suis toujours bien entendu. Il me prend à l'écart et me dit avec un sourire confiant :

— On va partir d'ici. Je connais un moyen. Des gens peuvent nous apporter leur aide. Ils m'ont invité à partir. Si tu veux, tu peux venir avec moi.

Ma stupéfaction est entière. Je ne comprends pas. Il parle de s'évader. Il affirme connaître des personnes prêtes à faciliter notre départ. Que dit-il ? Nandopal Bikku ajoute qu'il a la possibilité également de faire venir avec nous deux autres personnes.

— On peut partir à quatre.

Il me demande de garder secret ce projet. Sa confiance en moi est totale, mais il désire que je réfléchisse. Il en a comme moi assez de vivre dans ce camp. L'existence y est décourageante, triste et difficile. Elle y est sans avenir. Tous ceux qui sont arrivés là ont sauvé leur vie, mais ils n'ont pas d'avenir. Les enfants n'étudient pas, n'apprennent pas de métier, ne possèdent pas de livres, ni de cahiers, ni de crayons. Les parents ont perdu leurs champs, leurs animaux. Certains deviennent malades des nerfs. On peut continuer à manger des lentilles et du riz avec des piments pendant longtemps. Cette nourriture n'est pas bonne. Tout est attristant. On ne voit pas bien ce que l'on va devenir. On est dans une mauvaise situation.

Mais je réponds au moine Nandopal que je ne le crois pas :

— Tu me fais une plaisanterie !... Tu parles pour rire...

Nandopal a un tempérament farceur. Il aime plaisanter et s'efforcer d'être gai malgré tous les malheurs. A mes doutes, il répond simplement que j'aille choisir un autre enfant.

Cette fois, son plan a l'air sérieux. Je pars prévenir un copain, Arupayon. Une fois mis dans la confidence, il est étonné. Quitter ce camp lui semble à son tour impossible. S'il est aisé d'en franchir les limites immédiates, la difficulté de circuler ensuite dans une région contrôlée par l'armée, trouver à se nourrir, et avant tout déterminer un endroit où se rendre, apparaît insurmontable. Je lui dis :

— Veux-tu venir avec Nandopal et moi ? Nous partons.

Il se montre stupéfait mais, également, séduit par l'idée de quitter ce lieu abominable. Il se dit prêt à nous accompagner. Le troisième enfant s'appelle Lalguari. Il était dans ma classe six à l'orphelinat. La fuite du camp est organisée en secret. Nandopal m'a choisi parce qu'il était mon enseignant et me connaît bien. Il voulait de bons marcheurs, des enfants résistants. Beaucoup sont trop malades pour marcher longuement à nouveau.

Il nous demande de prendre discrètement un récipient en aluminium afin de cuire du riz. Si des gens l'ont invité à partir, pourquoi emporter un récipient ? Je trouve sa demande étrange. Quel riz ? Il insiste en expliquant son intention de ramasser aussi des plantes le long d'un chemin. Je ne comprends plus. Il parle de légumes sauvages. Il sourit avec tranquillité en fournissant ces explications. Ensuite, il nous demande d'aller chercher un outil pour arracher les légumes.

Quand les objets qu'il réclame sont réunis, nous partons aussitôt tous les quatre sans prévenir. Après trois ou quatre kilomètres de marche, Nandopal Bikku déclare d'un ton grave :

— On retourne au Bangladesh. La vie est impossible dans ce camp. On ne peut pas vivre en Inde. Moi, j'en ai assez. Pas vous ?...

On en a tous marre. On ne tient plus en place parmi ces baraques et dans cette crasse au soleil où il n'y a jamais rien à faire. On en a vraiment par-dessus la tête. Le moine explique son intention d'aller, au Bangladesh, à l'orphelinat de Moanogar. Ce n'est pas une mauvaise idée. Cet orphelinat n'a peut-être pas été attaqué et l'on pourrait y recommencer une vie normale, une vie agréable en comparaison de celle du camp.

Mais la distance est longue. Les militaires du Bangladesh ratissent la région à traverser. Il n'existe aucun moyen de transport et tout doit se parcourir à pied, en sens presque inverse de notre marche dans la jungle pour atteindre l'Inde. Ce n'est pas une entreprise facile. Elle est dangereuse. Nandopal n'a pas voulu nous le dire tout de suite afin de ne pas nous effrayer. On se rend compte qu'il faudrait des guides, une carte, un moyen de s'orienter. A l'aller, les Shanti Bahini nous ont dirigés sur les bons chemins. Ils ne sont plus là. Le moine affirme qu'il connaît la direction. On est bien obligé de le croire sur parole.

La pluie de la mousson se met alors à tomber avec force. Une maison dans la campagne est proche. On court s'y abriter. Un habitant du Tripura nous offre l'hospitalité pendant quelques instants. Lorsque la pluie cesse, on repart. Mais le cœur n'y est pas réellement. Ce voyage ne m'enthousiasme pas. Le moine avait prétendu que des étrangers pouvaient nous aider, et il faut se débrouiller seuls.

J'ai encore devant les yeux la violence des militaires du Bangladesh qui nous pourchassaient. En franchissant la frontière, on va courir à chaque instant le risque de les rencontrer. Se cacher en permanence deviendra notre sort à nouveau pendant le jour et la nuit, sans certitude de ne pas s'égarer en chemin, sans réserves de nourriture, sans médicaments ni aide d'aucune sorte, sans même la possibilité de revenir en arrière et de passer la frontière une seconde fois si les problèmes devenaient trop graves. On ferait partie dans ce cas des groupes de réfugiés bloqués à la frontière de l'Inde, anonymes parmi eux, avec nos trois mois déjà de séjour inutile au camp, et nos noms inscrits pour rien sur la liste des réfugiés de Karbuk.

J'ai faim en plus. Mes deux camarades aussi. On n'est pas loin du camp. Après quelques hésitations, on convainc Nandopal d'y retourner avec lui prendre la ration de nourriture. Ce serait toujours ça. Il accepte et prévient que nous repartirons immédiatement.

En mangeant au camp, je réfléchis. Cette aventure me paraît trop risquée. Je perds confiance. Je ne la sens pas bien engagée. Les troupes de militaires sont en tous lieux. Et puis le séjour sans nourriture suffisante, fortifiante, nous a affaiblis, rendus malades. L'un des enfants, Lalguari, souffre de dysenterie comme beaucoup d'entre nous, et il me paraît insensé qu'il parte dans cet état. Avec sa maladie, il veut malgré tout affronter n'importe quel danger pour fuir ce camp.

— Tu es prêt ? me demande-t-on.

Je signale que je donnerai ma réponse après avoir mangé.

— Alors, on part ?... questionne gentiment Nandopal en souriant.

Lorsque je lui indique mon refus, il est étonné et m'expose tous les inconvénients de la vie malsaine au camp.

— Tu vas avoir encore faim ici, tu vas perdre ton temps, tu vas attraper des maladies, tu vas regretter de n'être pas parti... Tu vois la vie d'un réfugié !

Oui, je vois la vie d'un réfugié. Elle n'est pas belle. Mais je ne bouge pas. Je ne quitte pas le camp dans ces conditions. Nandopal Bikku insiste à plusieurs reprises pour que je le suive avec les deux autres enfants. Devant mon refus, il n'insiste plus, et me demande de ne pas révéler aux autres son plan.

Je les regarde partir le cœur serré. J'ignore s'ils marchent tous les trois vers la mort ou la liberté. Eux non plus ne le savent pas. Ils acceptent le risque. A l'instant de se séparer, on sait que l'on ne se reverra peut-être jamais. Je trouve que les circonstances de ce départ ne sont pas bonnes. Je garde dans le secret de mon cœur notre conversation.

Bientôt, le moine et les deux enfants sont recherchés par nos compagnons. On se demande ce qu'ils sont devenus. Je ne dis rien. J'ai promis de ne rien dire. On m'a aperçu avec eux.

— Tu sais !... Avoue que tu sais !... On est certain qu'ils t'ont parlé. Pourquoi ne nous dis-tu rien ? m'interroge-t-on.

Je me sens obligé de mentir légèrement en prétendant, avec embarras, que j'ignore tout. Ils risquent leurs vies et je ne vais pas dévoiler la route qu'ils suivent. Celui qui est malade n'a guère de chances d'arriver.

Un mois plus tard, une lettre est apportée aux moines du camp par des réfugiés qui viennent d'arriver. Cette lettre surprend chacun. Nandopal nous écrit qu'il est arrivé à l'orphelinat de Moanogar avec les deux enfants. Ils ont marché pendant des nuits et survécu à tous les périls. Même celui qui avait la dysenterie est arrivé au but! La lettre nous est destinée à tous. Nandopal l'a confiée à des villageois qui fuyaient vers l'Inde. L'orphelinat de Moanogar n'a pas encore été envahi. Bemal Bikku en est toujours le directeur et il a su l'attaque de celui de Boalkali huit jours plus tard. Le lendemain de cette attaque, le 14 juin 1986, il a posé la première pierre d'une nouvelle école construite en ciment.

Je regrette alors de n'être pas parti avec mes compagnons. Nandopal Bikku m'avait prévenu que j'allais le regretter, et il avait raison. Je me résigne à avoir commis une erreur. Puisqu'elle est accomplie, il ne faut pas se lamenter. Je n'avoue à personne que Nandopal m'avait invité. Un autre moine réfugié, Rupayon, me déclare :

— Ils vont à l'école... Je regrette de n'être pas avec eux!

Je le déplore aussi et me répète en secret que j'ai eu tort. J'essaie de surmonter ma peine et de poursuivre mon existence de réfugié sans me plaindre.

Quelques mois plus tard, une ébauche d'école est faite dans le camp. Elle se révèle presque totalement inutile car tout manque pour étudier, les livres, les cahiers, les crayons.

Des événements graves surgissent à ce moment car j'apprends que Bemal Bikku a dû quitter l'orphelinat de Moanogar pour se réfugier en Inde à son tour. Il est parti à Calcutta. Je ne sais pas ce qui s'est passé. J'entends dire qu'il fait maintenant partie de la direction d'une organisation de réfugiés en Inde. Il a dû fuir, mais son orphelinat n'a pas été incendié.

Depuis Calcutta, Bemal Bikku nous envoie, une fois, quelques feuilles de papier. C'est extraordinaire. On est très heureux. Ce papier nous réjouit. Il représente beaucoup de choses, une grande amélioration, un progrès. On peut faire la classe un moment, mais les livres sont absents, et ce n'est pas vraiment l'école.

Une fête pour tous les enfants et les enseignants se produit lorsque Bemal Bikku vient lui-même nous rendre visite au camp. Il n'a pas le droit de circuler librement dans toutes les régions de l'Inde, et l'Etat du Tripura où nous sommes est strictement interdit aux étrangers, mais il connaît des moyens de se déplacer et de se montrer efficace quand même. C'est un homme que nous admirons tous beaucoup. Je crois qu'il n'existe pas un seul enfant de l'orphelinat qui n'ait de l'admiration pour lui.

Je ne connais pas son âge. Ce n'est pas un vieillard. Il doit avoir une quarantaine d'années. Il est très gentil et sourit beaucoup, un large sourire, avec des yeux pétillants et pleins de bonté. Beaucoup d'orphelins le considèrent comme leur propre père.

Sa présence nous réconforte. Il ne fait pas de discours en arrivant au camp. Il ne nous donne aucun conseil. Il demande simplement comment nous allons. Ce n'est plus l'heure des conseils ni des leçons, des discours, comme lorsque nous étions à l'orphelinat. Il sait notre vie. Il n'ignore rien de nos problèmes. Ce n'est plus le Bangladesh. Il essaie d'entretenir en nous l'espérance, il veut nous faire garder confiance. Tout le monde est heureux de le voir. Mais, à l'écart des enfants, il adresse des conseils aux moines et aux enseignants. Puis il repart à Calcutta. S'il rentre au Bangladesh, il ne pourra plus en sortir et sera certainement mis en prison. Les enfants de Moanogar ne le reverront sans doute jamais tant que la paix ne sera pas rétablie.

Tous les réfugiés sont considérés comme des hors-la-loi par le gouvernement du Bangladesh, des ennemis, des gens dangereux, des terroristes partis en Inde pour y faire des plans et des manœuvres contre lui. Pour notre pays, nous ne sommes pas des réfugiés mais des traîtres. Les bébés sont des traîtres, avec leurs parents et leurs grands-parents, leurs cousins et leurs cousines, leurs oncles et leurs tantes, tous ceux qui ont réussi à s'échapper. Les familles entières sont formées, à ses yeux, de traîtres et d'adversaires dangereux. Comme les Shanti Bahini, nous sommes pour lui des hors-la-loi.

Après nous avoir chassés par la violence, contraints à fuir pour sauver notre vie, le Bangladesh nous reproche d'être partis et de demeurer en Inde comme des bandits. On entend au camp les adultes parler de ce qu'il déclare à notre sujet. Ce sont toujours des critiques. Il dit du mal de nous. Il ne nous aime pas. C'est très triste.

Pour le gouvernement de l'Inde, nous ne sommes pas non plus de vrais réfugiés. On est seulement là à attendre. On est des gens en attente. On va repartir un jour. Ce n'est pas la peine de nous reconnaître officiellement comme réfugiés. Cela créerait des complications et il viendrait peut-être même des étrangers pour nous voir. Il vaut mieux que la région demeure interdite par l'armée à tous ceux qui ne sont pas des réfugiés ou des habitants de l'endroit. C'est pourquoi le camp de Karbuk et les autres camps de réfugiés voisins ne reçoivent pas d'aide de l'extérieur et atteignent un si grand degré de misère. On est isolés. On est oubliés. Les gens ne savent pas que nous existons. Même notre directeur Bemal Bikku a eu du mal à venir nous voir.

Le camp ne possède pas de dispensaire, pas d'infirmerie, pas d'hôpital pour toutes les personnes malades, et je n'ai pas vu un seul médecin. On m'a dit qu'il en existait quatre ou cinq pour l'ensemble des camps mais, au cas où ce serait vrai, ils ne pourraient pas examiner tout le monde. J'ignore s'ils ont des médicaments.

Les moines me donnent leurs médicaments quand je tombe très malade à mon tour. On finit tous par tomber malades. J'ai la chance de bénéficier de la pharmacie que les moines ont emportée. Ils ont peut-être également reçu des médicaments de Calcutta, comme les feuilles de papier pour essayer de nous faire l'école. Dans les familles de réfugiés, il n'y a pas ces avantages.

Les soins des moines ne suffisent pas à me guérir tout de suite et je reste plusieurs semaines en mauvais état. Je deviens plus maigre et fatigué. Et toujours, toujours, je continue à penser à ma mère, à mes deux petits frères et à ma grande sœur, et à me demander s'ils n'arrivent pas avec les nouveaux réfugiés.

Le gouvernement de l'Inde déclare que la situation ne doit pas se prolonger. C'est ce qu'il affirme d'après les réfugiés qui paraissent avoir des renseignements. L'Inde croyait que les premières personnes qui passaient sa frontière de manière clandestine ne tarderaient pas à repartir chez elles. Elle supposait que le retour s'effectuerait au bout de quelques semaines. Personne n'est rentré, sauf des adolescents et des adultes qui ont préféré rejoindre les rangs des Shanti Bahini. Ils ont fini par se dire qu'ils devaient se battre :

— On y va ! Il faut se défendre.

On a tous été en colère contre les Bengalis musulmans.

J'ai appris que quelques-uns des plus grands enfants de l'orphelinat, avant de passer la frontière, dans d'autres groupes, ont choisi de rester avec les Shanti Bahini. Un enfant nommé Kaladhan, qui n'a pas fait le voyage avec moi dans la jungle, après être resté peu de jours en Inde, est aussi reparti au Bangladesh pour soutenir les résistants. Il a quatorze ans. A l'orphelinat, il s'occupait d'un grand nombre de travaux comme nous tous.

Au bout de plusieurs mois de cette existence lamentable, les gens en ont assez d'être au camp. Ils se demandent toujours aussi ce qui se passe au Bangladesh. Ils n'ont pas de journaux, pas de radio. Ils en ont marre. Parfois, je me demande si je ne devrais pas, un jour, partir moi aussi chez les Shanti Bahini. Pour l'instant, je suis trop jeune. Mais s'il faut rester encore des années comme ça, à moisir, à croupir, à presque mourir tout doucement sans rien faire jamais, je ne sais pas si la tentation d'être libre dans la forêt et peut-être utile à des malheureux ne va pas l'emporter. Je n'ai pas encore décidé. Je crois que le choix devra se faire un jour. Il faut tôt ou tard que chacun des garçons prenne position. J'y pense assez souvent et il y a du pour et du contre. Les Shanti Bahini, ça sert. Mais leurs moyens de lutte sont insuffisants. Je suis convaincu qu'ils ne pourront jamais gagner par eux-mêmes contre les militaires.

Le départ de Nandopal Bikku est une exception car il avait un lieu particulier où s'abriter et il voulait aider les enfants abandonnés ou sans famille à Moanogar. Quantité d'enfants ne voient plus leurs familles car elles sont en train d'errer dans la jungle.

Tout en désirant obtenir des nouvelles de leurs villages, les autres réfugiés se sentent terrorisés à la perspective de se retrouver aux mains des militaires et des Bengalis musulmans. Je ne veux pas retourner au Bangladesh tant qu'il n'y aura plus de place en sécurité pour les Chakmas. J'ai eu trop peur.

Je continue à faire des cauchemars en dormant. Beaucoup d'enfants revoient les maisons qui brûlent et les habitants qui se sauvent, les couteaux des Bengalis, les fusils des soldats. Ils entendent les chants de guerre des musulmans appelant à boire le sang des Chakmas. Ils se réveillent en transpiration et crient.

Au camp, on entend souvent dire que le gouvernement du Bangladesh se fait aider par les Etats-Unis. Je ne sais pas ce que sont les Etats-Unis. Mais, si c'est réel, ces étrangers ne devraient pas fournir de l'argent et des moyens au gouvernement du Bangladesh pour qu'il les utilise ensuite à acheter des armes pour massacrer les habitants des Chittagong Hill Tracts. Ce n'est pas bien. En entendant raconter que les Etats-Unis aident le gouvernement qui nous persécute, j'ai beaucoup de peine et je suis mécontent. Je ne comprends pas ces étrangers-là. Ils ne sont pas venus voir dans les Chittagong Hill Tracts comment les villages sont détruits avec des gens brûlés vivants dans des maisons. Je sais mieux qu'eux ce qui s'y passe.

On raconte aussi que le gouvernement de l'Inde, au temps d'Indira Gandhi, a aidé le gouvernement du Bangladesh afin que les musulmans puissent envahir notre région de collines. Je l'entends dire par toutes sortes de gens. Quelques années avant ma naissance, le Bangladesh n'existait pas encore comme Etat indépendant et faisait partie du Pakistan. La guerre a été terrible à l'intérieur du Pakistan avant qu'il n'en sorte le Bangladesh. Elle s'est continuée ensuite. Je pouvais déjà entendre affirmer au Bangladesh que les musulmans étaient allés trouver Indira Gandhi afin de recevoir son aide. On en parlait.

A l'orphelinat, ce n'était pas un thème de débat, mais on en discutait dans les villages voisins. Les enfants écoutaient. J'ai aussi entendu des enfants en parler entre eux. Ils s'amusaient à imiter les militaires avec des morceaux de bois comme armes.

Les nouvelles apportées par les arrivants ne sont pas encourageantes. Les destructions continuent. Je ne supporte plus la vie du camp. Je ne voudrais pas y rester des années. Mais c'est ce qui est en train d'arriver. On peut y rester des mois et des années. On peut y être complètement oublié. Je trouve que c'est affreux.

Un second puits est creusé qui permet d'attendre moins longtemps dans la file pour obtenir de l'eau à boire. Il améliore beaucoup notre sort. Quelques poteaux électriques avec des fils sont installés depuis longtemps, mais l'électricité n'atteint pas nos abris et nous sommes très tôt plongés dans le noir. Je ne sais pas où conduisent ces fils. Ils vont peut-être vers d'autres villages indiens. On n'en bénéficie pas. De toute façon, il n'y a pas de lampes. Le froid fait souffrir la plupart des réfugiés certaines nuits. Des gens se déplacent au milieu du camp avec des couvertures sur le dos et la tête.

Un jour, je m'ennuie trop et j'ai faim. Je vois un homme qui habite dans une maison à proximité du camp et tient un petit magasin de vêtements. Priyatosh aussi a son idée. Des habitations d'Indiens ne sont pas loin. Le marchand m'engage, et Priyatosh trouve du travail dans un restaurant. Il devient serveur. Cela change notre vie. J'apprends à utiliser une machine à coudre. Je transporte des paquets de tissu et du matériel d'un endroit à l'autre. L'argent m'est utile pour améliorer un peu les rations alimentaires du camp. Cette activité est plus intéressante que de ne rien faire.

Je gagne quelques roupies, qui équivaudraient à peu près en monnaie du Bangladesh à dix takas par jour, une somme dérisoire. Le commerçant ne me paie pas bien, mais il n'y a pas de possibilité de discuter. Si je refuse de porter les tissus qu'il expose sur un marché, il ne me paie que sept takas. Les jours où il vend bien, il me donne un taka supplémentaire.

Au camp arrive parfois un « bazar ». Il est conduit par un marchand ambulant qui s'installe le matin et repart le soir. Il ne vend presque rien, mais ceux qui possèdent quelques pièces peuvent améliorer un peu leur sort. Bientôt, je suis obligé d'abandonner ce travail parce que je deviens trop malade à cause de la malaria. Déjà, avant de le commencer, j'étais malade. Je souffrais certains jours de fièvre forte, comme dans la jungle au Bangladesh. Cela n'allait pas. Ce n'est pas le travail qui me rend malade, mais la vie au camp, toute cette vie, et la malaria m'épuise. Parfois, je ne peux plus me traîner. Je manque de forces pour résister.

Priyatosh n'interrompt pas son travail au restaurant. Il n'a pas été malade dans la jungle. Il apporte des gâteaux et des boissons aux clients. Il signale au personnel qu'il faut préparer deux thés. Il indique les commandes, pieds nus, avec ses vêtements de petit garçon réfugié. Il a onze ans. Quatre enfants travaillent dans ce restaurant. Le soir, il aide à préparer les gâteaux. Il peut manger plus que les autres réfugiés. Il a une bonne place. Mais les gâteaux lui paraissent trop sucrés et il ne parvient pas à les manger vraiment. Cela l'écœure vite. La nourriture de l'Inde est totalement différente de celle des Chakmas.

Les premiers jours, Priyatosh partage les repas de ses patrons, mais il ne les trouve pas bons, sans sel, sans piment. Les légumes sont servis avec de l'eau chaude. Les Indiens jugent excellents ces mets dépourvus de goût qui étonnent le nouvel employé. En face de cet établissement, notre copain Kalenjoy travaille dans un autre restaurant.

Les salaires sont maigres, comme le mien. Après le dîner en compagnie de ses patrons, Priyatosh rentre au camp dormir dans sa cabane. Un jour, son employeur se dispute avec un militaire. Le ton monte. La colère des deux hommes devient grave, mais ils se séparent. Le militaire, inquiet, revient :

— Que va-t-il faire ?... interroge-t-il à propos du patron furieux.

Il demande conseil à Priyatosh sur la manière d'arranger l'affaire. Le soir, Priyatosh raconte aux copains qu'il a conseillé un soldat de l'Inde pour lui éviter d'avoir des ennuis. Il est presque important !

Un de nos gardiens a eu recours à ses services !... Il n'en est pas peu fier et en rit de bon cœur. Les motifs d'amusement sont rares.

Mais ces travaux ne sont pas vus d'un bon œil par la population de l'Inde qui compte beaucoup de chômeurs. Passe à la rigueur pour des enfants, et gare aux adultes réfugiés qui se font prendre en train de travailler ! Les ouvriers indiens s'opposent à cette concurrence car les réfugiés ne demandent pas un gros salaire et risquent de dérober leurs emplois. Les policiers surveillent les travaux clandestins. Il leur arrive parfois d'attraper un réfugié et de le présenter aux autres, dans le camp, les mains attachées, en disant qu'il a travaillé. Ils le laissent un moment, pour le faire réfléchir, puis le détachent. Ils veulent lui faire honte.

J'attends sans travailler ma guérison, sans rien faire. On ne possède pas de jeux au camp. On joue parfois aux osselets, comme au Bangladesh, où l'on est tous capables d'exploits. Mais le *goudou ara,* qui nous passionnait à l'orphelinat, n'est plus autant pratiqué. Il réclame une énergie que nous n'avons plus. On s'en désintéresse.

Une fois, j'aperçois au camp un jeu d'échecs. Sa présence est incroyable dans cette misère. J'ignore qui l'a apporté. Les pions et les personnages en plastique sont au complet sur un vrai damier. Je fais une partie d'échecs à Karbuk.

21.

Les soldats tirent encore sur les réfugiés

Pendant ce temps, les familles continuent de s'amasser à la frontière de l'Inde et d'implorer les soldats de bien vouloir leur permettre d'avancer. Le passage de la frontière s'effectue aux endroits où les réfugiés parviennent à tromper la surveillance des soldats de l'Inde et de ceux du Bangladesh. Les deux armées s'opposent à leur passage et se tirent l'une sur l'autre, tandis que les soldats du Bangladesh ouvrent le feu également sur les réfugiés et que les soldats de l'Inde leur tapent dessus avec des bâtons.

L'important est de passer. Les chemins sont nombreux. Il faut passer coûte que coûte. Ces chemins dépendent des lieux de départ et aussi des indications fournies dans la jungle par les Shanti Bahini. Ils servent de guides, la nuit, aux réfugiés qui ne réussiraient pas à s'orienter sans eux dans la plupart des cas. Des semaines supplémentaires de marche avec une alimentation insuffisante leur seraient nécessaires, en s'égarant, en tournant en rond, avant de découvrir la frontière dans un état d'épuisement et de maladie plus grand. Ces guides leur épargnent des souffrances innommables. Ils évitent de laisser en route de nombreux cadavres.

Les Shanti Bahini ne peuvent pas empêcher les destructions de villages et l'exode des populations de Chakmas et d'autres peuples des Chittagong Hill Tracts, mais ils ont la possibilité de faciliter l'entrée dans un autre pays. Ils ne pratiquent pas le passage lui-même de la frontière. Ce n'est plus dans leurs capacités. Ils abandonnent les réfugiés à l'approche de la frontière, où ceux-ci doivent se débrouiller désormais complètement seuls pour passer. Ils ne se trouvent pas encore en sûreté, mais une grande partie du chemin les conduisant aux camps de réfugiés a déjà été accomplie. Ils sont plus près d'un territoire où on ne les massacrera pas.

Les enfants de l'orphelinat détruit de Boalkali se sont trouvés divisés en plusieurs groupes le jour de l'attaque. Sur les trois cents, une trentaine a fait le voyage avec moi, mais cent cinquante-quatre ont été retrouvés ensuite dans les différents camps. Les cent quarante-six autres ont complètement disparu.

J'ai accompli le parcours dans la jungle avec le petit reste de l'orphelinat, mais presque tous les autres enfants parvenus en Inde l'ont effectué en compagnie de membres de leurs familles retrouvés plus ou moins longtemps après l'attaque du 13 juin. Ce n'est ainsi que plus tard que nous avons su ce qui leur était arrivé et qu'ils ont pu raconter leur fuite.

Nutan, le premier à quitter notre groupe encore au complet, en voyant son père seul dans une rizière lorsque tout le monde fuyait, une semaine avant l'attaque, ne l'a plus quitté jusqu'en Inde après avoir vu sa maison brûler.

Suresh, qui n'avait plus eu l'autorisation de l'armée de rejoindre son orphelinat de Moanogar six mois avant l'attaque générale des villages et villes de la région de Dighinala, a fui brusquement un soir, vers dix heures, en entendant les Shanti Bahini prévenir de l'imminence d'une attaque.

— Allez, Suresh ! On part !... Lève-toi.

Il s'était endormi, dans la soirée, après le passage de ces hommes vers dix-sept heures. Sa famille avait préparé quelques affaires pendant qu'il sombrait dans le sommeil. Ce n'était pas la première fois qu'il partait et il ne se sentait pas particulièrement effrayé. Il se leva aussitôt. Mais cette fois le ciel offrait des lueurs rouges inquiétantes au loin. Il ne voyait pas encore directement les flammes des maisons incendiées, mais la couleur rouge des brasiers illuminant le ciel, la fumée s'élevant très haut. Lorsqu'ils partirent, ils passèrent près d'une maison dont les habitants, n'ayant pas cru les Shanti Bahini, dormaient. Suresh et sa famille imaginèrent que ces voisins étaient déjà partis et ne s'en préoccupèrent pas. Ils les retrouvèrent plus tard, fuyant à la hâte comme les autres.

Suresh partit en Inde sans savoir qu'il y allait. Le projet d'atteindre l'Inde ne lui effleura pas l'esprit. Au départ, il croyait simplement aller se cacher dans la jungle à la façon des jours précédents. La vue de soldats en armes l'effraya presque tout de suite, car il pensa qu'ils allaient les capturer. Mais il s'agissait des Shanti Bahini qui venaient les guider. Des coups de fusil retentirent dans les parages au moment du départ. Leurs guides les firent s'arrêter et attendre longtemps, dans la nuit, car les soldats du Bangladesh bloquaient un passage.

Suresh a suivi sa famille sur des chemins parallèles à ceux empruntés par Nutan. Les familles de Suresh et de Nutan ont marché pendant des jours et des jours, sans se voir, au milieu des arbres selon les indications des Shanti Bahini.

Toutes les familles de Chakmas formaient des cortèges séparés de milliers de gens qui fuyaient vers une frontière qu'aucun signe n'indiquait, excepté à l'arrivée la présence de soldats de l'Inde et l'accroissement de ceux du Bangladesh. Les militaires formaient l'accueil avec des balles. C'était le signe que l'on avait réussi, la preuve que l'on avait suivi le bon chemin et que l'on était presque arrivé. Il ne restait plus qu'à ne pas mourir, comme des centaines d'autres fauchés par les balles, pour être des réfugiés.

Un jour, Suresh a remarqué, près d'une rivière qu'il devait traverser, dans la forêt, une file de milliers de grosses fourmis qui se suivaient avec rapidité en transportant de menus objets, des œufs blancs, des brindilles, de la nourriture. Les autres enfants et adultes se sont arrêtés un court instant devant ce défilé ininterrompu de fourmis qui se dépêchaient, sur les pierres et la terre, les branches mortes, d'arriver à leur destination. Ils se sont amusés à les regarder marcher, marcher sans prendre de repos, ni flâner en route. Mais ils ne se moquaient pas d'elles. Ces insectes leur évoquaient leur propre sort :

— Ce sont des réfugiés qui partent comme nous !... a déclaré un homme. Nous sommes comme des fourmis à marcher dans la forêt.

Suresh et ses compagnons ont ri de la comparaison, qu'ils trouvaient juste. Ils n'étaient pas plus que ça. A mesure que d'autres réfugiés arrivaient pour traverser la rivière, ils regardaient également les grosses fourmis innombrables et tout le monde pensait qu'ils leur étaient semblables.

Une fois où Suresh et les siens ont ramassé des pousses de bambou et allumé un petit feu, en plein jour, dans l'intention de les faire cuire, la pluie s'est mise à tomber, froide, brutale, éteignant immédiatement les flammes. Le repas a été avalé cru. Les grosses gouttes tombaient si fort qu'elles faisaient mal au dos de chacun, qui reprenait sans tarder la route au signal, gravissant avec peine une montée glissante. Il fallait suivre les Shanti Bahini et les autres marcheurs. La décision de faire une halte ou de progresser venait d'ailleurs et les villageois ne commandaient généralement pas. Puis la pluie cessa et recommença. Ces alternances d'averses et d'éclaircies épuisaient les organismes et empêchaient de conserver les affaires au sec.

Les Shanti Bahini donnaient quelques parapluies afin d'abriter les malades ou les petits enfants. S'ils étaient trois guides, l'un se plaçait en tête, un autre au milieu de la file, et le dernier à l'arrière pour surveiller. Ils possédaient des armes.

Un enfant de deux ans mourut de faim et de maladie le jour où Suresh découvrit un énorme crabe. Les crabes des rivières ou des cascades de montagne étaient préférés aux pousses de bambou, et les plus gros, cachés sous les pierres, atteignant dix centimètres de diamètre, procuraient un peu de viande à ceux qui avaient la chance d'en trouver encore après le passage d'autres gens. Ils étaient cuits, parfois mélangés aux pousses de bambou. Le petit enfant mourut une semaine après le début du voyage, qui allait durer un mois, et ses parents en larmes, désespérés, fabriquèrent avec des morceaux de bambou une sorte de panier pour le transporter. Ils ne voulaient pas l'abandonner dans la forêt, mais ils durent se résigner à l'enterrer un peu plus loin.

Des malades et des vieillards se trouvaient aussi transportés sur des brancards rudimentaires, ralentissant la marche des groupes qui les suivaient, provoquant des encombrements.

— Pousse-toi ! Ecarte-toi !... entendait-on dire parfois en chakma. Je veux doubler. Laisse-moi passer !

La solidarité des marcheurs avait des limites, et leur désir de se manifester de la gentillesse ne résistait guère à la crainte des militaires lorsque des rumeurs les signalaient dans les environs. Au cours de ces instants d'affolement, c'était chacun pour soi ou, plus fréquemment encore, chaque famille pour elle-même. Malheur aux estropiés et aux handicapés ! Ils suscitaient des protestations en ne s'enfuyant pas assez vite, en entravant la marche des autres. Ces derniers pleuraient pourtant souvent de fatigue à l'image des malheureux qu'ils doublaient en les bousculant.

Sur le chemin, Suresh, qui finissait par pleurer presque sans cesse d'épuisement, vit un jour la tête d'un gros serpent vert sortir d'un bambou creux. Le serpent y avait sa cachette. Avec d'autres enfants qui cueillaient des fruits, ils essayèrent de le tuer car ils partaient ramasser de la nourriture dans cette direction, mais, n'y parvenant pas, ils prévinrent des adultes qui pêchaient dans une rivière. L'un d'eux saisit un bloc de rocher et écrasa le bambou et le serpent venimeux, qui était de l'espèce ayant mordu Nutan.

Chaque jour, ils cherchaient des crabes sous les pierres de petits ruisseaux minuscules ou des rivières, ainsi que des sortes d'escargots aquatiques. Ils faisaient cuire également des criquets, qui leur semblaient délicieux, de même que certains serpents. La chair de quelques-uns de ces derniers ne leur inspirait aucun dégoût. Elle les nourrissait et était agréable. Parfois, ils avaient faim cependant. Tout dépendait du ramassage de la journée.

S'éloignant pour des cueillettes, des gens étaient revenus blêmes. Ils avaient rencontré un éléphant sauvage. La seule chose à faire en présence d'un éléphant était de se sauver. Souvent, l'éléphant les poursuivait. Pour lui échapper, il fallait courir en zigzag car cet animal ne pouvait changer de direction rapidement et tourner avec aisance. Il préférait foncer tout droit. Des empreintes de pieds d'éléphants sauvages s'observaient de temps en temps, révélant un passage plus ou moins ancien, ainsi que de nombreuses crottes. Selon qu'elles étaient récentes ou non, les personnes redoutaient différemment leur rencontre et la proximité de ces énormes animaux qui, heureusement, ne circulaient pas en nombre important.

Sur les sommets des collines ou des petites montagnes, Suresh regardait la nature devant lui et découvrait toujours de nouvelles collines ou montagnes. Lorsqu'ils y parvenaient, d'autres encore se cachaient derrière elles sans fin. La jungle n'avait pas de limites.

— Où va-t-on? demandait-il. C'est long... Quand sera-t-on arrivé?

Ils n'arrivaient jamais nulle part. Après avoir porté son petit frère sur le dos pendant l'ascension d'une montagne, il s'écroula. Ses parents, qui auraient voulu poursuivre le chemin, l'examinèrent. Il ne bougeait plus. Pour qu'il récupère des forces, ils s'arrêtèrent un long moment avec sept ou huit autres familles épuisées. Le petit frère de Suresh, âgé de quatre ans, interrogeait souvent avec inquiétude :

— Où on va?... Où on va?...

Il pleurait. On essayait de le consoler. Tout le temps, la fatigue demeurait leur compagne. Suresh se sentait constamment fatigué, traînant les jambes, mais l'obligation de marcher, surtout la nuit, sans perdre le groupe le faisait toujours se relever.

— L'Inde est là-bas, entendit-il un jour.

Les Shanti Bahini leur demandèrent de redoubler de précaution et d'éviter de faire le moindre bruit car les soldats du Bangladesh risquaient de se dissimuler partout. Quand ils capturaient des fuyards, ils les emmenaient et leur sort demeurait inconnu. Ces militaires savaient l'existence des populations en mouvement, les laissant quitter leur pays, mais fusillant et arrêtant un certain nombre de personnes toutefois. Il ne fallait pas tomber entre leurs mains. Puis les Shanti Bahini leur dirent :

— Voilà, notre travail est terminé. A partir d'ici, vous devez vous débrouiller seuls.

Les familles demeurèrent une demi-heure sur place à se demander ce qu'elles allaient faire désormais sans guides, désemparées et malheureuses. Elles gravirent une nouvelle montagne et, dans la nuit, rencontrèrent des soldats indiens qui ne faisaient rien, silencieux, immobiles. Ces soldats les avaient entendus venir depuis longtemps et les attendaient. Des petits enfants pleuraient, criaient, et il était difficile au groupe de ne pas faire de bruit.

La langue des soldats était inconnue, mais quelques Chakmas, connaissant un peu l'anglais, pouvaient servir d'interprètes. Les autres insistèrent pour qu'ils expliquent les motifs de leur présence. Leur peur des soldats les en empêcha, et ces derniers gardèrent tous ceux qui tentaient de passer la frontière. Ils les firent s'asseoir, puis lever. Ils leur ordonnaient :

— Assis, debout, assis, debout...

Suresh ne comprenait pas la raison de ces ordres, et il était contraint d'obéir comme ses parents et les autres, dans l'obscurité, fatigué, sous les fusils de ces étrangers. Il n'avait jamais vu non plus de frontière et il ignorait l'importance que les hommes lui attachaient. Son groupe se trouvait rassemblé avec d'autres groupes émergeant de la jungle.

Soudain, les soldats crièrent :

— Partez ! Partez !

Ils repoussèrent les Chakmas vers le Bangladesh avec des bâtons. Ces sikhs brutaux et hurlants n'utilisèrent cependant pas leurs armes à feu. Ils poussèrent avec force les misérables, mais ceux-ci étaient beaucoup plus nombreux, des centaines, et résistèrent à la pression en forçant dans l'autre sens. Il faisait nuit. Des vieillards et des enfants furent écrasés et à moitié étouffés dans la bousculade gigantesque, incontrôlable. Certaines personnes tombaient sans parvenir à se relever. Sur les bords, d'autres s'agenouillaient et imploraient les soldats de les laisser passer. La plupart des gens pleuraient, tassés, contusionnés. La foule formait un bloc compact et mouvant, suffisamment puissant pour faire reculer les soldats. Mais ils n'avaient pas l'autorisation de lui permettre d'entrer en Inde.

Avec sa famille, Suresh se trouvait au milieu du groupe et ne réussissait plus à penser. Il ne savait pas quoi faire, se laissant emporter par les voisins, ne comprenant pas. Comme ils ne pouvaient venir à bout de cette foule énorme, les soldats abandonnèrent provisoirement l'idée de la chasser, et lui commandèrent de rester sur place. Pendant deux ou trois heures, les personnes rassemblées attendirent. Il se mit à pleuvoir avec force. Chacun tenta de se protéger des gouttes cinglantes avec de menus objets. Suresh se mit sur la tête un petit sac en tissu. Quand la pluie cessa, il s'endormit, trempé, épuisé, au centre de la foule moins tassée. Brusquement, on le secoua et on lui murmura :

— Réveille-toi ! Allez, allez, viens !...

Sa famille chercha à s'échapper du groupe pour trouver le long de la frontière un autre lieu de passage. Les soldats ne le gardaient que dans le but d'éviter d'autres tentatives ailleurs. Ils empêchaient les gens de fuir, mais n'étaient pas assez nombreux. Parvenue à l'écart, la famille de Suresh découvrit une poignée de familles ayant eu la même idée.

— Où est-il ? On l'a perdu !

Ils avaient oublié Subimal, le petit frère de Suresh, au milieu du rassemblement. Le mari de sa sœur aînée repartit en arrière. Ce fut par chance qu'il retrouva l'enfant, dans le noir, parmi tant de personnes. Subimal ne pleurait pas, ne disait rien, ne comprenait pas.

Il disait toujours :

— Où on va ?...

On arriva à une maison appartenant probablement à des Tripuras. Très haute, elle représentait l'unique construction dans les parages. Le père de Suresh frappa à la porte, la secoua. Un homme lui demanda de l'intérieur ce qu'il voulait.

— Ouvrez-nous, s'il vous plaît, répondit son père. On vient de se sauver du Bangladesh. On vous donnera de l'argent pour votre aide.

Le Tripura ne voulait pas ouvrir. Il ne parlait pas le chakma et à peine le bengali. Le père de Suresh se mit à genoux devant sa porte en le priant d'ouvrir. Finalement, l'homme entrebâilla sa porte. Il fumait une pipe en bambou, et laissa pénétrer la famille.

— Quelqu'un vient..., dit-il peu après en tendant l'oreille. Ce sont peut-être des *bihartsis*.

A cet endroit, les soldats indiens ou gardes-frontière s'appelaient des bihartsis, du mot *bodal* qui signifie « frontière ». En entendant cet avertissement, la famille de Suresh s'enfuit si rapidement qu'elle abandonna dans la maison quelques sacs contenant des vêtements. Le propriétaire les jeta hors de la maison, devant sa porte, afin de n'être pas mêlé à cette affaire.

Dans son jardin, la famille remarqua des légumes avec de grandes feuilles qui pouvaient être mangées, en général cuites, mais crues aussi. Le danger semblant écarté, elle en cueillit un petit nombre. Elle souffrait de la faim. Elle n'avait plus mangé depuis longtemps. Le Tripura revint à grandes enjambées.

— Il faut me payer maintenant ! s'exclama-t-il. Pourquoi avez-vous volé ?

Le père de Suresh, qui avait conservé un peu d'argent, le paya également afin qu'il leur apporte de la viande de buffle dont il avait parlé. Il lui donna un billet d'une valeur très supérieure à ces aliments, et il devait rendre la monnaie. La famille attendit dans l'obscurité. Mais l'homme ne revint pas. C'était encore pire ! Il conserva la viande et l'argent. Malgré leur situation désastreuse, ils étaient encore victimes des voleurs.

Pendant ce temps, les autres Chakmas demeuraient sous la surveillance des militaires de l'Inde. En s'approchant silencieusement, la famille de Suresh constata que la situation n'avait pas évolué, et elle s'enfuit plus loin pour essayer de dormir.

Avant le lever du jour, le père descendit dans une vallée du côté de l'Inde, où il découvrit des Chakmas indiens. Au lieu d'habiter au Bangladesh, ils vivaient depuis longtemps en Inde. Des milliers de familles avaient déjà dû fuir leur territoire des Chittagong Hill Tracts au moment de la création de l'immense barrage Kaptaï, en 1963, les privant de leurs rizières et les laissant sans ressources. Des Shanti Bahini habitent aussi en Inde. Lorsqu'ils se marient, leurs familles vivent dans ce pays car, au Bangladesh, elles ne pourraient pas s'installer.

Deux jeunes gens remontèrent la pente afin d'inviter les membres de la famille de Suresh à les suivre, en se cachant à nouveau. Ils restèrent trois ou quatre jours à cet endroit. Des réfugiés essayaient de vendre tout ce qu'ils possédaient pour obtenir un peu d'argent. Les Chakmas indiens ne leur achetaient rien, mais donnaient des fruits de leurs jardins.

— Les soldats arrivent !... entendirent-ils.

Chaque famille partit se cacher précipitamment dans la jungle. Celle de Suresh se retrouva au milieu d'une vaste forêt de bambous de toutes tailles et dimensions. Des troncs possédaient trente ou quarante centimètres de diamètre. Ces arbres, séparés par d'autres bambous de faible hauteur, formaient un ensemble propre car il était exploité pour la coupe et la vente, mais la jungle inextricable l'entourait.

En revenant vers les Chakmas indiens, la famille rencontra un Shanti Bahini qui accepta de la guider. Elle éprouvait une peur intense et des doutes croissants sur la possibilité d'être acceptée en Inde.

— Comment va-t-on faire ? s'interrogeait-elle.

Mais le Shanti Bahini, qui avait beaucoup d'expérience, la rassura. Il lui déclara de ne pas s'inquiéter et la conduisit sur des chemins inconnus, lui fit traverser la nuit des villages de Tripuras où de nombreux chiens aboyaient.

— Les militaires sont là-bas, dit-il brusquement. Il faut courir maintenant.

Ils traversèrent un champ de boue où ils s'enlisèrent, puis atteignirent une route. Pour la franchir et rejoindre la forêt, le guide prit de grandes précautions. De l'autre côté, ils trouvèrent une maison abandonnée, en terre, où ils dormirent un moment à même le sol. A la nuit, ils repartirent en courant. Ils coururent beaucoup afin d'éviter les soldats indiens pullulant à l'intérieur du secteur, qui les auraient rassemblés avec d'autres Chakmas prisonniers dans des lieux ne constituant pas des camps mais seulement des groupements. La vie était épouvantable pour ces personnes manquant du nécessaire. Elles demeuraient assises, sans manger, attendant que l'on décide de leur sort. La famille de Suresh avait fui au début un tel rassemblement de mille ou deux mille personnes et ne désirait pas y être réintégrée de force.

La marche exténuante continua. Tout à coup, le guide indiqua :

— Vous allez bientôt voir un grand parapluie.

Il parlait d'une immense tente où s'abritaient d'autres réfugiés. Il précisa :

— Quand vous serez assez près de cette tente, entrez en courant dedans, foncez à toute vitesse. Une fois dedans, on ne pourra plus vous faire sortir.

Il signala le chemin et partit. Il ne pouvait pas aller plus loin. D'ordinaire, les Shanti Bahini se font payer pour guider, et se montrent mécontents lorsqu'ils ne le sont pas, mais celui-ci s'était découvert un lien de parenté lointain avec la mère de Suresh. Comme il était un peu de la famille, il dit :

— Non, ça va...

La nuit l'absorba. Des lumières minuscules brillaient au loin. Les maisons d'un village se laissaient deviner. Après avoir marché un kilomètre avec frayeur, la famille aperçut la tente et s'y engouffra. Plus d'une centaine de réfugiés y dormaient. Par endroits, des nattes étaient étalées sur le sol, à d'autres la terre nue servait de lit. Suresh s'endormit immédiatement en arrivant. Il ne se sentait pas content d'arriver mais d'*arrêter*.

Le lendemain, il découvrit que la toile, fixée sur un poteau principal au centre, ressemblait à un immense parapluie bleu. Le camp de réfugiés de Karbuk se situait à côté. En quittant son village, il croyait qu'il y reviendrait une fois la situation calmée.

Il n'eut pas, comme Nutan Kumar, atteignant la frontière à un endroit différent, à rencontrer les militaires du Bangladesh. Parti presque en même temps que Suresh, Nutan mit deux fois moins de temps à atteindre l'Inde, avec d'autres guides qui suivaient pourtant à peu près le chemin, mais, lorsqu'il fut sur le point d'arriver, l'armée de notre pays les repéra.

Une petite montagne se dressait, des rizières cultivées dans la vallée, la frontière se dessinant à son sommet. Pour être sauvé, il fallait escalader cette montagne, ultime obstacle, et franchir la ligne.

Les soldats du Bangladesh criaient à Nutan et à sa famille, qui atteignaient le sommet, après s'être épuisés pendant de nombreuses nuits de marche depuis la destruction de leur village :

— Venez !... Venez !... On ne vous fera pas de mal ! C'est calme...

En se retournant, Nutan pouvait les entrevoir au pied de la montagne. Ces soldats auraient voulu les rattraper et les empêcher de poursuivre leur route, mais ils avaient une pente difficile à gravir. L'avance du groupe de Nutan apparaissait suffisante, dans cette course horrible, pour lui permettre d'atteindre la frontière avant les soldats.

— Venez !... Retournez chez vous !... Allons, venez ! répétaient ces derniers.

Leurs voix s'élevaient et se perdaient dans la nature. Ils demandaient aux réfugiés de retourner chez eux, dans leurs maisons, mais Nutan avait vu sa propre maison être incendiée par des Bengalis musulmans soutenus par les militaires. Sa famille l'avait observé avec lui quelques jours auparavant. Ils gardaient encore vives dans leur mémoire ces images d'épouvante. Ils n'accordèrent aucune confiance aux militaires qui tentaient de les convaincre. Ils ne leur obéirent pas et accélérèrent leur fuite.

Les soldats aussi hâtèrent leur poursuite et, soudain, ouvrirent le feu. Ils tirèrent des balles dans leur direction.

A la frontière, les soldats indiens répliquèrent en tirant à nouveau sur ceux du Bangladesh, comme cela s'était produit pour Mihirkanti ou pour moi. Dans le camp indien, Mihirkanti avait vu trois soldats blessés, dont un emporté sur une civière qui mourut presque aussitôt.

Cette attaque incita les gardes-frontière à permettre au groupe de Nutan de franchir légèrement la frontière pour échapper à la mort, mais pas de pénétrer davantage en Inde. Ils lui répétèrent :

— Vous n'avez pas le droit d'entrer en Inde.

Les soldats du Bangladesh y étaient entrés un peu également, pourchassant les réfugiés et semblant ignorer que des militaires de l'Inde veillaient à cet endroit. Pendant que les deux armées s'affrontaient, le groupe avait essayé de s'enfuir le plus vite possible, mais la grand-mère de Nutan fut perdue à cet endroit. Elle voyait mal. Sa vue était mauvaise depuis des années et il avait fallu la soigner dans un hôpital. Elle souffrait aussi des articulations et des genoux. Elle demeura égarée presque une nuit entière.

Après les soldats du Bangladesh, ce furent ceux de l'Inde qui dirent à la famille de Nutan :

— Venez, venez, on ne vous fera rien.

Ils les suivirent dans l'obscurité, mais la grand-mère n'était plus avec eux. Lorsqu'ils s'en aperçurent, emporté par le flot des réfugiés, le père de Nutan fit demi-tour afin de se mettre à sa recherche. Il risquait d'être repris par les soldats du Bangladesh sillonnant toujours les lieux, mais il la retrouva, au terme de plusieurs heures, du côté de l'Inde. Les vieillards isolés n'avaient pratiquement aucune chance de survivre.

Ils furent tous rassemblés, au nombre de deux ou trois mille, dans un stade attenant à une école indienne. Vers midi, ils reçurent à manger des lentilles et du riz avec du sel. Ils se sentaient affamés. Le père de Nutan, au milieu de cette masse, parvint à retrouver sa famille parce que les gens se trouvaient assis en train de manger.

Trois jours consécutifs, ils restèrent sur ce terrain, dormant sur le sol, assis, manquant de place pour s'allonger, sans tente ni aucune installation. Comme W.-C., ils avaient la jungle à proximité, puis revenaient à leur place. Face à la jungle, il y avait un village et quelques magasins. Un puits leur permettait de boire après des heures d'attente.

Dans cette misère, Nutan rêvait aux ananas de l'orphelinat et à ceux qui poussaient dans le jardin de sa famille auprès de mangues et de bananes. La saison des ananas était justement arrivée. Il avait un grand désir d'en manger. Les villageois n'avaient pas non plus eu le temps de moissonner leurs champs de riz. Les Bengalis musulmans avaient choisi la bonne époque pour attaquer.

Cette foule parquée dans le stade fut conduite par les soldats, après une journée entière de marche à pied sur des chemins boueux et glissants à cause de la pluie, jusqu'à cinq ou six camions que des ouvriers conduisaient. Les réfugiés s'agglutinèrent dans les camions, s'accrochant partout, s'installant sur la cabine du conducteur. Les camions firent des allers et retours jusqu'au camp de Takumbari.

La famille de Nutan reçut le numéro 172 et fut placée à l'intérieur d'une baraque avec d'autres familles. Chacune avait droit à une pièce unique et minuscule.

Un réfugié, parti dans la jungle pour satisfaire un besoin, quelque temps plus tard, près du camp voisin de Karbuk, revint effrayé. Un bruit d'animal sauvage l'avait d'abord inquiété, mais sans plus, car les animaux sont nombreux. Il avait quitté l'endroit, puis y était revenu. Un chien blessé contribua à donner l'alerte. Sur une colline, un ours noir apparut alors, sauvage, agressif, en compagnie d'un ourson.

Suresh observa un combat furieux qui s'engagea aussitôt entre des hommes ayant pour seules armes de longs morceaux de bambou, taillés en pointe, et les deux ours, probablement une mère et son petit. Le plus grand, debout, mesurait deux mètres de haut, et le second en faisait la moitié. Le combat dura une matinée entière, les hommes encerclant les bêtes, et celles-ci risquant de les déchirer d'un simple coup de patte. Les réfugiés n'osèrent pas trop s'approcher, reculant parfois, mais ne lâchant pas prise. Ils s'avancèrent avec prudence jusqu'à l'emplacement où se tenaient les ours, qui poussèrent des cris, leur coururent après sur de petites distances. S'aventurant par groupes, les combattants revinrent, mais regagnèrent chaque fois des endroits moins périlleux. Ceux qui tentèrent de s'approcher avec leurs bambous furent de plus en plus rares.

Le grand ours parvint à s'échapper avec des blessures, mais le petit fut tué pour sa viande et pour sa peau. La police indienne réprimanda ensuite les réfugiés, qui n'avaient pas le droit de le tuer.

Chaque jour mouraient dans le camp des enfants et des adultes par manque de nourriture, de soins et d'hygiène. Il était impossible de ne pas voir de morts. On respirait l'odeur des cadavres brûlés. Les crémations empuantaient. Certains essayaient de masquer leur identité afin d'obtenir les rations de nourriture des morts, mais les responsables du camp veillaient. A ses abords, une multitude de tombes avaient été creusées près de la jungle pour enterrer les cadavres qui n'étaient pas brûlés, en particulier ceux des enfants. Les parents pleuraient, les moines faisaient des cérémonies et des prières. Quantité de personnes pleuraient en permanence.

Karbari, un enfant de cinq ans, fut pris d'un malaise une nuit dans la construction en bambou où habitait Suresh. A travers la fine paroi séparant les deux pièces où s'entassaient les deux familles, Suresh regarda le petit garçon avec qui il jouait souvent et qu'il aimait beaucoup. Karbari allait de plus en plus mal. Il se leva pour sortir un instant dehors avec sa mère, et poussa soudain un cri. Il tomba et cessa de parler.

L'évanouissement se prolongeant, un médecin du camp fut appelé. Il y avait deux médecins au total. Celui-ci déclara :

— Il est trop tard.

Puis il partit. Suresh ne parvenait plus à regarder tant il éprouvait de peine pour son petit camarade. Les parents, effondrés, appelèrent alors un médecin chakma, un sorcier. Il examina le malade et dit :

— Il me faut des araignées. Allez m'en chercher.

Suresh et d'autres enfants furent envoyés à la chasse aux araignées pour le petit enfant qui allait mourir. C'était le dernier espoir auquel s'accrochaient ses parents. Ils en rapportèrent quelques-unes de bonne taille que le sorcier utilisa en récitant des prières. Mais Suresh ne voulut pas regarder sa médecine. Ensuite, il jeta un coup d'œil. L'enfant eut un dernier soubresaut et un cri, et mourut.

Deux jours auparavant, sa mère avait donné naissance à un bébé, qui vécut seulement une semaine. Cette famille éprouvée, comme d'autres, resta avec une petite fille, sans parvenir à consoler son chagrin. Le père pleurait, la mère pleurait, les grands-parents aussi.

Survivre dans les conditions du camp de réfugiés constituait presque toujours un miracle. En temps ordinaire, au Bangladesh, les médicaments les plus importants manquaient couramment, mais à l'intérieur des camps en Inde leur rareté était excessive. Déjà Nutan avait assisté à la mort de son grand-père, dans les Chittagong Hill Tracts, acquérant la conviction que les médecins n'étaient pas bons ni les remèdes. Son grand-père, malade, attrapa un gros ventre, un ventre qui grossissait sans qu'on sache pourquoi, et l'empêchait de bouger.

— Quand je serai mort, demanda-t-il, ouvrez-moi le ventre pour savoir ce qu'il y a dedans.

On y trouva une énorme masse filandreuse, comme un filet de pêche rouge constitué de chair humaine.

— Les docteurs ne savent rien, se plaignait Nutan avec douleur.

Ils expliquaient généralement tout par l'intervention des fantômes ou, lorsqu'ils avaient accompli des études dans des villes comme Dacca, ne possédaient pas de toute façon les médicaments.

Lors d'un violent orage, la foudre tomba sur un arbre au camp de Takumbari, et l'arbre écrasa une cabane où huit personnes, enfants et adultes, furent tuées. Avec des rites anciens, certains tentèrent de les ramener à la vie, de les ressusciter, mais tous ne croyaient pas à cette magie. Nutan et Suresh virent le désastre après l'orage.

— Jouons du tam-tam et de la flûte pour leur rendre la vie, entendirent-ils prononcer par quelques hommes.

Les sorciers réunirent les instruments et commencèrent à jouer devant les cadavres. Suresh et Nutan en virent trois qui, malgré la couleur pain d'épice de leur peau, étaient devenus totalement blancs. Ils se demandèrent comment ils pourraient à nouveau se tenir seuls sur leurs pieds en jouant du tam-tam et de la flûte. La musique se prolongea longtemps, mais les corps ne bougèrent pas. Le malheur était profond pour leurs familles.

Un homme tué net au cours de l'orage, à proximité de l'arbre foudroyé, tenait encore à la main un parapluie.

22.

Un dessin pour la France

La nouvelle arrive comme une bombe dans le camp. Ça ne peut pas être plus grave. Le gouvernement de l'Inde a décidé de nous ramener de force au Bangladesh. Les réfugiés sont désespérés. Ils protestent, se réunissent et refusent de partir. Ils ne veulent pas être conduits à la mort.

J'entends les gens parler et je suis inquiet. Je me remets à avoir peur. Ils racontent que le Bangladesh a réussi à convaincre l'Inde de nous chasser. Comme l'Inde ne sait plus quoi faire de nous parce que notre nombre est trop élevé, cela l'arrange. Les chefs des deux pays se sont mis d'accord. Mais les réfugiés n'acceptent pas d'être livrés comme des bêtes. Ils ne veulent pas retourner au Bangladesh pour y mourir. Je sais que notre pays n'est pas sûr et qu'un retour dans ces conditions serait probablement encore plus dangereux que le départ.

Des réfugiés qui hésitaient souhaitent encore plus rejoindre les Shanti Bahini. Ils préfèrent ça à un rapatriement obligatoire par l'armée pour se débarrasser d'eux.

Les autorités ne parlent pas pour autant de nous ramener chez nous, à la maison. Ce n'est pas du tout leurs intentions. Elles désirent nous rassembler d'abord dans deux grands centres. Ce serait comme des camps de réfugiés pour des gens dans leur pays qui ne seraient plus des réfugiés, mais pas comme les autres citoyens non plus. On serait des réfugiés dans son pays. Ce serait peut-être encore pire. On serait exclus autrement et sans l'aide de l'Inde cette fois, ni de personne, totalement prisonniers.

Les noms de deux villes, Khagrachari et Rangamati, sont cités.

Dans leurs alentours se formeraient ces deux centres d'accueil. Après, je ne sais pas où l'on serait conduits, ni ce qui arriverait. Je ne veux pas y aller. On en a tous peur. Même si l'on ne nous tue pas tous, ce qui n'est pas certain, on va certainement encore vivre dans des baraques misérables, sans champs à cultiver, sans liberté, sans écoles réelles, sans rien pour mener une vie normale et être heureux.

Les musulmans nous ont chassés et il n'existe pas de signes qu'ils aient changé d'avis pour mieux nous accepter. Au contraire, les familles de réfugiés épuisées et affolées continuent d'arriver tous les jours par centaines. Les violences se poursuivent là-bas avec acharnement. On ne voit pas pourquoi on irait se mettre au milieu d'elles après avoir risqué notre vie pour leur échapper.

Les rumeurs sur notre départ et ses conditions sont incertaines, les lieux d'arrivée imprécis, mais il est clair pour tout le monde que c'est un piège. On n'a pas envie d'y tomber. Les moines s'inquiètent du sort des orphelins dont ils n'ont cessé de s'occuper. Ganalok et Ganandesse pensent que les enfants les plus grands vont rejoindre l'armée des Shanti Bahini, et qu'il est indispensable de découvrir une solution d'urgence pour les plus petits.

Avec les autres responsables, ils ont une idée. Ils tentent quelque chose. Comme le gouvernement du Bangladesh veut nous récupérer, ils réussissent à éloigner un groupe d'enfants. Ils envoient pour un séjour de quelques mois à Calcutta une douzaine d'enfants malades qui ne supportent plus la nourriture insuffisante et l'absence d'hygiène et de médicaments dans le camp. Calcutta se trouve à quatre cents kilomètres. Bemal Bikku a organisé ce voyage difficile et coûteux avec l'aide d'étrangers. L'argent est venu d'ailleurs. Je ne sais pas de quel pays. Les enfants ont été conduits à un aéroport où ils ont pris l'avion. Kamalendu, Suresh et Suniti Bikash en faisaient partie.

Le départ a lieu en deux fois. Le premier groupe est déjà depuis plusieurs semaines à Calcutta quand Suresh se trouve appelé, un jour, dans le camp de Takumbari où il vit. Un moine lui explique qu'il peut faire un séjour à Calcutta. Suresh ne comprend pas pourquoi il est choisi, mais il devine que ce voyage est une astuce pour écarter les enfants du camp les uns après les autres pour des motifs médicaux. Il leur fait accomplir déjà un bout de chemin vers un autre endroit.

Sa famille se prépare avec tristesse à ne plus le revoir. Elle lui dit :

— Depuis Calcutta, tu vas peut-être partir tout de suite après vers un autre pays.

Suresh croit qu'il va partir ensuite en Thaïlande. Il entend parler de la Thaïlande. Le père d'un de ses copains, Udjailmoy, va trouver les moines et leur explique qu'il aimerait que son fils aille aussi à Calcutta. Udjailmoy ne fait pas partie de l'orphelinat, mais les moines acceptent.

En secret, le voyage est organisé. Les autres familles de réfugiés ne sont pas prévenues du départ des deux enfants. Un soir, ils quittent leur camp et marchent dans la nuit vers le camp de Karbuk, où ils mangent et dorment près de nous. Suresh est bien content de partir, mais il éprouve aussi de l'inquiétude et de la tristesse. Il ne sait pas exactement où on l'emmène.

Le matin, Ganalok part avec eux prendre un bus qui circule chaque jour sur une route près du camp. Ils montent tous les trois au milieu des autres passagers venant d'ailleurs et qu'ils ne connaissent pas. A Agartala, ils descendent. Cette ville indienne étonne les enfants par son animation. Ganalok commence par leur acheter à chacun un short neuf, une chemise et des sandales afin de remplacer leurs vêtements déchirés et usés. Depuis Agartala, ils vont à l'aéroport, en s'arrêtant d'abord dans un temple bouddhiste où ils prient cinq minutes.

Le soir, Suresh se baigne dans un étang avec son copain qui a beaucoup de chance de partir. Ils s'assoient ensuite près de la route pour regarder passer les voitures. Ils n'ont jamais vu autant de circulation. Des camions, des taxis, des vélomoteurs et des bicyclettes passent devant eux. Ce n'est pas comme au Bangladesh. Même à Rangamati où Suresh est allé, il n'existe pas autant de trafic qu'en Inde. Ils voient surtout des vélos à trois roues.

— Comment !... Suresh ici !... Qu'es-tu venu faire à Calcutta ?... gronde Bemal Bikku en voyant Suresh débarquer dans la grande ville avec son camarade.

Mais c'est pour rire. Suresh est impressionné par la voix et le regard du moine. Il croit qu'il lui en veut d'avoir été désigné un peu grâce à la chance pour ce regroupement à l'écart qui concerne en premier lieu les plus malades.

De l'orphelinat de Moanogar qui n'a pas encore subi d'évacuation, Suresh se retrouve maintenant à Calcutta parce que des soldats bengalis lui ont barré la route un jour où, dans la campagne au

Bangladesh, il a voulu rentrer à l'école de son orphelinat. Il n'avait pas prévu où le conduirait cette interdiction. Aucun d'entre nous n'imagine encore ce qui l'attend dans ces bouleversements perpétuels.

Après l'avoir sermonné affectueusement, Bemal Bikku prend à part Suresh qui a un don pour faire des farces et des bêtises, lui parle et le laisse jouer dans un coin. Un jour, Suresh trouve le moyen de se perdre dans Calcutta avec un autre enfant. Tous deux ne savent plus où ils se trouvent et ont même oublié l'adresse de leur lieu d'hébergement. Ils marchent, ils parcourent des rues, ils se faufilent dans la foule. La peur grandit à mesure que le temps passe. Enfin, ils retrouvent le bon chemin et gardent une frayeur qui ne s'éteint pas de sitôt. Pour des habitants de la jungle des Chittagong Hill Tracts, se diriger dans Calcutta, grouillant et géant, n'est pas simple !...

Mais ils rentrent au camp de réfugiés ensuite. Je ne sais pas pourquoi on ne peut pas les garder plus longtemps dans une autre région. Ils nous racontent leurs aventures. Je ne parviens pas encore à bien imaginer une ville aussi grande, avec des immeubles et des voitures, des monuments et la foule dans la rue. Cela me paraît extraordinaire.

Presque au moment de leur retour, la menace de notre départ forcé vers le Bangladesh se précise. Les moines continuent à avoir des idées pour nous faire échapper à ce péril. L'un d'eux nous demande alors :

— Qui veut aller en « Prance » ?

Personne ne sait ce qu'est la « Prance ». On n'a pas de carte géographique. Mais la nouvelle semble bonne. On répond : nous. On répond qu'on est prêts à partir en « Prance ». Si le moine le propose, ce doit être bien. On est heureux. Mais il n'y aura pas de place pour chacun. On est prévenus tout de suite.

Plus d'une centaine d'orphelins n'ont jamais été retrouvés. Les moines ont établi la liste des enfants retrouvés et de ceux qui restent absents. Plus de cent enfants ont disparu sans laisser la moindre trace. C'est un grand nombre. J'y avais des copains que je n'oublie pas. Parmi ceux qui restent, il faudra que certains ne partent pas. J'ignore comment l'on va être choisis.

D'autres responsables prononcent « France ». La première fois, j'ai entendu exposer vaguement ce projet par trois bikkus, Ganalok, Stanjoy et Ganaza. Ils échangent des informations avec notre ancien directeur Priatisya qui a d'abord été réfugié au camp de Takumbari, et se trouve à Agartala. Tous sont en relation avec Bemal Bikku, à Calcutta, qui connaît des personnes de pays étrangers.

L'un des moines nous invite pour la première fois à dessiner. On ne dessinait pas à l'orphelinat, on n'a jamais fait de dessins au camp, mais, cette fois, des cadeaux doivent être envoyés. Tous les enfants de l'orphelinat ne sont pas réunis à ce moment. Certains se trouvent dans d'autres baraques. A ceux qui écoutent, le moine demande :

— Voulez-vous faire des dessins pour vos parrains et vos marraines de France ?

On sait que des personnes ont donné de l'argent depuis longtemps pour que l'orphelinat existe, et qu'elles s'occupent encore de nous. Elles ne peuvent pas nous voir. C'est interdit. Le gouvernement de l'Inde continue de n'accepter aucun visiteur au camp. Les événements lointains qui s'accomplissent nous demeurent totalement inconnus, incompréhensibles, mais on est tous heureux que d'autres pensent à nous. Alors, on va envoyer des dessins pour leur faire plaisir. On ne possède pas d'autre moyen de fournir de nos nouvelles à ceux qui essaient de nous protéger. Comme cela, ils sauront qu'on est encore vivants.

— Si vous ne savez pas dessiner, explique un moine, regardez ces journaux et ces revues et choisissez des modèles à recopier.

Il nous montre des magazines illustrés. Je tourne les pages avec mes copains. Je suis étonné. Jamais je n'ai vu de tels magazines. Ce sont des objets très surprenants. J'ignore d'où ils viennent. Soudain, en tournant une page, j'ai le regard attiré par un dessin qui illustre une scène de guerre. On voit des militaires du Bangladesh en train de jeter des enfants dans le feu. Des maisons brûlent. Des gens sont chassés. Pour la première fois, je découvre dans une revue des événements que nous avons vécus. Quelques autres illustrations évoquent encore des massacres survenus dans les Chittagong Hill Tracts. Les enfants se passent les revues les uns aux autres et se souviennent de ce qui leur est arrivé quelques mois plus tôt.

Pendant deux jours, on a pour principale activité de dessiner. Les moines ont reçu de Calcutta des feuilles de papier, des crayons de couleur, et même des crayons-feutres. Ces crayons-feutres colorés sont très étonnants et nous n'en avons jamais utilisé. Je ne sais pas comment Bemal Bikku s'est procuré ce matériel extraordinaire.

Chacun fait plusieurs dessins pour la France. On les groupe par petits paquets de trois ou quatre. Cette activité est complètement nouvelle. Je n'ai jamais dessiné, et il faut le faire pendant longtemps afin d'envoyer un grand nombre de dessins à Calcutta, d'où ils seront transmis à nos parrains. Je représente, comme Priyatosh et la plupart des autres, certaines scènes que l'on a vues au Bangladesh. On ne dessine que ce que l'on a vécu. On n'invente pas. On raconte la vérité à la France. Il y a des villages incendiés, des militaires autour des maisons, des civils musulmans, des gens qui fuient. On dessine d'arrache-pied pendant deux jours.

On remplace les enfants qui ne sont pas présents ou ne savent pas dessiner. Quelques-uns s'amusent à suivre le contour d'un éléphant ou d'un temple, sur un modèle, en recopiant grâce à la transparence du papier. Normalement, nos parrains seront contents.

Le départ se prépare. On ne sait pas véritablement où on va. On ne sait pas non plus exactement qui part. La liste n'est pas encore bien établie, mais j'en fais partie. Les responsables ont effectué une sélection en choisissant les plus jeunes, ceux qui pouvaient peut-être le mieux s'habituer à vivre ailleurs. J'en parle avec les autres. Des grands que l'on aime bien n'ont pas leurs noms inscrits sur la liste. On le regrette. Parfois, ils sont peinés, d'autres fois ils répondent qu'ils s'en moquent et vont partir chez les Shanti Bahini.

Des orphelins disparus depuis le jour de l'attaque sont remplacés par des enfants qui n'appartenaient pas à notre orphelinat, comme Suresh, ou qui n'appartenaient à aucun orphelinat, comme Dhanessen. Ils prennent leurs noms parfois, avec l'accord des moines, pour entrer dans la première liste des enfants de l'orphelinat, celle qui est montrée aux autorités. Cela en fait toujours quelques-uns de plus qui peut-être pourront être sauvés, puisque les autres ont disparu.

Dhanessen, qui vient d'un village, remplace un orphelin nommé aussi Dhanessen qui se trouvait dans ma classe six et n'a jamais été retrouvé. Suresh a changé de prénom également. Il s'appelait Sukatu, et a eu aussi le prénom de Dhana. Nutan Kumar portait le nom de Snaha Kumar. Moi, je me suis toujours appelé Sudhananda. Je n'ai jamais eu à changer de nom.

Les mélanges de tous ces noms avec des enfants qui ne sont pas de notre orphelinat, que nous avons rencontrés dans les camps seulement, empêchent d'affirmer qu'un nom correspond forcément à un enfant que nous connaissons. Il est nécessaire de vérifier d'abord.

L'agitation est grande dans tous les domaines. On pressent qu'il va se produire des événements nouveaux et importants.

D'après ce que j'entends, les complications pour nous faire quitter le camp et nous emmener ailleurs qu'au Bangladesh sont extrêmes. Je devine que des gens font des efforts, mais je ne comprends pas lesquels. Le gouvernement du Bangladesh s'oppose à notre départ.

Bemal Bikku vient quand même au camp nous distribuer des vêtements, des chemises et des shorts, afin que ceux qui partiront aient une tenue convenable. On porte des loques. Je suis très heureux de recevoir des habits neufs. Ils ne sont pas tous à notre taille, mais ça ne fait rien. On est transformés. Il y a une ambiance de fête avec cette seconde visite du moine.

Bemal sort ensuite un objet mystérieux de ses affaires. Il nous regarde à travers. Je vois pour la première fois une caméra. Elle lui a été prêtée par Pierre Marchand afin qu'il existe des images de notre camp où personne au monde n'a le droit d'entrer. L'armée l'interdit. Elle contrôle toute la région. Je suppose qu'il a passé la caméra en secret, mais je ne le lui demande pas.

Il fait le premier film sur les camps de réfugiés en Inde. Pierre Marchand non plus n'a pas l'autorisation de pénétrer dans l'Etat du Tripura. Il se trouve à Calcutta. Plusieurs orphelins le connaissent. Suresh se souvient avoir joué avec lui au football, quand il était petit, à l'orphelinat de Moanogar. La guerre n'était pas encore aussi importante. Il s'occupe de recevoir l'argent des personnes qui veulent en donner pour qu'on vive. Il le rassemble et il le distribue. Il nous offre des couvertures. L'hiver, dans le camp, il a fait froid. On a passé l'hiver en plein air tellement les parois des cabanes sont fines et trouées. Les moines disent que ce Français est le seul au monde qui a reçu la permission du gouvernement de l'Inde et de celui du Bangladesh de s'occuper encore un peu de nous. Bemal Bikku parle de Pierre Marchand parfois, mais de lui seul comme si c'était vrai.

Maintenant, je connais l'existence sur terre d'un nouveau pays, la France, mais je ne sais pas où elle se situe. Je crois encore que c'est en France que l'on parle anglais.

Des réfugiés observent la caméra sans comprendre à quoi elle sert. Nous sommes filmés rapidement avec nos cabanes, pas seulement les enfants mais aussi des adultes. La grand-mère de Suresh habite près de nous et est filmée tellement elle est vieille et fatiguée. Bemal prend beaucoup d'images et range la caméra.

Ensuite, il nous parle de la France. On se rassemble autour de lui. Il dit des choses incroyables.

— Ce n'est pas comme le Bangladesh, explique-t-il. En France, pour se faire couper les cheveux chez un coiffeur, il faut payer cinquante francs, ou soixante francs, ou davantage.

Il nous explique ce que représentent cinquante francs. C'est gigantesque. Avec cette somme, on peut acheter une multitude de choses au Bangladesh. Personne n'aurait l'idée de la dépenser pour se faire couper les cheveux. A ce prix, ce serait une ruine. Si l'on n'apprenait pas ces choses par Bemal, on croirait qu'elles sont inventées. Malgré tout, on ne le croit pas entièrement. Une coupe de cheveux, dans une ville de notre région, coûte deux ou trois takas. Il n'y a pas de comparaison. Si les vêtements, la nourriture, les livres, les médicaments, les transports et le reste sont en proportion en France !... Je n'arrive pas à imaginer ce pays.

Un autre moine a réussi à se procurer une carte du monde qu'il a accrochée à une paroi de sa cabane. Il nous indique l'Asie, l'Afrique, l'Amérique, l'Europe, les pôles, les océans, des îles... Je n'ai aucune idée de l'emplacement de la France, peut-être en Afrique, peut-être en Asie. Il nous montre la France au bout de l'Europe. Comme elle est loin !... Comme le nombre de pays est grand dans le monde !... Je me demande comment tant de pays peuvent rentrer sur la terre. Je suis éberlué et rêveur. Je compte le nombre de pays qui séparent le Bangladesh de la France. Mes camarades font la même chose. Personne n'est d'accord sur le nombre. On recommence. Il nous faudra traverser beaucoup de pays depuis l'Inde avant d'arriver en France.

On est photographiés séparément pour établir des papiers d'identité et envoyer une photo à chacun de nos parrains et marraines qui n'ont jamais vu nos visages. Ganalok Bikku vient me photographier dans la cabane où j'ai passé toute ma vie de réfugié auprès de lui. Je souffre encore de la malaria à ce moment. La maladie m'a beaucoup fatigué et ceux qui vont voir ma photo en France risquent peut-être d'avoir peur. Mais, ici, on est presque tous dans le même état.

Les moines nous distribuent à chacun de l'argent, quelques roupies, afin que l'on puisse mieux manger avant le départ. Ils désirent que nous ayons des forces et aussi nous faire grossir parce que nous sommes tout maigres. Ils disent :

— En France, les enfants sont beaux, ils sont gros, ils sont forts. Les enfants de France ne ressemblent pas à ceux du Bangladesh. Pour aller en France, il faut que vous deveniez gros comme eux, et aussi que vous ayez de l'énergie pour supporter le voyage.

On n'en revient pas. On est abasourdis. Devenir comme des Français!... L'argent est un cadeau étonnant. On achète de la viande, on mange beaucoup, on partage avec les familles, mais des enfants sont trop heureux de cette aubaine pour se limiter à la nourriture. Suresh revient au camp avec un magnifique revolver en plastique, un gros revolver. Il fait du bruit, des petites détonations. C'est bien!... Il s'amuse. C'est une attraction!... Les enfants l'entourent et veulent attraper le jouet pour l'examiner. Certains n'ont jamais vu de jouets de la sorte. Il en existe beaucoup en Inde, où ils sont fabriqués, mais pas au Bangladesh. On n'en a jamais vu dans nos villages.

Avec de la viande, Suresh a acheté aussi des bonbons pour les distribuer à tous les enfants qui vivent autour de lui, au camp de Takumbari, et ne parlent pas, n'ont pas reçu d'argent. Il les leur donne en cadeau. Chacun reçoit un bonbon jusqu'à épuisement de son stock. C'est la fête avec un bonbon!

Tous ceux qui ont reçu de l'argent le partagent avec leur entourage ou offrent des cadeaux. Nous sommes heureux! Nutan l'a remis à son père, qui est allé acheter un poulet et des œufs. Il lui dit :

— Mange, mange. N'aie pas peur de manger. Prends-en encore.

Il n'a vraiment plus faim ensuite. Chacun se régale et est enchanté.

Tout le monde devient pourtant triste à cause de la séparation. Je deviens triste aussi. On va se séparer et quitter tous ceux que l'on connaît.

Mais l'on n'est pas encore partis. On apprend même que les tentatives de ceux qui s'occupent de notre sort ne donnent pas encore de résultats. Le gouvernement du Bangladesh refuse toujours que l'on parte. Il essaie d'interdire à l'Inde de nous permettre de franchir sa frontière vers l'Europe. Il exige que les réfugiés rentrent au Bangladesh. Des groupes de protestation se forment dans les camps. Les réfugiés tentent de s'organiser pour ne pas partir sans garanties, et ils s'efforcent de convaincre les responsables indiens qu'ils nous enverraient à la mort en nous forçant à passer la frontière.

J'ai très peur que tout cela ne tourne mal à nouveau. Un jour, les moines nous avertissent que le départ va avoir lieu immédiatement. On est en janvier 1987. On nous rassemble dans le temple en bambou du camp voisin de Takumbari. On est soixante-douze. J'ignore pourquoi il n'y a que soixante-douze enfants qui ont le droit de partir. Ce nombre est fixé par les gouvernements.

— Un Français va venir vous chercher, annonce un moine.

On se prépare. On attend. On nous informe qu'un car se trouve à l'extérieur du camp pour nous emmener. Les heures passent. Chacun se sent anxieux. Le voyage va être très long et peut-être aucun d'entre nous ne parviendra jamais au Bangladesh. On attend la nuit entière dans le temple de Takumbari. On y dort un peu. On attend une partie du lendemain. C'est très long. On se demande sans cesse quand va arriver le car qui doit nous emmener.

Personne ne vient. Je ne vois pas le car ni le Français. Un moine dit ensuite :

— Le Français a été arrêté par l'armée. Il est en prison.

Tout le monde a une émotion et est déçu. Je ne connais pas cet homme. Ce n'est pas Pierre Marchand. J'ignore son nom. Le départ est annulé. Le moine ajoute :

— Le gouvernement du Bangladesh ne veut pas que vous quittiez l'Inde. C'est annulé. Pour l'instant, c'est annulé...

Je suis attristé et encore plus angoissé. Quelque chose s'est passé cette nuit-là que je ne comprends pas. Une tentative a peut-être eu lieu en secret pour nous faire quitter le camp et nous emmener en Europe sans l'autorisation de l'Inde et du Bangladesh. L'opération est très mystérieuse. Les moines présentent aussi des visages sombres et inquiets. On est découragés et fatigués par cette nuit d'attente dans un demi-sommeil et l'énervement. On voit bien que c'est la guerre et que l'on demeure des réfugiés en plein dans les difficultés de toutes sortes.

Peu de temps après, j'ai l'explication. On la raconte partout. J'apprends qu'un Français qui a su par Pierre Marchand l'attaque de notre orphelinat de Boalkali s'est déguisé en habitant de l'Inde, barbouillé le visage pour rendre sa peau plus foncée, et a réussi à pénétrer dans le camp de Karbuk. Il est le premier à réussir. Il voulait tous nous emmener. Il venait chercher de façon clandestine les soixante-douze enfants inscrits sur la liste de départ et que les gouvernements empêchaient sans arrêt de laisser partir. L'armée indienne l'a arrêté au bout de quelques heures et jeté dans une prison [1]. La région est réellement interdite aux étrangers.

J'entends parler de cette histoire en compagnie du fils d'un Shanti Bahini. Ce résistant s'appelle Lalma. C'est lui qui a conduit le Français jusqu'au camp de réfugiés.

Plus tard, son fils est arrêté aussi. A ce moment, le père a déjà été tué.

C'est désastreux. La mère du jeune homme est complètement désespérée. La paix ne revient pas. On n'a pas de raison de retourner au Bangladesh.

D'autres réfugiés arrivent. Une nouvelle tentative de départ est prévue quelques mois plus tard. Il y a déjà quinze mois que nous sommes à Karbuk. Les moines gardent confiance. J'espère que nous aurons plus de chance cette fois-ci. Tout à coup, sans que je comprenne davantage pourquoi, il n'existe pas de coup de force pour nous faire partir mais un accord entre les Etats. Ils veulent bien qu'on s'en aille.

On est très heureux, très soulagés, et en même temps méfiants et toujours angoissés. On se prépare à sortir du camp. On est heureux et on a très peur.

Juste à cet instant, ma mère fait partie d'un groupe de réfugiés qui entrent dans le camp. Je l'apprends presque tout de suite. Pour commencer, je suis d'abord averti que des réfugiés nouveaux sont arrivés. Dès qu'un afflux supplémentaire se produit à Karbuk, à Takumbari ou ailleurs, les gens en discutent. Je les entends faire des commentaires. Ils disent :

— Il y a des nouveaux. Ça ne s'arrange pas là-bas. Qu'allons-nous devenir ?... Ceux-là ont peut-être des nouvelles...

Chaque fois, je vais voir les réfugiés. Sur les dix dernières fois où je suis allé à leur rencontre, je n'ai découvert personne de ma famille. Mais ma mère fait partie du groupe cette fois. Je la reconnais. J'ai une grande émotion. Elle est vivante !... C'est maman !... Je ne m'y

---

1. Ce Français est un journaliste, Christophe Graizon, qui sera libéré après dix jours et l'intervention de personnalités politiques françaises. Il a publié son témoignage dans *Des prisons indiennes aux couloirs de Matignon,* Ed. Com & Dia, 1987, 145 pages. (*Note de M.D.*)

attendais plus. Je suis bouleversé. Elle aussi est retournée. Je n'espérais plus la revoir. C'est un très grand choc de rencontrer sa mère par hasard dans un camp de réfugiés. Je suis heureux et j'ai envie de pleurer. Elle a déjà une carte pour recevoir sa ration de nourriture en tant que réfugiée. Je ne l'ai plus vue depuis si longtemps, si longtemps!... Mes deux petits frères sont avec elle, Muni Shankar et Udda Shankar. Je suis si content de les revoir!... Ils sont tous fatigués comme les autres arrivants. Elle trouve que j'ai changé depuis la dernière fois où nous nous sommes vus. Je suis encore malade. Cela lui donne de l'inquiétude. Son visage est amaigri et soucieux.

Trois ou quatre jours après leur arrivée, on me dit :

— C'est le départ! Il faut préparer les affaires pour ce soir.

Quand ma mère apprend que je m'apprête à quitter l'Inde pour la France, après l'émotion très forte des premiers instants, elle s'y oppose. Elle ne veut pas que j'aille en France. Se quitter au moment où l'on se retrouve!... Presque le jour même! Il n'en est pas question. C'est trop dur pour une mère. Pour moi aussi, c'est difficile.

Ma mère ne sait pas non plus ce qui m'attend là-bas. Nul ne le devine. La France est si loin et tellement inconnue que l'on ne parvient pas à s'en faire une idée.

En quelques heures, elle réfléchit à ce voyage et des gens lui disent que Bemal Bikku vend des enfants en France. Ils lui racontent des sottises. Ils lui expliquent que le moine nous fait partir contre de l'argent qu'il reçoit de façon malhonnête. Il aurait organisé un trafic d'enfants pour de l'argent. Ma mère ne prend pas cela au sérieux, mais ne connaît pas trop la vérité et se méfie. Elle est soucieuse et mécontente de mon départ. Elle a peur.

Un moine lui dit :

— Il travaille très bien à l'école et il faut qu'il continue en France. S'il lui arrive malheur, tu pourras me demander des comptes!... Si ton fils meurt, demande-moi! Mais pour l'instant laisse-le partir...

Ma mère voit que le projet est sérieux, mais elle hésite encore et ne peut se résoudre à une nouvelle séparation.

Le départ n'a pas lieu immédiatement. Il s'écoule encore plusieurs jours. Comme je ne veux pas rester en Inde ni retourner au Bangladesh, la seule solution que j'entrevois est de rejoindre un jour dans la jungle les Shanti Bahini. Ma mère ne veut pas non plus. Ni les Shanti Bahini ni la France. Une décision doit être prise absolument car un autre enfant risque de partir à ma place en empruntant mon nom sur la liste. Je finis par dire à ma mère :

— Tu choisis entre les deux, les Shanti Bahini ou la France. Si je vais en France, tu me reverras peut-être une fois ou deux dans ta vie, mais, si je vais chez les Shanti Bahini, tu ne me reverras jamais. Tu ne me reverras pas de toute ta vie !...

Les Shanti Bahini mènent une vie dangereuse et se cachent en permanence. Ma mère pense aussi à mon frère Binoy Jyoti qui est encore en prison, depuis plus d'un an et demi, parce qu'il est soupçonné d'appartenir aux Shanti Bahini.

— Quand le reverras-tu ?... lui dis-je. C'est la guerre. Voilà ce qu'est la guerre...

Mais lorsqu'elle accepte finalement mon départ pour la France, parce qu'elle veut ce qui existe de mieux pour moi, je suis très triste de la quitter, je suis trop triste et c'est très dur. J'ai beaucoup de peine et je ne voudrais pas me séparer de mes deux petits frères. Ils veulent me suivre. Ils ne comprennent pas où je vais. Ils insistent pour m'accompagner et que nous restions ensemble. Je n'ai plus tellement envie de partir en France.

Je connais des moments pénibles et déchirants où j'hésite à mon tour. Cette séparation ne ressemble plus à rien. Elle est tellement douloureuse que je ne sais plus ce qu'il faut penser. Tout devient atroce et insensé dans ce camp où la guerre nous a conduits et où nous ne voudrions pas être.

Ma mère aimerait mieux que je reste. Elle a de bonnes raisons, mais elle sait aussi qu'il faut se secouer et beaucoup réfléchir. Elle m'explique également que sa maison n'a pas été incendiée le jour de l'attaque de l'orphelinat comme je l'avais craint en voyant des villages brûler sur les collines. Les Bengalis musulmans sont passés derrière sa maison, en suivant une côte, en chantant leurs chants de guerre qui appelaient à boire le sang des Chakmas. Ils ne lui ont rien fait sur le moment mais, après, elle a été obligée de fuir comme la population entière.

D'autres parents refusent que leurs enfants s'en aillent et les gardent près d'eux. Ou bien ce sont les enfants eux-mêmes qui n'ont pas envie de partir. Ceux-là laissent une place libre pour un autre enfant dont le départ n'était pas prévu à l'origine. Ces nouveaux enfants prennent le nom de ceux qu'ils remplacent afin que la liste des soixante-douze prénoms demeure inchangée et qu'il n'y ait pas de complications avec les autorités. Chacun agit selon ce qu'il croit le mieux et aussi selon ses forces, ce qui lui reste d'énergie et de lucidité. Personne n'est assuré de rien. Mihirkanti part avec nous et il avait déjà entendu son père dire à un moine, lors de son entrée à l'orphelinat : « Maintenant, ce n'est plus mon fils, c'est ton fils. C'est toi qui sais ce qu'il faut faire pour lui. Moi, je vais mourir. » Le père de Mihirkanti est mort dans son village lors de l'attaque.

Personne n'est obligé de partir, mais les moines affirment que, si l'on veut vivre et devenir quelqu'un d'instruit, il vaut mieux aller en France. Ils assurent qu'on y sera plus heureux. Finalement, je choisis avec ma mère de partir.

Le départ n'est pas joyeux pour tous ceux qui laissent au camp des membres de leur famille. Ils font de grands efforts afin de surmonter leur chagrin. Les enfants sont tristes, mais les familles sont encore plus tristes.

A l'approche de ce départ vers l'inconnu, je me sens déjà à moitié emporté dans l'action, le voyage, toute l'effervescence de cette aventure, et ceux qui restent n'ont que la misère et la solitude du camp à connaître encore pour longtemps. Ils sont dans la désolation et elle devient plus grande quand ils regardent s'éloigner un enfant qu'ils ne reverront peut-être jamais.

Pourtant, nous sommes tous officiellement des orphelins. C'est la consigne. Les soixante-douze enfants devront répondre à ceux qui pourront les interroger pendant le voyage ou à l'arrivée qu'ils n'ont plus de mère ni de père, et qu'ils veulent vivre en France. Ce sont les deux choses obligatoires à dire. S'ils se trompent, il peut y avoir des conséquences tragiques. Nous avons appris la leçon par cœur.

Tous les jours, les soixante-douze enfants se sont rassemblés dans un endroit du camp pour faire des répétitions. Il fallait apprendre correctement les mots et les répéter sans hésitation, avec l'air de dire la vérité, avec l'air de dire qu'il n'existait pas d'autre vérité. Personne ne doit soupçonner que nous sommes originaires de régions différentes du Bangladesh. Nous devons représenter un groupe uni d'orphelins ayant tous vécu la même attaque le 13 juin 1986 et marché dans la jungle ensemble.

— Des journalistes vont venir de partout vous poser des questions, nous expliquent les responsables. Voilà ce qu'il faut leur dire. Vous devez indiquer l'âge qui correspond à l'enfant qui a son nom sur la liste ou que vous remplacez, et surtout que vous êtes orphelins de père et de mère. Si les journalistes ou les autorités des différents pays s'aperçoivent que certains d'entre vous ne sont pas de vrais orphelins, et qu'ils n'ont jamais vécu dans l'orphelinat attaqué, ils ne voudront plus s'occuper de vous ni des enfants réfugiés dans les camps. Cela va créer des histoires.

Pour le monde entier, on doit faire le même récit comme si on était un seul être. Des enfants que je n'ai jamais vus doivent dire qu'ils sont nés dans ma région, à Dighinala et Boalkali, qu'ils sont allés à l'école avec moi, qu'ils ont travaillé dans la même rizière et dormi dans la même maison en bambou. Ces enfants ne connaissaient même pas notre orphelinat.

J'ignore combien ils sont au total, mais le nombre d'enfants restants parmi ceux qui ont vécu les événements depuis le début en ma compagnie est encore plus réduit qu'à notre arrivée en Inde. Je ne les compte pas. Nous sommes tous des réfugiés menacés des mêmes dangers.

Mais je suis content pour les enfants qui pourront être sauvés par ce moyen s'il n'en existe aucun autre. La nécessité de masquer la vérité et de jouer cette comédie est malgré tout désagréable. Elle me tracasse. Elle pèse sur beaucoup d'entre nous qui sentent qu'il nous faudra encore beaucoup ruser et nous tenir sur nos gardes après le départ du camp pour survivre. On ne dit rien.

La leçon à apprendre par cœur est facile dans mon cas, puisqu'elle correspond à la vérité pour la présence à l'orphelinat, à l'histoire qui sert de référence, mais pas pour certains qui s'y perdent et ne comprennent pas pourquoi il faut raconter des inventions. Ils préféreraient dire la vérité, celle qu'ils connaissent, la leur. Elle est déjà assez terrible. Ils sont petits la plupart du temps. Ils ont vécu des tas de choses, mais il paraît que ce n'est pas important ni intéressant si l'on n'est pas l'un des orphelins de Parbatya. Les autres doivent se fourrer dans le crâne une histoire complètement fausse pour eux et chasser celle qui est vraie.

Ceux qui étaient présents à l'orphelinat le 13 juin 1986 leur racontent quelques détails, l'attaque, les menaces de mort de la part des militaires et des Bengalis musulmans, les bâtiments en bambou, la fuite à la tombée de la nuit. On en parle avec eux. Ils enregistrent, se mettent dans la peau des enfants qu'ils remplacent. Parfois, ils mélangent tout.

Les rassemblements quotidiens ont aussi pour but de vérifier que nous sommes toujours présents dans le camp tous ensemble. Il ne faut pas que certains s'écartent ou se perdent au moment de partir ! Des enfants viennent du camp de Takumbari, comme Suresh, d'autres du camp de Pancharamparam, comme Dhanessen, ou d'autres camps. Sur la liste, il y a également les deux enfants d'un directeur d'école qui n'est pas un Chakma, mais un Tripura. Le départ est organisé avec minutie pour ne pas égarer un seul des soixante-douze parmi la foule des dizaines de milliers de réfugiés.

On m'explique que les gouvernements ont posé comme condition impérative, pour nous laisser partir, que nous soyons les orphelins de Boalkali dans la région de Parbatya. Je dois affirmer à tous que je n'ai plus de mère. Elle est morte comme mon père. Je dois le dire au moment où je la retrouve. C'est une condition pour être inscrit parmi les soixante-douze orphelins de Parbatya acceptés en vue du départ. Il faut garder le secret de nos sentiments à tous et de nos pensées envers nos familles vivantes que l'on a l'obligation de déclarer mortes. On a tant de mal à s'en séparer !... On est tous orphelins !

Mais, sur place, au moment des séparations, la réalité est différente pour beaucoup. Et il ne faudra la raconter à personne. Le secret doit rester dans nos cœurs. Ce qui se passe dans ce camp nous rend tous malades.

Le car est arrivé. Le chauffeur est au volant. On va partir pour de bon. L'armée a reçu l'ordre de nous laisser passer. Là-bas, des familles inconnues ont dû recevoir nos dessins. Je quitte tout le monde et je me sens complètement perdu.

23.

Vol 189, arrivée à Roissy 7 h 30

Avant de monter dans le car et sortir du camp, les premiers des soixante mille réfugiés à partir vers la liberté, les seuls à n'être plus pourchassés, nous devons tous nous aligner. Une grand-mère s'approche d'un enfant et lui murmure :

— Dhana, ne fais pas de bêtises là-bas. Reviens un jour. Reviens.

Elle est triste. Elle a des larmes aux yeux. Toutes les familles sont déchirées et se retiennent de pleurer. C'est un moment inoubliable et presque insupportable. Les parents croient qu'ils ne nous reverront plus jamais. Beaucoup veulent nous accompagner jusqu'à Agartala, mais l'autorisation ne leur en est pas accordée.

Nous nous sommes rassemblés au camp de Karbuk, et les soixante-douze enfants montent dans deux cars sur une route où tous les réfugiés les observent et viennent leur dire adieu.

Ma mère est là avec mes deux petits frères. Je les regarde par la vitre. Je ne sais plus vraiment ce qui se passe. Nous sommes tous trop tristes. Il n'y a personne qui ne soit pas triste. Des gens sont effondrés et pensent que ce départ est un malheur tellement ils souffrent. Ils ont trop mal.

— Dites bien que vous êtes des orphelins, nous ont rappelé les moines. Vous n'avez ni père ni mère.

La famille de Suresh est présente au grand complet devant le car, son père, sa mère, des frères, des sœurs, sa grand-mère. Par chance pour eux, ils sont tous vivants. Ce n'est que la guerre civile dans les Chittagong Hill Tracts qui oblige nos familles à se séparer de nous à cet instant. C'est affreux. Il vaut mieux ne pas penser et devenir indifférent à tout, sinon l'on ne pourrait pas résister. Mais l'on ne parvient pas à être totalement indifférents. Le cœur de chacun est brisé. Ce n'est pas de quitter les camps. C'est de quitter ceux qu'on aime. Si l'on se revoit, ce sera dans combien de temps ?... Dans plusieurs années au mieux. Les grands-parents seront probablement tous morts. La famine et l'absence de médicaments font mourir très vite.

Les familles entières d'autres enfants qui partent, comme Nutan, sont également présentes, plus nombreuses que la mienne. On n'a jamais vu autant de papas et de mamans dire au revoir à des orphelins.

Jusqu'à la fin, ils leur ont dit :

— Tu pars ou tu restes ?... Est-ce que tu restes ?...

Les enfants ont presque tous répondu :

— J'aimerais mieux rester mais, si je reste, je ne vais rien faire. Je vais demeurer assis à attendre qu'on me donne à manger. Je ne bouge pas. Je ne fais rien.

Les derniers jours, ils leur ont parlé sans cesse des inconvénients de ce voyage. Ils leur ont dit aussi :

— Tu reviendras. Il faudra revenir. Ne nous oublie pas.

On a promis de ne pas oublier et de revenir. On a promis de se revoir.

Ils ne sont pas d'accord pour nous laisser partir, et en même temps ils acceptent. Il faut qu'ils soient très courageux et qu'ils nous aiment beaucoup pour nous permettre de faire le voyage.

Les enfants qui n'ont pas de famille ressentent moins de déchirement. Priyatosh est seul. Sa mère Animadybi et sa petite sœur qu'il aime tant, Subaguedybi, ne sont pas venues en Inde, ni ses deux sœurs aînées, Sarodony et Sanjuty, ni ses deux frères Assotosh et Poritosh. Il n'en a plus aucune nouvelle depuis l'attaque de l'orphelinat et, si des habitants de leur village de Baboussera ont bougé et fui dans la jungle, personne ne les a vus. La mère de Priyatosh lui disait qu'elle voulait rester jusqu'à la fin de ses jours dans son village.

Notre départ a lieu un jour de marché pour les habitants près du camp. Beaucoup de monde circule partout et est venu faire des achats. Il règne une grande agitation. Les cars démarrent au milieu de la foule. Je perds de vue ma mère. C'est fini ! Nutan fait des signes à la sienne, mais il remarque qu'elle ne le voit pas. Elle ne regarde pas au bon endroit et le cherche ailleurs. Elle se trompe. Elle lui fait également des signes de la main. Elle l'a perdu de vue et il ne peut plus lui indiquer où il est. Ses derniers gestes pour ses parents se perdent dans la confusion sans qu'ils les voient. C'est triste. On a tous de la peine. Les parents pleurent.

Le car roule. Certains enfants regrettent d'avoir emporté de l'argent. Ils n'ont pas dépensé entièrement la somme que leur a donnée Bemal Bikku. Les parents ont voulu qu'ils prennent un peu d'argent pour le voyage, mais il ne leur sert plus à rien. « Pourquoi ne l'ai-je pas distribué avant de partir ? » se demandent-ils. Ce ne serait pas grave désormais s'ils n'en avaient pas. Les parents sont ainsi. Ils craignent toujours que leurs enfants n'aient pas ce qu'il faut. Cet argent leur aurait été plus utile au camp.

Les moines achètent en route des oranges avec les restes d'argent réunis. Chacun reçoit une ou deux oranges. Quelques-uns s'achètent aussi des biscuits à l'aide des derniers sous.

Des militaires surveillent notre montée dans l'avion. Il y a des militaires partout sur la route et à l'aéroport. Le décollage nous fait frémir. Nous sommes étonnés par les moteurs, les vibrations, et puis nous rions et nous amusons bientôt entre copains. L'énervement nous fait parler et jouer encore plus que de coutume. Plusieurs font les pitres. On a une escale à New Delhi.

Avant de grimper dans l'avion par un escalier qui a été poussé contre la porte, un employé en beau costume, avec des chaussures et une chemise blanche impeccable, une montre argentée au poignet, contrôle nos tickets d'embarquement les uns après les autres afin de nous permettre de nous asseoir sur les fauteuils. Je tiens à la main un sac blanc en plastique, avec des inscriptions faites dans un alphabet européen. Ce sac contient une chemisette et un tee-shirt offerts en cadeau. Il m'a été remis comme aux autres enfants. On reçoit aussi de la nourriture sur des plateaux qui sont posés sur de petites tables devant nos sièges.

Vers New Delhi, Pierre Marchand qui nous a rejoints nous projette un film sur la France et nous explique. On est très attentifs et intéressés. On nous montre un beau dessin animé en couleurs. Les paroles sont incompréhensibles, mais c'est joli. On nous filme aussi dans l'avion.

J'imagine pendant le voyage ce que sera mon père. Je vois un grand monsieur blond et je l'entends parler anglais. Pierre Marchand, lui aussi, parle anglais dans l'avion. A l'intérieur des camps et au Bangladesh, j'ai appris que tous les Français sont très grands et parlent anglais. Ils doivent être blonds, beaux et forts. D'ailleurs, les quelques Français que j'ai vus jusqu'à présent sont de bonne taille.

Parmi nos accompagnateurs dans l'avion, il y a un gentil jeune homme blond, qui a appris un mot de chakma : *pani.* Cela signifie « de l'eau ». Il a fait tout le trajet dans la bonne humeur, une bouteille et des verres dans les mains, en répétant :

— *Pani ! Pani !*

Je l'apprécie beaucoup, et j'imagine que mon père de rêve sera comme lui.

Après quarante-huit heures de voyage, on arrive à Paris. Le temps n'est pas beau. Il pleut et il y a du brouillard. L'avion atterrit tôt le matin.

Je descends alors de l'avion et je vois des hommes grands, mais grands... gigantesques ! Certains portent la barbe, d'autres non. Ils ne sont pas tous blonds.

On nous transporte en car dans l'aéroport jusqu'à un immense bâtiment. Des caméras de télévision nous attendent, des journalistes, beaucoup de personnalités. Je ne sais pas qui sont tous ces gens ni pourquoi ils sont venus aussi nombreux nous attendre. On nous applaudit même, on nous filme, on nous photographie. J'entends un tonnerre d'applaudissements quand nous apparaissons tous ensemble dans le grand hall de l'aéroport de Roissy.

Je suis étonné. Des gens pleurent d'émotion en nous regardant, sanglotent. Il y a beaucoup de larmes. Une émotion paraît traverser l'assistance, traverser toute la salle. Des policiers semblent en tenue de parade pour l'événement. Ils sont nombreux et ils empêchent une foule d'autres gens d'approcher. L'endroit est étrange. On se sent dépaysé, muet, contracté. Aucun de nous n'a le sourire. On est intimidés. On se tient tous droits et dignes. Je ne sais pas bien ce qu'il faut faire. Je suis encore à moitié dans le camp en Inde.

Il faut attendre qu'on nous reconnaisse d'après les étiquettes, nos noms épinglés sur la poitrine. D'autres noms sont prononcés, des gens appelés. Les enfants s'assoient par classes de un à six sur des banquettes, des canapés, d'abord les plus grands. Les familles marchent autour en cherchant l'enfant qu'elles accueillent. C'est drôlement impressionnant. On voit beaucoup de têtes, beaucoup de gens qui défilent et l'on se demande avec qui l'on va repartir. Je ne sais pas où est mon père de rêve parmi eux tous.

Soudain, l'un d'eux s'approche et vient m'embrasser : il a une barbe, des cheveux foncés, un front avec quelques petites rides et des yeux vert clair. Il me parle, mais je n'y comprends rien. Mon cœur n'arrête pas de battre à toute vitesse. Mon cœur bat trop vite ! Je suis apeuré. Je songe avec stupeur qu'il est un musulman et non mon père de rêve.

Je continue toujours, à Paris, de craindre les Bengalis musulmans à cause des choses horribles qu'ils font aux Chakmas. L'homme qui m'accueille à Roissy ressemble à certains musulmans que j'ai connus au Bangladesh. Il n'a pas la peau foncée comme eux, mais sa barbe et quelque chose d'indéfinissable me font songer malgré moi aux musulmans. Je ne peux pas me sortir de l'idée qu'il est un musulman. Je crains énormément qu'il ne me fasse du mal. Ma déception et ma peur sont vives. Mon rêve d'un père comme je l'imaginais dans l'avion s'est écroulé. Je suis malheureux.

Je m'efforce de sourire pour ne pas montrer ma consternation et ma crainte. D'ailleurs, il est gentil et sa femme aussi. Leurs deux filles et leur garçon se montrent également très affectueux. Je leur souris autant que je peux mais, en moi, je suis triste et je rêve maintenant à ma patrie et à mes compatriotes. Je rêve à ma mère restée au camp de réfugiés et à tous ceux, là-bas, que j'aime et qui me manquent plus que jamais. Les deux filles me prennent la main et me conduisent dans un endroit plus calme du grand hall. Je m'aperçois que les Français ne parlent pas anglais. Il n'y a rien de prévu. C'est dur d'arriver à Paris directement depuis le camp de Karbuk.

Priyatosh aussi est effrayé par l'aspect de certains hommes, en particulier par ceux ayant une barbe. Au Bangladesh, un grand nombre de Bengalis musulmans portent la barbe. Priyatosh est persuadé que les Français sont tous des musulmans, que la France est un pays de musulmans. Il pleure.

Mais plusieurs des soixante-douze enfants ont bientôt une autre émotion, une terrible frayeur. Personne ne semble s'en douter. Seul un petit groupe d'enfants comprend quelque chose d'imprévu qui se produit à ce moment. Pierre Marchand ne semble pas savoir non plus. Certains de mes compagnons sont trop petits aussi pour réaliser. Certains autres ne remarquent rien parce qu'ils sont fascinés par le décor de l'aéroport, étourdis par cette multitude de personnes, les escaliers mécaniques, les lumières, des cadeaux. Il y en a qui pleurent. Quelques-uns au contraire sont assez détendus, peu anxieux. D'autres sont trop impressionnés pour réaliser encore quelque chose, soumis, résignés à tout ce qui peut se produire, ballottés à travers le monde depuis deux jours.

Mais, pour ceux qui voient, c'est l'horreur. C'est la panique. Ce n'est pas la fête en arrivant, c'est l'épouvante.

Suresh est terrifié. Il a vu, lui. Là, tout près, un homme nous attend. C'est un Bengali musulman! Ce n'est pas possible!... Un Bengali! Un vrai Bengali du Bangladesh à Paris. Un tortionnaire! Un autre homme l'accompagne. C'est encore un Bengali musulman. Les enfants qui les ont remarqués savent les reconnaître, les identifier. Ce sont des hommes du Bangladesh.

On ne peut pas se tromper. Ils sont venus pour nous. On sait comment ils sont. On les a rencontrés depuis toujours dans les Chittagong Hill Tracts. On les a vus incendier les maisons, brûler des gens vivants, torturer des villageois, les persécuter, les poursuivre dans la jungle, leur tirer dessus sans pitié à la frontière de l'Inde. Mon frère est encore en prison à cause d'eux. Ils l'ont torturé avec de l'électricité, de l'eau et de toutes les façons. J'ai encore ça dans la tête. Je n'ai même pas besoin d'y penser pour l'avoir à l'esprit. Ils ont attaché ma mère à une poutre et torturé ma sœur avec des cigarettes et des épingles. Ils ont mis le feu à notre orphelinat et massacré sans pitié plusieurs de nos camarades. Et les revoilà!...

Les Bengalis musulmans nous attendent à l'aéroport de Roissy ce matin du 6 octobre 1987. Ils nous ont retrouvés. Ils sont là!... On leur a échappé partout, dans la jungle, à la frontière, dans les camps, et ils nous retrouvent à Paris!... Ils ont réussi à remettre la main sur nous, à nous guetter, à nous poursuivre et nous attendre à la descente de l'avion. Les enfants qui les voient dans un coin ne soupçonnaient pas cette présence abominable. On veut bien voir n'importe qui, mais pas eux, pas ces gens-là, pas ces Bengalis qui ont détruit nos familles.

Personne ne dit rien. Un Bengali s'approche de nous. Il a l'air d'être le chef. Il regarde Suresh fixement. Suresh baisse les yeux, ne bouge plus. Il a très peur. Les Français autour ne devinent pas ce qui se passe. Ils n'imaginent pas. Ils ignorent presque entièrement les événements survenus au Bangladesh. Ils ne connaissent pas notre histoire. Le Bengali pose une question à Suresh en langue bengali que les Français présents ne comprennent pas.

— Est-ce que tes parents sont morts ?

En même temps, l'homme fait un geste sec de la main sur son cou pour évoquer un couteau qui tranche une gorge.

La question est formulée d'un ton ferme, sévère.

Suresh, terrorisé, n'ose pas lever les yeux sur notre ennemi qui semble pouvoir commander et être important. Suresh répond oui.

Le Bengali insiste auprès de Suresh, qui perd confiance dans la réussite de notre venue en France pour y être à l'abri de la guerre et des persécutions des musulmans. Il l'interroge encore :

— Veux-tu vivre en France ?

Suresh répond oui. L'homme s'écarte pour renouveler ses questions auprès d'autres enfants, tous terrifiés, le regard fixé au sol, qui ne savent comment échapper à ce personnage effroyable. Ils ont l'impression d'être à nouveau captifs et que tout a raté. On est venus pour rien ! On va peut-être se trouver prisonniers. On ne possède pas les moyens de se défendre et l'on craint d'être reconduits au Bangladesh.

Pendant ce temps, la télévision filme d'autres enfants et personne ne se rend compte de rien. Tout est dans la joie d'être arrivé en France. Elle filme aussi les deux Bengalis, mais sans s'y arrêter. Nul n'a une idée de l'effroi qui naît en plusieurs d'entre nous interrogés, tandis que nos camarades sont déjà entourés par des familles, des parents, des enfants français.

L'apparition des Bengalis [1] ressemble à un cauchemar. On ne sait pas s'ils détiennent encore des pouvoirs à notre égard. Ceux qui les ont vus éprouvent le réflexe immédiat de s'en méfier et la conviction qu'ils désirent nous capturer et nous faire du mal. Les a-t-on jamais observés agissant autrement envers les Chakmas ? Si l'on est ici, c'est à cause d'eux. Suresh ne se remet pas de l'interrogatoire, mais personne à Roissy ne s'en doute. Suresh ne dit rien. De mon côté, je ne dis rien non plus d'un autre problème qui me tourmente, celui de

1. Le premier secrétaire de l'ambassade du Bangladesh en France et un collaborateur. (*Note de M.D.*)

mon père qui m'évoque un musulman. L'accueil est une fête. Je crois que j'ai encore plus peur que Suresh.

Les familles paraissent nous accepter comme nous sommes et être toutes très émues. Une fête !... Kalenjoy, un des plus grands de la classe cinq, qui a treize ans, commence à pleurer. Il a des larmes qui ne s'arrêtent pas, un flot de larmes intarissable. Sa famille d'accueil appelle à son secours une jeune femme chakma, Dipty, la fille aînée du président élu de notre région de Dighinala, au Bangladesh, qui vit désormais elle aussi en France avec sa sœur Samati. Son père a dû abandonner ses fonctions.

Elle se trouve à l'aéroport. Elle est même venue à notre rencontre en Inde et a accompli une partie du voyage en avion avec nous. Cela nous rassure un peu. Si Dipty vit en France, c'est sans doute parce que les Français ne sont pas méchants.

Dipty, appelée d'urgence, essaie de consoler Kalenjoy, lui parle en chakma, mais rien n'y fait. Elle se laisse gagner aussi par l'émotion. Tout le monde est bouleversé et se retient de pleurer. Les familles ont reçu le conseil de ne pas nous embrasser car nous ne l'avons jamais été à l'orphelinat, mais plusieurs ont trop envie de nous embrasser.

Prajnamoy a l'air d'un petit animal apeuré et tout recroquevillé sur lui-même. C'est un enfant très menu de la classe un. Il a sept ans. Un monsieur vient le chercher. Il semble perdu, coincé entre deux camarades. Il regarde cet étranger sans comprendre. Il a peur, mais il se laisse entraîner. On ne peut rien faire d'autre. Sa main est molle, il ne résiste pas quand cet homme le conduit un peu à l'écart.

Une dame essaie de mettre son visage à la hauteur du sien en s'agenouillant devant lui. Elle lui dit bonjour et lui caresse les cheveux avec douceur. Il frissonne et elle lui enfile un blouson. Elle lui montre un grand ours blanc en peluche. Prajnamoy a un mouvement de recul devant l'ours. Il lui fait peur. On lui explique qu'il n'est pas dangereux, qu'il est doux, mais il faut dissimuler le jouet. Aucun d'entre nous n'a jamais vu un animal en peluche.

Dayal Jyoti, l'un des plus petits, a l'air inquiet, craintif, et ne manifeste pas de réaction lorsque des personnes l'embrassent. Il n'est pas habitué.

Pratul, un petit aussi de la classe un, pleure et a froid. Une autre dame le regarde avec attendrissement et lui parle d'un ton très doux. Elle lui caresse la joue en osant à peine le toucher. Il suit cette famille, mais il ne peut bientôt plus marcher. Il pleure et il faut le porter. On dirait un enlèvement. On croirait qu'on l'emporte de force tellement il pleure. Pratul n'est pas heureux à cet instant, mais j'espère qu'il va se calmer et que son tempérament heureux et joueur va prendre le dessus.

Prajnamoy, qui semblait apeuré en voyant un inconnu approcher, n'exprime rien en partant quelques instants plus tard avec sa famille. Il n'a pas un mot, pas un sourire, pas une larme, pas une expression sur le visage. Il regarde avec de grands yeux. Sa famille d'accueil l'emmène, un peu inquiète à son tour de le découvrir si peu enthousiasmé.

Le deuxième jour, elle téléphonera à Dipty afin qu'elle lui parle en chakma. Il l'écoutera avant de replonger dans son mutisme et sa tristesse. Le quatrième jour, ce sera à l'adresse d'un chien qu'il prononcera ses premiers mots : « Pilou ! Pilou ! », comme il les a entendus dire. Le reste du temps, il demeure planté là où on le met. Tout est à découvrir, tout est à apprendre.

Jashoyan, de la classe six comme moi, a le regard lointain à l'aéroport, perdu dans le vide. Il verse discrètement quelques larmes. Il ne sait plus quoi penser d'être là. L'arrivée est loin de représenter une fête pour chacun. Sa famille émue est venue de loin. Elle a préféré passer la nuit à l'aéroport, à regarder la pluie tomber, plutôt que de risquer de manquer notre arrivée, et d'autres familles attendent déjà depuis trois ou quatre heures du matin.

Jashoyan est aussitôt emmené par les parents et deux enfants. Un petit garçon lui prend la main. Ensuite, il refuse du jus de fruits en croyant qu'il s'agit d'alcool. Il monte dans un train. Ce n'est pas une grande joie, il est très triste. Des petits cadeaux ne l'intéressent pas. Il n'a même pas envie de les regarder. A l'arrivée, il ne désire pas non plus découvrir sa maison ni manger. Le lendemain, un ballon, des jeux, des livres, des peintures ne le passionnent pas davantage. Il préfère seulement écrire. Il écrit de longues pages en bengali, en pleurant en silence. Il dira plus tard que ses mains tremblaient en écrivant ces pages. Puis il recopie les textes de n'importe quel livre ou revue en français. Il se réfugie dans l'écriture.

La première fois où Jashoyan rit, c'est l'après-midi en voyant son nouveau père, dans un magasin, se tromper de chariot et déposer la marchandise choisie dans le Caddie d'une autre cliente. Des portes s'ouvrent toutes seules, et d'autres restent fermées même si l'on saute devant. Des mannequins paraissent de vraies personnes. Les Caddies sont passionnants à pousser.

Le lendemain, Pratul, qui pleurait et criait à l'aéroport, part sans gêne visiter cinq maisons du voisinage afin d'observer comment elles sont faites en France. Les habitants, amusés, le laissent entrer dans chaque pièce.

Kamalendu, à l'aéroport, a été filmé par la télévision en montant dans une voiture avec sa famille. Mais on les a fait descendre, puis remonter, et redescendre, tous ensemble devant la caméra. Trois fois ! Il leur a fallu s'y prendre à trois reprises pour entrer dans une voiture ! Kamalendu aurait pu croire qu'ils étaient fous si nous n'avions pas déjà été filmés en Inde.

Il y a soixante-douze arrivées différentes, et même cent quarante-quatre avec les familles.

Une surprise de taille étonne aussi ces familles. On le savait plus ou moins mais, à l'aéroport, on n'a pas conscience d'un problème aigu ressenti cette fois du côté des familles. Avec la joie de nous voir, certaines éprouvent à cette seconde précise quelque chose qui ressemble à de l'étonnement et même du désagrément.

Les familles attendent des orphelins dont l'âge et l'aspect physique ne correspondent pas toujours à ceux des enfants qu'elles voient en face d'eux. Tout est faux dans les passeports de plusieurs enfants. On a noté l'âge des orphelins qu'ils remplacent, ou bien des erreurs se sont glissées. Ces renseignements ont été inscrits dans la confusion de la guerre.

Selon mon passeport, je suis né le 1er mars 1978, et j'ai neuf ans. Ma famille d'accueil attend un petit de dix ans, et elle voit un plus grand arriver. Je parais bien deux ou trois ans de plus. Je fais mon âge, normalement. Mais je ne peux pas enfiler l'anorak qui, à cause du froid, a été prévu pour moi. Il est trop petit.

Des deux côtés, on s'accepte comme l'on est. On ne peut pas faire autrement de toute façon. Je reste tristement silencieux dans mon coin, à sourire, à beaucoup sourire. Pourquoi veut-on que je parte avec un musulman ? Quantité d'enfants demeurent intrigués et soumis, pleins d'étonnement et de résignation. Les premiers instants sont remplis d'hésitations ou de peurs. On découvre le visage de chacun et l'on entame un début de connaissance. C'est étourdissant. On veut se montrer plein de bonne volonté et, malgré tout, d'espérance.

Je suis très ému, très fatigué par le voyage aussi. Ces inconnus sont ma nouvelle famille. Elle m'ouvre les bras avec toute la générosité et l'affection possibles, toute la gentillesse imaginable, m'entoure de mille précautions, mais elle me trouve quand même grand pour un garçon de dix ans !... Il doit y avoir confusion. Elle ne dit rien. Elle essaie d'agir pour que je sois heureux et détendu.

Je suis loin d'imaginer la stupéfaction qui s'empare de nombreuses autres familles d'accueil. Nous mettrons des semaines à en prendre conscience. Elles ne font pas de remarques et craindraient trop de nous peiner. C'est comme ça. Personne n'y peut rien. Certaines sont enchantées, d'autres un peu moins. Elles font passer au second plan la question de l'âge. Elles se sont beaucoup battues pour que nous sortions des camps, pour que nous en soyons délivrés. D'ailleurs, la barrière de la langue empêche encore de communiquer quoi que ce soit à ce sujet.

Je ne sais rien de la famille qui va devenir la mienne, et elle ne sait rien de moi. Le peu d'indications qui lui avait été fourni se révèle en grande partie inexact. De leurs côtés, certains enfants ont cru qu'ils allaient continuer à vivre tous ensemble dans une sorte d'orphelinat français. Ils en sont restés persuadés jusqu'au moment où les familles ont commencé à se séparer à l'aéroport, chacune rentrant chez elle avec l'enfant qu'elle attendait depuis plus d'un an. Suresh voit dans cette séparation la preuve qu'il fallait se méfier et que toute cette affaire constitue peut-être un piège redoutable. Plusieurs ressentent les mêmes angoisses et déceptions.

Priyatosh a onze ans d'après son passeport. Il fait la joie de sa nouvelle famille, une joie extrême, et on lui a donné un an de plus qu'en réalité. La différence est encore acceptable. Mais Dhanessen bat des records. Il a sept ans. Pour quelqu'un qui a à peu près la même taille que moi, il est grand à sept ans, et même en comptant huit ans !... Sa date de naissance inscrite dans son dossier est le 24 octobre 1979.

Naunjoy se lève de la banquette. Il est presque aussi grand que sa nouvelle mère. C'est un jeune homme, plus un petit enfant. Sa famille est très surprise mais l'embrasse aussitôt. Il a le visage fermé. Il se tient raide. Les quatre autres enfants de la famille essaient de l'embrasser, mais ils n'atteignent pas sa hauteur. Ils ont beau faire des efforts, ils embrassent le vide. Naunjoy a dix-sept ans, mais son passeport indique treize ans. Même ceux qui s'attendent à accueillir un grand en reçoivent un plus grand encore ! Un vélo offert plus tard, le premier vélo de sa vie comme pour nous tous, commencera seulement à le faire sourire chez lui. Il apprend tout seul à rouler en deux heures, mais hurle de rire à chaque chute.

Karmendriya est au contraire un petit de la classe un, s'appelant en réalité Ananta Djebon, qui fait bien son âge et réjouit sa famille, où l'attend déjà un petit garçon avec qui il pourra jouer. Mais il se met à pleurer pour le moment. Il a froid, il a vomi dans l'avion.

Mihirkanti a huit ans officiellement, ce qui est très drôle parce qu'il est l'un des plus costauds. C'est un petit de la classe deux qui fait vraiment très grand... Il marche de façon bizarre, difficilement, comme beaucoup d'entre nous, car la paire de tennis qui lui a été offerte n'est pas à sa taille. Elle est bien trop grande ! Son allure est un peu bancale à cause de ces tennis, les genoux légèrement pliés en avant, les pieds traînants.

En plus, on a l'habitude de marcher pieds nus, et on a mis des chaussettes pour le voyage et pour être présentables à l'arrivée. Mihirkanti boit ce qu'on lui propose, et ouvre le petit cadeau offert à chacun par l'association qui nous a fait sortir des camps. Il trouve des bonbons, une petite voiture qu'il donne aussitôt à un enfant venu l'accueillir, et une balle qu'il fait rouler par terre. Il n'est ni content ni mécontent, ni triste ni gai. Il ne sait pas. Comme la plupart d'entre nous, il est dépassé. Je ne sais pas encore ce qu'il faut penser de tout ça.

Nutan Kumar élève le niveau des surprises. Il a quinze ans d'après son dossier et s'est vu attribuer la date de naissance du 16 mai 1972. C'est le plus âgé des soixante-douze enfants sur le papier, mais il est fluet et, à l'inverse, est bien petit pour son âge !... D'autres le dépassent d'une tête au moins. Il pèse vingt-quatre kilos.

Il est conduit dans un village près de Nice, Mihirkanti au bord de la Loire, Dhanessen en Normandie, Suresh sur la Côte d'Azur, Priyatosh en Bretagne, Arunjyoti à Lyon, Sriti Bikash en Provence, Kaladhan près de Paris... Nous sommes dispersés. On ne pourra pas se revoir souvent. Shanti Prakash va même partir à l'autre bout du monde, en Nouvelle-Calédonie, afin de suivre sa famille d'accueil qui y est appelée pendant quelques mois pour des raisons professionnelles. Sur cette île qu'il ne connaît pas, c'est alors le début d'une petite guerre civile. Il retrouve une ambiance de combats avec les militaires et la police...

Par hasard, je suis conduit en Bretagne à vingt kilomètres de la nouvelle maison de Priyatosh. J'ai même cru pour commencer que nous allions habiter dans la même maison. Cette coïncidence est incroyable!... J'en suis très heureux. Par le fait du hasard, nous ne nous sommes jamais quittés depuis l'attaque de l'orphelinat seize mois plus tôt.

Depuis le premier étage de la maison du directeur de l'orphelinat, nous avons regardé ensemble les militaires attaquer le matin du 13 juin 1986, nous avons appartenu au même petit groupe fuyant à la nuit tombée, rampant dans la jungle, pataugeant au milieu d'un abominable champ de boue près de la frontière de l'Inde. Même lorsque notre groupe, déjà réduit à une trentaine d'enfants, s'est encore trouvé partagé en deux à ce moment de déroute avec les soldats dans notre dos, nous avons couru l'un à côté de l'autre pour échapper à la mort. Et maintenant on se retrouve tous les deux en Bretagne!... Nous aurons la possibilité de nous revoir aisément. Personne ne l'a décidé. C'est la chance.

Je découvre ma nouvelle famille peu à peu, la maison dans un petit village, la chambre qui m'a été préparée. Tout m'étonne à chaque instant, à chaque pas. Avant de quitter Paris, ma famille et celle de Priyatosh nous ont emmenés voir la tour Eiffel en voiture. Oh! que c'était haut!... Comment a-t-on construit cela?

Un garçon, Marc, et deux filles, Claire et Bénédicte, seront mon nouveau frère et mes nouvelles sœurs. Ma maman est institutrice et mon papa travaille à la comptabilité d'une grande société. Le nouveau père de Kaladhan est un violoncelliste, celui de Priyatosh agriculteur, celui de Mihirkanti ingénieur dans une usine de voitures, celui de Nutan cultive des oliviers, celui d'un autre est boulanger... Toutes les familles sont différentes.

Je vois rapidement que la situation des filles dans les familles françaises ne ressemble pas à celle qui existe au Bangladesh. Elles comptent autant que les garçons. Du côté des parents, la mère semble décider à égalité avec le père. C'est nouveau.

Une cassette de magnétophone m'a été donnée avec la traduction en français de quelques mots en chakma, boire, manger, dormir, avoir froid... Si maman me voyait! Si mes frères et ma sœur encore en Inde découvraient cet univers incroyable! Ma nouvelle famille se rassemble tout entière autour de moi quand je récite le soir, avec recueillement, longuement, mes prières comme l'on me les a enseignées à l'orphelinat. J'y consacre d'ailleurs un peu moins de temps chaque jour.

Quelque temps plus tard, j'ai une surprise. Les bougies sur un gâteau d'anniversaire sont fascinantes. Je n'ai jamais vu de bougies aussi belles, ni de gâteau comme celui-là, ni d'anniversaire. C'est extraordinaire et amusant. Au Bangladesh, on ne fête pas les anniversaires.

Ce soir, à la maison, j'ai vu ma mère adoptive mettre des bougies sur un gâteau. Mais je n'ai pas compris ce que cela signifiait. Les dates de naissance sont ignorées dans la région d'où je viens. Je n'ai pas osé lui demander ce qu'elle faisait. Il y a trop peu de temps que j'habite dans ma nouvelle famille et je ne la connais pas encore très bien.

Comme je regarde le gâteau sans comprendre pourquoi il est illuminé, elle m'explique avec des gestes et quelques mots que nous fêtons l'anniversaire de Bénédicte, ma nouvelle sœur, mais je ne saisis pas encore bien ce qu'est un anniversaire. Puis elle me montre que chaque bougie représente une année. J'observe longuement le gâteau sur la table. Il y a dix bougies. Bénédicte a dix ans. Je suis heureux de comprendre le mystère de ces bougies. Au Bangladesh, je n'en ai jamais vu que dans des temples bouddhistes.

Dès qu'elles sont allumées, Bénédicte souffle dessus et il y a un tonnerre d'applaudissements. Je me demande ce qui se passe, mais je vois tout le monde content et je le suis aussi. Des photos sont prises, des cadeaux apportés, et toute la famille chante : « Joyeux anniversaire. » Bénédicte ouvre ses cadeaux avec émerveillement.

Cette soirée joyeuse me semble quand même un peu bizarre. Elle m'étonne et ne ressemble à rien de mon pays.

Un autre jour, on m'informe que des gens viendront déjeuner à la maison à cause de moi. Je ne sais pas pourquoi. Ils sont très gentils et veulent fêter mon arrivée en France. Après le repas, je quitte la table et fais un tour dehors avec d'autres enfants. Quand je reviens dans la salle à manger, un vélo magnifique se trouve auprès des invités. Je suis étonné. Je ne comprends pas pourquoi ce vélo a été mis là. Mais il est tout neuf et vraiment beau. Ma famille m'explique qu'il est pour moi. Je ne dis rien, je ne sais pas quoi dire, je suis trop content et ému pour pouvoir dire quelque chose.

Je me suis déjà exercé à rouler sur le petit vélo de Bénédicte depuis mon arrivée, et j'essaie d'aller jusqu'au bout du village, en m'appliquant à circuler à gauche. Je crois qu'il faut rouler en France sur le côté gauche. Au premier virage, je rentre dans une voiture qui avance doucement. Le conducteur n'est pas content et a eu peur. On m'explique qu'il faut circuler à droite.

Tout est à apprendre dans cette nouvelle vie qui commence. Mais, quand je suis seul, je pense à mon pays et j'ai envie de pleurer. Depuis le premier jour, j'ai surtout peur de mon nouveau père parce que je suppose que c'est un ennemi, un musulman comme ceux qui attaquent les Chakmas. Je crois qu'il est très méchant. Je lui trouve la tête d'un ennemi. Il me terrorise sans rien faire. Je passe des heures à me demander quel mal il va m'infliger. Malgré sa voix paisible et ses gestes qui semblent gentils, je suis persuadé qu'il me veut du mal et que la France est le pays où l'on m'a conduit pour me faire peut-être mourir comme les autres gens de mon peuple. C'est affreux et je souffre beaucoup.

Je ne suis pas encore sorti de la guerre et des massacres. Ma peur n'est pas partie. Mes copains de l'orphelinat ne sont plus avec moi. Nous vivons tous en des lieux trop éloignés. Je ne veux pas dire aux personnes de la famille qui m'héberge à quel point j'ai peur d'elles. Je me sens très malheureux et tout me dépayse. A l'orphelinat, j'étais beaucoup mieux, avant que les soldats du Bangladesh ne l'attaquent et incendient. Je pense toujours à mon orphelinat et je le regrette.

Celui qui nous a fait venir en France pour nous sauver, Pierre Marchand, a dit à ma famille que le plus beau cadeau à nous offrir est une petite boîte avec une clé où nous puissions ranger des objets personnels. C'est un cadeau de roi. Dans notre vie là-bas, nous n'avons jamais rien eu à nous. Ni vélo, ni anniversaire, ni cadeaux, et personne ne m'embrassait. A l'intérieur de ma chambre, je peux maintenant ranger des affaires à moi, m'isoler et faire ce que je désire. Je suis un rescapé de l'enfer des Chittagong Hill Tracts. Mais je rêve encore à la rizière que je cultivais avec mes camarades, à nos jeux et au soleil qui brillait presque toute l'année. S'il n'y avait pas eu la guerre, cela aurait continué à être la meilleure vie. C'était vraiment la meilleure vie. On peut être heureux au Bangladesh.

Il faut pourtant s'habituer à la France. Chacun fait des efforts pour y parvenir. Des surprises existent sans cesse. Tout nous étonne. On m'emmène visiter le Louvre. Devant la grande façade de la cour carrée, j'apprends en sortant du métro qu'il s'agit simplement de la largeur. Oh !... Si le reste est dans ces proportions, quelles dimensions a ce château ? Je suis époustouflé. Quelle richesse ! Quel luxe ! Les parquets cirés du musée, les escaliers de marbre blanc, les dorures, les fenêtres très hautes, le bruit de la foule m'étourdissent. J'ignorais l'existence du marbre blanc. Cette sorte de pierre me surprend et j'ai du mal à croire que ce soit de la pierre. Les enfants, au Bangladesh, s'amuseraient comme des fous à glisser sur des escaliers si lisses et brillants. Ils joueraient en éclatant de rire. Leurs parents non plus n'imagineraient pas quelque chose d'aussi prestigieux et monumental. Les plus beaux escaliers que j'ai vus, ceux des temples, étaient en simple ciment.

Cette magnificence m'éblouit. Je n'avais jamais imaginé de peintures aussi surprenantes. Les vieilles craquelures de certaines toiles m'intriguent. Un chien paraît si réel que j'ai l'impression que ses aboiements vont retentir dans la galerie. Un tigre du Bengale semble en pleine vie sur un autre tableau. Ce n'est pas un tableau immobile. Ça bouge. Le tigre va feuler, sortir de la toile, se déplacer. Ses mâchoires vont mordre. Ce n'est pas possible de peindre aussi bien !... Il y avait des tigres dans la jungle où je me suis sauvé. Des personnes qui fuyaient dans d'autres groupes que le mien ont été déchiquetées. Les réfugiés en parlaient avec effroi. Des ours redoutables ont aussi fait plusieurs victimes.

Les plis des vêtements d'une reine, à quelques pas, dans cette féerie de couleurs, semblent aussi vrais que ceux des visiteurs qui la regardent. Brusquement, je suis figé devant une représentation de combats dans la rue. Il y a des morts, des poutres renversées, une femme debout levant un drapeau, un homme en beau costume avec un chapeau qui porte un fusil, un enfant qui serre un revolver dans chaque main, des flammes, un ciel d'orage. La fumée des immeubles en feu me rappelle les maisons que j'ai vues incendiées au Bangladesh. Il n'existait pas d'immeubles là-bas, ni de barricades avec des pavés, mais les maisons étaient brûlées de la même manière et s'enflammaient facilement. Si j'avais vu ce tableau immédiatement à mon arrivée en France, j'aurais eu peur. J'aurais cru que la guerre dans mon pays continuait ici. Je n'aurais pas compris. De tels événements ne m'auraient pas semblé pouvoir exister dans un pays aussi riche.

Ces gens qui se dressent sur la barricade ne sont pas contents. Ils protestent, se battent. J'éprouve un sentiment de solidarité avec eux.

Je ressens que la révolte des opprimés souffrant au Bangladesh sans que personne au monde n'en parle a aussi habité des Français. Elle est identique. Ce tableau me passionne. Il raconte l'histoire des malheureux contre des dictateurs.

Je voudrais que l'on me parle de ce tableau. *La Joconde* est plus loin. Tout le monde y va. *La Joconde* peut attendre. Avec quantité de gestes et de mots, j'apprends qu'une révolution a éclaté à Paris en 1830. La femme sur la barricade, ce n'est personne. C'est une idée représentée par Delacroix, c'est *La Liberté guidant le peuple.* Je ne comprends pas bien quel malheur est arrivé aux Français, mais les dimensions de la toile sont impressionnantes et les personnages presque plus grands que moi. Leur combat me touche et les cadavres entremêlés me font de la peine. Un homme tué n'a même plus de pantalon. Il a tout perdu dans l'affaire. Aucune pitié des êtres entre eux n'existe. Ils se marchent dessus. Ils marchent sur des morts.

Ces insurgés ont peut-être tort, peut-être raison. Je l'ignore. Leur histoire m'est encore inconnue. Mais ils m'évoquent les Shanti Bahini. Leurs armes peuvent servir à commettre des actions bonnes ou discutables. Les Shanti Bahini, au Bangladesh, se sont divisés en deux tendances ennemies qui les ont affaiblis. Je crois qu'ils ont commis une faute presque irréparable en se combattant. Certains ont établi des liens avec les Russes, d'autres avec les Chinois.

Ils ont parfois aussi massacré des familles de musulmans comme représailles, kidnappé des gens pour réclamer des rançons. Mihirkanti a vu des Bengalis attaqués par les Shanti Bahini se réfugier dans une caserne. D'autres aussi les ont vus. A l'inverse, les Chakmas bouddhistes ne possèdent aucun lieu pour se protéger des civils musulmans qui les attaquent. La liste des quelques personnes enlevées par les Shanti Bahini a été établie par les autorités du Bangladesh, mais l'on connaît aussi celle beaucoup plus longue des personnes massacrées par les forces gouvernementales armées.

Encore des massacres ! Toujours des massacres !... Depuis mon arrivée en France, je pense souvent aux camps et aux Chakmas qui continuent aujourd'hui de fuir dans la jungle. Devant plusieurs tableaux, mon cœur se serre. Après tout, pourquoi ont-ils été peints ? Etait-ce pour s'amuser ? Je ne peux pas passer devant eux comme un touriste pressé. Je ne me sens pas indifférent et je n'admire pas le talent des artistes sans songer à la réalité qu'ils ont décrite. Mais je ne sais pas de quoi parlent de nombreux tableaux que je rencontre en marchant. Ils ne m'évoquent rien. Je parcours des dizaines de mètres sans comprendre. Des gens bien vêtus, des riches, se promènent sur une grande toile, encore l'une des plus célèbres du monde, m'explique-t-on, le *Pèlerinage à l'île de Cythère,* de Watteau. Je ne sais pas où ils vont ni ce qu'ils font. C'est tout un monde que je ne connais pas, mais c'est mieux que la Joconde.

Le Radeau de la Méduse me fait un choc. J'en emporte une reproduction sur une carte postale pour la regarder à la maison. La jungle me paraît un peu moins dangereuse qu'un radeau perdu sur l'océan. Je préfère encore avoir marché dans la jungle.

Le Louvre rappelle dans chaque galerie les combats fratricides des hommes. A le voir sur tant de tableaux où il est représenté, Jésus me fait de la peine. Il est présent dans plusieurs salles. Je n'aime pas qu'on fasse mourir un homme en le clouant. Je n'aime pas non plus qu'on le fasse mourir autrement. Une femme lui lave les pieds pendant un repas. Ce geste ne dit rien aux habitants des pays riches comme la France où l'on porte toujours des chaussures, des chaussettes, des pantoufles, des bottes. A moi, il évoque une autre forme de vie.

En sortant du musée, je revois la grande pyramide de verre qui s'élève sur une place, où d'autres visiteurs en file attendent d'entrer. Des enfants jouent à faire des bulles de savon qui s'envolent au soleil. Ils courent après elles et rient. Au Bangladesh, nous n'utilisions pas du savon pour faire des bulles semblables, chatoyantes, qui éclataient, mais une plante. Elle s'appelait *eringolougat* en langue chakma. *Gat* veut dire « arbre ». Je jouais là-bas comme ces enfants de Paris. J'arrachais une tige, et un liquide coulait goutte à goutte sur une feuille d'arbre que je plaçais dessous pour le récolter. Avec une herbe, je faisais un anneau, puis un nœud à peine serré pour le maintenir. Je le plongeais dans le liquide et je soufflais à l'intérieur du cercle. Des bulles multicolores au soleil, qui me semblaient encore plus belles qu'avec du savon, s'envolaient. Tous les enfants connaissaient cette plante et rivalisaient d'habileté pour obtenir des résultats magnifiques, des bulles qui s'élevaient très haut et duraient longtemps.

Cette plante servait aussi à faire des haies ou des palissades. Les tiges n'étaient pas très solides, mais on les attachait de manière serrée pour constituer des enclos où les vaches et les chèvres, qui n'aimaient pas les manger, demeuraient. Je n'ai jamais vu d'*eringo-lougat* en France. Je crois qu'elle n'y existe pas. D'autres plantes non plus. L'impression me vient parfois que la nature au Bangladesh est plus belle qu'en France. Mais il n'y a pas de liberté là-bas. Les militaires sont partout, commandent tout.

Comment oublier ? Pourquoi oublier ? La misère de mon pays me fait un peu honte, mais personne en France ne l'imagine. Je peux même plaisanter et rire avec Priyatosh et les autres quand je les retrouve. On a assez souffert et pleuré là-bas, maintenant on peut rire. On essaie. Je n'oublie pas que mon prénom de Sudhananda signifie « toujours souriant ».

Dans les autres familles d'accueil, mes camarades rencontrent des événements analogues et déconcertent parfois leur entourage comme je déconcerte le mien. Lakkan, l'un des plus jeunes qui était de la classe un, observe, quelque temps après son arrivée, un prêtre de passage dans sa famille réciter une prière en français avant de commencer le repas. Il est attentif. Lors des repas suivants, sa nouvelle famille ne répète pas la prière comme lorsque le prêtre était là. Lakkan le remarque. Il reste debout devant la table. Il fait un signe de croix et prononce des syllabes qui ressemblent à : « Notre Père qui es au ciel. » Il oblige tout le monde à se lever. A l'orphelinat, le moment de la prière était très sérieux. Mais Lakkan est resté les trois premiers jours sans prononcer une parole, pas une parole, et il ne se montre pas le seul à adopter cette attitude.

Lorsqu'il arrive dans sa maison, Kalenjoy, qui pleurait tant à l'aéroport avec d'autres, ne va toujours pas mieux. Le lendemain de notre atterrissage à Roissy, il déambule comme un automate indifférent à tout. La tristesse a raison de lui. Sa nouvelle mère désespère d'arriver à un résultat. Elle écoute à son tour la cassette avec des traductions en trois langues et repère l'expression : « Je ne comprends pas. » Elle la dit en chakma à Kalenjoy. Il sourit pour la première fois en l'entendant avouer qu'elle ne comprend pas, peut-être à cause de sa prononciation. Mais la partie est gagnée pour eux. Kalenjoy commence alors à s'intéresser à ce qui l'entoure, mais sans avoir l'air surpris de rien. Il préfère, dès les premiers repas, les spaghetti au riz et mange du cassoulet. Il respecte la consigne d'affirmer que ses parents ont été tués, bien qu'ils soient tous les deux vivants avec ses deux frères et ses deux sœurs dans les camps en Inde.

Des reportages de télévision sont effectués chez plusieurs enfants, des interviews des parents, mais personne ne se doute de ce que nous avons vécu. Les journalistes n'en savent pas encore un seul mot. Ils nous filment en train de rire, d'être muets, de jouer, de les regarder. On reconnaît ensuite avec surprise les visages de nombreux copains sur l'écran. Ceux qui se voient dans la file des soixante-douze enfants au moment de l'atterrissage sont très étonnés. Une chaîne de télévision commente notre arrivée à Paris en se trompant. Elle indique que nous sommes soixante-douze petits *Bengalis*... Si les journalistes savaient... Des Bengalis ! Mais personne n'a jamais entendu parler des Chakmas.

Pour la plupart d'entre nous, l'arrivée en France ne constitue pas un enchantement à chaque instant. Bientôt, je saurai que presque tous mes camarades refusent comme moi, au début, d'utiliser les W.-C. de France à la manière des Français. Ce système ne leur plaît pas. S'asseoir là où tout le monde va nous paraît dégoûtant et impensable. Au Bangladesh et dans la jungle, c'était plus propre. Cette aversion crée des problèmes inattendus pendant des semaines dans les familles réparties aux quatre coins de la France. On se met debout sur la planche, on salit tout. Quelques-uns des plus petits font carrément par terre, malheureux comme tout dans les toilettes, gênés, cherchant une solution. Le confort ne nous enthousiasme pas forcément. Il n'est pas une commodité assurée.

Pendant la durée entière du voyage, plusieurs enfants ont refusé d'utiliser les W.-C. de l'avion ou des aéroports. Depuis deux jours, ils ont mal au ventre. Ce n'est pas réjouissant. En plus, on nous demande à tous de nous soumettre à des obligations embarrassantes. Les docteurs veulent faire des analyses de selles. Beaucoup d'enfants pensent que les Français ont de drôles de mœurs.

Au cours des premiers jours, on se lave tout le temps. On veut être propre comme au Bangladesh. On prend des douches à n'en plus finir. On ne supporte pas la crasse. On use beaucoup d'eau et de savon. On déconcerte sans le faire exprès nos familles par une hygiène qui leur paraît excessive et qui, pour nous, est le minimum. On oblige les autres à patienter à la porte de la salle de bains. Quand j'y entre, il faut bien m'y laisser trois quarts d'heure au moins pour m'y laver à chaque fois, en allant vite. Quand je prends mon temps, c'est plus long.

Pratul se savonne trois ou quatre fois au moins de suite, se brosse entièrement, se rince en s'envoyant de l'eau par-dessus la tête et sur tout le corps comme dans une rivière, en éclaboussant complètement la salle de bains. Les rinçages inondent nos salles de bains, à la stupéfaction des familles.

On ne supporte pas non plus la moindre saleté sur les vêtements. On veut être irréprochable, porter des habits nets et soignés. Notre goût pour la propreté et les tenues vestimentaires élégantes semble désarçonner notre entourage, quel qu'il soit. Il s'attendait à accueillir des sauvages indifférents à l'hygiène et à la mode. On apprend très vite ce qui est dans le vent en Europe et ce qui ne l'est pas.

Une sorte de ficelle que nous portons tous autour de la taille étonne encore nos familles les premiers jours. Elles se demandent à quoi cela sert. Ce sont des porte-bonheur, qui peuvent aussi être pris pour des ceintures retenant nos shorts souvent trop grands. Beaucoup sont vêtus de deux shorts enfilés l'un sur l'autre, sans sous-vêtements. Les ficelles entourant la taille sont quittées plus ou moins rapidement et jetées à la poubelle.

Quelques-uns, comme Nutan, portent aussi une petite boîte en forme de tube, qui contient un papier enroulé avec des prières écrites en langue chakma que seuls quelques anciens connaissent au Bangladesh, pour les protéger. Lorsqu'il a été mordu par un serpent dangereux, Nutan a porté sur lui cette prière rédigée en chakma. Elle lui a été offerte, sur un petit morceau de papier, par un sorcier le soignant également avec des plantes.

Certaines habitudes des Français sont si surprenantes que nous éprouvons le plus grand mal à nous y adapter. Le lit est trop mou. Je ne peux pas y dormir. Je préférerais m'allonger par terre. C'est ce que beaucoup d'autres font. Lakkan, l'un des plus jeunes, refuse de se coucher dans un lit le premier jour et choisit de s'endormir sur le tapis de la salle à manger, roulé en boule, en tenant bien serrée de l'intérieur une couverture qu'on dépose sur lui. Avec mon lit confortable, j'attrape mal au dos. Cela devient tellement grave qu'un autre lit, très dur, m'est commandé.

La première nuit, la famille de Karmendriya pense le faire coucher par terre comme il en a l'habitude, mais il préfère au contraire se glisser douillettement dans un lit, où il s'endort tout de suite sans crainte, après avoir répété : « Bonne nuit. » C'est même en se couchant qu'il a son premier sourire depuis l'arrivée. Les jours suivants, il est la vedette de sa petite ville où les gens savent, par la télévision et les journaux, qu'il vient du Bangladesh. Il salue tous ceux qui le reconnaissent dans la rue d'un « bonjour » heureux. Mais d'autres se cachent et ne supportent pas d'être examinés comme des curiosités.

Priyatosh, le premier soir, dort dans la chambre de ses nouveaux parents en Bretagne, quelques minutes après être arrivé. Il s'endort tout de suite tranquillement sans penser à la moindre chose. Le voyage et le reste l'ont trop fatigué. Mais, le lendemain, il demeure à la maison comme un sourd et un aveugle car il ne comprend pas la langue utilisée par sa famille.

La découverte de vêtements pour le jour et d'autres pour la nuit nous surprend tous. On a besoin d'explication. Certains finissent par dormir avec leurs habits du jour et leur pyjama par-dessus afin de contenter tout le monde.

Je ne supporte pas non plus les chaussures. Chaque fois que je peux marcher pieds nus sans trop attirer l'attention, je le fais. Je me mets à l'aise. La plupart d'entre nous ont les pieds couverts de cicatrices plus ou moins graves. Dans la salle d'attente d'un docteur, Jashoyan enlève ses chaussures et ses chaussettes pour se gratter les pieds en public. Mais l'on essaie de s'habituer à tout et faire siennes les coutumes de sa famille.

Je fais comprendre très rapidement à la mienne que je possède également une famille encore vivante dans les camps de réfugiés en Inde. Le danger est passé et dissimuler ce point important me paraît inutile. Je préfère dire la vérité. Ma mère est restée là-bas et je pense à elle, même si j'appelle aussi maman et papa mes parents français. Ils acceptent la vérité comme elle est. Cela me réconforte.

Une fête a lieu deux mois et demi après notre arrivée. Quelle réjouissance !... Le 20 décembre 1987, nous sommes invités à une réunion à Paris où tous les enfants réfugiés peuvent se retrouver pendant quelques heures. L'invitation est du président de l'Assemblée nationale, Jacques Chaban-Delmas. On me dit que c'est un homme politique. On se rassemble tous avec enthousiasme à l'Hôtel de Lassay. Nous rions, parlons en chakma, faisons des glissades sur les parquets et les canapés luxueux qui n'en ont peut-être jamais autant vu, près des dorures et des beaux rideaux, que ce jour-là où soixante-douze enfants s'amusent du mieux qu'ils peuvent. On nous photographie sur le grand perron. Tout le monde nage dans le bonheur.

Je passe la nuit à pleurer. Nous sommes hébergés dans la famille qui a accueilli Amarjib, l'un des plus jeunes, de la classe un. A peine arrivé en France, Amarjib a failli avoir la jambe coupée dans un accident au jardin d'acclimatation à Paris, où il habite. Il est resté longtemps à l'hôpital avant de se remettre. Mais ce n'est pas pour cela que je pleure. Les soucis et les souvenirs me rendent malheureux. Je me trouve couché, cette nuit-là, sur un matelas au pied du lit de mes nouveaux parents, dans la chambre qui nous a été prêtée. Ils m'entendent jusqu'au matin renifler et gémir. Ils ne savent plus quoi faire pour me consoler. Je suis inconsolable. Personne ne dort de la nuit.

D'autres enfants continuent de s'en tenir à la version officielle, tous orphelins de Parbatya. Ils s'y accrochent d'autant plus que les semaines passent et qu'ils ont l'impression de ne plus pouvoir revenir en arrière et se contredire. En agissant de cette manière, ils s'imposent quelquefois par leur silence un supplice. Quelques-uns imaginent qu'on va les chasser s'ils révèlent dans quelles conditions on a pu nous faire sortir des camps. Tous ne sont pas encore rassurés, et moi non plus parfois. Il nous arrive de penser que le Bangladesh peut venir nous chercher en France pour nous ramener de force là-bas, pas dans les camps de réfugiés en Inde, mais dans les Chittagong Hill Tracts où l'on tue. On n'a pas totalement confiance dans les adultes ni surtout dans le gouvernement du Bangladesh.

Kamalendu refuse de parler de sa vie au Bangladesh et en Inde depuis son arrivée. Quand sa famille tente de lui poser quelques questions sur ses parents, ses frères ou ses sœurs éventuels, plus d'un mois après l'arrivée, il se montre très ému, mais fait entendre qu'il ne désire pas aborder ce sujet.

Mihirkanti dessine plusieurs fois une maison entourée de cocotiers, toujours la même maison, avec beaucoup de couleurs. Il ne révèle pas que c'est sa maison. Un jour, il arrache le papier et veut le jeter à la poubelle, en éclatant en sanglots. Quinze jours après notre arrivée, il écoute une cassette avec des mots traduits en chakma, anglais et français. Il s'exclame brusquement : « Father ! » et fait le mort avec un geste pour indiquer qu'on lui tranche la gorge. On lui demande : « Ton papa est mort, *dead* ? » Il fait comprendre qu'il l'a vu mort, que l'armée a incendié sa maison et que son père est mort à l'intérieur. Il révèle que sa mère est vivante. Elle a pu se sauver avec ses deux petits frères quand l'armée a encerclé la maison. Il indique le lieu : « Tripura ». C'est la surprise dans sa famille. Il mime les gestes des soldats et des civils, et fait aussi comprendre qu'il a vu notre orphelinat en feu.

Comme nous tous, il a des moments de chagrin entrecoupés de la découverte de ce qui l'entoure. Il examine tous les appareils électriques de sa nouvelle maison, aspirateur, sèche-cheveux, fer à repasser. Il repasse des mouchoirs et des serviettes. Il s'émerveille de la machine à laver et cherche comment l'on peut y mettre du linge sec qui ressorte mouillé et qu'il faut faire sécher. Son étonnement est grand devant ce phénomène, mais pas autant que devant les radiateurs. Il sent de la chaleur en s'approchant. On doit purger et démonter un radiateur afin de lui en expliquer le fonctionnement. Il entreprend de démonter la serrure de la porte de la cuisine avec un tournevis, cherche le secret du mouvement de doubles rideaux. Il fabrique des guirlandes en papier crépon qu'il accroche aux meubles et à un lustre comme pour une fête, mais se met à pleurer à l'évocation de son village.

Chacun de son côté, à des centaines de kilomètres les uns des autres, nous découvrons un monde identique d'appareils extraordinaires, en riant, en jouant, et en nous efforçant de dominer la douleur qui est au fond de nous et que nous ne voulons pas trop montrer.

Nous ne racontons à personne, au cours des premières semaines, notre surprise devant cette technique répandue partout dans l'univers où il va falloir vivre.

Nous nous souvenons n'avoir pas cru Bemal Bikku, qui est presque notre idole à tous, lorsqu'il nous a dit qu'une coupe de cheveux coûtait plus de cinquante francs dans le pays où nous irions. Si nous retournions maintenant dans les camps de réfugiés, personne ne nous croirait.

Suresh a continué à avoir peur, le premier jour, après avoir été interrogé à l'aéroport avec insistance par le Bengali musulman venu nous attendre. On a pu reconnaître ensuite cet homme sur un film. Suresh portait alors une paire de tennis trop grands qui faisaient bien quatre ou cinq pointures de trop, et il s'appliquait à ne pas trébucher. En sortant d'un autre aéroport, au bord de la Méditerranée, pour aller dans sa nouvelle ville, il a été stupéfait par une porte vitrée qui s'est ouverte toute seule devant lui. Il ne comprenait pas comment une porte s'ouvrait seule.

Le soir, dans sa maison perchée sur une colline, il croit qu'on va l'attaquer pendant son sommeil. Pour lui, l'arrivée en France est presque plus dure que son arrivée en Inde. Il a perdu tout espoir. Les personnes qui l'entourent sont gentilles, mais il se tient sur ses gardes. Ce n'est pas une preuve de leurs bonnes intentions. Il ne dit rien. Il pense qu'il aurait mieux fait de demeurer avec sa famille dans le camp de réfugiés. La maison se trouve un peu à l'écart. C'est un bel endroit pour le faire disparaître après l'avoir tué. Elle est spacieuse, jolie, avec beaucoup de lumière. Un grand figuier et un olivier poussent dans le jardin.

A l'heure de dormir, les adultes le conduisent dans une chambre. Il y a un lit. Suresh n'en a jamais vu de semblable. Il est recouvert de plusieurs couvertures, de draps, avec un matelas. Cela lui paraît incroyable. Les idées se bousculent dans sa tête et il imagine qu'il va mourir à cet endroit. Des armes sont peut-être cachées dans cette chambre. Il soulève les couvertures afin de les trouver, il examine les draps, il regarde sous le lit. Il ne voit rien, mais il recommence. Un couteau ou un fusil, comme ceux des musulmans, pourrait être dissimulé dans un coin. Il défait tout. On pourrait aussi l'étrangler.

Les parents observent son manège, depuis le couloir, par la porte entrebâillée. Au début, ils ne comprennent pas cette application à examiner le lit, puis ils sourient devant la durée que nécessite l'opération, et enfin se retiennent de rire en voyant qu'elle ne finit pas. Suresh a oublié qu'ils sont là. Il s'en aperçoit. Tous deux viennent refaire le lit afin que Suresh dorme bien. Aussitôt, il le défait à nouveau et continue à chercher dans la chambre lorsqu'ils sont partis. C'est la cachette des armes qui l'intéresse. Il n'y a rien. Alors, il s'allonge sur le lit, décidé à guetter. Il écoute les bruits de pas dans le couloir. Epuisé par le voyage, il s'endort bientôt.

Il ne se doute pas encore, ni personne, qu'il a attrapé dans les camps une maladie tropicale le plus souvent mortelle lorsqu'elle n'est pas soignée à temps. Elle le tuera plus sûrement que sa famille d'accueil si elle continue à provoquer des ravages dans son organisme. Il a bien fait de ne pas rester en Inde.

Beaucoup d'entre nous doivent être soignés de toutes sortes de microbes et parasites, ainsi que des dents. On essaie de déterminer aussi notre âge osseux. Ces examens sont plus sûrs, aux yeux des médecins, que les passeports et les dossiers afin d'avoir une idée de notre âge. Des enfants se retrouvent ensuite par ce moyen avec trois âges, un âge osseux, un âge officiel sur les documents, un âge qu'ils croient être le leur. Comme beaucoup ont changé de nom, ils sont ainsi des enfants sans nom ni âge, au milieu d'un monde où tout est nouveau. Nutan Kumar, de quinze ans, passe à douze ans, mais ses papiers restent au premier âge. Mihirkanti grimpe à douze ans aussi depuis les huit qu'il avait à l'arrivée. On jongle avec les noms et les années. On essaie de s'y retrouver comme l'on peut.

En entendant prononcer des chiffres en français, Kamalendu remarque quelques jours après notre arrivée : « Quatre. » Il s'écrie : « Cat ! cat ! miaou ! miaou ! » On lui demande s'il connaît l'anglais, où chat se dit *cat.* Il continue tout seul : « Dog ! wou ! wou ! » Il est très heureux de nommer d'autres animaux en anglais.

On cherche des points de repère, on communique avec son entourage par beaucoup d'autres choses aussi que les mots.

Ainsi Lilamoy, de la classe cinq, qui a dû faire le voyage jusqu'à Biarritz pour se rendre chez lui, marche en compagnie de sa nouvelle famille qui lui montre la maison où il va habiter, le jardin, dans l'après-midi. Il n'a aucune réaction. Il semble très fatigué. Au bout de dix minutes, elle lui demande s'il veut dormir. Il fait signe que oui. Cela a été pour lui le premier échange réel de la journée. A son tour, il consacre cinq bonnes minutes à examiner le lit sous tous ses aspects avant d'accepter de s'allonger.

Ce jour-là, les autres enfants de la maison rentrent de l'école en fin d'après-midi. Ils demandent où est l'enfant du Bangladesh, comment il est, ce qu'il fait. Le temps passe, et ils obtiennent la permission de monter, à pas légers, sans respirer, l'entrevoir dans sa chambre. A l'heure du dîner, Lilamoy dort toujours. On monte le voir tous les quarts d'heure afin qu'il ne se réveille pas seul dans un lieu inconnu. Mais il faut attendre le lendemain pour commencer à faire connaissance avec lui. Il parle très bien l'anglais. Bientôt, on s'aperçoit qu'il sait aussi faire les quatre opérations.

Mais Lilamoy stupéfie les sportifs de la région en jouant au rugby. Il participe à un match où il plaque tout le monde au sol, y compris ses partenaires !... Il étale chacun à terre.

Lakkan se promène quelques jours après son arrivée dans la forêt et entend des chasseurs tirer. Il est pris de panique et fait comprendre aux autres qu'il est indispensable de fuir, « sinon tous morts ». Quand il a acquis assez de vocabulaire, il raconte qu'il a dû se sauver, ça montait, ça montait, des rochers gênaient le passage, il a glissé et on lui a tiré dessus. Il existait aussi une rivière où il a nagé au milieu des poissons et pêché. Le reste du temps, Lakkan hausse les épaules si on lui parle du Bangladesh ou répète consciencieusement : « Je ne sais pas. » Cette phrase est l'une des plus utilisées par les soixante-douze enfants. « Je ne sais pas ! » Il y en a aussi une autre très employée : « J'ai oublié. »

En réalité, tout le monde sait et rien n'a été oublié. Des enfants s'évertuent à faire croire qu'ils se trouvaient dans l'orphelinat attaqué même s'ils n'y étaient pas. Ils finissent par mélanger les faits, les heures, les lieux, et plus personne n'y comprend rien. Des contradictions apparaissent petit à petit et certaines familles, qui se rencontrent et communiquent entre elles, s'en aperçoivent plus ou moins. Cela ne va jamais très loin. Le secret sur ces événements est bien gardé.

Suresh continue de tenir bon aussi. Un jour, il reçoit une lettre en bengali depuis le camp de réfugiés de Takumbari, transmise par Bemal Bikku à Calcutta. Il éprouve une grande joie et une surprise. Il ouvre l'enveloppe. La lettre est datée du 10 novembre 1987. Il explique que son oncle lui écrit. Mais ce n'est pas son oncle, c'est son père. Il garde le secret. Il ne parle pas de son père. C'est très dur. Quand on lui demande quelles personnes se trouvent sur l'une des photos prises en secret dans le camp avant notre départ, il ne le révèle pas. Il indique que sa mère est une tante. Lorsqu'il parle de sa mère, il dit qu'elle est sa tante.

Ce jour-là, son père lui donne des nouvelles du camp. Il espère que Suresh n'est plus malade et triste comme lorsqu'il est monté dans le car au moment du départ, où il pleurait. Il écrit qu'en le voyant si triste il s'est inquiété encore plus. Il lui demande comment il vit en France et comment est sa famille, dans quelle ville, si les soixante et onze autres enfants sont éloignés, s'il va déjà à l'école, en quelle classe et s'il apprend bien les leçons.

Son père note sur une pauvre feuille de papier froissé :

« En nous racontant cela, tu nous rendras très contents. Tant que nous n'aurons pas de nouvelles, nous allons continuer à nous inquiéter. Le bébé de ta sœur Sujala est né. C'est une fille. Ils vont avoir encore plus de difficulté au camp à trois maintenant. Il faudra partager davantage. Son mari cherche du travail parmi les gens de la région du camp pour gagner un peu de sous, sinon ils vont avoir faim. Il demande du travail dans des familles. A l'école du camp, tes frères et sœurs n'apprennent rien. Ils ne font qu'aller et venir parce qu'il n'y a pas de livres, de cahiers et de crayons. Ils partent et ils reviennent. Cette année, ils ne vont même pas passer un examen car il n'y a pas de matériel. L'année prochaine, ce sera peut-être pareil. Ils demandent aussi où tu es. N'oublie pas que tout le monde t'a dit en partant de revenir nous voir un jour. Si tu peux, envoie-nous quelques photos. Nous serons très heureux. Fais-le sans faute si tu peux. »

Au bas de la feuille blanche est ajoutée en bengali la signature de sa mère : « Ta maman Ménaka ».

Un oncle et une tante... Avant son arrivée, dans son dossier, le nom de la mère prétendument décédée de Suresh n'était même pas Ménaka mais Prana... .

Nutan aussi a eu des nouvelles de ses parents, deux lettres, à la même époque. Depuis rien, comme pour Suresh, plus de nouvelles. Ses parents lui avaient demandé de leur envoyer quelques feuilles de papier dans une enveloppe afin qu'ils puissent, par l'intermédiaire de Bemal, lui écrire, car on n'en trouve pas au camp.

Quand sa journée est terminée, le travail, les jeux, les rires, les activités de toutes sortes, Suresh se retire parfois dans sa chambre, et il dit qu'il pleure encore en songeant aux camps. Il songe comme nous tous à ceux qui sont restés là-bas. Il fait des projets pour y retourner un jour et rêve que la vie y soit changée. Kaladhan, une nuit, voit en dormant une foule de personnes au Bangladesh parmi des fleurs et avec des sourires sur tous les visages. La paix est revenue dans le pays qui est tout entier fleuri et magnifique.

Il explique également qu'il ne sait pas s'il osera dire un jour tout ce qu'il a vu au Bangladesh, tant il y avait d'horreurs, trop d'horreurs, et des femmes violées par les militaires. Il demande à sa mère française si elle a déjà été violée. Il mime à lui seul, dans la cuisine, les militaires donnant des ordres en bengali, à voix forte, et tous les Chakmas qui s'enfuient, rampent ou meurent.

Deux ans après son arrivée, Kaladhan raconte son horrible histoire sans que nul ne puisse déterminer si elle est vraie ou en partie imaginaire tant les faits ont été embrouillés, par obligation, dans les camps de réfugiés. Même moi, je ne peux pas tout savoir car l'orphelinat a été attaqué deux jours seulement après que Kaladhan y est entré. Il avait accompli un premier séjour d'un mois, puis était reparti. C'était toute une histoire étonnante.

Quand la mère de Kaladhan est morte, il avait dix ans. Sur le moment, il ne voulait pas le croire. Il riait à sa mort, raconte-t-il. La nouvelle lui a été communiquée lorsqu'il rentrait de jeux avec des camarades dans son village. Sa sœur et son frère lui ordonnaient de cesser de rire, ce qui le faisait rire encore plus. Son humeur était à l'euphorie. Mais, lorsqu'il a vu sa mère morte et son corps brûler sur un bûcher, il a tout à fait arrêté de s'amuser.

Quelques jours plus tard, son père n'ayant pas de ressources, ni encore le goût de la vie, et pleurant tout le temps, songea qu'il vaudrait mieux que son petit Kaladhan fût recueilli à l'orphelinat, assez éloigné, de Boalkali. Les responsables acceptèrent, mais son frère vint l'y rechercher après quatre semaines car, cette fois, leur père était malade. Les deux enfants marchèrent de longues heures pour rentrer à la maison. Leur père parlait encore le matin, parvenait à bouger un peu, mais le soir il ne pouvait plus prononcer un mot. Il mourut dès le retour de Kaladhan, qui demeura deux jours chez lui et décida ensuite de retourner à l'orphelinat.

— C'est fini pour moi ici, se dit-il. Maintenant, c'est fini...

Les aînés de la famille étaient mariés, et il demeurait le seul enfant à ne pouvoir se débrouiller par lui-même.

Quand il revint parmi nous, il entendit des tirs de fusil et des rafales de mitraillette. L'offensive commençait. L'orphelinat fut presque immédiatement attaqué.

— Avec Karuna Bikash, raconte-t-il en France, j'ai couru, j'ai couru pour échapper aux militaires la nuit... On a suivi les moines. Je n'avais plus rien, plus rien. J'avais apporté à l'orphelinat une petite valise, qui contenait des affaires que j'aimais bien et une statue de Bouddha. Tout est resté à l'orphelinat.

De son côté, Lakkan finit un jour par admettre qu'il a encore son père, un frère, une sœur, mais il ne sait pas où. Sa mère a été très malade avant de mourir. Sa famille française est surprise comme les autres de cette révélation. Certaines familles en sont très fâchées et ne comprennent pas.

Jnana regarde, dans sa maison, une préparation de vinaigre avec du vin versé dans un pot en terre et une « mère de vinaigre » qui ressemble à une tranche de foie rouge. On lui montre la mère pour qu'il l'examine. Il constate soudain :

— Quand les militaires coupent les têtes, ça fait comme ça par terre.

Il raconte sa fuite dans la jungle à sa famille, et aussi qu'une femme courait derrière lui avec un petit enfant dans le dos. Ce bébé est tombé, et sa mère ne s'est pas arrêtée en sachant qu'il était de toute façon perdu et qu'elle ne pourrait pas revenir le chercher. Les militaires ont tué l'enfant d'une balle, et plus loin sa mère.

Naunjoy, le plus grand des soixante-douze, explique que les Bengalis musulmans lui ont un jour enveloppé la tête dans sa chemise en lui demandant de cesser d'être bouddhiste pour devenir musulman. Il a refusé et ils lui ont rempli les narines d'eau très chaude. A Rangamati, à Dighinala, à Boalkali, des Chakmas avaient préféré se convertir à l'islam afin d'échapper aux persécutions. Il existait quelques rares Chakmas musulmans.

En France, pendant longtemps, Naunjoy veut bien parler de tout, de son chien dressé à tuer les ours au Bangladesh, de son village, de la vie dans les camps de réfugiés, mais jamais de ses parents.

Jnana, plus petit, garde le secret terrible des marques de brûlures qu'il porte sur le corps, de ses cicatrices, de ses doigts aux ongles écrasés et abîmés pour toujours. Au début, il sursaute dès qu'un étranger touche ses blessures. Elles sont vives et saignantes encore en lui, dans son esprit. Il n'est jamais allé à l'école au Bangladesh. Un miracle : il va à l'école en France, écrit rapidement son prénom, beaucoup de mots, apprend à compter, pratique le ski, la natation, le vélo.

Jashoyan fait un rêve affreux une nuit : le président du Bangladesh, Ershad, vient à Paris nous chercher. Il veut reprendre les soixante-douze enfants, mais toutes les familles se groupent et l'en empêchent. « Les enfants ne repartiront pas », disent-elles.

Jashoyan commence à expliquer, dès que la barrière du langage se dissipe, avec quelques mots, qu'il fallait « courir, vite, vite, pour ne pas se faire couper la tête », au Bangladesh, et que les maisons brûlaient, brûlaient partout.

A l'approche de l'hiver, sa famille apporte de la nourriture à la banque alimentaire. Il ne comprend pas comment l'on peut avoir faim en France. Il demande si ces pauvres savent lire. Au Bangladesh, quand on sait lire, on peut s'offrir presque tout ce que l'on veut, on est au-dessus de la moyenne et privilégié.

Une grande nouvelle un jour nous parvient. Nous sommes tous

enchantés et émus. L'un des plus beaux cadeaux que nous recevons, quelques mois après notre arrivée, est la visite de Bemal Bikku lui-même. Il a entrepris de faire un périple extraordinaire à travers la France pour rendre visite à soixante-cinq familles sur les soixante-neuf qui nous accueillent.

Nous gardons tous une confiance sans faille en Bemal Bikku et en sa sagesse. La famille de Karmendriya, qui a appris son vrai nom et l'existence de ses parents dans un camp de réfugiés, est surprise et effrayée de cette nouvelle. Elle en est même un peu choquée et demande à Bemal Bikku, en janvier 1988, comment Karmendriya pourrait être heureux en France en sachant que toute sa famille est là-bas. Le moine, qui ne parle pas le français, sait que l'objection devait lui être formulée. Il ne répond que par une simple phrase en anglais à chacun :

— *If you don't see, you can't understand.*

Si vous ne voyez pas, vous ne pouvez pas comprendre... Nos conditions de vie dans les camps étaient inimaginables, et elles le demeurent pour tous ceux qui y sont restés.

A toutes les questions compliquées sur l'éducation, Bemal répond que la seule chose importante est que les enfants soient heureux, et que les familles peuvent agir comme elles le souhaitent pour y parvenir. Au sujet des pratiques religieuses à nous faire adopter ou non, il dit que la seule chose qui compte est d'avoir une spiritualité.

Simultanément, cette série de visites lui révèle à des signes presque imperceptibles que beaucoup d'entre nous commencent à se détacher de lui. Il perd de l'importance à leurs yeux. Il en est attristé mais heureux de voir les enfants s'adapter à leur nouvelle situation.

Pratul, qui commence à être si vivant, si gai en tous lieux, a ensuite besoin d'un mois pour se remettre de la visite du moine. Pendant la semaine précédant sa venue, il se promène trois fois par nuit dans la maison, perturbé, déboussolé. Le moindre rappel de notre passé le bouleverse. Laxiranjan, environ onze ans, qui a le sourire aux lèvres du matin au soir, et apprend avec plaisir le solfège au conservatoire, ne veut plus entendre parler de notre pays. Il résume simplement :

— Au Bangladesh, il y a beaucoup de méchants.

Sur une cassette qu'il nous fait distribuer, Bemal nous demande en chakma de couper avec le passé autant que nous le pouvons afin d'être libres de commencer une vie nouvelle.

Mais nous sommes des touristes. Nous n'avons eu pour entrer en France que des visas de touristes. Les gouvernements ont partout refusé de nous accorder le titre de réfugiés. Il ne faut pas dire que les Chakmas sont persécutés. Cela embarrasse des gouvernants pour des raisons que je ne connais pas.

Depuis l'attaque et la destruction de notre orphelinat le 13 juin 1986, nous n'avons nulle part encore été reconnus comme réfugiés, ni en Inde ni en France. Nous sommes considérés comme soixante-douze touristes en France. Des touristes !... Je n'ai jamais eu l'impression de faire du tourisme.

A cause de cette dénomination inexacte, le Bangladesh a encore le droit de nous demander de retourner dans les Chittagong Hill Tracts. Nous ne sommes pas sûrs de l'avenir, ni nos familles.

Pour moi, c'est un sauvetage de nous avoir fait venir en France. La vie de réfugié dans les camps en Inde est trop dure, trop inhumaine. Il y en a trop qui y meurent. Les camps sont proches de la frontière et l'on ne s'y sent pas en sécurité. On craint toujours que l'armée du Bangladesh ne vienne nous y chercher, ou que l'armée de l'Inde ne nous chasse vers celle du Bangladesh.

Puisque nous avons été sauvés de ces camps et du reste, c'est un sauvetage. D'autres gens viennent en France pour gagner leur vie et travailler, mais nous y sommes venus pour sauver notre vie. On nous a sauvé la vie. C'est un peu comme si l'on mourait et que l'on revienne à la vie.

24.

Quelques mots de ma famille d'accueil

Nous avons d'abord reçu une photo terrible en septembre 1987 : un petit garçon maigre, au visage ravagé par la souffrance, peut-être la maladie. C'était l'enfant que nous attendions des camps de réfugiés. La photo en noir et blanc, de petite dimension, montrant juste un visage profondément marqué, avait été transmise par Partage avec les enfants du tiers monde.

Nous attendions depuis une année déjà l'arrivée de Sudhananda et des autres enfants. Des problèmes politiques retardaient sans cesse leur départ des camps. En octobre 1986, quatre mois après l'attaque de l'orphelinat, nous avions rempli un dossier pour accueillir l'un de ces enfants. Deux mois plus tard, nous apprenions avec joie que l'un d'eux vivrait avec nous. Nos trois enfants, Claire, Marc et Bénédicte — quatorze ans, onze ans et sept ans —, l'attendaient aussi avec impatience et avaient voulu que nous remplissions le dossier rapidement.

La première arrivée officielle des soixante-douze enfants nous a été annoncée pour le 17 janvier 1987. Aussitôt, nous avons prévenu notre famille et nos amis. Nous devions aller chercher Sudhananda à Paris. Comme nous habitions en Bretagne, nous avons modifié nos projets et préparé cette arrivée, des vêtements pour un enfant de neuf ans, sa chambre...

Les valises étaient déjà dans le couloir de la maison, les sandwichs pour le voyage, et l'impatience montait. Le départ devait avoir lieu la veille à dix-sept heures, immédiatement après la sortie de l'école et de nos lieux de travail. Nous étions persuadés que les enfants pourraient enfin quitter les camps de réfugiés en Inde où ils vivaient depuis sept mois.

A 16 h 55, un coup de téléphone à la maison nous a avertis que les enfants demeuraient toujours en Inde et ne pouvaient venir en France. Cela a été la déception et la consternation. Nous avons mangé nos sandwichs, et nos enfants ont pleuré.

Les familles d'accueil se sont unies, autour de Pierre Marchand et de son association, pour commencer une longue attente de plusieurs mois emplie de péripéties politiques, administratives, juridiques. Des démarches multiples ont été entreprises afin de sauver ces soixante-douze enfants des camps, à défaut de pouvoir sauver les autres. Les efforts ont été accomplis sans relâche. Cette période a été très dure. Nous nous heurtions toujours à des raisons d'Etat.

La deuxième annonce officielle de leur arrivée fut pour le 6 octobre 1987. Le 5, nous avons dormi dans le grenier aménagé d'une famille d'accueil. Il pleuvait. Il était à chacun impossible de dormir. Un doute persistait dans toutes les familles sur la venue réelle des enfants. La photo de notre petit Sudhananda au visage maigre et malheureux demeurait présente à notre esprit. Nous ne savions évidemment rien de ce qu'il avait vécu le jour de l'attaque par l'armée du Bangladesh, puis dans la jungle et dans les camps, mais nous pressentions que ce devait être atroce. D'après cette photo, nous avons déduit qu'il pouvait être plus âgé que les informations à son sujet ne l'indiquaient.

La famille qui devait accueillir Priyatosh, un enfant dont nous ne savions rien également, a fait le voyage pour Paris avec nous depuis la Bretagne. L'émotion ne cessait de croître à mesure que les heures passaient.

A cause du mauvais temps et du froid, nous avons emporté un petit anorak afin de le mettre sur le dos de Sudhananda à son arrivée. Le parking souterrain de l'aéroport de Roissy et les couloirs ont été traversés à la hâte. Une surprise nous attendait en arrivant dans la grande salle qui nous avait été indiquée : une foule se pressait, des caméras de plusieurs chaînes de télévision, des flashs, des personnalités diverses, un ministre, deux chanteurs célèbres, des écrans de télévision partout, un buffet bien garni. Une radio dont nous n'avons pas eu le temps de comprendre le nom nous a interviewés. D'autres familles étaient interrogées pour la télévision.

A ce moment, nous avons perçu combien l'émotion devant cet événement nous serrait la gorge aux uns et aux autres. Toutes sortes de questions sur l'enfant attendu traversaient à nouveau notre esprit. Allions-nous être déçus ? Quel âge avait-il ? Pourrait-il s'adapter ? Et d'abord, pourquoi serions-nous déçus ?...

Ce moment heureux mettait les larmes aux yeux d'un grand nombre de personnes. Elles ne faisaient pas honneur au buffet appétissant. Même un café ne passait pas. Elles espéraient surtout ne pas pleurer d'émotion au moment où les enfants apparaîtraient, à la fois pour ne pas les effrayer et pour ne pas les faire pleurer aussi. Comprendraient-ils nos larmes ? Ces enfants avaient-ils jamais pleuré ?

Un haut-parleur annonce soudain l'arrivée imminente des enfants. Nous nous précipitons sur les grandes vitres lavées par la pluie afin de les apercevoir de loin, à travers le brouillard. Mais ils ne sont pas encore là. Une multitude d'autres enfants, ceux des familles d'accueil, ont le nez collé aux baies vitrées. Nous apprenons avec soulagement que l'avion a atterri, mais une demi-heure s'écoule sans que nous sachions si les enfants du Bangladesh ont le droit de débarquer. Les conversations ne tournent qu'autour de ce problème. Après l'angoisse que l'ambassade du Bangladesh ne nous les prenne, ou la D.D.A.S.S., les familles savent qu'elles n'ont pas encore le droit d'être rassurées. La situation est indescriptible.

Un car approche. Mais il est vide. La tension augmente. Les minutes sont longues. Un second car arrive, puis un troisième où nous apercevons des ombres. Une vive émotion parcourt l'assemblée. Pierre Marchand descend le premier du car. Un cordon de police sépare les personnalités officielles des familles. Nous avons eu le temps, d'une cabine téléphonique, d'appeler nos familles pour qu'elles allument leur téléviseur, un reportage étant fait en direct, et enregistrent sur un magnétoscope.

Quelqu'un s'écrie : « Ils arrivent. » Tout à coup, voici au bout d'un couloir des petites silhouettes qui avancent. Elles forment une longue file qui marche vers nous, vers l'inconnu, en rang d'oignons, à la queue leu leu, disciplinées et très dignes. C'est bouleversant. Des gens fondent en larmes. Il y a de formidables applaudissements.

Les premiers enfants sont maintenant bien visibles, et derrière des plus grands, des encore plus grands, des toujours plus grands... Ils tiennent chacun à la main un sac en plastique, obéissants, comme des adolescents punis. Un petit carton est accroché sur leur poitrine pour les identifier. C'est la ruée des journalistes. Les familles doivent rester en arrière.

Les enfants sont invités à s'asseoir sur des banquettes par groupes d'âge. On appelle des familles. A peine cette énumération de noms est-elle commencée que nous entendons notre nom. Avec difficulté, nous parvenons à nous frayer un passage dans la foule.

Notre petit de dix ans est un grand garçon, presque aussi grand que son nouveau père, et plus grand que sa mère... Il se baisse quand elle l'embrasse. Les larmes lui en viennent aux yeux, mais elle se ressaisit. Sudhananda est tout sourire et silence. Son sourire appelle aussi notre sourire. Nos trois enfants sont éberlués : le petit frère a une taille plus grande que la leur. On lui a fait une drôle de coupe de cheveux, à la fois tondu et « au bol ». Tandis que notre fils Marc plaisante gentiment sur le « petit frère », les deux filles lui prennent la main et le conduisent dans un lieu plus tranquille du grand hall. Depuis ce premier instant, nous avons toujours été émerveillés par la tendresse de nos enfants à l'égard de Sudhananda.

Elle correspond à quelques mots que nous avons fait imprimer sur un faire-part; annonçant sa venue : « Nous t'accueillons, petit garçon, enfant de la guerre, enfant de l'espérance. Nous te redonnerons ce que tu as perdu, des trésors de tendresse patiemment cultivés au secret de nos cœurs. »

Nous nous présentons à lui à l'aéroport : papa, maman, Claire, Marc, Bénédicte. On nous prend en photo. Sudhananda sourit toujours. Il n'arrête pas de sourire. A quoi pense-t-il? Qu'y a-t-il derrière ce grand et beau sourire? C'est un sourire de politesse extrême, produit par sa volonté, car il souffre d'un fort mal de tête à ce moment et est terrorisé. Nous l'apprendrons beaucoup plus tard.

Il ne veut rien manger. La famille qui reçoit Priyatosh nous rejoint. Priyatosh est en larmes. Il a vu un autre enfant pleurer, et il en a fait autant. Puis il dit quelques mots en chakma à Sudhananda, assis bien droit sur sa chaise, les yeux un peu dans le vague, mais répondant toujours à notre sourire par un sourire.

A nos côtés, un enfant chakma très malade pleure, allongé dans les bras de sa nouvelle maman. L'enfant doit voir un médecin au plus tôt. Il a même été question de ne pas le faire partir tout de suite avec sa famille...

Toutes les autres doivent se réunir sur la place du Trocadéro, devant la tour Eiffel, pour une photo destinée à Paris-Match. Sudhananda enfile l'anorak de son nouveau père, car celui de dix ans prévu pour lui est bien trop petit.

Sur la route du retour en Bretagne, Sudhananda refuse de descendre lorsque nous nous arrêtons au restaurant pour manger une truite et du riz. Il veut dormir. Il s'allonge sur le siège et l'un de nous reste près de lui. Mais il a très peur, sans le dire, malgré son sourire et sa politesse. Il est également épuisé par les camps de réfugiés et le voyage. Après avoir somnolé, il accepte de descendre de voiture et de manger un peu. La pluie ne nous quitte pas pendant le trajet.

A la maison, nous essayons de communiquer avec quelques mots d'anglais, et Sudhananda sourit encore. Il cache une amertume supplémentaire lorsqu'il est séparé de Priyatosh. Il croyait vivre en sa compagnie. Mais ils ne sont qu'à vingt kilomètres l'un de l'autre et peuvent se voir fréquemment.

Nous entrons dans trois phases de son adaptation à notre vie familiale et à la vie en France.

La première phase paraît idyllique. Elle va de l'arrivée à Noël 1987. Sudhananda se montre un enfant adorable, affectueux. Un délice! Il continue à dissimuler le plus possible ses angoisses ou sa terreur de vivre en notre compagnie, surtout celle de son nouveau père.

La seconde phase est constituée d'une alternance d'euphorie, de découragement et de crises. Elle s'étend de la fin de l'année 1987 à la rentrée scolaire de 1989. Sudhananda cherche sa place et son équilibre. Nos enfants et nous-mêmes connaissons des situations parfois très douloureuses, qui exigent de la patience, mais nous nous disons que celui qui a le plus d'efforts à faire est encore Sudhananda. Ses silences interminables (il est resté une fois pendant trois mois sans dire un seul mot à nos enfants) ou ses manifestations d'agressivité constituent l'image extérieure d'une profonde souffrance. Les vacances scolaires lui sont une vértitable épreuve. Le travail scolaire assidu lui évite de penser au passé et en partie au présent ; son amour de l'étude y trouve aussi une satisfaction. Les vacances lui paraissent du temps perdu, où il devient oisif et soucieux. Les problèmes jaillissent toujours pendant ces vacances.

La troisième phase, où il a trouvé sa place, n'a plus cessé depuis septembre 1989. Il se sent bien avec nous. Cela « baigne dans l'huile », et il apprécie les vacances pour découvrir de nouvelles activités ou se reposer. En juin 1990, il nous a tous beaucoup émus en nous déclarant, la tête dans ses bras appuyés sur le dossier d'une chaise, avec des larmes dans les yeux :

— Vous avez de la chance. Je vous aime beaucoup !

Nous avons été très surpris de constater que jamais nous n'avons eu d'efforts à effectuer pour l'aimer. Nous n'avons jamais eu à nous forcer. En tant que parents, nous imaginions que nous serions tentés d'accorder une préférence à nos propres enfants et qu'il nous faudrait surmonter des difficultés pour apprendre à aimer Sudhananda. Il n'en a rien été. Aucun effort n'a jamais été nécessaire. L'accueil n'a pas toujours été facile, mais nos sentiments n'ont pas eu à être forcés pour aimer cet enfant.

Le fait que Sudhananda et les soixante et onze autres enfants soient considérés comme des « touristes » à la suite de tractations entre Etats, et qu'ils puissent être repris pour retourner au Bangladesh à la demande de leur gouvernement, est consternant et révèle le peu de considération accordée aux enfants dans les guerres.

La joie et le bonheur que nous partageons avec Sudhananda ne peuvent pas être exprimés. Cette joie et tout ce qu'il nous a apporté n'ont rien à voir avec le petit bonheur que nous vivions auparavant avec nos trois enfants. C'est vrai que nous avons reçu énormément plus que ce que nous avons pu donner.

Sudhananda est pour nos enfants un frère à part entière, comme pour nous un fils à part entière. Ils en ont parfois vu de toutes les couleurs ensemble. Mais, à travers ces difficultés et la présence de cet enfant du bout du monde à la maison, nos trois enfants ont appris par Sudhananda l'essentiel de la valeur de la vie.

Tous les efforts fournis par eux ont été une école de vie, et plus éducatifs que n'importe quoi.

Comment accepter que d'autres enfants comme Sudhananda croupissent et meurent dans les camps de réfugiés, ou bien continuent d'errer par milliers dans la jungle du Bangladesh ?

25.

Le retour aux Chittagong Hill Tracts

Kamalendu rentre un soir hilare de son école, près de Paris. Un copain a dit en terminant son travail : « Je suis fini », au lieu de : « J'ai fini. » Kamalendu éclate de rire et annonce à tout le monde :

— Il a dit qu'il est mort !

Chacun d'entre nous parle couramment le français et veut rivaliser dans tous les domaines avec ses camarades. Peu de temps après notre arrivée, Karmendriya baragouinait avec satisfaction devant ses résultats scolaires :

— Moi, pas français, moi dictée zéro faute, et Claire française cinq fautes.

Nous ignorions l'existence de la France en arrivant dans les camps en Inde, et moins d'une semaine après notre atterrissage à Paris nous avons presque tous été scolarisés dans des écoles publiques ordinaires, au coin de la rue, ou près de telle station de métro, ou dans la ville la plus proche pour ceux qui habitaient en pleine campagne. La transition a été rude ! Les autres élèves se demandaient d'où nous venions. Le Bangladesh leur était aussi inconnu que la France pour nous quelques jours auparavant. Deux univers se rencontraient sur les bancs de l'école. Les professeurs ou les maîtres n'en savaient pas plus que les élèves au sujet du Bangladesh.

Ils nous observaient et nous les observions. Pas question d'évoquer les camps, la jungle, les maisons brûlées. Personne n'aurait compris. Nous n'en éprouvions pas nécessairement l'envie. Déjà étions-nous assez surprenants dans certaines de nos habitudes apportées de là-bas, et eux-mêmes étaient déconcertants.

Kaladhan, qui voulait un jour de grève des transports en commun rentrer à la maison depuis l'école par le chemin le plus direct, s'est trouvé en train de circuler à pied sur le boulevard périphérique de Paris, strictement interdit aux piétons, au milieu des voitures, avant d'être arrêté par des policiers stupéfaits.

Pratul, l'un des plus jeunes de notre groupe, jouait au football pendant la récréation dans son école. Le ballon, envoyé trop haut, resta coincé dans les branches d'un arbre. Avant que la maîtresse surveillant les élèves n'ait eu le temps de réagir, Pratul avait déjà attrapé le ballon et, au lieu de descendre après l'avoir rendu à ses camarades, a continué de grimper jusqu'au sommet de l'arbre pour le plaisir. Etonnée, la maîtresse a réuni les enfants et leur a interdit de monter aux arbres, sauf Pratul pour décrocher le ballon.

J'ai attrapé des truites à la main devant une équipe de scouts qui imaginait connaître la nature. Ils n'arrivaient pas à y croire! Des truites pêchées à la main!... J'ai ramassé des écrevisses de la même façon. Priyatosh a étonné en attrapant aussi huit anguilles à la main et des carpes. Mais la découverte de nourriture dans la jungle était beaucoup plus difficile.

Nous avons tous été plongés dans des situations invraisemblables ou comiques avant de connaître les coutumes de notre nouveau pays.

La civilisation occidentale entière se trouvait à chaque instant ahurissante à nos yeux. Ces montagnes de nourriture dans les supermarchés, ces embouteillages de voitures luxueuses sur les autoroutes, ces livres et ces disques partout, cette diversité de choix dans les vêtements et les chaussures! Nous avions le désir d'obtenir tout de suite ce qu'il y avait de mieux, des appareils photo, des jouets électroniques, des habits plutôt chics. Notre entourage croyait que nous serions satisfaits, enchantés, avec trois fois rien, parce qu'il savait que nous étions habitués à manquer depuis des années du nécessaire, à survivre presque par miracle.

Mais le contraire s'est produit. Il n'est pas un seul d'entre nous qui n'ait exaspéré sa famille d'accueil en restant une heure dans un magasin à hésiter entre deux paires de chaussures, deux chemises, à mettre à bout de nerfs les vendeuses, à faire déballer tous les paquets, vider les rayons, pour finalement chercher ailleurs quelque chose de mieux.

Les pauvres enfants venus de la région la plus misérable du Bangladesh se montraient difficiles pour les couleurs, les odeurs, la qualité des produits. On respirait les vêtements avant de les acheter, on examinait la perfection des coutures, leur solidité, leur élégance. On était plus exigeants que les enfants de nos nouvelles familles. On voulait le meilleur, le plus beau, le plus intéressant, croyant qu'il suffisait de tendre la main pour le cueillir comme un fruit dans la jungle au Bangladesh.

Pendant l'hiver 1987-1988, la télévision a montré des reportages sur les « Restaurants du cœur », l'abbé Pierre, les sans-abri dans la capitale. La découverte de la pauvreté en France a été l'un de nos sujets d'étonnement et d'interrogation les plus grands. S'il était un fait auquel nous ne nous attendions pas, c'était bien l'existence de la misère dans l'un des pays les plus riches du monde.

La confrontation avec nos nouveaux frères et sœurs à la maison, nos camarades d'école, a fini de nous ouvrir les yeux. Beaucoup de nos familles d'accueil faisaient de grands efforts, comptaient les sous pour nous héberger, nous éduquer, nous accepter comme leurs propres enfants. Que de crises de nerfs dans presque chacune des soixante-neuf familles où étaient répartis les soixante-douze enfants !... Que de crises de larmes et de désespoir ! Que de parents à bout de forces pour nous supporter et que d'efforts de notre part pour nous adapter à une vie complètement différente de celle que nous avions toujours connue !... Que de souvenirs aussi que nous ne désirions évoquer d'aucune façon parce qu'ils étaient encore trop douloureux !

Pendant des semaines, des mois, après mon arrivée, j'ai continué de croire que mon nouveau père était un musulman. Selon les jours, je l'acceptais plus ou moins bien. Parfois, je ne l'acceptais absolument pas. Je lui en voulais d'être un musulman, et même de ne pas avouer qu'il était un musulman.

Pendant les vacances de Pâques de 1989, les disputes s'étaient amplifiées avec toutes les personnes de la famille. L'ambiance était désagréable, contrariante, et finalement j'avais décidé de rester muet. Ma mère avait essayé de me parler, mais je ne lui avais répondu qu'en la regardant droit dans les yeux. Cela l'avait manifestement vexée et elle s'était sentie narguée. Pour calmer son agacement, elle était allée dans le jardin arracher des mauvaises herbes. Elle s'en prenait au chiendent afin de passer son chagrin ou sa colère.

J'étais allé la trouver. Je lui avais déclaré :

— Je pars. Je quitte la maison.

— Eh bien, pars ! m'avait-elle répondu. Ça te fera du bien et à moi aussi.

— Je pars loin. C'est préférable. Il vaut mieux que ça se termine ainsi pour nous tous. J'ai bien réfléchi. Je pense qu'il ne faut pas continuer. Je pars. C'est mieux. Inutile d'attendre mon retour. Je ne reviendrai pas.

Elle a paru totalement indifférente en continuant d'arracher les mauvaises herbes. Au bout d'un moment, comme je restais là, je lui ai dit :

— Je sais ce qui ne va pas. Je sais pourquoi tu n'es pas contente.

Elle m'a répondu dans le jardin potager :

— Dis-le-moi, ça peut toujours servir.

— Tu voulais un petit enfant, tu voulais un bébé et tu as eu un grand ! Moi, je suis déjà un grand...

Elle a paru surprise et n'a plus ôté le chiendent de la même manière. C'était une chose que je croyais vraiment et qui devait être dite un jour. C'était une vérité qui devait sortir tôt ou tard. Je pensais qu'elle aurait préféré un plus jeune et qu'elle avait été déçue. Avec son mari, ils ne pouvaient pas m'élever comme on fait avec un tout-petit. L'éducation devait être continuée en cours de route. Ils ne connaissaient pas encore mon histoire à cette époque. J'en avais peu parlé. Elle était trop triste et je ne voulais pas la raconter. Je la gardais dans mon cœur. A l'inverse, j'ignorais beaucoup de choses d'eux et de leurs trois enfants.

Je lui ai assuré :

— Tu voulais un bébé !...

Elle m'a répondu :

— Eh bien, Sudha, je suis gâtée ! Comme bébé, tu es très bien ! On ne fait pas mieux comme bébé. Tu as des caprices, tu boudes, tu dis n'importe quoi. Je l'ai, mon bébé, un vrai bébé, un gros bébé qui, s'il était moins grand, recevrait une bonne fessée. Tu es vraiment un bébé, Sudha. Tu es un vrai petit. Je l'ai, mon petit !

Cela m'a fait sourire. Ses paroles étaient très drôles et inattendues. J'ai toutefois pris mon vélo en lançant :

— Je pars !...

Mais elle n'éprouvait plus aucune crainte et mon ton manquait de conviction.

Le soir, j'ai trouvé le moyen de parler à mon père « musulman » à qui je ne parlais plus et je lui ai dit la vérité :

— De toute façon, vous ne pouvez rien faire pour moi.

Depuis longtemps, je le voyais souvent triste. Peut-être était-ce à cause de moi, de mon attitude.

Il m'a répondu :

— Tu as raison de dire qu'on ne peut rien faire pour toi, parce qu'il y a des choses qu'on ne pourra jamais faire. On ne peut pas te rendre ton pays, ta famille, ton orphelinat. On peut seulement t'aimer beaucoup et parler avec toi quand ça ne va pas.

J'ai découvert petit à petit qu'il n'était ni un musulman ni un méchant, mais un homme bon et très doux. C'était aussi un chrétien. Je lui ai fait toutes mes excuses pour les moments pénibles que je lui avais fait passer, et il est devenu à partir de ce jour mon père tendrement aimé, mon père de rêve.

Mes parents m'aimaient comme j'étais et n'auraient pas voulu me voir partir. Oh non ! ils n'auraient pas voulu, ni mes sœurs et mon frère.

Une fois, j'ai entendu un grand bruit à la maison. Ma mère est tombée dans un escalier. J'ai eu très peur et je me suis précipité. Je l'ai ramassée et prise dans mes bras comme une plume pour la porter sur un canapé. Elle a été étonnée de ma réaction après les disputes que nous avions eues et s'est rendu compte de mon affection pour elle. Je l'aimais beaucoup.

Des événements analogues s'accomplissaient dans presque toutes les familles d'accueil.

Suresh s'accrochait parfois avec l'une de ses sœurs du même âge, Pascale. Un jour où il faisait de la pêche sous-marine, en vacances, un groupe de jeunes le voyant un harpon à la main, de dos et tout bronzé, a commenté avec admiration son habileté et conclu qu'il devait être un Tahitien.

— C'est sûrement un Tahitien pour nager et pêcher comme ça...

— C'est mon frère ! leur a lancé avec ironie et fierté Pascale.

Deux enfants ont dû changer de famille parce que les conditions n'étaient pas bonnes pour les accueillir. Ils vivent aujourd'hui dans des familles où ils sont heureux.

Parfois, nous montrons des habitudes apportées du Bangladesh qui amusent chacun, comme notre facilité à manger de la cuisine chakma extrêmement pimentée que personne d'autre que nous ne parvient à avaler. Les plats contiennent tant de piment que les autres peuvent les goûter, mais pas s'en nourrir. Certains ont d'ailleurs voulu faire des démonstrations, avec des cuisses de grenouille pimentées, où ils sont allés trop loin dans les quantités de piment, suant à grosses gouttes et devenant tout rouges pour aller jusqu'à la fin du repas chakma qu'ils avaient préparé. Même moi, je me lave encore les dents parfois avec de la cendre prise dans la cheminée de notre maison, en Bretagne, où brûlent de grosses bûches. Cela me rappelle les coutumes de l'orphelinat. Ce sont des jeux.

Mais un coup de tonnerre a montré encore mieux la solidité de nos liens avec nos familles.

L'ambassade du Bangladesh s'est manifestée en mars 1988 avec l'intention de nous reprendre, de nous reconduire contre notre volonté au Bangladesh. Pour les soixante-douze enfants et leurs familles d'accueil, le bonheur de vivre ensemble a été mis au grand jour devant cette demande soudaine du gouvernement du Bangladesh de nous faire retourner là-bas. Le refus a été unanime.

Notre visa de tourisme n'était valable qu'une année. Avec prudence, les familles avaient auparavant demandé aux tribunaux français de leur accorder le titre de tuteurs. La justice française y avait répondu de façon favorable et nous espérions que le jugement de tutelle, rendu le 2 mars 1988 par le tribunal d'instance du XVIIe arrondissement de Paris, nous permettrait de prolonger notre séjour en France.

Aussitôt après ce jugement, l'ambassade du Bangladesh l'a constesté et a fait appel. Les journaux en ont parlé. Ils ont titré : « Dacca veut le retour des orphelins », « Touristes ou réfugiés du Bangladesh ? », « Le bonheur d'un enfant et le chantage moral »...

Certains enfants trop petits ne perçoivent pas alors la gravité de la menace. D'autres la pressentent, mais ne peuvent pas influer sur le comportement des adultes et préfèrent ne pas y songer. Je vois mes parents très soucieux et ils parlent fréquemment des intentions du Bangladesh. Une « Association des familles d'accueil des soixante-douze enfants » s'était déjà constituée avant notre arrivée, et s'efforce de nous faire obtenir le statut de réfugiés.

L'Agence France-Presse publie un communiqué le 8 avril 1988 : « La polémique rebondit autour des soixante-douze enfants chakmas du Bangladesh. Arrivés en France avec des visas de touristes à la suite de longues tractations entre Paris, Dacca et New Delhi, ils risquent d'être contraints de regagner le Bangladesh. Leur départ pour Paris avait suscité une vaste controverse entre l'Inde et le Bangladesh. Le gouvernement de Dacca avait fini par donner son accord à condition que les enfants partent en France comme touristes et non à titre définitif. »

Pierre Marchand, qui a réussi avec Bemal Bikku à nous faire sortir des camps, déclare à la presse qu'il est temps de passer du provisoire au définitif.

Lorsque nous étions encore dans les camps, l'ambassade du Bangladesh en France s'était déjà opposée à son action. J'ignorais ces pourparlers. L'ambassade avait affirmé qu'il était impossible que nous venions en France sans d'abord retourner au Bangladesh, et elle l'avait écrit à Pierre Marchand le 31 avril 1987 : « Le gouvernement du Bangladesh est prêt à accorder toute facilité pour les envoyer en France, pourvu qu'ils retournent d'abord au pays afin que leur citoyenneté soit enregistrée. Malheureusement, le gouvernement du Bangladesh ne peut faire aucune démarche en faveur de ces enfants avant qu'ils retournent au Bangladesh. »

Chacun a pensé qu'il s'agissait d'un piège et nous sommes restés cinq mois de plus dans la misère des camps plutôt que de « retourner au pays ».

L'ambassade se plaint, dans ce courrier, des Shanti Bahini qui attaquent des « populations nouvellement établies et clairsemées ». Elle écrit la même chose aux directeurs de journaux.

Mais nos familles disent :

— Nous voudrions bien voir qu'on vienne nous les prendre !...

Padmakumar a sa photo dans le journal. Il est devenu en arrivant une petite star de sa région de Dijon. On l'aime bien et on ne veut pas qu'il parte. Le journal demande pourquoi il retournerait contre son gré dans un pays où il a échappé à un massacre. Un autre journal demande, à propos de Himangsu, quelles obscures raisons quel secret d'Etat conduisent à occasionner tant de soucis chez les familles.

Je ne désire pas retourner dans un pays, une région, où les médecins et les journalistes n'ont pas le droit de se rendre, et où Pierre Marchand n'a pu visiter librement les orphelinats auxquels il apporte son aide matérielle. C'est même le seul pays au monde, parmi ceux où il agit auprès des plus pauvres avec son équipe, où il n'a pu aller.

Quelques mois plus tard, certains enfants obtiennent la nationalité française et se trouvent désormais à l'abri des menaces du Bangladesh. Sriti Bikash reçoit sa carte d'identité en février 1990, à treize ans, et en est heureux. D'autres, comme moi, l'attendent encore. Ces inégalités proviennent, nous explique-t-on, de l'appréciation et de la rapidité des tribunaux dont nous dépendons selon les régions.

Les tracas provoqués par cette affaire ne nous empêchent pas d'étudier avec persévérance à l'école. Bemal Bikku, en quittant Mihirkanti, ne lui a dit qu'une chose :

— Travaille ! Travaille ! Travaille !

Suresh obtient les félicitations du conseil de classe au cours de cette année 1988 qui a débuté par une tentative du Bangladesh pour nous ramener dans la misère. « Très bon élève. Très bons résultats. Toujours beaucoup de sérieux et d'application. Excellent dans tous les domaines », écrivent les professeurs. Il n'est pas seul, loin de là, à obtenir ces compliments.

Priyatosh, qui était en classe de sixième à la rentrée de 1989, comme Nutan, deux années après notre arrivée, saute la cinquième avec de la chance pour se trouver directement en classe de quatrième en septembre 1990, comme moi, comme Suresh et d'autres. Selon les âges, nous n'entrons pas dans les mêmes classes, mais, malgré nos diversités d'origine et de tempérament, nous avons tous le désir de récompenser nos parents, et surtout le désir de n'avoir pas eu la vie sauve pour rien. A la fin de l'année scolaire 1989, Amarjib, qui a dix ans, était déjà le premier de sa classe de cours moyen première année. Plusieurs utilisent des ordinateurs, pas seulement pour jouer avec un *joystick*, mais à l'aide de programmes perfectionnés sur logiciels afin d'étudier. Ces résultats ne doivent pas cacher qu'il nous faut un travail acharné pour les obtenir, et que les moins doués pour le travail scolaire ont beaucoup à souffrir. Ils sont finalement un bon nombre...

Quelquefois, on se perd un peu dans le flot des connaissances reçues de toutes parts à vitesse accélérée. Je confonds un jour les Wisigoths et les orthodoxes, après une leçon d'histoire en classe sur les premiers et après avoir écouté avec Dhanessen et Priyatosh un disque de chants religieux des seconds. Je déclare triomphalement :

— J'ai écouté de la musique des Wisigoths !

Tout le monde rit. Je ne saisis pas pourquoi sur le moment. Entre ces deux mots compliqués pour quelqu'un qui ne parlait que le chakma et le bengali trois ans auparavant, j'ai choisi par mégarde le mauvais. Je ris aussi en m'apercevant de mon erreur.

La symphonie *Jupiter*, numéro 40, de Mozart évoque à Dhanessen la guerre :

— On dirait des hommes qui partent à la guerre. On croirait qu'il y a la guerre là-dedans.

Un flot de souvenirs lui revient. Ce genre de musique avec de multiples instruments n'existe pas au Bangladesh. Elle est très belle. Elle est terrible en même temps et évoque également à Priyatosh des conflits :

— Les instants de musique douce succèdent brusquement à des éclats. Cela me fait penser à des personnes qui crient, se disputent entre elles, et se taisent ensuite quand elles ont reçu des coups. Elles baissent la voix

Les Chakmas ont reçu beaucoup de coups dans les Chittagong Hill Tracts et leur voix n'a jamais été entendue. Ils ne disent plus rien. On ne les entend pas. Ils ont été condamnés à se taire.

En août 1990, j'ai eu la chance de visiter la Roumanie avec ma famille, huit mois après la chute du dictateur Ceausescu. Un groupe de Français s'était organisé pour se rendre par ses propres moyens dans ce pays extrêmement pauvre. J'y ai vu d'autres gens malheureux qu'au Bangladesh. Des scènes m'ont fortement ému et j'ai pu comparer avec mon propre pays.

Avant de partir de France, mon père adoptif m'avait déjà parlé d'un vieil homme qu'il avait rencontré, quelques mois auparavant, en Roumanie, lors de l'office religieux orthodoxe de la nuit de Pâques. Ce vieillard avait voulu qu'il monte dans son hameau sur une colline pour parler avec lui et deux autres personnes. Il pleurait en racontant les quarante-cinq années d'oppression qu'il avait connues. Une traductrice expliquait en français. Je me suis souvenu de cette histoire, pendant l'été 1990, et j'ai acheté une belle boîte de bonbons pour le grand-père. On m'a demandé :

— A qui vas-tu l'offrir ?

J'ai répondu :

— C'est pour le grand-père.

J'ai vu cet homme, dans la même église orthodoxe, près de son hameau. Je comprenais ce qu'il avait souffert et je désirais lui offrir ce cadeau. J'avais voulu le voir. Notre rencontre, c'était celle d'un réfugié du Bangladesh avec une victime d'une autre dictature, et nous étions maintenant tous les deux libres. Il était très ému et ne m'a rien dit. Il ne m'a posé aucune question et je ne lui en ai posé aucune. On nous a photographiés ensemble. Il m'a serré la main. Je n'ai pas souhaité lui parler davantage afin que la misère ne revienne pas dans sa tête avec des souvenirs affreux. Je n'ai pas voulu qu'il pleure à nouveau. C'était sûr qu'il aurait versé des larmes. Il est parti avec sa boîte de bonbons.

Une autre fois, au contraire, j'ai fait rire tout le monde de façon involontaire en présence de douaniers roumains. L'un d'eux m'a demandé si je parlais roumain. J'avais appris quelques mots avant de partir. Cette langue est plus facile à assimiler que le français. J'ai répondu en roumain que je parlais le français. Mais le douanier a cru que je parlais roumain puisque je lui répondais dans sa langue. Il m'a dit :

— Pourquoi parles-tu le roumain si tu ne sais pas le roumain ?

On est restés deux ou trois minutes sur ce sujet. La quarantaine de Français qui nous écoutaient avec étonnement se demandaient de quoi nous discutions en roumain, et surtout s'il s'agissait de cette langue. Ils finissaient par se poser des questions :

— Le douanier roumain parle peut-être le chakma ou le bengali avec Sudhananda, s'interrogeaient-ils...

L'homme a fini par me dire au revoir et je lui ai répondu de même. A ce moment, des applaudissements ont retenti. Cet échange en roumain avait détendu les douaniers et atténué leur vigilance en face d'étrangers. J'étais le seul du groupe à connaître un peu la langue, mais cette curiosité n'était presque rien à côté de la stupéfaction des Roumains en présence d'un habitant du Bangladesh. Ils n'avaient jamais vu d'Asiatique. Partout j'étais une cause d'ébahissement.

Un plus grand étonnement encore pour les Roumains était de voir des Français heureux. On riait et on chantait parfois ensemble en mangeant. On faisait la fête. Dans un village, les habitants sont venus à tour de rôle nous voir à l'intérieur de la salle où nous dînions parce qu'ils trouvaient extraordinaire notre joie et le spectacle de liberté que nous leur fournissions. Certains pleuraient de joie en voyant notre joie, par rapport à eux qui étaient tristes et ne faisaient jamais de fête. Ils avaient un contact soudain avec un autre monde.

La région des Chittagong Hill Tracts est encore plus oubliée et maintenant désolée. Quand les journalistes, la Croix-Rouge, les membres de Médecins sans frontières auront-ils le droit de s'y rendre, de même que dans les camps de réfugiés en Inde ? Pour l'instant, c'est interdit. Cachés au cœur de la jungle du Bangladesh, où ils sont aujourd'hui quarante mille supplémentaires à errer, ils font moins de bruit que les animaux et le bruissement des feuilles dans le vent.

Bientôt, il n'y aura plus aucun Chakma au Bangladesh si les autres pays n'interviennent pas pour les protéger. Dans la langue française, il existe un mot pour désigner le malheur des Chakmas : *génocide.* Un génocide est la destruction méthodique d'un groupe ethnique.

Nous aimerions tous retourner au Bangladesh. Suresh avait fait le projet avec Nutan d'y retourner en moto, deux ans après leur arrivée en France, et même de mettre les motos dans une camionnette pour être plus sûrs d'arriver. Nous voudrions revoir les collines et les rivières de notre enfance. Nous en rêvons tous. Nous aimerions que la vie soit au Bangladesh comme en France. Mais la liberté y est brûlée vive chaque jour avec les maisons. Et nous n'avons aucun désir d'y retourner par la force et devant des fusils.

Ceux qui ont fait la promesse à leurs familles de revenir les voir ne l'ont pas oubliée. Jamais nous ne l'oublierons. J'avais quatre frères et une sœur en partant. Je n'ai plus aucune nouvelle d'eux. Je possède deux mamans maintenant, mais je voudrais savoir si l'une d'elles est encore vivante. Je voudrais la revoir avant sa mort.

J'attends des nouvelles de ma famille au Bangladesh ou dans les camps de réfugiés en Inde.

POSTFACE

A l'orphelin de la terre, Sudhananda, et ses 71 compagnons

par Pierre Marchand,
directeur de Partage avec les enfants du tiers monde

Ce livre m'a souvent ému jusqu'aux larmes. Je suis certain que ce travail unique sur le Bangladesh va aider à y faire revenir la paix. Rien n'est plus fort que de dire une vérité qui est cachée. Grâce à Sudhananda et aux autres enfants qui ont participé à cet ouvrage, j'ai appris beaucoup de faits que j'ignorais, et compris également quantité de choses que je ne parvenais pas à comprendre depuis des années.

Après avoir fait des études de philologie, à Paris, à l'Ecole pratique des Hautes Etudes (Sorbonne), et préparé une thèse de doctorat sur l'histoire du bouddhisme, qui m'a conduit à étudier l'histoire de l'Inde et celle des Chittagong Hill Tracts d'où viennent ces enfants, je suis demeuré en contact permanent avec cette région. L'association humanitaire que je dirige a commencé à intervenir au cœur de la misère la plus noire en 1978.

On y rencontre un groupe ethnique particulier, la tribu Mru, qui vit encore à l'époque du silex pour allumer le feu, ce qui provoque la curiosité des anthropologues du monde entier. Une ethnie voisine de la même région, celle des Chakmas à laquelle appartient Sudhananda et ses camarades, possède des habitations traditionnelles et des ustensiles qui n'ont pas évolué et sont restés figés depuis six mille ans. Cet enfant qui parle maintenant des ordinateurs, de Mozart et des artistes du Louvre a passé les douze premières années de sa vie parmi des coutumes de la préhistoire et utilisé des objets d'autres millénaires. Comment faire un bond culturel de six mille ans en moins de trois ans ?... Le cerveau humain est si riche de potentialités que ce double rescapé de la préhistoire et de massacres épouvantagles, mais bien contemporains au Bangladesh, y est parvenu.

A Bombay, j'ai rencontré un vieil Indien qui avait participé en 1947 au tracé des frontières entre l'Inde et le Pakistan, à la partition indienne sur des territoires qui restent encore contestés de nos jours. A cette époque, m'a-t-il affirmé, les *adivasis,* ainsi qu'on appelle en Inde les peuples des tribus (comme les Chakmas), n'étaient pas comptés dans les recensements des êtres humains : ils étaient assimilés aux animaux ou, au mieux, « oubliés ». C'est certainement très dur à entendre pour Sudhananda et les autres enfants survivants, mais il vaut mieux qu'ils sachent la vérité.

L'arrivée aux Etats-Unis de certains « chrétiens » se demandant si les Indiens de ce « nouveau monde » possédaient une âme, étaient des êtres humains, n'est pas si ancienne qu'elle puisse être oubliée. Les mêmes situations se reproduisent dans des contextes variés, comme à propos des Noirs d'Afrique au début de ce siècle. Bien des hommes d'Occident pensaient d'ailleurs il y a peu que les femmes étaient également des êtres inférieurs et elle n'ont obtenu le droit de vote que très récemment.

Appartenir à une ethnie « primitive » comme les Chakmas n'est pas une facilité. L'association Partage avec les enfants du tiers monde, qui a commencé à travailler au Viêt-nam en 1972, puis au Liban, connaît toutes les difficultés surgies dans des contextes de guerre. Mais le Bangladesh lui en a fait rencontrer certaines des plus importantes et particulières. A Dacca, la capitale, une personnalité que je ne puis nommer m'a fait remettre clandestinement la copie d'un ordre secret de vastes migrations de populations bengalis au cœur des Chittagong Hill Tracts où les Chakmas sont en nombre majoritaire. Cet ordre daté du 15 septembre 1980 émanait du gouvernement. Il était signé du président de l'époque, Ziaur Rahman, et destiné aux responsables des provinces. La personnalité en question me demandait de le révéler au monde.

Or, comment franchir la frontière du Bangladesh avec un tel document ? Simultanément, comment refuser de contribuer à faire connaître une vérité aussi importante à l'étranger ? Je me souviens du véritable cas de conscience que cela représentait. Il m'est venu à l'esprit le souvenir de nombreux juifs qui avaient été désespérés, pendant la Seconde Guerre mondiale, par le refus de certaines personnes de les aider à faire connaître leurs conditions de vie et ce qui se passait pour eux dans les camps nazis ou le ghetto de Varsovie. J'ai donc fait le nécessaire pour passer la frontière avec ce document. Je l'ai transmis au gouvernement français et à des organismes internationaux de défense des droits de l'homme (Amnesty International, l'I.F.O.R, Survival International, Anti-Slavery Society, W.G.I.A., etc.). Mon seul but était de faire largement savoir une vérité tenue soigneusement cachée, parce qu'elle était abominable et honteuse. Tant que ces violations des droits de l'homme étaient inconnues, aucun espoir n'était permis. Par contre, l'avantage de faire savoir cette situation, c'était que l'espoir que quelqu'un de compétent intervienne devenait possible.

Ce fut cette année-là que la première information en Occident sur le conflit des Chittagong Hill Tracts fut divulguée par l'organisme International Fellowship of Reconciliation (I.F.O.R.), qui publia le document secret que je lui avais confié. Ce fut également le début de campagnes non violentes organisées par des moines bouddhistes du Bangladesh qui prônent une solution négociée avec le concours de pays occidentaux. Ces responsables religieux sollicitèrent l'aide des pays riches pour secourir les orphelins et les populations déplacées. Il n'y eut qu'un seul organisme à leur répondre de façon positive, et par son intermédiaire un seul pays, la France, avec Partage avec les enfants du tiers monde qui prit en charge le financement des deux orphelinats cités dans ce livre, « Parbatya Anath Ashram » près de Dighinala au nord, et « Moanogar » près de Rangamati au centre.

A cette carence des autres organisations, il existe plusieurs motifs, dont le principal est l'interdiction rigoureuse de se rendre sur les lieux librement. Je n'ai jamais pu aller à Parbatya. Si j'ai réussi à visiter l'orphelinat de Moanogar, l'autorisation ne m'a pas été fournie d'aller dans celui où vivaient Sudhananda et ses trois cents compagnons. Les responsables d'aide humanitaire n'accordent généralement guère de confiance aux personnes des pays concernés et préfèrent examiner par eux-mêmes sur place les besoins, cela peut se comprendre en raison de leurs responsabilités. Mais, par conséquence de ce principe, les habitants des Chittagong Hill Tracts ne reçurent aucune aide. L'une des spécificités de Partage est d'encourager et de soutenir les actions entreprises par les autochtones et, après des entretiens rigoureux, de leur faire confiance. Nous avions déjà des contacts dans cette région et nous avons voulu leur faire confiance, en particulier au moine Bemal Bikku dont les enfants parlent à diverses reprises. L'histoire nous a donné raison et leur action humanitaire est exemplaire.

Le simple fait de demander à entrer dans cette région était déjà dangereux pour ses habitants. Ainsi, j'ai sollicité auprès du gouvernement du Bangladesh l'autorisation de visiter l'orphelinat où a vécu Sudhananda. Peu de temps après, des militaires sont entrés à l'improviste dans cet orphelinat. Tandis que ma lettre n'obtenait pas de réponse, les militaires enlevaient de force, au hasard, quelques enfants qu'ils conduisirent dans leur caserne. Là, ils leur ont fait creuser sous la menace de grands trous dans la terre. Chaque enfant creusait son trou. Puis les militaires les ont jetés dedans et recouverts d'un amas de branches et de feuilles. Les enfants terrorisés ont commencé à subir un interrogatoire. Leurs tortionnaires leur demandaient depuis combien de temps la direction de l'orphelinat avait des relations avec un étranger, qui lui avait fait connaître leur existence et leur adresse, pourquoi il avait demandé à les rencontrer, si d'autres étrangers étaient informés. Cela dura plusieurs jours. Ces enfants ignoraient les réponses à ces questions. Ils n'ont jamais oublié la torture...

Chaque jour, la torture est pratiquée, à toute heure, dans la région où est né Sudhananda. Je sais qu'à Rangamati, à l'intérieur d'une caserne, un souterrain a été creusé. Au fond se trouve une salle dont le sol et les murs sont recouverts de débris de verre. Des gens sont jetés dans cette salle, pieds nus, à peu près sans vêtements... Jusqu'à quand ? L'un des soixante-douze enfants accueillis en France m'a raconté comment il avait vu sa mère être violée devant lui, tandis que son père et ses frères et sœurs étaient attachés. D'autres m'ont parlé de tortures à l'électricité sur le sexe. J'ai entendu tellement d'horreurs depuis tant d'années, confirmées les unes les autres par de nouveaux témoins directs...

Si je comprends bien la peur des militaires du Bangladesh éprouvée par Sudhananda et tous les autres, c'est parce que je l'ai connue aussi. Je me souviens d'être allé, un jour, illégalement et secrètement visiter des familles pauvres dans leur village des Chittagong Hill Tracts. Une patrouille de l'armée est arrivée et les villageois m'ont caché derrière leur récolte de riz. Je revois la panique des jeunes filles du village, qui craignaient d'être violées, ou emmenées de force dans des lieux secrets ou inaccessibles pour y être prostituées. Combien de fillettes ont disparu de cette manière ?

Sudhananda et ses camarades relatent beaucoup de choses qui semblent incroyables dans ce livre. Je sais qu'ils disent la vérité, et j'espère qu'ils ne s'énerveront pas trop s'ils rencontrent des personnes qui ne les croient pas. Elles ne me croiraient pas non plus si je leur racontais l'histoire de Lakhsmie. Cette fillette de douze ans, accompagnée de trois amies de son âge, est partie d'un camp de réfugiés en Inde. Toutes seules et à pied, elles ont traversé la frontière (surveillée étroitement par les militaires), la jungle et la moitié des Chittagong Hill Tracts pour venir à l'orphelinat de Moanogar où leur arrivée a stupéfié les responsables. C'est tellement fou qu'il faut admettre que certaines personnes ne puissent tout simplement pas croire que de telles choses se produisent. L'important est de dire la vérité, et elle reste la vérité même si une seule personne le reconnaît.

Sudhananda parle avec émotion du directeur de son orphelinat, Priatysia, qui a été violemment frappé par des militaires à la frontière de l'Inde[1]. Je l'ai revu souvent depuis et il n'a jamais pu être guéri de ses blessures. Les coups qu'il a reçus sur la tête ont été trop brutaux et il a perdu définitivement certaines de ses facultés intellectuelles. Il a payé très cher son amour des enfants et sa volonté de les protéger en les aidant à fuir le Bangladesh. C'est très dur de le voir dans l'état où désormais il se trouve... Priatysia m'a dit que le pauvre grand-père, dont parle de façon si émouvante Sudhananda[2], et qui ne pouvait s'enfuir, a été jeté vivant dans les flammes lorsque l'orphelinat fut brûlé.

Méfions-nous cependant de jugements hâtifs concernant ces soldats. Je peux le dire maintenant à Sudhananda et aux autres. C'est grâce à certains de ces soldats que nous avons pu avoir beaucoup d'informations relatives aux événements des Chittagong Hill Tracts. En effet, plusieurs d'entre eux ont été écœurés par l'injustice ou les crimes qu'on leur demandait d'accomplir. Ils ne pouvaient rien dire, ni rien faire, sans courir les plus grands dangers pour leur vie. Ils se sont efforcés de révéler ce qui se passait afin qu'un terme soit mis aux massacres. Il existe des hommes « bons » partout et qui ont une conscience. Déjà Mihirkanti, dont le frère

1. Voir chapitre 19.
2. Voir chapitre 14 et chapitre 17.

aîné avait chez ces soldats un ami officier qui fut fusillé pour « rébellion » comme il le raconte [1], avait pressenti cette vérité. En fait, peu de ces militaires sont réellement « pervers », ainsi que les atrocités seraient en mesure de nous le faire croire, mais la plupart sont trompés, manipulés, et ne comprennent rien à la vraie situation. Ce sont des ignorants, braves mais très crédules, qui acceptent sans réflexion ce que certains veulent leur faire penser. Lorsqu'ils réfléchissent et voient la réalité, ils sont contraints d'obéir et ont peur d'être tués à leur tour ou emprisonnés.

Sudhananda parle aussi des traîtres et il sait combien la terreur peut facilement, à tout moment, faire basculer n'importe lequel d'entre nous dans des comportements regrettables. Contre ce péril, il n'existe qu'un seul remède, c'est d'essayer de maîtriser nos peurs et d'en comprendre la cause. Cette maîtrise est indispensable pour travailler efficacement dans des situations difficiles où la peur est susceptible de transformer chacun en monstre. A ce sujet, je voudrais raconter l'histoire d'un authentique traître.

Le moine Bemal Bikku me faisait parvenir en secret des informations précises sur les violations des droits de l'homme dans les Chittagong Hill Tracts. Je répercutais ensuite les informations pour qu'elles soient connues du maximum de personnes en Occident. Un jour, Bemal Bikku a découvert qu'un jeune moine de son entourage proche, un moine qu'il avait jadis recueilli à cause de sa misère et instruit, trompait sa confiance et faisait des photocopies des documents qu'il m'envoyait ! Les autorités du Bangladesh avaient établi une surveillance étroite de Bemal Bikku et réussi à inspirer une peur si profonde chez le jeune moine, menacé de voir sa famille entière massacrée s'il refusait de leur photocopier les documents, qu'il n'avait pu résister. Comme il ne vivait depuis plusieurs années que grâce à l'aide de Bemal Bikku, son malaise fut grand d'être découvert par celui-ci.

Que se passa-t-il ? Bemal Bikku le regarda simplement dans les yeux, sans haine ni mépris. Il ne lui a pas pardonné : il ne pouvait pas le faire car il ne l'avait pas condamné. Il l'a pris dans ses bras comme un grand frère embrasse son petit frère. Je connais bien, depuis des années, ce jeune moine. On ne peut imaginer à quel point

1. Voir chapitre 10.

l'attitude de Bemal Bikku l'a bouleversé. Ce dernier savait que, s'il le renvoyait, il n'aurait aucun lieu où habiter et que, s'il révélait sa trahison, le jeune moine serait déconsidéré dans l'ensemble de la communauté des Chakmas. Aussi ont-ils continué à vivre ensemble comme si rien ne s'était passé.

Malheureusement, Bemal Bikku a été obligé de fuir son pays pour se réfugier en Inde où il se consacre à secourir les milliers de réfugiés, par diverses actions, avec les organisations indiennes qu'il a fondées, Shishu Korima Sangha (« Compassion pour les enfants ») et Chittagong Hill Tracts Displaced People.

Comment dire ce que j'ai ressenti en lisant le récit de Sudhananda à propos des tortures accomplies sur sa propre mère, sur sa sœur, sur son frère [1] ?... Ces tragédies dans la bouche d'un enfant sont atroces. Lorsque j'avais son âge, au Maroc, l'une de mes amies fut arrêtée et également torturée. Ma seule consolation fut de savoir que des personnes extraordinaires acceptaient de consacrer des heures, dans la solitude, à écrire au gouvernement pour faire abolir la torture, sans connaître les personnes torturées. Ces milliers d'amis d'Amnesty International et de l'A.C.A.T. (Action catholique pour l'abolition de la torture) ont évité nombre de souffrances. Pourquoi Sudhananda et les autres, maintenant qu'ils savent écrire, ne les rejoindraient-ils pas de temps en temps ? Ecrire une fois par semaine une lettre, c'est si peu de chose par rapport à l'horreur de la torture. J'ignore si le nom du frère de Sudhananda torturé et emprisonné depuis des années pour raisons politiques est sur la liste des prisonniers pour lesquels des groupes d'Amnesty International agissent, mais c'est possible. Que son expérience de tant de misère l'aide à s'engager afin de soulager la souffrance des autres, c'est mon seul souhait.

Lorsque son orphelinat fut attaqué le 13 juin 1986, j'étais loin de m'en douter. J'ai vécu une journée normale dont je ne me souviens pas. Bemal Bikku, lorsqu'il l'a appris une semaine plus tard, m'a téléphoné. Nous nous sommes alors tous deux sentis coupables et désespérés. Nous avons eu l'impression d'avoir commis une très grave faute d'appréciation. Nous savions parfaitement que le danger existait et nous n'en avions pas assez tenu compte. Dans les

---

1. Voir chapitre 8.

minutes suivantes, j'ai téléphoné aux Pays-Bas et, en quarante-huit heures, une vaste campagne internationale a été organisée. Des médecins de Médecins sans frontières et de Médecins du monde étaient prêts à secourir les premiers enfants commençant à arriver dans les camps, ainsi que les autres réfugiés, mais ils n'en ont pas eu l'autorisation. Rajiv Gandhi, alors Premier ministre de l'Inde, a reçu des télégrammes du monde entier lui demandant de ne pas renvoyer les réfugiés. L'armée indienne avait auparavant renvoyé de force des réfugiés qui s'étaient fait massacrer le plus souvent dès leur retour au Bangladesh.

Nous ne savions pas où les enfants étaient dans la forêt et, interrogé par lettre par Bemal Bikku, le président Ershad n'a malheureusement pas répondu. Ce fut une longue attente angoissée : étaient-ils tous morts ?

Une fois déjà, cet orphelinat avait fait l'objet d'une tentative d'incendie dans des conditions analogues, et les villageois d'à côté qui s'étaient précipités pour aider à éteindre le feu en avaient été empêchés. Nous avions par conséquent prévu de conduire toutes les filles, puis les garçons les plus jeunes, à l'orphelinat de Moanogar où la capacité d'accueil des bâtiments se trouvait en cours d'agrandissement. Nous n'avions pas imaginé que le pire se produirait aussi vite, et les remords de n'avoir pas été plus vigilants et rapides nous ont accablés.

L'armée entoure aujourd'hui l'orphelinat de Moanogar, à quelques mètres de distance. Deux membres de Partage avec les enfants du tiers monde ont pu s'y rendre récemment. Chaque jour, nous craignons pour les six cents enfants de Moanogar une destruction identique à celle de Parbatya. Je ne cesse d'y penser ! Que deviendraient-ils ? Vont-ils s'enfuir dans la jungle et être la cible d'armes à feu ? Nous travaillons d'arrache-pied afin de mettre les plus petits à l'abri, mais les moyens matériels et l'argent nous manquent encore. Qui nous aidera ?

Un proverbe bengali dit que « la vie n'est pas un lit de roses ». C'est le premier que j'ai appris en 1978 en découvrant ce pays. Les causes du conflit sont complexes, extrêmement anciennes, et les soixante-douze enfants accueillis en France les ignorent à peu près autant que le reste du monde. Leurs grandes lignes peuvent être résumées. La surpopulation n'est pas la véritable explication mais seulement l'alibi. Si elle apparaît la plus facile à comprendre, elle est peut-être toutefois la moins importante.

Les Bengalis musulmans qui arrivent dans les Chittagong Hill Tracts sont vraiment dans une situation de pauvreté totale. J'en connais plusieurs. Leur vie est souvent un cauchemar. Ce sont des paysans sans terre venus de la plaine du Bangladesh où ils louaient leurs bras à de riches propriétaires les exploitant très durement. Parfois, ils possédaient un peu de terre, avant d'être ruinés par une inondation ou la sécheresse. Dans ce cas, ils ont généralement emprunté de l'argent pour survivre avec leur famille. Le taux d'intérêt étant très élevé, ils ne réussissent pas la plupart du temps à rembourser. Celui qui a effectué le prêt, soi-disant pour les aider, se rembourse en leur prenant leur terre. Cette fois, privés de terre et d'argent, ils ne peuvent subsister qu'en trouvant un autre emploi. Ils deviennent « journaliers », sans aucune garantie de ressources et à la merci complète de leurs éventuels employeurs. Ainsi s'est constituée depuis des années, au Bangladesh comme en Inde, une société à part que l'on appelle « les sans-terre », les plus misérables.

Désespérés, ils attaquent parfois les plus riches dans l'unique but de manger et de survivre. Ils ont tenté de s'organiser pour revendiquer le droit de vivre et de travailler. Les autorités du Bangladesh, souvent composées de personnes issues de familles de grands propriétaires, ont pris peur de ces mouvements de « sans-terre ». L'idée vint de les envoyer ailleurs. La suite est très simple. Il n'est guère difficile de faire croire à ces paysans déshérités que leurs revendications légitimes ont été entendues, et que les autorités leur offrent une terre dans un autre district du pays. Ce que l'on omet soigneusement de leur dire est que cette autre terre est déjà habitée et cultivée par des populations. Il n'y a plus de place pour eux, mais ils l'ignorent en partant. D'ailleurs, s'il y avait assez de terres cultivables, ils ne seraient pas contraints de voler les terres déjà cultivées par les populations tribales. Déjà en 1963, lors de la création du lac artificiel de Kaptaï, 60 000 personnes se sont réfugiées en Inde car il n'y avait plus assez de rizières pour tous et les méthodes de culture sont identiques (le jhum, la culture sur brûlis, n'étant réalisée que pour les autres productions annexes). La surpopulation au Bangladesh est réelle, mais il convient d'être rigoureusement honnête et de tenir compte uniquement des terres cultivables et habitables pour calculer la densité maximale de population sur une surface donnée. Il est évident qu'une région de collines aux pentes abruptes ne peut être aussi densément peuplée que les plaines, et ce serait une catastrophe écologique criminelle que de poursuivre la déforestation dont on sait que les conséquences compromettent la survie des générations à venir...

Pour étouffer les méfiances, on leur promet aussi de l'argent. Croyant en la chance de leur vie, les misérables sont convoyés dans un camp de regroupement à Chittagong, la grande ville portuaire. Ils sont ensuite transportés en autobus vers divers camps de la région des Chittagong Hill Tracts. Là, ils comprennent assez vite la tromperie et perdent leurs illusions... On leur donne bien une terre, mais ils constatent qu'elle est occupée. Le projet de rentrer chez eux leur plairait s'ils avaient de quoi y vivre. J'en ai rencontré plusieurs qui souhaitaient néanmoins retourner dans la plaine. L'armée est toujours là pour les en empêcher. Elle les « protège » contre les Chakmas et les autres ethnies, mais elle est aussi chargée de leur interdire le retour. Ils sont pris dans un piège meurtrier.

Rapidement, ils ne reçoivent plus de riz pour survivre que dans leur camp de transit. Les autorités et l'armée leur disent que, s'ils veulent se nourrir, ils doivent cultiver « leur terre », la terre qui leur a été donnée. Que faire lorsqu'on a faim, une famille à nourrir, et que, de plus, l'on se sent « protégé » par l'armée ? Ou bien ils prennent possession par la force de la terre à cultiver, ou bien ils rencontrent de graves ennuis.

Voici comment au Bangladesh des pauvres sont montés contre des pauvres. Les plus virulents se manifestent chez les intégristes, c'est-à-dire ceux qui pensent qu'en dehors de leur foi il n'y a pas de salut et que les individus ne partageant pas cette foi ne méritent pas de vivre. Ces fanatiques, qui se rencontrent dans toutes les religions, sont aisément manipulés par des responsables politiques dans de nombreux pays.

Chargé par le gouvernement d'effectuer une étude sur le Bangladesh, mon ami René Dumont a depuis longtemps montré dans ses ouvrages que ce pays est « riche » et peut nourrir sa population actuelle. Les trois plus grands problèmes sont l'injustice de la répartition des terres cultivables, le taux d'intérêt ou d'usure qui assassine les pauvres, et le taux de natalité qui compromet gravement l'avenir. Lorsqu'il a remis son étude à ceux qui la lui avaient commandée, René Dumont n'a pas suscité de satisfaction. Il allait contre des préjugés et des intérêts. La question des Bengalis sans terre ne pourra en aucun cas être résolue par l'envoi de ceux-ci dans les Chittagong Hill Tracts si on conserve le degré d'injustice et le taux de natalité actuels. La configuration spécifique des Hill Tracts ne peut permettre une augmentation importante de la densité de population. On ne peut d'ailleurs que constater qu'une population bengali a pris la place d'une autre, tribale, et ne s'est pas ajoutée à celle-ci...

En 1962, une étude d'agronomes américains démontrait déjà que la superficie des terres cultivables dans cette région permettait seulement de faire vivre la population qui l'habitait. Les nouveaux arrivés constituent une surpopulation.

Il n'existe cependant pas une seule cause à la guerre secrète qui s'y déroule, mais plusieurs qui se conjuguent et rendent la recherche d'une solution difficile. Certaines d'entre elles sont historiques et comptent davantage que la répartition des richesses.

Les Portugais découvrirent de nombreuses terres. On a retrouvé dans une bibliothèque de Lisbonne une carte, établie en 1600, faisant état de la présence de populations tribales au cœur de la pleine de Chittagong et des collines des Hill Tracts à l'est, tandis que la population bengali habitait au nord. Les Portugais connurent des difficultés avec les tribus Marma qui commirent des actes de piraterie au voisinage des côtes de Chittagong. Leurs cartes signalent pour la première fois la présence de l'ethnie des Chakmas, la plus importante en nombre.

Celle-ci est certainement venue du sud de la Chine pour fuir les grandes famines qui décimaient les populations, et a défriché la plaine de Chittagong en vue de transformer d'immenses forêts en rizières. Une autre partie de l'ethnie des Chakmas est formée de populations montagnardes probablement d'origine khmère, ce qui explique que l'on trouve chez elle l'exceptionnelle « hémoglobinose E », une caractéristique sanguine des populations khmères. L'alphabet utilisé vient de la Birmanie, d'où les linguistes nous apprennent qu'il est venu du Cambodge et y est parvenu du sud de l'Inde... Deux chercheurs connaissent particulièrement, en Europe, l'histoire du peuple chakma, le professeur Loeffler, un anthropologue suisse de Zurich qui a visité son territoire et étudié pendant longtemps ses origines, et l'Allemand Wolfgang Mey qui a écrit sa thèse de doctorat en ethnologie sur les Chittagong Hill Tracts En ce moment, un jeune Chakma réfugié à l'étranger rédige également une thèse de doctorat sur son ethnie.

La ville de Chittagong fut probablement créée par les Chakmas, et originellement désignée par un mot chakma signifiant « le village du temple bouddhiste situé au sommet de la colline », avant de devenir « Chottagram ». Les vestiges du palais du roi chakma existent encore à Raozan, près de Chittagong. Entre ce peuple et les autres tribus se déclenchèrent souvent des guerres très cruelles, prouvant qu'il ne s'agissait pas de « gentils cultivateurs paisibles ».

Les Chakmas furent bientôt chassés de leur région. La population bengali, d'origine aryenne, émigra vers l'Arakan et la Birmanie en suivant le cours du Gange, depuis l'ouest de l'Inde, en contraignant les autres populations à fuir en direction des collines et de la Birmanie à la suite de violents combats. La plaine de Chittagong fut envahie par les Bengalis pour devenir la région agricole très fertile que nous connaissons. L'origine du conflit entre les Chakmas et les Bengalis est donc ancestrale. Les combats n'ont cessé qu'après l'arrivée des Britanniques.

En 1666, la région des Chittagong Hill Tracts fut annexée par les Mughals, et en 1785 le roi des Chakmas reconnut l'hégémonie britannique sur la région. Ce fut un nouveau changement important pour ce peuple qui vivait dans les collines tout en cultivant les rizières des plaines. Mais, entre 1860 et 1900, une autre évolution essentielle s'accomplit. De nomades ou semi-nomades, les Chakmas deviennent sédentaires. Jusqu'alors, le *raja* était le roi d'une population et non d'une région. A partir de cette époque, la région est dirigée par l'administration coloniale britannique.

En 1881, elle est divisée en trois cercles administratifs, selon la répartition géographique des trois principales tribus. Le raja devient le chef d'une région et non plus d'un peuple. Auparavant, les Chakmas ne possédaient pas la même notion de propriété de la terre. Ils défrichaient par brûlis une région vierge, la cultivaient pendant quelques années et, avant que le sol ne s'épuise, déménageaient pour cultiver une autre parcelle en laissant le sol se reposer. Cette méthode de culture, appelée *jhum,* était bien adaptée à cette forme de vie nomade. Devenus sédentaires, les Chakmas se sont trouvés enfermés dans des frontières, concept qui leur était inconnu. Pendant longtemps, ils avaient migré entre le bas de l'Himalaya et la mer de Chine. On retrouve des tribus identiques sur toute la chaîne de montagnes qui va du Népal au Viêt-nam, en passant par la Birmanie, la Thaïlande, le Laos, le Cambodge. Le tissage qu'effectuent les femmes présente des motifs souvent très proches, et leurs habitudes culinaires sont voisines.

En 1898, Rangamati devint le chef-lieu. De rares Bengalis l'habitaient. En 1900, les Britanniques déclarèrent cette zone des Chittagong Hill Tracts *excluded area :* interdiction fut faite aux populations non tribales, comme les Bengalis, d'y pénétrer. Les Chakmas bénéficièrent alors d'une large autonomie sous la direction de leur chef, comme les deux autres principaux peuples de la région. Cette réglementation, qui mit fin aux combats et protégea efficacement des invasions bengalis, allait cependant se retourner plus tard contre ses bénéficiaires. Sur le moment, les Bengalis migrèrent vers le sud, pénétrant en Birmanie d'où ils furent chassés ultérieurement, et vers l'Etat actuel du Tripura, en Inde, où ils repoussèrent en partie la population tribale, origine du conflit contemporain entre ces deux types de populations en territoire indien.

La méthode employée par les Britanniques pour instaurer la paix dans les Chittagong Hill Tracts eut des conséquences totalement négatives sur le développement de cette région. Les Britanniques n'y firent aucun investissement, ni routes, ni écoles, ni entreprises commerciales. Le retard devint extrêmement important par rapport au reste du pays. Ceux qui étaient considérés comme des sauvages furent encore plus marginalisés, situation qui conduisit aux troubles présents. Pourtant, un potentiel de développement économique important existe dans les Chittagong Hill Tracts, mais la population, privée d'accès à l'éducation et à la culture occidentales, ne fut pas capable de gérer le développement de son territoire.

En 1921, la région fut déclarée *backward area,* région arriérée, sous-développée, puis en 1935 *totally excluded area,* région totalement exclue, interdite à tout étranger : il fallut un permis aux Bengalis pour y pénétrer. Elle est encore aujourd'hui la plus pauvre du Bangladesh.

Sudhananda est né dans un peuple confiné à l'intérieur des limites d'une sorte de réserve sauvage. La séparation complète l'a maintenu à l'écart de l'évolution du monde. S'il a pu préserver sa culture originale, il n'a fait de progrès dans aucun domaine, tandis que les Bengalis avaient accès aux meilleurs niveaux d'éducation par la présence des Britanniques et la richesse culturelle de l'Inde. Le nombre de médecins, d'ingénieurs, d'agronomes, d'architectes, d'écrivains, de techniciens, de personnes parlant des langues occidentales chez les Chakmas est presque inexistant ou nul. Il est malheureusement encore bien faible au sein de la population bengali, si l'on tient compte de sa dimension : 110 millions...

Contrairement à ce que croient beaucoup de Chakmas qui voudraient revenir à la situation établie par les Britanniques, leur isolement dans une réserve ne résoudrait pas leurs problèmes fondamentaux. Ils avaient gagné une certaine indépendance, mais ils avaient perdu de précieuses décennies pendant que le reste du monde accomplissait de grandes découvertes. Cet immense retard d'un petit peuple sera bien difficile à rattraper. Si des enfants encore jeunes peuvent assimiler une instruction poussée comme cela a été fait en France pour Sudhananda, l'affaire est différente lorsqu'il s'agit d'une ethnie. Cette exclusion qui l'a protégée pendant un temps représente l'un des motifs qui l'ont aussi fait ignorer du monde lors des massacres. Elle ignorait le monde comme le monde l'ignorait. Ce n'est pas ainsi que l'on communique et que l'on cherche en commun des solutions aux problèmes vitaux. Comment les Chakmas auraient-ils pu appeler à l'aide ? Lequel d'entre eux était capable d'alerter la communauté internationale sur leur sort ? Les années paisibles à l'écart de l'évolution du monde et de leurs propres difficultés leur coûtent aujourd'hui très cher.

Le « cadeau » des Britanniques ne leur a pas profité. Ils sont demeurés sur des terres d'où ils se trouvent maintenant expulsés. Si les Britanniques leur ont offert une aussi grande indépendance, c'est principalement parce qu'ils ne s'intéressaient pas à eux et avaient assez de préoccupations avec le reste de l'Inde. Les « sauvages » leur faisaient d'ailleurs un peu peur, de même que leur région inhospitalière de jungle. Que Sudhananda ne se méprenne pas sur l'histoire et l'apparente générosité des Occidentaux.

Le 15 août 1947, à minuit, l'Inde est devenue indépendante au terme d'un long combat pour chasser les Anglais. La joie de Gandhi fut loin d'être totale à cet instant pour lequel il avait tant donné. En effet, les populations indiennes musulmanes, conduites par Mohammed Jinnah, avaient aussi revendiqué le droit de créer leur propre Etat indépendant, le Pakistan, uniquement pour les musulmans. Les combats entre les Indiens des différentes religions furent horribles. Gandhi lutta au cours des dernières années de sa vie pour tenter d'éviter cette partition qu'il désapprouvait. Ce fut une tragédie réellement atroce qu'il faut que Sudhananda comprenne : elle donna lieu à une gigantesque migration de plus de dix-sept millions de personnes. Ces foules énormes s'enfuirent vers l'est ou vers l'ouest, chaque individu perdant tout et sans possibilité de retour, guidé par l'espoir de survivre en rejoignant les lieux où sa religion était établie. A cette date, le Bangladesh était encore le Pakistan oriental, et la majorité de ses habitants était des réfugiés en provenance de l'Inde à la suite de combats affreux. Leur seul tort consistait à être musulmans... Que Sudhananda et ses compagnons n'oublient jamais cela.

Un fait très important eut alors lieu. La division de l'Inde en deux Etats s'accomplissant exclusivement selon les religions, la région des Chittagong Hill Tracts fut rattachée officiellement à l'Inde dans l'acte d'indépendance. Le Pakistan, « terre des musulmans », n'englobait pas le territoire des Chakmas non musulmans. J'ai rencontré à Londres lord Listowel qui était présent lors de la signature de l'acte d'indépendance. Il se rappelle fort bien que les Chittagong Hill Tracts faisaient alors partie intégrante de l'Inde et non du Pakistan puisque la population n'y était pas musulmane mais bouddhiste, avec quelques hindous et chrétiens. Le drapeau indien a été hissé et a flotté à Rangamati, en présence du représentant britannique, le 15 août 1947, à minuit. Les grands-parents de Sudhananda et de ses compagnons devinrent cette nuit-là sujets britanniques.

Mais trois jours plus tard, le 18 août 1947, les grands-parents de Sudhananda ont dû apprendre une autre nouvelle, peut-être sans la comprendre et avec retard : les Chakmas et les autres ethnies minoritaires, totalisant environ 700 000 personnes dans les Chittagong Hill Tracts, furent rattachés au Pakistan, contrairement aux engagements officiels de Nehru et de Pattel représentant l'Inde. J'ai enregistré sur film vidéo un entretien avec Snihar Kumar Chakma auquel Pattel avait garanti que jamais les Hill Tracts ne seraient séparés de l'Inde. Comment croire les politiciens ?... Les Anglais ne pouvaient plus rien faire, d'autant que les premiers jours de l'Inde indépendante furent marqués par la guerre civile entre hindous et musulmans. Durant l'été 1947, il y eut plus de 500 000 morts. Les dirigeants avaient d'autres soucis que le sort des Chakmas...

Ces derniers devinrent pakistanais en quelques heures parce que l'Inde et le Pakistan convinrent d'un échange de terres, approuvé par l'Angleterre, sans tenir compte de l'avis des populations impliquées. Elles furent rattachées au « pays des musulmans », créé par eux et pour eux, ce qui constituait une aberration pour les bouddhistes. Ces décisions ne devaient pas signifier grand-chose pour les grands-parents de Sudhananda, à l'orée de la jungle, bien que l'origine véritable des problèmes actuels se trouvât là. Ses grands-parents changèrent ainsi quatre fois de nationalité, tout en restant sur la même terre et sans qu'on les consulte.

Lorsqu'un Bengali musulman disait à Sudhananda et aux autres enfants qu'il était « chez lui » dans les Chittagong Hill Tracts, ses propos étaient historiquement vrais. A l'origine, ce pays a été créé par les musulmans afin qu'ils puissent y vivre en paix et entre eux. C'est l'unique raison de la partition sanglante de l'Inde et de la souffrance inoubliable de millions de paysans bengalis musulmans, contraints à quitter leurs villages en Inde. Pour eux, les hindous intégristes ne furent pas plus faciles à côtoyer que les bengalis musulmans ne sont aujourd'hui d'agréables voisins à l'égard des Chakmas, même si, dans l'un et l'autre cas, les intégristes ne forment pas la majorité.

Le conflit se prolongea entre les deux populations du tout nouveau Pakistan oriental, qui allait devenir le Bangladesh. Ces populations ne possédaient rien en commun, sinon d'être constituées d'humains et de se trouver rassemblées dans un même pays à la suite du tracé hasardeux d'une frontière. Les représentants des Chakmas et des autres tribus firent maladroitement appel à la communauté internationale par les ambassades. Elles n'obtinrent aucune réponse de soutien. Le parti communiste indien de Calcutta leur assura un soutien à leur cause, mais à condition qu'ils se convertissent à leur idéologie.

De son côté, le gouvernement pakistanais considéra ces peuples comme liés à l'Inde, ce qui est réel, et ne voulut guère les aider puisqu'ils avaient demandé à rester à l'intérieur de l'Inde. Ils étaient naturellement suspects.

En 1963, un nouveau fait important survint : la construction de l'immense barrage de Kaptaï. Il provoqua le déplacement de dix mille familles chakmas dont les rizières furent englouties au fond du lac artificiel. La paupérisation rapide des Chakmas débuta, tandis que le barrage fournissait l'électricité nécessaire au développement de l'industrie de la ville de Chittagong. Les familles désespérées, qui n'obtinrent aucun bénéfice de ce barrage, se réfugièrent illégalement en Inde, avant d'être déplacées dans une région presque vierge et peu peuplée de l'Etat de l'Arunachal Pradesh, près de la frontière avec la Chine. Aujourd'hui encore, ces premiers réfugiés ne possèdent pas de statut officiel et ne peuvent inscrire leurs enfants à l'école car ils ne sont pas indiens. Nul n'est venu à leur secours. Cohorte de 100 000 « réfugiés sans refuge » depuis près de trente ans !

L'Inde, qui n'est pas riche et rencontre des problèmes d'harmonie et de paix civile entre les communautés la composant, s'inquiète d'accueillir sans cesse des centaines de milliers de réfugiés venant des Hill Tracts, du Tibet ou de Sri Lanka. De plus, elle n'a pas signé la Convention internationale de protection des réfugiés et assume seule la lourde tâche de leur survie quotidienne.

Cependant, il vaut mieux perdre sa terre que perdre sa vie, et ceux qui partirent n'eurent peut-être pas tort. En 1964, le statut spécial des Chittagong Hill Tracts fut aboli et les Bengalis purent y venir librement. Habitués à vivre dans les plaines et non les collines et la jungle, tout en se montrant attachés à leurs villages où la « grande famille » constitue la seule protection en cas de besoin, ils effectuèrent très peu de migrations « volontaires ».

En 1971, une guerre tragique entre les deux Pakistan donna naissance, en décembre, au nouvel Etat du Bangladesh. Mais les Chakmas préférèrent, pendant les combats, demeurer sous la tutelle lointaine d'Islamabad plutôt que sous l'administration toute proche des Bengalis. A la fin de la guerre, ce choix ne leur attira pas de récompense. Ils souhaitaient être indiens et ils devinrent pakistanais, puis ils souhaitèrent rester pakistanais et ils devinrent bangladeshis !... Le roi des Chakmas, Tridiv Roy, devenu ministre du Tourisme du gouvernement Bhutto au Pakistan, n'eut plus le droit de revenir au Bangladesh. Actuellement ambassadeur du Pakistan en Argentine, il tente d'effectuer ce qu'il peut pour son peuple. Son fils, Devajish Roy, a été obligé de choisir l'exil comme Sudhananda car sa vie était menacée à Rangamati.

Le fondateur du Bangladesh, Mujibur Rahman, informa une délégation de Chakmas et de minorités ethniques qu'ils devaient abandonner leur désir de préserver leur culture, et devaient se convertir à l'islam ou quitter « la terre des musulmans ». Le conflit ancestral atteignit alors sa forme actuelle. Manobendra Larma, élu membre du Parlement du Bangladesh, qui fit partie de la délégation ayant rencontré M. Rahman, fonda à partir de ce moment un parti destiné à défendre les tribus, le « Parbottya Chattagram Jana Sanghat » (P.C.J.S.S.). Ce parti obtint le soutien des communistes indiens en échange de l'adhésion de Larma au marxisme. Certaines sources indiquent également le soutien du gouvernement indien souhaitant récupérer les Chittagong Hill Tracts depuis la découverte de gisements de gaz importants et l'existence probable de pétrole. Un second motif, pour le gouvernement indien, serait d'inciter le Bangladesh à arrêter le soutien qu'il apporte aux mouvements de guérilla s'effectuant contre les autorités indiennes et bénéficiant de bases dans les Chittagong Hill Tracts. L'histoire n'est guère simple...

L'autonomie des Chakmas et des autres ethnies, accordée en 1900, étant abrogée en 1972, le P.C.J.S.S. créa une branche armée, les Shanti Bahini, revendiquant l'autonomie et agissant par la guérilla. Ce mouvement de guérilla contribua malgré lui à aggraver le malheur de son peuple.

En 1975, Mujibur Rahman fut assassiné. Le major général Ziau Rahman devint administrateur de la loi martiale. L'accès des Chittagong Hill Tracts fut interdit à tout étranger non bengali. A cette date commencèrent les massacres systématiques de villageois, souvent en représailles à des actes de guérilla, lesquels pouvaient servir aussi de prétextes pour toutes les exactions. Les autorités de Dacca désirant étendre l'exploitation du gaz et la recherche de pétrole, certains étrangers, dont des Français, pénétrèrent dans les Chittagong Hill Tracts, sous la protection sévère de l'armée. Leurs bases se trouvaient à Rangamati et à Kaptaï. Combien d'entre eux purent parler avec les Chakmas ? Que surent-ils de leur tragédie ?

En 1980, des centaines de villageois furent massacrés par l'armée. Un membre du Parlement, Upendra Lal Chakma (aujourd'hui réfugié dans un camp en Inde), fit une conférence de presse recevant quelques brefs échos à l'étranger. Dans ce contexte naquit le plan gouvernemental visant à repeupler en cinq ans les Chittagong Hill Tracts par une population à majorité bengali. Ce que Sudhananda et d'autres appellent le génocide débute à ce moment. Auparavant, l'American Geographical Society avait démontré que le déplacement de populations reposait essentiellement sur des raisons d'abord stratégiques (protection de la frontière par les Bengalis musulmans, crainte d'une invasion indienne facilitée par les peuples attachés à l'Inde), puis ethniques et religieuses, et en dernier ressort économiques.

Un chef militaire déclara clairement : « Nous voulons la terre, mais pas les gens. » Les villageois devaient donc partir vers l'Inde ou mourir. La proportion des Bengalis par rapport aux Chakmas et aux autres ethnies ne cessa d'augmenter. En 1951, il y avait 287 274 « tribaux » et 26 150 Bengalis. En 1970 : 498 162 « tribaux » et 76 546 Bengalis. En 1980 : 653 000 « tribaux » et 225 000 Bengalis. Ces derniers furent bientôt 500 000, cependant que le nombre des premiers diminua en raison d'une forte mortalité due à la paupérisation, à la malnutrition, et au manque de médicaments interdits dans l'ensemble de la région.

Un arrêté autorisa l'armée et la police, en 1981, à tirer à vue sur toute personne suspectée d'activité antigouvernementale, c'est-à-dire de sympathiser avec les Shanti Bahini ou de critiquer le gouvernement. Il s'agissait du permis de tuer n'importe qui à tout moment sans procès ! Cinq cents personnes furent rapidement massacrées à Matiranga.

Les Chakmas n'eurent plus le droit de circuler librement en dehors de leur village, de se réunir, de porter certains vêtements, de posséder plus de cinq acres de terre, d'acheter de la nourriture pour plus d'une semaine et aucun médicament sans accord préalable de l'armée. Les enfants disent comment ils ont vécu ces interdictions.

Après l'assassinat de Ziaur Rahman, le lieutenant général Mohammad Ershad devient administrateur de la loi martiale en 1982 et poursuit le peuplement des Hill Tracts. Les combats s'intensifient. Les moines bouddhistes non violents sont persécutés tout autant par les autorités bengalis (assassinats, tortures, destructions de temples) que par le mouvement de résistance des Shanti Bahini qui les considèrent comme des traîtres. Les autorités françaises, en 1980, sont parfaitement informées de la violation constante des droits de l'homme, mais ne croient pas utile de réagir ou de se déranger. J'en suis indigné. Partage avec les enfants du tiers monde est également critiqué par les deux belligérants, et continue à limiter son action au secteur humanitaire.

Des interventions d'organismes de défense des droits de l'homme s'accomplissent entre 1983 et 1985 auprès des Nations unies (sous-commission des minorités de la Commission des droits de l'homme). Mon ami René Wadlow, de l'I.F.O.R., expose la situation. Des extraits de la thèse universitaire de Wolfgang Mey sur la population des Hill Tracts sont diffusés au Danemark par l'International Work Group for Indigenous Affairs (I.W.G.I.A.), puis dans le monde entier. Surtout peut-être, le travail de Bemal Bikku commence à porter ses fruits. Bien des enfants, bien des adultes lui doivent la vie. Le courage de cet homme est extraordinaire. Avec d'autres religieux bouddhistes, il entreprend une campagne d'information internationale auprès de la Grande-Bretagne, du Japon, des Pays-Bas, des Etats-Unis.

En mai 1986, de nouveaux massacres entraînent un exode de 50 000 personnes vers les Etats indiens du Tripura et du Mizoram. Le 13 juin 1986, l'orphelinat est attaqué... Ce mois-là, Amnesty International publie un dossier exceptionnel consacré aux Chittagong Hill Tracts (*Torture in Bangladesh,* 1983/1986) et, en octobre 1986, une réunion internationale des organismes de protection des droits de l'homme se tient sur ce thème à Amsterdam.

Sudhananda voit dans la religion musulmane la source des souffrances qu'il a subies. J'espère qu'il pourra un jour étudier sérieusement cette religion qui recèle d'immenses richesses spirituelles. Le problème est identique partout : certaines personnes utilisent à leurs fins les religions et les détournent de toute signification religieuse. Des êtres simples et de bonne volonté sont manipulés par d'autres avides de pouvoir, ne reculant devant aucun mensonge, aucun abus. Quand Sudhananda comprendra que les pauvres Bengalis qui ont volé sa terre furent autant victimes que lui, quoique d'une autre manière, il admettra que les vrais responsables n'étaient pas représentés par ces voleurs. Il était aisé de faire accroire à ces derniers que Sudhananda et ses semblables étaient le diable. Je souhaite qu'il parvienne, grâce à son intelligence, à se dégager de ce piège. On a voulu les faire s'entre-déchirer, tous autant manipulés les uns que les autres à des fins méconnues. Il a rencontré comme moi des Bengalis musulmans qui sont des personnes exceptionnelles dont on est fier d'être l'ami. Il n'est pas anodin, par exemple, de rappeler que le fondateur de l'orphelinat où fut recueilli Sudhananda est... bengali. Le vrai ennemi qu'il nous faut combattre tous ensemble ne peut être tué par une arme. Il est en chacun de nous et porte divers noms : cupidité, orgueil, volonté de pouvoir, mensonge, cruauté, ignorance, bêtise...

Je me souviens d'un ami grec rencontré à Athènes. Sa jeune femme participait avec lui à une manifestation pacifique dans les rues de la ville contre la dictature des militaires. Les soldats sont intervenus et ont chargé les manifestants. Cet ami a vu sous ses yeux un soldat transpercer le ventre de sa femme qui était enceinte. Fou de douleur, il s'est laissé embarquer dans le mouvement terroriste des Brigades rouges. Toute une nuit, j'ai tenté de le convaincre de quitter ce groupe qui le manipulait, et de revenir à d'autres formes d'action, mais j'ignore s'il en a eu la force. La torture peut rendre bestial et égarer les meilleurs, et ceux qui torturent sont les plus égarés de tous.

Les lois du Bangladesh interdisent la torture mais, lorsque la guerre existe, il n'y a plus de lois. J'ai pu le vérifier, depuis tant d'années, dans tellement de pays où Partage tente de secourir des enfants. Que ce soit au Viêt-nam, ou dans les camps de réfugiés du Nicaragua, au Honduras, à Haïti ou au Cambodge d'où je reviens avec de nombreux dossiers d'enfants à secourir alors que j'écris ces lignes, c'est partout identique. Je suis radicalement opposé à la guerre comme moyen de résoudre les conflits entre les hommes. On ne construit pas une société humaine sur des monceaux de cadavres. Il convient de renoncer définitivement à ces carnages qui déshonorent depuis si longtemps notre espèce.

Sudhananda avait songé à rejoindre les Shanti Bahini. On le comprend. Mais les Shanti Bahini se trompent et ne forment qu'un prétexte supplémentaire pour exterminer les Chakmas. J'ai essayé de le leur faire comprendre. Je n'ai jamais pu. Leur malheur les rend ivres de douleur, et ils manquent de clairvoyance. La seule chance est dans l'action non violente de type gandhien.

Les cultures entre Chakmas et Bengalis sont si différentes qu'une petite communauté de Français éprouverait autant de difficulté à vivre au milieu d'une vaste communauté tribale d'Afrique noire. Cette immense différence culturelle rend, à mon sens, plus malaisée que tout autre motif la cohabitation entre Chakmas et Bengalis. Les premiers sont réellement asiatiques et les seconds réellement indiens. La manière de vivre, les mentalités n'ont guère de points communs et empêchent d'imaginer comment ils pourraient vivre en bon voisinage dans un même pays. L'une des deux cultures n'est pas

(Publicité)

LA HONTE

CES ENFANTS, DONT LES PLUS JEUNES SONT ÂGÉS DE SIX ANS, SONT CONSIDÉRÉS, FAUTE DE STATUTS LÉGAUX, COMME TERRORISTES

Ces 72 enfants ont échappé à des atrocités perpétrées au Bangladesh. Ils sont depuis 9 mois retenus en Inde, dans un camp de réfugiés provisoire, où ils survivent dans des conditions misérables. Bien que le gouvernement français leur ait accordé des visas d'entrée, et que 69 familles françaises se déclarent prêtes à les accueillir, ces enfants n'ont pas reçu l'autorisation de quitter le territoire indien.
Depuis 10 ans, une guerre secrète fait rage dans une région montagneuse du Bangladesh : les Chittagong Hill Tracts. Le nombre de morts estimé par les autorités religieuses du Bangladesh s'élèverait à 185 000.
Les 72 enfants réfugiés viennent de ces régions. Ils ont grandi dans un orphelinat soutenu financièrement par une association humanitaire française : « Partage avec les enfants du tiers monde ». Depuis plusieurs années, ils avaient la chance d'être élevés décemment grâce à leurs parrains français. Cette chance leur a été retirée brutalement, en juin dernier, lorsque leur orphelinat a été balayé par la guerre civile.
Nous avons écouté les récits des atrocités dont ils ont été témoins. Nous avons visité illégalement les camps dans lesquels ils sont aujourd'hui retenus. Nous affirmons que ces enfants ont vécu assez d'horreurs pour mériter un autre futur que de retourner se faire tuer au Bangladesh, ou de croupir dans des camps de misère en Inde. Chaque jour qui passe ajoute à leur souffrance.
Depuis 9 mois nous mettons tout en œuvre pour les sauver. De nombreuses personnalités sont intervenues en faveur de leur libération. Tout est prêt en France pour les accueillir. Leurs billets d'avion sont retenus. Alors... ? Quelle lourdeur administrative, quel secret d'État, entravent la décision de les relâcher ?
Qui porte la responsabilité de ce refus ?
Qui ces enfants gênent-ils ?
Peu nous importe de savoir sur qui retombe exactement LA HONTE dans cette affaire. Elle retombe sur tous ceux qui savent et ne font rien.
Des dizaines de milliers d'enfants sont déjà morts au Bangladesh sans qu'un seul de leurs cris ne parvienne jusqu'à nous. Or, si nous n'avons pas le pouvoir d'arrêter les guerres, nous devons avoir celui de sauver 72 enfants.
Ils sont aussi proches de la mort qu'ils le sont de la vie. Vous seuls pouvez aujourd'hui faire basculer leur sort. En signant au bas de cette page.

Pierre Marchand et Christophe Graizon

« Partage avec les enfants du tiers monde » tient à remercier les personnes qui ont assuré leur soutien à la cause des 72 enfants :
— Mère Teresa pour ses interventions personnelles auprès de **Rajiv Gandhi** et du **général Ershad** — **Mme Danielle Mitterrand, M. Claude Malhuret** et **M. de Warren** pour leur action ayant permis d'obtenir les 72 visas d'accueil en France — **Messieurs Merimée et Filliol**, ambassadeurs de France en Inde et au Bangladesh — Le **Docteur Philippe Beasse** de Médecins du Monde qui a pris le risque de pénétrer dans les Chittagong Hill Tracts — Le Vénérable **Aggravansa Mahathero** qui a organisé les premiers secours aux réfugiés et le Vénérable **Lama Lobzang** — L'agence **COM & DIA** qui a permis de rendre publique cette affaire — **M. Karoon Khouth**, responsable du Comité Intergouvernemental pour les Migrations, pour son exceptionnel soutien logistique — **M. Wadlow (ONU)** pour sa contribution auprès de la Commission des Droits de l'Homme de l'ONU à Genève — Les magazines **Actuel** et **Résistance**, l'agence **Sipa Presse** — Les organismes internationaux de **Défense des Droits de l'Homme**, en particulier **Amnesty International, L'International Fellowship of Reconciliation, l'Anti-Slavery Society, l'International Group on Indigenous Affairs, Survival International** — **Le Haut Commissariat pour les Réfugiés (ONU)** ainsi que la **Croix Rouge** et **Rikko Kosei Kai (Japon)** qui tentent d'obtenir des autorités indiennes la permission d'intervenir dans les camps depuis plusieurs mois.
Plus de 15 000 personnes, reparties dans près de 20 pays ont déjà signé cette pétition. Parmi lesquelles :
Charles Aznavour, Sœur Emmanuelle, Raymond Barre, Jacques Seguela, Jean-François Kahn, Bertrand Blier, Anne Sinclair, Nathalie Baye, Père Toulat, Martin Gray, Olivier Stirn, Jean Lacouture, Nicole Avril, Bernard Pivot, Dominique Lapierre, Alain Carignon, Lord Listowel, Yvan Levaï, l'Abbé Pierre, Christiane Collange, P. Poivre-d'Arvor, etc. Rejoignez les.

Coupon à renvoyer à « PARTAGE avec les enfants du tiers monde » 1, rue Jeanne-d'Arc BP 11 — 60203 COMPIÈGNE CEDEX FRANCE

PETITION INTERNATIONALE

AMANIRANJAN / AMARBIKASH / AMARJIB / AMULYADHAN / ANANATA / ARJYAMITRA / ARUNBIJOY / ARUNJOY / ARUNJYOTI / BASANARANJAN / BIJALKUMAR / BINOYKANTI / BUDDHJAY / DAYALJYOTI / DEVERSHI / DHANESSEN / DURGAKINKAR / HEMARANJAN / HIMANGSU / HRYDAY SHANTI / JASHOYAN / JHANASWER / JNAJYOTI / JNANA / JNANALOK / JNANAPRIYA / KALADHAN / KALENJOY / KAMALENDU / KARMENDRIYA / KARUNW BIKASH / LAKKAN / LAKSHMI SHANTI / LAXIRANJAN / LILAMOY / MADHUKUMAR / MAHARAM / MANJULAL / MIHIRKANTI / MILON JYOTI / MONORANJAN / MONOSHANTI / MRINALKANTI / NANDAKISHORE / NAIJOY / NUTAN KUMAR / PADMAKUMAR / PANKAJAY / PRABODKUMAR / PRAJNAMOY / PRATUL / PRAVATCHANDRA / PRIYATOSH / PULAKNAYA / SAMARAJ / SHADHANBIKKASH / SHANTI PRAKASH / SHANTIJIBAN / SHANTI PRIYA / SHNATIPRIYA / SMRITIBIKKASH / SMRITIMOY / SMESWAR / SUDDHANANDA / SUNITI BIKKASH / SURESH / TARUNALO / UDAYNISHAN / UJJALMOY / UTPOL JYOTI.

Ces noms sont ceux de soixante-douze ENFANTS actuellement réfugiés dans les camps de Korbuk et Takumbari (Tripura, INDE).

Soixante-neuf familles françaises sont prêtes à les accueillir le temps que la paix soit revenue dans leur région d'origine (les CHITTAGONG HILL TRACTS, au BANGLADESH).

Je demande solennellement aux autorités responsables d'accorder à ces soixante-douze enfants la chance de venir temporairement en France.

Nom ____________ Prénom ____________
Adresse ____________
Code Postal ____________ Ville ____________ Tél. ____________
Date ____________ Signature ____________

☐ **Si vous désirez recevoir davantage d'informations sur cette affaire ou sur le parrainage, cochez cette case.**

☐ **Il vous est également possible d'apporter votre soutien financier aux enfants.**

Libellez, à l'ordre de « PARTAGE » (CCP La Source 35 280 20V)
Votre chèque d'une valeur de :

150 F	200 F	300 F	500 F	AUTRE
☐	☐	☐	☐	☐

supérieure à l'autre, mais le fossé culturel constitue néanmoins un abîme.

Désormais, il existe dans les Chittagong Hill Tracts des « clusters villages » (« Goudhogram », en bengali), des groupes de villages d'où la population rassemblée n'a pas le droit de sortir sans autorisation. Les Chakmas ne peuvent également posséder aucune terre. Si un membre d'une famille obtient la permission de s'absenter, le reste de la famille doit rester en manière d'otages, afin d'exercer une pression psychologique sur celui qui sort et l'obliger à rentrer à une heure précise. Ces villages, dont les habitants ne sont plus des villageois mais des individus parqués, se trouvent entourés de villages bengalis, eux-mêmes encadrés par des camps militaires. Les Chakmas sont entassés dans des sortes de camps de concentration, où ils dépendent totalement des autorités pour leur survie et leur subsistance, et où ils voient devant eux les Bengalis cultiver les terrains qui étaient jadis les leurs... C'est la C.E.E. respectueuse des droits de l'homme qui finance cela, comme le sait parfaitement monsieur l'un des plus hauts fonctionnaires de la C.E.E. avec qui je m'en suis entretenu récemment.

L'interdiction de circuler librement avait d'ailleurs déterminé en partie notre méthode de travail. Notre intention consistait d'abord à aider chaque enfant en le laissant vivre dans une famille, comme nous le faisons pour d'autres pays, mais les moines n'eurent pas le droit de circuler d'un village à l'autre, et les enfants ne purent donc être aidés que dans le cadre d'une vie collective.

Grâce au système de parrainage, qui consiste à partager chaque mois une partie minime de ses revenus pour prendre en charge un « filleul », dont on connaît le nom et dont on reçoit le dossier et la photo, Sudhananda et les centaines d'enfants de Parbatya et de Moanogar ont pu manger à leur faim et aller à l'école, puis finalement échapper à ces horreurs. C'est uniquement grâce aux vingt-cinq mille personnes qui ont soutenu notre action et aux familles d'accueil, aux huit cents personnalités qui ont signé une pétition en 1987 et aux journalistes, qu'un petit groupe d'enfants a pu venir en France.

Sur la page ci-contre est reproduite la page du journal *Le Monde* que nous avions intitulée « La honte » (22 novembre 1987) qui lançait cette pétition internationale. Il y eut ensuite une autre page, un peu plus tard, intitulée « La folie » qui annonçait le début d'un jeûne public à l'issue duquel fut enfin signé l'accord permettant aux enfants de venir en France. Le 6 octobre 1987, une dernière page dans le même journal, mais intitulée cette fois « L'espoir », remerciait ceux qui nous avaient aidés et annonçait l'arrivée des enfants à Roissy où les attendaient, en plus de leurs familles d'accueil, de nombreuses personnalités dont un ministre représentant le gouvernement français.

Ce livre explique comment certains enfants qui n'étaient pas prévus sur la liste en ont remplacé, au dernier moment, d'autres qui devaient arriver et étaient attendus par les familles. Ce fut un nouveau drame, y compris pour moi. Les gens qui vivent en paix ont beaucoup de mal à comprendre que la guerre contraigne aux mensonges, et que la peur constante incite à ne parler qu'en fonction du danger représenté par ce que l'on déclare. Quel choc ai-je éprouvé en voyant les plus grands des soixante-douze enfants sortir d'un bus à Agartala, en Inde ! Nous attendions des tout-petits. Je n'avais jamais imaginé cette situation, mes efforts pour obtenir cette libération des camps m'ayant empêché d'y songer. Impossible de reculer ! Mais comment savoir qui était qui dans ce mélange ? Comment connaître le nom et l'âge réels ? Tous les papiers officiels sur « nos » enfants avaient brûlé dans l'incendie de l'orphelinat, et il n'existe aucun état civil dans les Chittagong Hill Tracts... Si l'on savait à quel point j'ai été énervé lorsque nous avons découvert que certains enfants n'étaient pas orphelins ! Bemal Bikku ignorait également, comme moi, l'initiative compréhensible prise par des moines des camps de réfugiés de faire partir coûte que coûte soixante-douze enfants, quelques-uns n'étant en fait pas de l'orphelinat, pour ne pas gaspiller cette chance fabuleuse de soixante-douze places d'avion pour la France... Soixante-douze sauvés sur 90 000 que personne ne peut ni visiter ni assister, c'est si peu.

Heureusement, nous avons confié chaque enfant à la responsabilité d'un juge peu après leur arrivée en France. Ainsi, la protection des droits de chacun d'eux est depuis assurée par un juge des tutelles entouré d'un conseil de famille. Ce livre sera adressé à chaque juge, afin que tout le monde connaisse la vérité.

Il faut remercier Sudhananda, Priyatosh, Dhanessen, Mihirkanti, Suresh, Nutan et leurs compagnons qui ont osé dire la vérité d'abord à un écrivain, ensuite à tous. Qu'ils continuent à se sentir libres de ne plus mentir, libres de toute peur dans des familles qui les ont accueillis avec amour et à qui ils doivent faire confiance. Ils ont été des enfants marqués par la stupidité des adultes : qu'ils deviennent des adultes équilibrés et responsables. Plus tard, « les soixante-douze des Hill Tracts » (et non plus seulement de Parbatya) nous aideront s'ils le désirent.

Tous ceux qui s'occupent de réfugiés, où que ce soit dans le monde, connaissent ces mêmes drames. Dans les camps, Bemal Bikku n'avait fait que de brèves visites où il croulait sous les sollicitations pour résoudre les problèmes de survie de chaque réfugié, et tous les papiers des enfants avaient été détruits dans l'incendie de l'orphelinat. Aujourd'hui encore, quelques rares familles d'accueil m'en veulent beaucoup car elles croient que j'ai eu l'intention de les tromper.

D'autres personnes me reprochent d'avoir accepté de signer a l'ambassade du Bangladesh un papier que l'on voulait que je signe pour libérer les enfants. Le Bangladesh voulait impérativement ma signature. Je me sentais tellement écœuré que ma signature puisse suffire à sauver des vies, soit signe de mort ou de vie pour ces enfants, que j'aurais signé n'importe quoi. J'ai dit à l'ambassadeur que j'étais prêt à signer une feuille blanche, où il pourrait écrire ensuite ce qu'il voulait, si c'était la condition de la libération des enfants. Je lui ai montré que je ne lisais volontairement pas le papier qu'il me demandait de signer. Qu'importe ce texte puisqu'il permettait à soixante-douze innocents de quitter les camps où, de toute façon, personne ne pouvait aller les secourir. Il y était écrit que j'acceptais que ces enfants soient renvoyés au Bangladesh à n'importe quel moment si le gouvernement de ce pays le demandait, ce qui n'est pas tout à fait anodin, chacun en conviendra après avoir lu le récit de Sudhananda. Cependant tout le monde savait parfaitement que je ne pouvais pas admettre une telle exigence sans que ce soit d'une part le souhait de l'enfant et son intérêt et d'autre part au minimum sans risque pour sa vie ! J'avais bien compris que le but de ce texte était d'ailleurs clairement que je n'accepte pas de le signer afin d'avoir ainsi un excellent alibi pour que les enfants ne viennent pas en France ! Une hypocrisie que certains appellent diplomatie. Je me rappelle avec délices la stupéfaction et l'embarras de mes interlocuteurs lorsque j'ai dit que je signerai ce texte ! Je savais très bien qu'une fois en France chaque enfant recevrait, en plus de la protection de sa famille d'accueil, celle d'un juge indépendant du monde politique, et que j'ai la chance de vivre dans un pays de droit. Par ailleurs, je n'ai strictement aucun droit en tant que simple citoyen à m'opposer à des mouvements d'étrangers : ce document me conférait des pouvoirs qui n'appartiennent en France qu'à la seule Justice!... Mais si j'avais refusé de signer ce texte, l'affaire aurait encore traîné.

L'un des enfants a bien failli mourir de typhoïde et il fut hospitalisé de justesse dès son arrivée en France, il serait probablement mort s'il était resté quelques jours de plus dans les camps. Cela est pour moi infiniment plus important et je n'ai jamais regretté d'avoir signé, dans des circonstances aussi invraisemblables et cyniques, un texte imbécile. Je suis certain que Sudhananda et ses camarades ne seraient pas sortis de leur détresse des camps si je m'étais aventuré à discuter les termes de cet accord obtenu après quarante jours de jeûne et je n'apprécie guère que l'on joue avec la vie d'un seul enfant. Si demain le Bangladesh demandait le retour de Sudhananda contre son gré, je n'aurais pas du tout à m'y opposer. Je sais qu'il y a une justice en France qui protège les mineurs et, depuis peu, une Convention internationale sur le droit des enfants dont l'essentiel est le respect rigoureux de l'intérêt supérieur de l'enfant. Quelle notion de l'honneur faut-il avoir?

Par ce livre, j'ai appris que la rumeur sur Bemal Bikku vendant des enfants avait commencé dès les camps. Aussitôt après le départ des soixante-douze enfants, des journaux indiens la répandirent en affirmant que Sudhananda et les autres avaient été vendus comme serviteurs à des familles françaises! Nous avions décidé de ne pas réagir, mais en présence de plusieurs articles nous avons dû publier un communiqué de presse indiquant que de telles infamies seraient poursuivies en justice, et que tous nos comptes étaient publics et vérifiables. La calomnie cessa. Qui en était à l'origine? Des Bengalis musulmans ou des Shanti Bahini déçus que nous ayons refusé depuis tant d'années de leur verser un centime? Nous l'ignorons toujours. Mais la peur des familles de ces enfants pouvait par contre paraître fondée.

Chez les Chakmas, une vieille tradition de solidarité existe. Avant la guerre, le chef de village visitait chaque famille après la moisson afin de s'assurer qu'aucune ne manquerait de nourriture, et il opérait éventuellement un partage entre ceux qui avaient un surplus et ceux qui n'avaient pas assez.

Un principe analogue peut exister au niveau des nations. Bernard Kouchner a proposé aux Nations unies que les organisations humanitaires puissent porter assistance à toute personne qui en a besoin, où que ce soit. Je suis émerveillé par une telle perspective et je souhaite qu'il réussisse à obtenir une Convention internationale des Etats sur ce principe humanitaire. En attendant, les Chittagong Hill Tracts et les camps du Tripura demeurent toujours fermés aux étrangers, aux journalistes, aux médecins.

Parce que j'ai fait sortir ces enfants des camps, j'ai perdu avec mon épouse le droit de retourner au Bangladesh. Nous sommes interdits de séjour dans ce pays. C'est surtout dur pour mon épouse qui a là-bas une partie de sa famille et ne peut la revoir. En lisant cet ouvrage, nous comprenons encore mieux la justesse de notre combat par des moyens non violents et dans le respect de chaque personne. Si nous désirons atténuer la souffrance des Chakmas, nous souhaitons aussi restreindre celle de nos amis Bengalis musulmans que nous aimons tout autant. Et vis-à-vis des autorités, nous n'avons rien à exprimer : notre unique volonté est d'atténuer la souffrance d'enfants quels qu'ils soient et nullement d'ennuyer un gouvernement dont nous n'avons aucune raison de douter a priori qu'il souhaite trouver une juste solution aux conflits des Hill Tracts.

En 1989, les combats ont continué et, après des massacres à Longadu, un nouvel exode de 40 000 personnes a débuté en mai. Devant les critiques répétées des gouvernements occidentaux (Canada, Angleterre, Australie, etc.), le gouvernement du Bangladesh a voulu imposer une solution illusoire refusée par toutes les personnes concernées. Mais ce n'est pas grâce aux armes que la paix viendra. Ce ne peut être que par le dialogue et la pression de l'opinion publique. Si l'O.N.U. et divers pays apportent leur contribution à des négociations, une solution humaine pourra être trouvée dans l'intérêt de tous. Je suis convaincu qu'il faudra tenir compte de l'histoire récente de l'Inde et du Bangladesh, de l'étrange échange de terres entre Nehru et Jinnah en 1947, du tracé actuel des frontières. Je crois aussi qu'il faudra peut-être que les Chittagong Hill Tracts restent désormais aux Bengalis musulmans, mais que l'Inde devrait alors accepter d'héberger les Chakmas, et les autres ethnies persécutées, dans l'un de ses Etats peu peuplés, comme l'Arunachal Pradesh, non plus en tant que réfugiés sans droits mais comme citoyens indiens à part entière.

Il est impossible d'imaginer, après tant d'horreurs depuis si longtemps, et aussi à cause des différences culturelles énormes, que les Bengalis et les Chakmas puissent vivre en harmonie au Bangladesh. Les illusions en de tels domaines, même les plus généreuses, coûtent très cher et il faut être réaliste. Lors de la partition de l'Inde, les problèmes quasiment surhumains étaient trop nombreux à la fois pour les dirigeants, et il était presque inévitable qu'ils commettent des erreurs. Il faut aujourd'hui admettre leur existence et les réparer. Les Chakmas étaient tous Indiens le 15 août 1947 : qu'ils soient autorisés à le redevenir et puissent enfin vivre en paix dans ce pays démocratique si cela est leur choix.

En janvier 1990, le président Mitterrand s'est longuement entretenu avec le président Ershad de la situation des droits de l'homme dans la région des Hill Tracts. Le 24 novembre 1990, Bernard Kouchner — ministre chargé de l'action humanitaire — s'est envolé pour le Bangladesh accompagné de responsables d'organismes humanitaires. L'objectif de cette mission est d'obtenir que les autorités du Bangladesh acceptent qu'une aide purement humanitaire puisse être apportée dans cette région des Hill Tracts, sans discrimination bien sûr entre les populations qui l'habitent. Une mission similaire est prévue ultérieurement dans les camps de réfugiés de l'Inde.

La dernière question posée par Suresh à Michel Damien a été : « Pourquoi l'Inde ne fait-elle rien ? » Il parlait, lui, d'une autre aide que simplement humanitaire pour les réfugiés. Je comprends sa question et je sais que l'Inde tente également de trouver une solution pour mettre un terme définitif à ce conflit qui n'en finit pas...

Nous voulons continuer à secourir les réfugiés dans les camps, aider les malheureux qui survivent aussi dans la jungle et, avec nos amis de l'I.F.O.R. aux Nations unies et de l'Anti-Slavery Society qui possède un statut consultatif à l'O.N.U., contribuer à mettre un terme à cette guerre qui a fait tant de mal.

Je suis sûr que ce livre, beaucoup plus que par les armes, va aider à rétablir la justice et arrêter les massacres. Le témoignage de ces enfants sera plus utile que des millions de coups de feu. Les traductions attendues en anglais, bengali et japonais seront précieuses pour que le témoignage de Sudhananda soit entendu partout sur la terre.

Je souhaite que les lecteurs de cet ouvrage nous écrivent[1]. Seuls, nous ne pouvons rien. Ensemble, nous sommes une force et apportons un secours vital à ceux qui en ont le plus besoin. Nous nous sommes limités aux enfants parce qu'ils sont à eux seuls des millions à avoir mal, à mourir ou à attendre dans une douleur infinie une main tendue. Il ne faut plus accepter passivement l'inacceptable. Il nous faut mener avec détermination, nous gens sans armes et sans pouvoir, travailleurs ordinaires disposant de moyens ordinaires, imparfaits mais fidèles, une insurrection non violente contre la violence criminelle.

Il est indispensable à Partage avec les enfants du tiers monde que nous trouvions de nouveaux « parrains » pour des enfants dont les dossiers attendent sur nos bureaux. Le parrainage est un engagement simple d'aider un enfant que l'on connaît, qui envoie des dessins ou donne de ses nouvelles et que l'on peut suivre dans son existence. Quel changement radical pour lui à tout point de vue !

Nos actions à travers le monde réunissent des personnes qui, poussées par la même compassion et le même respect de la vie, ont décidé de travailler en artisans de justice et en communion avec les enfants innocents, quotidiennes victimes sans défense. Nous avons la conviction que nul ne console à moins d'avoir souffert et que nul n'est tendresse à moins d'être blessé. Comme le disait si bien Pierre Cérésole : « L'avantage d'avoir le cœur blessé, c'est que ça l'ouvre. »

Merci au docteur Philippe Béasse sans qui ce livre n'aurait été conçu, et à Michel Damien ainsi qu'aux enfants pour leur précieux travail.

Pierre MARCHAND, fondateur et directeur de Partage.

---

1. Siège social de l'association (reconnue organisme de bienfaisance et assimilée par la loi fiscale à un organisme reconnu d'utilité publique, agréée également par la C.E.E.) · 6, rue d'Humières. B.P. 311. 60203 Compiègne Cedex.

TABLE DES MATIÈRES

Achevé d'imprimer en janvier 1991
sur presse CAMERON,
dans les ateliers de la S.E.P.C.
à Saint-Amand-Montrond (Cher)
pour le compte des éditions Robert Laffont
6, place Saint-Sulpice - 75279 Paris Cedex 06

Dépôt légal : janvier 1991.
N° d'édition : 33128. N° d'impression : 3681-2693.